Tópicos Contemporâneos de Direito do Trabalho
Reflexões e Críticas

Coordenadoras
Maria Cecília Máximo Teodoro
Roberta Dantas de Mello

Tópicos Contemporâneos de Direito do Trabalho

Reflexões e Críticas

Volume I

EDITORA LTDA.
© Todos os direitos reservados

Rua Jaguaribe, 571
CEP 01224-001
São Paulo, SP – Brasil
Fone: (11) 2167-1101
www.ltr.com.br
Junho, 2015

Versão impressa: LTr 5225.1 – ISBN 978-85-361-8427-2
Versão digital: LTr 8719.1 – ISBN 978-85-361-8439-5

Dados Internacionais de Catalogação na Publicação (CIP)
(Câmara Brasileira do Livro, SP, Brasil)

Tópicos contemporâneos de direito do trabalho : reflexões e críticas, volume I / coordenadoras Maria Cecília Máximo Teodoro, Roberta Dantas de Mello. — São Paulo : LTr, 2015

Bibliografia.

1. Direito do trabalho 2. Direito do trabalho — Brasil I. Teodoro, Maria Cecília Máximo. II. Mello, Roberta Dantas de.

14-025597   CDU-34:331(81)

Índices para catálogo sistemático:

1. Brasil : Direito do trabalho   34:331(81)
2. Direito do trabalho : Brasil   34:331(81)

Sumário

Apresentação 7

Prefácio 9

Capítulo 1 — Direito do Trabalho e neoconstitucionalismo 11
Bruno Ferraz Hazan

Capítulo 2 — Os reflexos do neoconstitucionalismo no Direito do Trabalho: o Estado como garantidor do patamar inicial civilizatório nas relações de emprego em condições análogas à de escravidão 19
Thaís Campos Silva e Thiago Moraes Raso Leite Soares

Capítulo 3 — Capitalismo, trabalho e consumo: a reconstrução do sólido em tempos de fluidez 28
Konrad Saraiva Mota

Capítulo 4 — Notas sobre trabalho e consumo: revendo necessidades 33
Isabelle Carvalho Curvo

Capítulo 5 — Responsabilidade social da empresa: compromisso com a concretização dos direitos sociais e uma atuação para além da legislação 44
Thaís Campos Silva

Capítulo 6 — Choque de realidade: o artifício da pejotização como instrumento de precarização trabalhista .. 53
Maria Cecília Máximo Teodoro e Roberta Dantas de Mello

Capítulo 7 — Um olhar crítico acerca da contratação por intermédio de cooperativas de trabalho e alguns critérios para identificação das falsas cooperativas 61
Roberta Dantas de Mello

Capítulo 8 — Cooperativas de trabalho: análise do Programa Nacional de Conformidade instituído pela Organização das Cooperativas Brasileiras 76
Cauã Baptista Pereira de Resende

Capítulo 9 — Responsabilidade Civil pela perda de uma chance no Direito do Trabalho 87
Maria Cecília Máximo Teodoro e Érica Fernandes Teixeira

Capítulo 10 — A (in)efetividade do direito fundamental à reparação por danos injustos no plano do Direito do Trabalho 96
Luiz Otávio Linhares Renault e Ariete Pontes de Oliveira

Capítulo 11 — Equiparação da licença-paternidade à licença-maternidade 110
Maria Cecília Máximo Teodoro e Miriam Parreiras de Souza

Capítulo 12 — Licenças-maternidade, paternidade e parental: direito voltado à proteção da família, à dignidade da pessoa humana e como instrumento de igualdade no trabalho 121
Dayse Coelho de Almeida

Capítulo 13 — A equiparação da licença-paternidade à licença-maternidade: uma necessidade social e legal para a igualdade de gêneros 131
André Filippe Loureiro e Silva

Capítulo 14 — O trabalhador idoso na contemporaneidade: pela superação dos preconceitos e em busca da efetividade do direito fundamental à vida digna 143
Débora Caroline Pereira da Silva

Capítulo 15 — Adicionais de insalubridade e de periculosidade: uma interpretação normativa alinhada à hermenêutica constitucional dos direitos fundamentais 153
Fábio Moreira Santos

Capítulo 16 — Coisa julgada nas demandas metaindividuais trabalhistas 164
Cauã Baptista Pereira de Resende e *Konrad Saraiva Mota*

Apresentação

Com entusiasmo apresentamos o primeiro volume da série "Temas Contemporâneos de Direito do Trabalho: reflexões e críticas".

Acreditamos que a Universidade representa o que é universal, conjunto, feito pela comunidade. E que a sua principal missão é agregar de maneira democrática e plural todos aqueles dispostos a partilhar e a disseminar o conhecimento.

No Programa de Pós-Graduação *Stricto Sensu* em Direito da PUC Minas, nota 6 pela Avaliação da Capes (Coordenação de Aperfeiçoamento de Pessoal de Nível Superior), na linha de pesquisa "Trabalho, Modernidade e Democracia" vivenciamos a ideia de Universidade em sua plenitude e com profundidade.

Este livro é fruto original do exercício de aprendizagem, pesquisa e emancipação desenvolvidas ao longo do ano de 2014 e representa uma confluência de ideias, inquietudes, críticas, discussões, reflexões e construções envolvendo temas polêmicos, atuais e importantes do Direito do Trabalho e do trabalho.

Trata-se do pontapé inicial para o que desejamos ver como uma produção semestral tradicional e ansiosamente esperada, na medida em que revela as discussões travadas nas aulas do mestrado e do doutorado em Direito do Trabalho do nosso curso de Pós-Graduação em Direito do Trabalho. Os temas abordados demonstram as duas principais missões do nosso Programa de Pós-Graduação: a interdisciplinariedade e o exercício da crítica voltado para a promoção da pessoa humana e de sua dignidade.

Para tanto, há incursões no constitucionalismo contemporâneo (capítulos 1 e 2), no consumo (capítulos 3 e 4), no direito empresarial (capítulos 5 e 6), na sociologia, na filosofia, na economia, no direito de família, no direito dos idosos, no consumo e na psicologia.

A relação do Direito do Trabalho com o Direito Constitucional aparece por meio da demonstração da jusfundamentalidade do trabalho e de seu cunho social, características constitucionalizadas. Assim, os capítulos 1 e 2 propõem a utilização da nova hermenêutica constitucional e de uma visão neoconstitucional na busca da efetivação dos direitos dos trabalhadores e da valorização do trabalho.

O trabalho e o consumo dialogam nos capítulos 3 e 4 ao se aprofundar na temática da superfluidade das relações humanas aliada ao refinamento da reestruturação produtiva, que vem marginalizando a real importância do trabalho. Partindo deste diagnóstico, os referidos capítulos fomentam críticas e reflexões acerca do papel do trabalho no capitalismo moderno, enaltecendo a primordial retomada de sua primazia, bem como acerca do trabalhador e sua luta pela reapropriação material, mas, acima de tudo, pelo resgate de sua cidadania no seio social e de sua felicidade no trabalho.

Ao se relacionar com o Direito Empresarial, o Direito do Trabalho desvela sua face humana, enaltecendo a necessidade de se exigir das empresas uma atuação socialmente responsável. Os capítulos 5 e 6, nessa toada, procuram descortinar a renitente tentativa de fraudar os direitos constitucionais trabalhistas, garantidos mediante artifícios empresarias, cujas premissas são eminentemente econômicas.

No exercício da autorreflexão, os capítulos 7 e 8 procuram demonstrar as estratégias fraudulentas que emergem dentro do próprio ramo do Direito do Trabalho. Assim, analisam as cooperativas e fazem o diagnóstico preciso de que não raras vezes as cooperativas constituem-se apenas sob o rótulo e a forma legal do cooperativismo, mas não primam pelo seu real conteúdo e essência. Desta forma, procuram visualizar instrumentos eficazes no sentido de inibir a ocorrência de fraudes trabalhistas e garantir a higidez dos princípios e valores cooperativistas.

Em seu diálogo com o Direito Civil, o trabalho utiliza-se de seus institutos a fim de arregimentar instrumentos de solução dos conflitos na esfera laboral que carecem de tratamento específico. Os capítulos 9 e 10 apresentam dois institutos civilistas aplicáveis ao Direito do Trabalho, a indenização pela perda de uma chance e a reparação por danos injustos, travando um debate democrático acerca da proteção dos danos causados à pessoa do trabalhador.

Os capítulos 11, 12 e 13 tratam de tema importante tanto para o sujeito, este visto de maneira abrangente, valorizando seu papel na sociedade enquanto trabalhador e enquanto ente de um núcleo familiar. A equiparação da licença-paternidade à licença-maternidade e a adoção da licença-parental são temas que aproximam estas duas facetas de um único sujeito, bem como traz à tona a necessária discussão acerca do gênero ou da discriminação em razão do sexo.

A questão dos idosos também é retratada no presente livro, no capítulo **14**, em razão da reinserção do idoso no mercado de trabalho ou de sua manutenção de maneira precária. Feito este alerta, passa-se para a demonstração da sua importância enquanto sujeito de direitos e portador de uma força produtiva e ativa, necessária para o crescimento econômico do país e para o seu processo de inclusão social.

Por fim, mas não menos relevante e instigante, os capítulos **15 e 16** tratam de temas mais técnicos: os adicionais de insalubridade e de periculosidade e a coisa julgada, mas que retomam todas as discussões travadas nos capítulos anteriores, no sentido de se vislumbrar novas perspectivas para a interpretação e aplicação dos direitos trabalhistas, bem como para o desenvolvimento de um novo papel para o Direito do Trabalho.

Enfim, trata-se de um estudo abrangente e que se coloca à disposição da comunidade acadêmica, no sentido de difundi-lo e de se preparar para as críticas, positivas e negativas, que fazem os estudiosos crescer e repensar.

Sustentamos esta necessidade de abandonar o lugar comum do pensamento e das ações, abrindo-se para a comunidade e abraçando com humildade as críticas a fim de que a Universidade passe a alcançar a vida real e as demais comunidades, o que consequentemente levará à sua própria transformação e a de seus atores.

Maria Cecília Máximo Teodoro

Prefácio

O Brasil foi lançado, por força da adoção de várias medidas preconizadas pela teoria da flexibilização, na *era do precário*, que é caracterizada pela precariedade do trabalho, do trabalhador e das bases para a tutela e promoção da dignidade humana daqueles que dependem da alienação da sua força de trabalho para garantir a sobrevivência própria e familiar.

O trabalho é precário, porque executado (a) sem continuidade, como consequência tanto da ausência de estabilidade no emprego quando da passiva aceitação, pela doutrina e jurisprudência, da afirmação de existência de discricionariedade do empregador em relação ao término da relação de emprego, (b) cada dia mais em favor de quem não é o empregador, por força da terceirização, (c) em ambientes agressivos e inseguros, (d) com a transferência dos riscos da atividade do empregador para os seus empregados, especialmente por meio da remuneração por produção, (e) sem respeito aos mais elementares direitos decorrentes da relação de emprego e (f) com desconsideração da condição humana do seu prestador, o que conduz à *desumanização da relação de emprego*.

O trabalhador é precário, (1) em razão da possibilidade de ser descartado em favor do maior lucro que pode ser alcançado pelas empresas em outras regiões do país ou do próprio globo terrestre, (2) da natureza do emprego ("temporário"), (3) da sua condição no ambiente de trabalho ("terceirizado", "contratado" e "não efetivo"), (4) da impossibilidade, decorrente da descontinuidade da prestação de serviços, de planejar a sua vida a curto prazo, (5) do desemprego de longa duração, o que o afeta individual e socialmente, na medida em que o trabalho participa da construção da identidade do trabalhador e do processo de sua integração social, valendo lembrar que a condição de empregado é indispensável para o acesso à rede de proteção estabelecida pelo Direito do Trabalho, e (6) da sua presença no mercado de trabalho sem um mínimo de proteção por parte do Estado, quando colocado na informalidade.

As bases para a tutela e promoção da dignidade humana daqueles que dependem da alienação da sua força de trabalho para garantir a sobrevivência própria e familiar são precárias, em consequência (a) do retrocesso no nível de proteção do trabalhador, como resultado da desregulamentação e/ou flexibilidade de normas protetivas, visando atender necessidades do mercado, o que conduz ao aparecimento do denominado "direito do trabalho da emergência", em substituição à progressividade na melhoria da condição social do trabalhador, (b) do incremento do trabalho autônomo, com a consequente redução do universo dos trabalhadores alcançados pelo Direito do Trabalho, (c) da substituição da universalização da proteção assegurada pelo Direito do Trabalho pela diferenciação e individualização das condições de trabalho, o que é alcançado por meio do prestígio aos acordos coletivos de trabalho, (d) do enfraquecimento da autonomia coletiva enquanto instrumento de luta pela melhoria da condição social dos trabalhadores e a sua transformação em técnica de administração empresarial, e (e) do reiterado descumprimento das normas laborais sem a existência de instrumental processual apto fazê-la cumprir de forma rápida, econômica e eficaz.

O Direito do Trabalho constitui valioso instrumento de luta contra a *era do precário*.

Contudo, o Direito do Trabalho somente cumprirá esta sua nobre missão quando for considerado de forma crítica e construtiva.

E é exatamente isto que se encontra no presente livro: uma proposta de consideração crítica e construtiva do Direito do Trabalho e de criação das condições para a sua efetividade, na perspectiva da sua atuação como instrumento de transformação social.

Neste sentido, os autores, mestrandos, doutorandos e professores do Programa de Pós-Graduação da Pontifícia Universidade Católica de Minas Gerais, realçam a importância da constitucionalização, formal e substancial, do Direito do Trabalho, da atenção à função social do Direito do Trabalho e da empresa, da ampliação do universo e da amplitude da rede de proteção estabelecida pelo Direito do Trabalho, de forma, inclusive, a garantir a reparação integral de eventuais danos sofridos pelos trabalhadores, e da efetividade da tutela jurisdicional dos direitos trabalhistas de dimensão coletiva.

A leitura do livro demonstra que a precarização ainda não alcançou a capacidade de reação e de construção de soluções que levam a sério o valor social do trabalho e a dignidade humana daqueles que dependem da alienação da sua força de trabalho para garantir a sobrevivência própria e familiar.

Belo Horizonte, 5 de janeiro de 2015.

Cleber Lúcio de Almeida
Doutor em Direito pela UFMG. Mestre em Direito pela PUC/SP. Professor do Programa de Pós-Graduação da Pontifícia Universidade Católica de Minas Gerais. Juiz do Trabalho.

CAPÍTULO 1

Direito do Trabalho e Neoconstitucionalismo

Bruno Ferraz Hazan[*]

1. Neoconstitucionalismo — visão geral

O fenômeno de teorização constitucional denominado neoconstitucionalismo redefine o papel da Constituição e sua influência sobre as instituições do Direito. A nomenclatura *neoconstitucionalismo* (formulada na Espanha e na Itália) foi amplamente divulgada a partir da publicação espanhola, em 2003, da obra "Neoconstitucionalismo(s)", organizado por Miguel Carbonell. Ressalte-se, no entanto, que essa denominação não é utilizada por todos os países (a exemplo dos EUA e Alemanha) nem por todas as doutrinas (alguns autores tidos como neoconstitucionalistas, por exemplo, nunca utilizaram esta expressão)[1].

As divergências doutrinárias, no entanto, não param no nome. Seus sentidos e conteúdos também são comumente controvertidos, falando-se, até mesmo, em *neoconstitucionalismos*[2]. Assim, há uma grande heterogeneidade de ideias dentro das teorias denominadas neoconstitucionalistas, o que permite diversas visões sobre esse fenômeno da contemporaneidade.

O neoconstitucionalismo desdobra-se em três planos de análise que se conjugam[3]: o dos textos constitucionais, que se tornaram mais substantivos e incorporaram amplos elencos de direitos fundamentais; o das práticas judiciais, que passaram a recorrer a princípios constitucionais, à ponderação e a métodos mais flexíveis de interpretação, sobretudo na área de direitos fundamentais; e o dos desenvolvimentos teóricos de autores que, com as suas ideias, ajudaram não só a compreender os novos modelos constitucionais, mas também participaram da sua própria criação.

O tema pode ser sintetizado pelas seguintes premissas[4]: reconhecimento da força normativa dos princípios e valorização do seu papel na aplicação do Direito; rejeição do formalismo e uso mais frequente de métodos mais abertos de raciocínio jurídico (ponderação, argumentação, etc.); constitucionalização do Direito com irradiação de normas e valores constitucionais — sobretudo fundamentais — para todos os ramos; reaproximação entre Direito e Moral com maior penetração da Filosofia nos debates jurídicos; judicialização da política e das relações sociais com deslocamento de Poder da esfera Legislativa e Executiva para o Judiciário.

Com isso, ao mudar a visão da Constituição, muda-se a forma de percebê-la e de interpretá-la, fazendo com que todo o Direito seja repensado, em especial aqueles intimamente ligados ao texto constitucional, como é o caso do Direito do Trabalho.

O neoconstitucionalismo permite repensar fundamentos teórico-interpretativos do ramo justrabalhista, ramo este que além de constitucionalizado, é essencialmente ligado aos princípios basilares do Estado (tais como a dignidade e o valor social do trabalho), o que lhe garante uma conotação principiológica forte a propiciar, já que posto em crise, uma possível reconstrução meramente e essencialmente interpretativa (e não necessariamente legislativa).

2. Marcos históricos e filosóficos do neoconstitucionalismo

Ao longo da 2ª metade do Século XX o neoconstitucionalismo promoveu uma reconstitucionalização do Direito, especialmente após a percepção de que maiorias políticas podem perpetrar barbáries[5]. Com isso, surgem novas

---

(*) Doutorando em Direito Privado pela Pontifícia Universidade Católica de Minas Gerais. Mestre em Direito do Trabalho pela Pontifícia Universidade Católica de Minas Gerais. Bacharel em Direito pela Universidade FUMEC/MG. Professor na Escola Superior Dom Helder Câmara/MG.

(1) A exemplo de Ronald Dworkin, Robert Alexy e Peter Häberle. SARMENTO, Daniel. Neoconstitucionalismo no Brasil: riscos e possibilidades. In: SARMENTO, Daniel. *Por um constitucionalismo inclusivo*: história constitucional brasileira, teoria da Constituição e direitos fundamentais. Rio de Janeiro: Lumen Juris, 2010.

(2) ÁVILA, Humberto. Neoconstitucionalismo: entre a "Ciência do Direito" e o "Direito da Ciência". *Revista Eletrônica de Direito do Estado (REDE)*, Salvador, Instituto Brasileiro de Direito Público, n. 17, jan.–mar. 2009.

(3) CARBONELL, Miguel. Neoconstitucionalismo: elementos para una definición. In: MOREIRA, Eduardo Ribeiro; PUGLIESI, Mauricio. *20 anos da Constituição brasileira*. São Paulo: Saraiva, 2009.

(4) SARMENTO, Daniel. Neoconstitucionalismo no Brasil: riscos e possibilidades. In: SARMENTO, Daniel. *Por um constitucionalismo inclusivo*: história constitucional brasileira, teoria da Constituição e direitos fundamentais. Rio de Janeiro: Lumen Juris, 2010.

(5) BARROSO, Luis Roberto. Neoconstitucionalismo e constitucionalização do direito (o triunfo tardio do direito constitucional do Brasil). In: SOUZA NETO, Cláudio Pereira de; SARMENTO, Daniel. *A constitucionalização do direito*: fundamentos teóricos e aplicações específicas. Rio de Janeiro: Lumen Juris, 2007.

formas de organização politica, tais como "Estado Democrático de Direito", "Estado Constitucional de Direito", etc.

As primeiras manifestações nesse sentido foram na Alemanha e na Itália. Na Alemanha, a mudança ocorreu sob a vigência da Lei Fundamental de Bonn, adotada em 1949, e foi fortemente impulsionada pela jurisprudência do Tribunal Constitucional do país (criado em 1951), que construiu teorias importantes, como a da Constituição como uma ordem de valores, em cujo centro situa-se o princípio da dignidade humana, que se irradia por todo o ordenamento.

Já na Itália, as mudanças se deram sob a égide da atual Constituição, editada em 1947, mas só após o funcionamento da Corte Constitucional, que se deu em 1956. Até então, a Corte de Cassação, composta por juízes recrutados ainda no período do fascismo, era provisoriamente encarregada da guarda da Constituição, o que fazia de forma muito tímida, no mais das vezes negando eficácia jurídica às normas constitucionais, sob o argumento de que seriam programáticas.

Mais tarde, as Constituições de Portugal e Espanha passaram a ser documentos repletos de normas com teor axiológico, o que, aos poucos, irradiou por toda a Europa. As interpretações extensivas e abrangentes das Constituições pelo Poder Judiciário deram origem à constitucionalização da ordem jurídica.

No Brasil, a redemocratização do país (transição entre um regime autoritário e um democrático na década de 80) cominou, na Constituição, com um generoso rol de direitos fundamentais de diversas dimensões — individuais, políticos, sociais, difusos — e, ainda, conferiu-lhes aplicabilidade imediata (art. 5º, §1º), protegendo-os do próprio poder de reforma (art. 60, §4º, IV).

O legislador constituinte brasileiro, ao abordar diversos temas, subtraiu várias questões do Poder Legislativo. Os inúmeros princípios vagos, mas com grande carga axiológica e poder de irradiação, favoreceram a constitucionalização do Direito. Com isso, a Constituição não só regula os assuntos, mas oferece uma releitura de toda a ordem jurídica (filtragem constitucional)[6].

É bom ressaltar, no entanto, que as premissas filosóficas do neoconstitucionalismo surgem a partir do pensamento pós-positivista: a superação dos modelos puros do jusnaturalismo e do positivismo para um conjunto difuso e abrangente de ideias[7]. Com isso, pôde-se ir além da legalidade escrita, sem desprezar o direito posto, e fez-se uma leitura moral do Direito sem recorrer a categorias metafísicas. As premissas básicas do pós-positivismo (vinculadas ao neoconstitucionalismo) são a força normativa aos princípios, a reabilitação da argumentação jurídica e a construção de uma nova hermenêutica constitucional[8].

3. Do estado liberal ao democrático de direito — do positivismo ao pós-positivismo — a crise do direito do trabalho

O Estado Liberal foi marcado pela criação dos direitos fundamentais de 1ª dimensão, ou seja, a liberdade individual contra arbítrios do Estado (buscava-se um Estado não intervencionista, absenteísta). Era a época da escola exegética, já que a lei não pode ser interpretada com valores, mas sim com a razão expressa na própria lei — *ideia central do positivismo jurídico*.

Como o Estado assumia o papel de simples observador[9], por lógico que havia, então, uma neutralidade do Poder Judiciário que não poderia sofrer o *contágio* do subjetivismo do juiz (purificação do Direito dos valores da sociedade).

O Direito, assim, era uma ciência puramente formal. A interpretação do direito era levada com rigor técnico: mera subsunção do fato à norma com um raciocínio de natureza silogística (norma é a premissa maior, o fato relevante é a premissa menor e a conclusão é a sentença).

O Estado social centrou as ações do Estado no ser humano e no seu bem estar — questão social. Foi a época do desenvolvimento dos direitos fundamentais de 2ª dimensão, quais sejam, os direitos sociais, culturais, econômicos (intervenção do Estado — Estado prestacionista). Seus marcos foram a Constituição Mexicana de 1917, a Constituição de Weimar de 1919, a Criação da OIT em 1919 e o modelo Keynesiano a partir de 1929.

---

(6) Os arts. 7º, 8º e 9º da CF/88, por exemplo, permitem uma releitura de praticamente todo o Direito do Trabalho.

(7) Principais autores: John Raws, Ronald Dworkin e Robert Alexy. Foram marcos relevantes no Brasil: publicação da 5ª edição do *Curso de Direito Constitucional* de Paulo Bonavides e o livro *A Ordem Econômica na Constituição de 1988* de Eros Roberto Grau. SARMENTO, Daniel. Neoconstitucionalismo no Brasil: riscos e possibilidades. In: SARMENTO, Daniel. *Por um constitucionalismo inclusivo*: história constitucional brasileira, teoria da Constituição e direitos fundamentais. Rio de Janeiro: Lumen Juris, 2010.

(8) BARROSO, Luis Roberto. Neoconstitucionalismo e Constitucionalização do Direito (o triunfo tardio do direito constitucional do Brasil). In: SOUZA NETO, Cláudio Pereira de; SARMENTO, Daniel. *A constitucionalização do direito*: fundamentos teóricos e aplicações específicas. Rio de Janeiro: Lumen Juris, 2007.

(9) Claro que todo esse processo não intervencionista não passava de uma falácia, eis que se referia a ambos os sujeitos da relação de emprego, empregado e empregador, como seres individuais singelos e iguais. DELGADO, Mauricio Godinho. *Curso de direito do trabalho*. 7. ed. São Paulo: LTr, 2008. p. 90.

Ao contrário do Estado Liberal, que no campo do Direito do Trabalho não representou desenvolvimento relevante, o Estado Social permitiu a reforma do aparato estatal com a incorporação das reinvindicações operárias e a intervenção do Estado nas relações de trabalho (claro que, também, como uma fórmula para prevenção do avanço do proletariado).

Esta fase de intervenção estatal na proteção do trabalho e emprego (regulação e proteção) permitiu a criação de padrões mínimos, tornando o trabalho o principal instrumento de inserção social e alcance de bons níveis sociais. As interpretações também tendiam à expansão dos direitos, com abrangências conceituais de hipossuficiência, viés objetivo da subordinação com ampliação de tutelados e valor interpretativo pelo *in dubio pro operario*[10].

Tem início, neste período, o abandono das ideias positivistas e a construção da lógica pós-positivista na busca de igualdade material. O papel do Poder Judiciário é redescoberto, passando a ser pensado como protagonista na efetivação dos Direitos e na busca de valores insculpidos na sociedade e nos princípios constitucionais.

Com isso, a transição do Estado Social para o Estado Democrático de Direito foi marcada pelo desenvolvimento e consolidação das ideias pós-positivistas — neoconstitucionalismo propriamente dito. Surgem os direitos fundamentais de 3ª dimensão: direitos de solidariedade ou fraternidade (metaindividuais), desenvolvimento e meio ambiente[11].

Foi o grande marco na busca da efetivação dos direitos fundamentais por meio da tutela jurisdicional. Com isso, tem-se a construção de um novo sistema processual para uma tutela efetiva, célere e adequada (no Brasil, especialmente após a EC n. 45/2004). O Poder Judiciário assume posição central na reconstrução do Direito (via aplicação no caso concreto: interpretação coerente com o texto e o contexto posto), expressando os padrões de Justiça.

Ocorre que esta mudança positiva foi marcada pelo nascimento das ideias ultraliberais (Neoliberalismo). Fatores sociais, econômicos, políticos e de reestruturação produtiva cominaram com uma crise do Direito do Trabalho. Os principais fatores foram:

a) *Capitalismo reinventado*. O capitalismo passa a ser financeiro, buscando por resultados — especulação — sem produção de mercadorias. O capital passa a gerar o próprio capital, deflagrando certa ideia de marginalização do trabalho.

b) *Restruturação produtiva*. O sistema de produção toyotista inspira e inaugura a era do pós-fordismo: a empresa deixa de ser vertical e concentrada e passa a ser flexível (via empresas parceiras), com produção *just-in-time* (não se antecipam desejos de consumo) e com formas atípicas de trabalho (a exemplo da terceirização).

c) *Flexibilidade na seara ideológica*. O Estado mínimo é corroborado pelo colapso do socialismo real — queda do muro de Berlim e fim União Soviética.

d) *Propostas de flexibilização do Direito do Trabalho*. Há uma "necessidade" de adequação do regime protetivo às novas tendências do mercado, na tentativa de acabar com a imperatividade das normas trabalhistas. O Direito do Trabalho passa a ser pensado como um "Direito Civil do Trabalho"[12].

Assim, o Brasil, na década de 1990, foi marcado por inúmeros retrocessos sociais no campo do Direito do Trabalho, tais como a prevalência da ideia de sindicalismo de resultado e as interpretações reducionistas e restritivas do Poder Judiciário (que passa a tolerar fatores de fragmentação e descomprometido com os valores do Direto do Trabalho).

São desta época, por exemplo, a Súmula n. 331 do TST (que ampliou a possibilidade de terceirizações, ao contrário do teor da antiga Súmula n. 256); a Súmula n. 336 do TST (que deixa de computar, como jornada, a diferença de até cinco minutos no registro de ponto — antes mesmo da alteração legal); a Súmula n. 6, VI do TST (que veda a equiparação em cadeia); a Súmula n. 369 do TST (que restringe o número de dirigentes sindicais detentores de estabilidade); e a OJ n. 113 da SDI-1 do TST (que restringe o adicional de transferência apenas para as provisórias)[13].

---

(10) REIS, Daniela Muradas. Influxos legais, jurisprudenciais e o princípio da vedação do retrocesso social. In: VIANA, Márcio Túlio; RENAULT, Luiz Otávio Linhares; FATTINI, Fernanda Carolina; FABIANO, Isabela Márcia de Alcântara; BENEVIDES, Sara Costa (Coords.). *O que há de novo em Direito do Trabalho*. 2. ed. São Paulo: LTr, 2012.

(11) Os direitos fundamentais de 4ª dimensão seriam aqueles ligados aos avanços da engenharia genética (manipulação genética e biotecnologia). Para Paulo Bonavides, a 4ª dimensão está ligada à democracia, informação e pluralismo. Paulo Bonavides, ainda, estabelece o Direito à paz em uma dimensão autônoma (5ª dimensão).

(12) VIANA, Márcio Túlio. Quando a livre negociação pode ser um mau negócio. *Suplemento Trabalhista LTr*, São Paulo, v. 3, 2002.

(13) Não se nega com isso, é claro, o recente avanço da jurisprudência do Tribunal Superior do Trabalho com a alteração, por exemplo, da Súmula n. 369 (desvinculação da comunicação de 24 horas para manutenção da extabilidade do dirigente sindical), da Súmula n. 277 (ultratividade das negociações coletivas), da OJ n. 130 da SDI-2 (competência para ação civil pública), da Súmula n. 244, III (garantia de emprego para a gestante nos contratos determinados), e da Súmula n. 378, III (garantia de emprego para

A partir disso surge a necessidade de se repensar e de se reconstruir o Direito do Trabalho, sendo que parecem possíveis novas moldagens e possibilidades interpretativas na busca da efetivação do ramo justrabalhista — posto em crise — por meio da ideologia neoconstitucionalista e da consolidação dos ideais pós-positivistas do Estado Democrático de Direito.

Espera-se que a construção de uma nova hermenêutica constitucional-trabalhista permita que haja, especialmente no âmbito do — agora valorizado — Poder Judiciário, uma reafirmação dos postulados fundantes do Direito do Trabalho, especialmente vinculados à dignidade da pessoa humana e à valorização do trabalho.

4. As premissas teóricas do neoconstitucionalismo e os caminhos para uma reconstrução interpretativa do direito do trabalho

O neoconstitucionalismo permite três níveis de reconstrução da Constituição (e, claro, do Direito Constitucional do Trabalho). São eles: a expansão da jurisdição constitucional, irradiando-a para todos os ramos do Direito; a força normativa da Constituição, garantindo sua eficácia plena como norma jurídica; e a nova interpretação constitucional.

4.1. Expansão da jurisdição constitucional

Até a década de 40, especialmente na Europa, o modelo adotado (baseado no próprio positivismo jurídico) era o da supremacia do Legislativo: a lei como expressão da vontade geral e fonte quase que exclusiva do Direito.

O novo modelo de pensamento, de inspiração norte-americana, defende, pelo contrário, a supremacia da Constituição, em especial com o desenvolvimento de mecanismos de proteção dos direitos fundamentais, mesmo em face do próprio legislador.

Com isso, a Constituição deixa de estar apenas no ápice da pirâmide normativa, invadindo todas as áreas do Direito. A partir desse ponto, torna-se obsoleto o modelo tradicional do público *versus* privado, já que o Direito Privado passa por uma constitucionalização o que, inclusive, imuniza não só os próprios direitos fundamentais constitucionais, mas todos os fundamentos do próprio Direito.

Ressalte-se, ainda, que o Poder Judiciário (em especial os Tribunais Constitucionais) passa a ter um papel relevante na proteção dos direitos fundamentais[14]. Há, por isso, uma expansão (que no Brasil veio após a Constituição de 1988) dos modelos de controle de constitucionalidade já existentes – ampliação de propositura e dos mecanismos de controle concentrado.

Ademais, a irradiação constitucional atinge diretamente o âmbito do Direito do Trabalho (que tem *status* de direito social e fundamental — arts. 6º, 7º, 8º, 9º da CF/88). Dessa forma, e como possível saída para a crise, pode-se vincular ao ramo justrabalhista os seguintes efeitos:

a) *Vedação ao retrocesso jurídico e social*. Trata-se da impossibilidade de rebaixamento dos níveis sociais já alcançados e protegidos pela ordem jurídica, seja por meio de normas supervenientes, seja por intermédio de interpretações restritivas — manutenção dos direitos assegurados e impossibilidade de mudança de *status quo*[15]. O art. 7º, *caput*, da CF/88, ao instituir a premissa principiológica da norma mais favorável, acabou por construir a base constitucional de vedação a qualquer forma de retrocesso social, seja legal, seja negocial.

b) *Eficácia horizontal dos direitos fundamentais*. Além da tradicional eficácia vertical (Estado x cidadão), a constitucionalização do Direito do Trabalho permite sua efetivação horizontal (cidadão x cidadão) e não apenas indireta e mediata (como ocorre na Alemanha – entre os particulares os direitos fundamentais os vinculam indiretamente, pois seria necessária uma intermediação da lei), mas especialmente de forma direta e imediata, sem a necessidade de intervenção legislativa (especialmente porque o Direito do Trabalho é, naturalmente, desigual — a relação privada assemelha-se, portanto, àquela que se estabelece entre os particulares e o Poder Público).

4.2. Força normativa da Constituição

Neste sentido, também se supera o modelo tradicional da Constituição como documento essencialmente político. A Constituição ganha *status* de verdadeira norma jurídica.

---

acidentado nos contratos determinados); além do cancelamento de outras, tais como a Súmula n. 349 (desnecessidade de autorização ministerial para prorrogação de jornada em ambiente insalubre), a Súmula n. 364, II (permissão de proporcionalidade do adicional de periculosidade), e a OJ n. 342, II, da SDI-1 (possibilidade de redução de intervalo intrajornada).

(14) Isso vai significar uma participação cada vez maior do STF nas questões tipicamente trabalhistas. Já são exemplos desta participação: não extinção do contrato por aposentadoria espontânea (o que gerou o cancelamento da Súmula n. 295 do TST); base de cálculo do adicional de insalubridade (súmula vinculante n. 4); competência trabalhista para ações de indenização por acidente do trabalho e, também, para ações possessórias decorrentes de greve (Súmulas vinculantes ns. 22 e 23); constitucionalidade do art. 71 da Lei 8.666/93 e consequente extinção de responsabilidade da Administração Pública nas terceirizações lícitas (o que gerou a alteração da Súmula n. 331 o TST); competência da justiça comum para assuntos ligados à previdência complementar privada (REs ns. 586.453 e 583.050); e necessidade de motivação para dispensa de empregados públicos da administração indireta (RE 589998), ao contrário da própria redação da OJ n. 247 SDI-1 do TST.

(15) REIS, Daniela Muradas. *O princípio da vedação do retrocesso no Direito do Trabalho*. São Paulo: LTr, 2010.

Antes, a concretização das propostas constitucionais ficava condicionada à vontade do legislador ou à discricionariedade do administrador, e ao Judiciário não era reconhecido papel relevante na realização da Constituição (uma vez que eram programas políticos para inspirar o legislador). Os direitos fundamentais, então, só valiam se protegidos por lei.

Atualmente, no entanto, a Constituição deixa de ser um repositório de promessas vagas e sua força normativa passa a ser reconhecida, além de seu caráter vinculante e obrigatório (imperatividade e coerção).

Percebe-se que um dos marcos do pós-positivismo foi, justamente, constitucionalizar direitos e garantias fundamentais a fim de efetivá-los — exatamente o caminho tomado pelo Direito do Trabalho. E, com base na tradicional classificação das normas constitucionais segundo sua eficácia (José Afonso da Silva), o Direito do Trabalho deve ser necessariamente encarado como norma de eficácia plena (aplicabilidade direta, imediata e integral), já que nesta classificação se encontram as normas que: contenham vedações ou proibições; confiram isenções, imunidades e prerrogativas; declaram direitos e garantias fundamentais; e não exijam normas complementares.

A fundamentalidade das normas justrabalhistas (elencadas não sem motivo no capítulo dos direitos fundamentais sociais), ao ser reconhecida, permite a construção de uma nova hermenêutica do Direito do Trabalho (à luz de uma Constituição eficaz) que passa a reconhecer institutos que ao longo do tempo foram esquecidos pelas interpretações majoritárias dos Tribunais.

4.3. Nova interpretação constitucional

Como consequência do reconhecimento da força normativa da Constituição, o neoconstitucionalismo permite a construção de uma nova interpretação constitucional-trabalhista. Como anteriormente relatado, a partir dela é possível defender uma ampliação da eficácia justrabalhista, em especial em relação a questões há muito relegadas no plano interpretativo pelos Tribunais. Por exemplo:

a) Aplicação imediata do art. 7º, I da CF/88 (proteção contra despedida arbitrária), em especial pelo fato de não existir incompatibilidade entre a proteção e o FGTS (elencado, também como direito fundamental, no inciso III do art. 7º, CF/88), além da vinculação da prescrição quinquenal (durante o contrato — art. 7º, XXIX, CF/88) à implementação da própria proteção contra despedida arbitrária (uma vez que o inciso XXIX foi projetado levando-se em conta a eficácia do inciso I).

b) Aplicação imediata do art. 7º, parágrafo único da CF/88 para os empregados domésticos.

c) Reestruturação do Direito Coletivo do Trabalho (art. 8º da CF/88), com ênfase especial na liberdade e na autonomia sindicais (que, conforme a Constituição, são princípios estruturantes e, portanto, plenos — a lei é quem deve ser interpretada à luz da Constituição, e não o contrário), além dos seus reflexos no âmbito processual: prevalência dos processos de cunho metaindividual, diante da prática das lesões trabalhistas em massa e da denominada síndrome do descumprimento das obrigações, na busca de uma tutela jurisdicional realmente efetiva.

d) Ampliação material (e não apenas processual) pela nova redação do art. 114 da CF/88.

e) Aplicação dos princípios da ultra e extra petição, em especial nos direitos indisponíveis e incontroversos, independente dos casos autorizados por lei.

f) Preenchimento normativo por meio das fontes subsidiárias também nos casos de lacunas ontológicas (apesar de existir, a norma não é mais compatível com os fatos sociais e, assim, não é mais efetiva) e axiológicas (apesar de existir, a norma leva a uma situação injusta ou incompatível com os valores de Justiça).

Percebe-se que são inúmeras as possibilidades e, para tanto, é necessário se investigar os elementos fundantes da construção da interpretação ora defendida. Aliadas aos elementos interpretativos tradicionais (métodos típicos da hermenêutica) aparecem novas categorias da interpretação constitucional, em especial as cláusulas gerais, os conceitos jurídicos indeterminados, a normatividade dos princípios, a ponderação e a argumentação.

Destaque-se, no entanto, que se deve desprezar a ideia de uma interpretação monopolizada pelos juristas. Segundo Peter Häberle[16], a Constituição, para se concretizar, necessita da participação dos cidadãos, envolvidos no processo de sua interpretação e sua aplicação. Com isso, a sociedade deve se envolver no processo hermenêutico, pois é a titular do poder constituinte.

4.3.1. Elementos tradicionais da interpretação

Os métodos tradicionais de interpretação são o gramatical, o histórico, o sistemático e o teleológico. Separados são inúteis, mas analisados em conjunto e sopesados seus valores em cada caso concreto, permitem uma construção interpretativa satisfatória até nos dias de hoje.

---

(16) TEODORO, Maria Cecília Máximo. Ativismo judicial: entre o mito da irresponsabilidade e o caminho da efetividade. In: VIANA, Márcio Túlio; RENAULT, Luiz Otávio Linhares; FATTINI, Fernanda Carolina; FABIANO, Isabela Márcia de Alcântara; BENEVIDES, Sara Costa (Coords.). *O que há de novo em Direito do Trabalho*. 2. ed. São Paulo: LTr, 2012.

O primeiro método (gramatical) busca o sentido literal ou textual da norma constitucional, sendo que a interpretação se faz a partir do texto ou norma e fixa as possibilidades de criação. Ressalte-se, porém, que a literalidade muitas vezes pode trair o sentido da norma (deve ser um ponto de partida, mas a interpetação não pode se estancar na literalidade).

O segundo método (histórico) busca os antecedentes remotos e imediatos que interferiram no processo de interpretação constitucional, perfazendo-se uma análise do contexto da criação normativa. Ressalte-se, porém, que a partir do momento em que a norma é posta, ela se libera aos poucos da vontade subjetiva que a criou e passa a ter existência objetiva – interpretação evolutiva.

O terceiro método (sistemático) busca correlacionar os dispositivos normativos de uma Constituição, considerando toda a ordem jurídica como um só sistema — unitário e harmônico. Com isso, suas partes não podem se chocar.

O último método (teleológico) busca realizar a finalidade das normas constitucionais, até mesmo superando a realidade descrita no texto normativo, realizando os fins e os propósitos contidos na norma.

4.3.2. Categorias da nova interpretação constitucional

Como as categorias e critérios tradicionais não são inteiramente ajustados para solucionar todos os problemas contemporâneos[17] pensa-se em novas categorias de interpretação constitucional. E como boa parte das normas mais relevantes são princípios e não regras (com abertura e indeterminação semântica), há a necessidade da adoção de novas técnicas hermenêuticas[18].

Percebe-se, portanto, um novo papel tanto da norma como do próprio juiz. Da norma, pois a solução dos conflitos não está integralmente contida no sistema jurídico — a norma não é mais suficiente: deve buscar nos fatos relevantes a resposta constitucionalmente adequada, pois só se produz a norma à luz do caso concreto. Do juiz, pois o intérprete se torna coparticipante do processo de criação, completando o trabalho do legislador — a valoração pessoal passa a ter um peso expressivo na formulação do que seja o Direito.

Com isso, as tensões e colisões principiológicas (frequentes pelo pluralismo axiológico) deram espaço para ponderação e proporcionalidade na esfera judicial. Assim, a busca de legitimidade das decisões, neste novo patamar interpretativo, fez desenvolver teorias da argumentação que incorporam elementos desprezados pelo positivismo (crescimento da importância do Poder Judiciário por meio das grandes questões agora por ele decididas). Ao invés de subsunção usam-se métodos de argumentação.

Há, portanto, uma releitura do princípio da separação dos Poderes (que limitava a atuação do Judiciário) com uma visão mais favorável ao ativismo judicial em defesa dos valores constitucionais (centralidade da Constituição e papel criativo da jurisprudência).

4.3.2.1. Cláusulas gerais e conceitos jurídicos indeterminados

Trata-se de termos ou expressões abertas, dotados de plasticidade. Fornecem um início de significação a ser complementado pelo intérprete com as circunstâncias do caso concreto (propositalmente a norma não possui integralmente os elementos de sua aplicação). Por exemplo: melhor interesse do menor, ordem pública, interesse social, boa-fé.

Assim, o intérprete valora fatores objetivos e subjetivos para definir o sentido e alcance da norma. Com isso, ele tem que ir além com sua própria avaliação.

A distinção entre cláusula geral e conceito jurídico indeterminado é bem sutil, pois ambos pertencem ao gênero "conceito vago". Na primeira, além de a incidência ser composta por termos indeterminados, ao juiz é conferida a tarefa de criar o efeito jurídico decorrente da verificação da ocorrência da hipótese normativa (demanda mais esforço intelectual). Na segunda, o legislador não confere ao juiz competência para criar o efeito jurídico do fato na hipótese de incidência: o labor é mais reduzido, pois, como simples enunciação abstrata, o julgador, após efetuar o preenchimento valorativo, já estará apto a julgar de acordo com a consequência previamente estipulada no texto legal[19].

4.3.2.2. Normatividade dos princípios

Até há pouco tempo os princípios não eram compreendidos como normas jurídicas (fonte subsidiária e desde que não se pudesse usar analogia e costume – art. 4º, LINDB).

---

(17) "O direito moderno, por imposição da aglutinação de interesses supra-individuais na sociedade de massa, tende a ser um direito da coletividade e não mais apenas direito dos indivíduos, como nos moldes tradicionais. É das últimas décadas do século XX a intensa legislação de apoio aos valores do meio ambiente, da cultura e da história, de proteção aos consumidores como grupo em que se concentram interesses homogêneos etc. – tudo se reconduzindo ao conceito amplo de direito e interesses transindividuais". DINAMARCO, Cândido Rangel. *Instituições de direito processual civil*. São Paulo: Malheiros, 2001. p. 55.

(18) BARROSO, Luís Roberto. Neoconstitucionalismo e Constitucionalização do Direito (o triunfo tardio do direito constitucional do Brasil). In: SOUZA NETO, Cláudio Pereira de; SARMENTO, Daniel. *A constitucionalização do Direito*: fundamentos teóricos e aplicações específicas. Rio de Janeiro: Lumen Juris, 2007.

(19) DIDIER JR., Fredie. *Curso de Direito Processual Civil*. 9. ed. Salvador: Juspodivm, 2008. v. 1, p. 67.

Princípios não são comandos descritivos de condutas específicas, mas normas que consagram valores ou indicam fins. A definição do seu conteúdo também transfere ao intérprete uma dose de discricionariedade para definir seu alcance.

Atualmente se interpreta o Direito à luz da Constituição, embora a aplicação dos princípios seja difícil, pois eles têm muita carga valorativa e axiológica, além da maior vagueza natural, o que transfere ao intérprete o papel de concretizar seu sentido.

Permite-se, assim, não só uma releitura do papel dos princípios (que deixam de ser normas secundárias), mas, também, seu papel na fundamentação das decisões judiciais, pois princípios podem fundamentar decisões judiciais — normas podem ser regras (alta densidade normativa) ou princípios (alta carga valorativa).

4.3.2.3. Ponderação

Como a colisão de normas constitucionais é um fenômeno natural e inevitável no constitucionalismo contemporâneo, pois as Constituições modernas consagram bens jurídicos que se contrapõem (seja em relação a princípios, seja em relação a direitos fundamentais), a subsunção não é capaz de resolver o problema (normas antagônicas e um mesmo fato). Além disso, os critérios tradicionais de conflitos normativos (hierárquico, temporal e especial) não são úteis se o conflito se dá entre dispositivos da Constituição.

Portanto, o intérprete deverá fazer ponderação de normas, bens ou valores. Com base no princípio da razoabilidade deverá realizar concessões recíprocas (tentar preservar o máximo de cada um dos interesses) ou escolher, do Direito que irá prevalecer em concreto, o mais adequado à vontade da Constituição.

Pode-se dizer que os princípios da norma mais favorável e *in dubio pro operario* (este último tipicamente interpretativo) constroem a base da ponderação e da fundamentação argumentativa no conflito normativo e interpretativo do Direito do Trabalho.

4.3.2.4. Argumentação

Trata-se de método de controle da racionalidade das decisões por meio da ponderação. Nos casos complexos (com mais de uma solução possível e razoável) deve-se potencializar o dever de fundamentação, uma vez que a solução não está legitimada apenas na norma abstrata.

Nos casos em que o juiz é coparticipante da criação do Direito, sua legitimação não pode estar apenas na separação dos poderes. Isso torna relevante a argumentação jurídica (que é mais que a simples fundamentação das decisões): demonstração da racionalidade da Justiça e da correção da decisão — o juiz explicita o itinerário que percorreu e porque essa é a melhor solução para o caso.

Deve-se, portanto, procurar o fundamento constitucional ou legal, utilizar um fundamento jurídico que possa ser generalizado (universalização) e levar em conta as consequências práticas da decisão no mundo dos fatos.

5. Conclusão

O neoconstitucionalismo, em síntese, possui quatro fundamentos (que, claro, se interligam): normativo: da regra ao princípio (aplicação preponderante de princípios ao invés de regras); metodológico: da subsunção à ponderação (demanda para aplicação dos princípios); axiológico: da justiça geral à justiça particular (ponderação exige uma analise mais individual e concreta do que geral e abstrata) e organizacional: do Poder Legislativo ao Poder Judiciário (exame individual e concreto demandam uma participação maior do Poder Judiciário).

O Direito do Trabalho, além de fundamental e social, está constitucionalizado e, com isso, tem todos os instrumentos necessários para ser resgatado por meio de uma nova hermenêutica e de uma nova visão — neoconstitucional —, na busca de sua efetivação.

O mundo e a sociedade estão em constantes mudanças. O Direito persegue a evolução natural da sociedade. Não é o Direito ou a interpretação constitucional que cria as dificuldades práticas, mas sim a complexidade e o pluralismo da vida moderna.

Assim, ao se privilegiar o caso particular em detrimento o caso geral, são feitas correções de sentido na legislação sem modificá-la — atualização da legislação sem mudança legislativa —, intensificando o papel do Judiciário para suprir a deficiência do legislativo.

E, talvez, o grande avanço do neoconstitucionalismo seja este: permitir uma releitura de todo o Direito, adaptando-o às novas tendências da sociedade dinâmica, sem a necessidade do moroso procedimento de alteração legislativa. Com isso pode-se buscar reforçar a fundamentabilidade das normas de direitos sociais e, ainda, permitir sua efetivação por meio da tutela jurisdicional. O que muda, portanto, é a visão e o enfoque – e não a lei!

6. Referências bibliográficas

ÁVILA, Humberto. Neoconstitucionalismo: entre a "Ciência do Direito" e o "Direito da Ciência". *Revista Eletrônica de Direito do Estado (REDE)*, Salvador, Instituto Brasileiro de Direito Público, n. 17, jan.–mar. 2009.

BARROSO, Luís Roberto. Fundamentos teóricos e filosóficos do novo direito constitucional brasileiro: pós-modernidade, teoria crítica e pós-positivismo. *Revista Diálogo Jurídico*, Salvador, CAJ — Centro de Atualização Jurídica, v. 1, n. 6, p. 1-32, set. 2001.

BARROSO, Luís Roberto. Neoconstitucionalismo e Constitucionalização do Direito (o triunfo tardio do direito constitucional do Brasil). In: SOUZA NETO, Cláudio Pereira de; SARMENTO, Daniel. *A constitucionalização do Direito:* fundamentos teóricos e aplicações específicas. Rio de Janeiro: Lumen Juris, 2007.

BARROSO, Luís Roberto. Vinte anos da Constituição brasileira de 1988: o Estado a que chegamos. *RDE – Revista de Direito do Estado*, v. 10, p. 25-66, 2008

CARBONELL, Miguel. Neoconstitucionalismo: elementos para una definición. In: MOREIRA, Eduardo Ribeiro; PUGLIESI, Mauricio. *20 anos da Constituição brasileira*. São Paulo: Saraiva, 2009.

DELGADO, Mauricio Godinho. *Curso de Direito do Trabalho*. 7. ed. São Paulo: LTr, 2008.

DIDIER JR., Fredie. *Curso de Direito Processual Civil*. 9. ed. Salvador: Juspodivm, 2008. v. 1.

DINAMARCO, Cândido Rangel. *Instituições de Direito Processual Civil*. São Paulo: Malheiros, 2001.

REIS, Daniela Muradas. Influxos legais, jurisprudenciais e o princípio da vedação do retrocesso social. In: VIANA, Márcio Túlio; RENAULT, Luiz Otávio Linhares; FATTINI, Fernanda Carolina; FABIANO, Isabela Márcia de Alcântara; BENEVIDES, Sara Costa (Coords.). *O que há de novo em Direito do Trabalho*. 2. ed. São Paulo: LTr, 2012.

REIS, Daniela Muradas. *O princípio da vedação do retrocesso no Direito do Trabalho*. São Paulo: LTr, 2010.

RENAULT, Luiz Otavio Linhares; FABIANO, Isabela Márcia de Alcântara. Eficácia horizontal dos direitos fundamentais nas relações de emprego — alguma verdade. *Revista do Tribunal Superior do Trabalho*, v. 77, p. 204-230, 2012.

SARMENTO, Daniel. Neoconstitucionalismo no Brasil: riscos e possibilidades. In: SARMENTO, Daniel. *Por um constitucionalismo inclusivo:* história constitucional brasileira, teoria da Constituição e direitos fundamentais. Rio de Janeiro: Lumen Juris, 2010.

TEODORO, Maria Cecília Máximo. *Crise do Estado social e o papel do juiz na efetivação de direitos trabalhistas*. 2009. 233f. Tese (Doutorado) — USP, Faculdade de Direito, São Paulo.

TEODORO, Maria Cecília Máximo. Ativismo Judicial: entre o mito da irresponsabilidade e o caminho da efetividade. In: VIANA, Márcio Túlio; RENAULT, Luiz Otávio Linhares; FATTINI, Fernanda Carolina; FABIANO, Isabela Márcia de Alcântara; BENEVIDES, Sara Costa (Coords.). *O que há de novo em Direito do Trabalho*. 2. ed. São Paulo: LTr, 2012.

TEODORO, Maria Cecília Máximo. As cláusulas gerais concretizam a sociedade aberta de Peter Häberle. *Jus Navigandi*, Teresina, ano 15, n. 2.412, 7 fev. 2010. Disponível em: <http://jus.com.br/artigos/14309>. Acesso em: 26 mar. 2014.

VIANA, Márcio Túlio. A proteção social do trabalhador no mundo globalizado – o direito do trabalho no limiar do século XXI. *Revista LTr*, São Paulo, ano 63, n. 07, p. 885-896, jul. 1999.

VIANA, Márcio Túlio. Quando a livre negociação pode ser um mau negócio. *Suplemento Trabalhista LTr*, São Paulo, v. 3, p. 11-14, 2002.

VIANA, Márcio Túlio; RENAULT, Luiz Otávio Linhares; FATTINI, Fernanda Carolina; FABIANO, Isabela Márcia de Alcântara; BENEVIDES, Sara Costa (Coords.). *O que há de novo em Direito do Trabalho*. 2. ed. São Paulo: LTr, 2012.

CAPÍTULO 2

Os Reflexos do Neoconstitucionalismo no Direito do Trabalho: o Estado como Garantidor do Patamar Inicial Civilizatório nas Relações de Emprego em Condições Análogas à de Escravidão

Thaís Campos Silva[*] *e Thiago Moraes Raso Leite Soares*[**]

1. Introdução

Fundamentada em discussão acerca da nova interpretação nas relações de investigação um estudo de caso que questiona a possibilidade de haver a colisão de princípios constitucionais entre o da autonomia da vontade e o direito ao emprego com o princípio da dignidade da pessoa humana.

Para a compreensão de tal fenômeno jurídico, torna-se necessário o entendimento das mudanças trazidas pela nova dogmática de interpretação constitucional advindas do neoconstitucionalismo[1], com reflexos em todos os demais ramos do Direito. O presente estudo limita-se a estudar os reflexos desta nova hermenêutica constitucional no Direito do Trabalho.

A abordagem teórica desse estudo seguirá o seguinte esquema de desenvolvimento: (i) as características das mudanças trazidas pelo neoconstitucionalismo no Brasil, com enfoque expressivo na força normativa da Constituição e nas técnicas de interpretação constitucional utilizadas pelo magistrado para a solução dos casos de trabalho em condições análogas à de escravidão; (ii) o avanço no combate ao trabalho em condições análogas à de escravo no Brasil, posterior à vigência da CR/1988, com o intuito de demonstrar a valorização e a força normativa do princípio constitucional da dignidade da pessoa humana como reflexo do neoconstitucionalismo; (iii) a forma de atuação do Ministério do Trabalho e Emprego (MTE) no combate ao trabalho escravo; (iv) o caso hipotético de um trabalhador submetido a condições análogas à de escravo, que ingressa com uma ação judicial de reintegração ao emprego após ser resgatado pela fiscalização do MTE; (v) a discussão sobre a decisão judicial mais acertada para o caso concreto, com base nas inferências dedutivas do caso hipotético estudado e (vi) algumas conclusões que explicam o fenômeno em tela.

Passa-se, assim, ao desenvolvimento dos aspectos conformadores da revolução ocorrida na Interpretação Constitucional, motivada pelos reflexos do neoconstitucionalismo na relação trabalhista em que o Empregado e o Estado defendem interesses opostos.

2. O neoconstitucionalismo e o Direito do Trabalho

O neoconstitucionalismo no Brasil manifestou-se com a entrada em vigor da atual CR/1988, tendo como características marcantes a valorização da atuação do Poder Judiciário na efetivação de direitos, a força normativa do texto constitucional e a expressiva valorização dos princípios e das novas formas de hermenêutica constitucional.

No Brasil, vários autores já escreveram sobre o tema. Porém, privilegia-se como parâmetro teórico o conceito formulado pelo Ministro Luís Roberto Barroso[2], que explica o neoconstitucionalismo sob a perspectiva de três marcos:

1. *Marco Histórico* — o constitucionalismo pós-guerra originado na reconstitucionalização da Alemanha e

---

(*) Advogada. Graduada em Direito pela Faculdade Milton Campos. Mestranda pela Pontifícia Universidade Católica de Minas Gerais, na linha de Pesquisa Direito do Trabalho, Modernidade e Democracia, sob a orientação acadêmica da Profa Dra. Maria Cecília Máximo Theodoro.

(**) Auditor-Fiscal do Trabalho. Chefe do Setor de Planejamento da Fiscalização do Trabalho em Minas Gerais. Especialista em Direito e Processo do Trabalho pela PUC Minas. Mestrando pela Pontifícia Universidade Católica de Minas Gerais, na linha de Pesquisa Direito do Trabalho Modernidade e Democracia, sob a orientação acadêmica do Prof. Dr. Márcio Túlio Viana.

(1) Trata-se de um movimento teórico de revalorização do Direito Constitucional, de uma nova abordagem do papel da Constituição no sistema jurídico, movimento este que surgiu a partir da segunda metade do século XX (BARROSO, Luís Roberto. *Revista Eletrônica sobre a Reforma do Estado*, Salvador, n. 9, mar.–maio 2007).

(2) BARROSO, Luís Roberto. Neoconstitucionalismo e a constituição de direito: o triunfo tardio do direito constitucional no Brasil. *Jus Navigandi*, nov. 2005. Disponível em: <http://jus.com.br/artigos/7547/neoconstitucionalismo-e-constitucionalizacao-do--direito>. Acesso em: 5 jul. 2014.

da Itália. No final da década de 1980, a Constituição brasileira de 1988 iniciou o processo de travessia de um Estado autoritário para um Estado Democrático de Direito, o que ainda está em constante mutação.

2. *Marco Filosófico* — a mudança relevante trazida pelo neoconstitucionalismo com o surgimento da denominada era pós-positivista, que representa um novo modo de olhar e se comportar perante o Direito. Trata-se de uma fase quando, sem desprezo à legalidade, o direito se liberta, em alguma medida, da legalidade estrita, e se aproxima da filosofia moral e da filosofia política, nas quais a argumentação jurídica inclui a teoria dos valores, as preocupações com a legitimidade democrática em um ambiente onde a dignidade da pessoa humana, os direitos fundamentais, migram para o centro do sistema jurídico. Cumpre destacar, por oportuno, que o Direito do Trabalho sofre os reflexos desse neoconstitucionalismo, estabelecendo, então, como objetivo principal, a proteção da dignidade dos trabalhadores. Tal assertiva será explorada mais adiante.

3. *Marco Teórico* — identifica as três mudanças de paradigmas relevantes na prática jurídica recente, a saber:

a) *Reconhecimento de força normativa na Constituição* — trata-se, no caso brasileiro, da conquista da efetividade pelas normas constitucionais. Pode parecer natural e óbvio, mas reconhecer e tratar uma Constituição como uma norma, como instrumento de trabalho repleto de efetividade procuradores, juízes e membros do Ministério Público do Trabalho (MPT) significa uma revolução profunda. O Brasil é herdeiro da tradição europeia de compreender a Constituição como um documento político sem aplicabilidade direta e imediata, pois dependente da intermediação do legislador ou do administrador. Essa herança deve ser superada. Atualmente, os operadores do Direito, ou seja, os intérpretes da Constituição, devem aplicá-la direta e imediatamente, mesmo quando o legislador e o administrador tenham permanecido inertes.

b) *Expansão da jurisdição constitucional* — a Constituição torna-se um instrumento normativo, e os tribunais passam a ter o papel de protagonistas na concretização dos direitos fundamentais. A verdade é que a segunda metade do Século XX assiste a vitória do modelo americano de direito constitucional, que sempre esteve fundado na ideia de centralidade da Constituição e de supremacia judicial na determinação do seu sentido constitucional. Esse foi o modelo de Constituição que prevaleceu sobre o modelo fundado na centralidade da lei e na supremacia do parlamento, no qual não havia controle da constitucionalidade. Com o advento da Segunda Guerra Mundial, os países europeus se constitucionalizaram a partir da Alemanha, e todos, um a um, foram criando o seu controle de constitucionalidade e o seu tribunal constitucional. Não importa que, processualmente, o modo de controle na Europa seja diferente dos EUA. O que venceu foi a ideia da supremacia da Constituição e do Poder Judiciário como o detentor da palavra final sobre o seu sentido. Esta foi outra grande mudança de paradigma ocorrida.

c) *Revolução ocorrida na interpretação constitucional* — a complexidade do mundo, o pluralismo e a diversidade impulsionaram, o desenvolvimento de novas ideias e categorias sobre a operação de velhas premissas. Portanto, também a interpretação constitucional, passou por uma revolução metodológica e conceitual que introduziu em um ambiente de debates ideias como normatividade dos princípios, colisão de normas constitucionais, ponderação e argumentação jurídica. Todos os conceitos verdadeiramente relevantes foram modificados.

Desta forma, com o surgimento do neoconstitucionalismo, passa-se a interpretar o Direito a partir dos princípios e dos valores inscritos na Constituição, de modo que se opera uma segunda revolução, que é a constitucionalização dos direitos, a significar a migração dos princípios constitucionais a todos os demais ramos do direito, mudando o modo como se interpreta o próprio Direito do Trabalho. Este ramo da ciência jurídica passa a ter o princípio da dignidade da pessoa humana como centro de irradiação dos direitos desse ambiente pós positivista.

Vive-se, então, o momento em que a Constituição se irradia por todos os ramos do direito, mudando a compreensão dos seus institutos. A CR/1988, em tese, fortalece o Direito do Trabalho, por permitir que conserve os seus próprios princípios e conceitos, agora potencializados pelos princípios constitucionais. Mas será que isso de fato ocorre?

Diante do *status* de norma jurídica alcançados pelos princípios constitucionais, há situações concretas que induzem a entender que há colisão entre esses princípios

Neste estudo, aborda-se o suposto conflito do princípio da autonomia da vontade com o princípio da dignidade da pessoa humana, dentro de uma relação de trabalho em condições análogas à de escravo, demonstrando que, para a solução do caso concreto, o Direito do Trabalho terá que se socorrer à técnica da ponderação[3] advinda

---

(3) Conforme Barroso, "A ponderação de normas, bens ou valores (v. *infra*) é a técnica a ser utilizada pelo intérprete, por via da qual ele (i) fará *concessões recíprocas*, procurando preservar o máximo possível de cada um dos interesses em disputa ou, no limite, (ii) procederá

do neoconstitucionalismo. E de fato, para que o trabalho alcance os anseios da sociedade, deverá cumprir não somente o que está disposto na CLT, mas, prioritariamente, os princípios constitucionais.

2.1. O elastecimento do conceito de trabalho em condições análogas à de escravo, a partir da CR/1988

Entre as características do neoconstitucionalismo, ressalta-se a expressiva valorização concedida ao princípio da dignidade da pessoa humana, que passou a ter *status* de norma jurídica com a força normativa da Constituição de 1988.

Assim sendo, somente após o advento da CR/1988, o enfrentamento ao trabalho escravo pôde mostrar um significativo avanço motivado por um dos principais fundamentos da Carta Magna: a dignidade da pessoa humana (CR/1988, art. 1º, III).

No entanto, há de se ressaltar que a aplicabilidade deste valoroso princípio não produziu efeito imediato no conceito de trabalho escravo. Isso porque, mesmo com a sua previsão na CR/1988, a sociedade brasileira negava-se ao reconhecimento da prática do crime em território nacional, até a ocorrência do rumoroso caso "Zé Pereira"[4], em 1989.

Observa-se que tal evento foi ignorado, apesar da existência da tipificação do crime de trabalho em condições análogas à de escravo constar do Código Penal de 1940, em seu art. 149[5].

O ano de 1995 foi o marco do reconhecimento da existência do trabalho escravo no Brasil, por constituir a data em que o governo brasileiro foi denunciado à Organização dos Estados Americanos (OEA), por ter ignorado a grave ocorrência do caso "Zé Pereira"[6]. Para evitar uma condenação, o Brasil ofereceu, como solução amistosa, assumir uma série de compromissos para o combate ao trabalho escravo.

Consequentemente, quando se passa a reconhecer o crime de trabalho escravo, passa-se a valorizar, também, o princípio constitucional da dignidade da pessoa humana dentro das relações de trabalho. Tal avanço é atestado pela servidora do Ministério do Trabalho e Emprego (MTE) — Rachel Cunha[7] — que trabalhou com a Secretária de Inspeção do Trabalho à época, Dra. Ruth Vilela.

Rachel Cunha relata que o Brasil foi denunciado na OEA pelo caso de José Pereira, e que o Ministro do Trabalho à época, Valter Bareli, teve a coragem de reconhecer o crime de trabalho escravo em uma Conferência da Organização Internacional do Trabalho (OIT). Desse momento em diante, o Governo Fernando Henrique Cardoso criou

---

à *escolha* do direito que irá prevalecer, em concreto, por realizar mais adequadamente a vontade constitucional. Conceito-chave na matéria é o princípio instrumental da *razoabilidade*" (BARROSO, Luís Roberto. Neoconstitucionalismo e constitucionalização do direito. *Revista Eletrônica sobre a Reforma do Estado,* Salvador, n. 9, mar.–maio 2007, p. 14).

(4) O caso do trabalhador José Pereira Ferreira foi tomado como exemplo dessa situação. Em setembro de 1989, com 17 anos, ele tentou fugir da fazenda Espírito Santo, em Sapucaia, Pará, com um colega de trabalho apelidado de Paraná. Os dois foram seguidos por pistoleiros e alvejados por tiros. Paraná morreu na hora e José Pereira ficou ferido no rosto e na mão. O rapaz se fingiu de morto e foi abandonado na estrada a alguns quilômetros de distância. José Pereira conseguiu denunciar a situação à Polícia Federal, que retirou 60 trabalhadores da fazenda. Os pistoleiros fugiram e nada foi feito (CAMARGO, Beatriz. Governo cumpre parte de acordo com a OEA sobre trabalho escravo. *Repórter Brasil,* 29 maio 2006. Disponível em: <http://reporterbrasil.org.br/2006/05/governo--cumpre-parte-do-acordo-com-oea-sobre-trabalho-escravo/>. Acesso em: 24 jul. 2014).

(5) Art. 149 - Reduzir alguém a condição análoga à de escravo: Pena — reclusão, de 2 (dois) a 8 (oito) anos.

(6) As reiteradas denúncias na imprensa, na Organização Internacional do Trabalho (OIT), na Organização das Nações Unidas (OEA) e no Parlamento Europeu, elaboradas pela sociedade civil a partir da década de 1970, especialmente, pela Comissão Pastoral da Terra (CPT), tornaram impossível negar que o trabalho escravo era uma realidade no Brasil. O reconhecimento oficial, em 1995, deu-se após o país ser denunciado – pela própria CPT e pela Organização Não Governamental (ONG) Centre for Justice and International Law – na Corte Internacional de Direitos Humanos, pelo que ficou conhecido como "Caso José Pereira". A denúncia alegava violação de diversos direitos humanos, omissão do Estado brasileiro para investigar crimes de trabalho escravo, muitas vezes associados a assassinatos, e ineficácia para punir os responsáveis por essas práticas (BRASIL. Gabinete da Presidência. Secretaria de Direitos Humanos da Presidência da República. *10 anos de CONATRAE:* trabalho escravo e escravidão contemporânea. Brasília: SDH, 2013, p. 23).

(7) Destaca-se: "Eu cheguei ao Ministério do Trabalho em 1993 para trabalhar com a Ruth Vilela. Não havia informação nenhuma sobre trabalho escravo na Secretaria. As denúncias chegavam, mas não tinha estrutura, não tinha carro, não tinha pessoal. O Ministério levava meses para apurar. O trabalho escravo tem um caráter temporário, e quando a fiscalização chegava lá, claro, o trabalho escravo já estava acabado. E os fiscais colocavam assim: "Trabalhador sem carteira". Descrições muito bobas e não acontecia nada. O Brasil foi denunciado à OEA pelo caso do Zé Pereira. E Valter Bareli, Ministro do Trabalho à época, teve a ousadia de reconhecer. Porque todo mundo dizia: *"Não, acho que não pode escancarar".* Valter Bareli esteve na conferência da OIT dizendo: *"Nós temos trabalho escravo sim, e agora o governo vai fazer um esforço para combater".* Foi quando o Governo Fernando Henrique resolveu criar o GERTRAF. E criou o Grupo Especial de Fiscalização Móvel, formado de auditores fiscais de diversas regiões, com o objetivo de combater o trabalho escravo. Esse grupo foi, aos poucos, começando, e o pessoal aprendeu a fazer fazendo. Ia apurar uma denúncia e a situação" (BRASIL. Gabinete da Presidência. Secretaria de Direitos Humanos da Presidência da República. *10 anos de CONATRAE:* trabalho escravo e escravidão contemporânea. Brasília: SDH, 2013. p. 41).

o GERTRAF⁽⁸⁾ e o Grupo Especial de Fiscalização Móvel (GEFM)⁽⁹⁾ para auxiliarem no combate ao crime.

Desta forma, a partir de 1995, com a criação do GEFM, o combate ao crime de trabalho escravo contemporâneo adquiriu normalidade e intensidade. Porém, mesmo com a implementação do GEFM, o Ministério do Trabalho e Emprego ainda encontra dificuldades no combate ao crime, dado que o Poder Judiciário entenda que para se caracterizar o trabalho análogo ao de escravo deveria existir, necessariamente, o cerceamento de liberdade das vítimas.

No entanto, os auditores fiscais permaneceram na luta apoiados pelo entendimento de que se o trabalho retira a dignidade do trabalhador, ele se assemelha ao trabalho escravo.

Neste sentido, o coordenador do Grupo Nacional Móvel de Combate ao Trabalho Escravo (GNMCTE), no período de 1997-2000 e 2003-2010, o Auditor-Fiscal do Trabalho Marcelo Campos⁽¹⁰⁾, esclareceu como a inspeção do trabalho influenciou na ampliação do conceito de trabalho escravo e na consequente alteração legislativa do art. 149 do Código Penal, pela Lei n. 10.803, de 11 de dezembro de 2003.

De acordo com Marcelo Campos, a atuação e interpretação dada pelo GEFM ajudou na construção da nova redação do art. 149 do Código Penal, que passou a agregar, também, situações que roubam a dignidade do trabalhador e o colocam em uma condição análoga à de escravo, sem, necessariamente, haver o cerceamento de sua liberdade.

Assim, com a entrada em vigor da Lei n. 10.803/2003 e a ampliação do conceito de escravidão, criou-se o novo termo "escravidão contemporânea", pelo qual se entende:

> [...] o trabalho escravo contemporâneo é aquele que se realiza mediante a redução do trabalhador a simples objeto de lucro do empregador. O obreiro é subjugado, humilhado e submetido a condições degradantes de trabalho e, em regra, embora não seja elemento essencial do tipo, sem o direito de rescindir o contrato ou de deixar o local de labor a qualquer tempo (MIRAGLIA, 2008. p. 135).

Conforme se depreende do conceito acima, a nova forma de interpretar o trabalho escravo foi importante, pois rompeu com a ideia de que para haver trabalho escravo teria de haver cerceamento de liberdade. O foco de combate ao trabalho escravo contemporâneo passa a ser a dignidade do trabalhador.

Essa ampliação conceitual se justifica, pois assim como o Direito evolui, as formas de burlá-lo também evoluem. Desta forma, com o aumento da complexidade das relações de trabalho, com a busca incessante por aumentar os lucros do seu empreendimento, o detentor do capital passou a buscar novas formas de precarizar e suprimir os direitos trabalhistas, camuflando-os sob uma roupagem de mero ilícito trabalhista. Portanto, fez-se necessário evoluir e ampliar o conceito de trabalho escravo, para que essa conduta criminosa fosse cada vez mais reprimida, razão pela qual passou a abranger, também, as novas formas de exploração que afrontam diretamente a dignidade do ser humano.

Neste sentido, com a alteração dada pela Lei n. 10.803/2003, o crime de trabalho escravo passou a ter a seguinte redação:

---

(8) Grupo Executivo de Repressão ao Trabalho Forçado. Criado pelo Decreto n. 1.538 de 27 de junho de 1995.

(9) O Grupo Especial de Fiscalização Móvel (GEFM), em funcionamento até os dias de hoje, é vinculado à Secretaria de Inspeção do Trabalho em Brasília e fiscaliza casos de trabalho escravo com auditores de diversas partes do país, apoio da Polícia Federal e participação do Ministério Público do Trabalho. Por reunir diversas esferas para uma ação coordenada é considerado um instrumento inovador.

(10) "Nós fazíamos um enfretamento no seguinte sentido: não há cerceamento da liberdade de ir e vir, mas é trabalho análogo ao de escravo. Entendemos como tal. Sempre dialogávamos com o conjunto das instituições públicas e com a sociedade civil e dizíamos: nós temos que modificar o Código Penal. O Código Penal não dizia que deveria haver cerceamento de liberdade de ir e vir; quem dizia era uma Jurisprudência, que nunca tinha enfrentado a realidade. Nós considerávamos [trabalho escravo], porque aquilo feria fundamentalmente a dignidade do trabalhador. Se fizer uma análise do ponto de vista filosófico e conceitual, o que diferencia o trabalhador contemporâneo com direitos e livre do trabalhador escravo do Império não é o cerceamento da liberdade de ir e vir. O que distingue o trabalhador com direitos e o trabalhador escravo como objeto? É a dignidade. Porque um trabalhador contemporâneo é um sujeito de direitos, é livre e, para realizar o seu trabalho, há uma série de direitos que têm que ser cumpridos. E esses direitos não são uma ficção: na prática dariam a ele uma dignidade para exercer o seu trabalho. Para o escravo no Império e na Colônia, não havia o que se falar em dignidade, porque ele era como um boi, um objeto. A *Encíclica Rerum Novarum* dizia que nem alma tinha, para facilitar ideologicamente e eticamente a exploração dele como coisa. O escravo clássico não tinha dignidade, o trabalhador contemporâneo tem dignidade através dos direitos. Se, desse trabalhador contemporâneo, roubam-lhe os direitos, como ele fica? Como um escravo. Ele é colocado em uma situação de mero objeto sendo explorado. Esse roubo da dignidade o torna análogo ao trabalhador escravo. Isso nos permitiu construir essa nova redação do Código Penal que agrega situações que roubam a dignidade do trabalhador e

o colocam em uma situação análoga à de escravo. Em todas as suas hipóteses, o traço definidor é a supressão da dignidade do trabalhador. E vai poder ocorrer tanto no meio rural quanto no meio urbano; não há mais aquela distinção (Marcelo Campos in BRASIL. Gabinete da Presidência. Secretaria de Direitos Humanos da Presidência da República. *10 anos de CONATRAE*: trabalho escravo e escravidão contemporânea. Brasília: SDH, 2013. p. 77).

Art. 149. Reduzir alguém a condição análoga à de escravo, quer submetendo-o a **trabalhos forçados** ou a **jornada exaustiva**, quer sujeitando-o a **condições degradantes de trabalho**, quer **restringindo**, por qualquer meio, **sua locomoção em razão de dívida contraída com o empregador ou preposto**:

§ 1º Nas mesmas penas incorre quem:

I – cerceia o uso de qualquer meio de transporte por parte do trabalhador, com o fim de retê-lo no local de trabalho.

§ 2º A pena é aumentada de metade, se o crime é cometido:

I – contra criança ou adolescente

II – por meio de preconceito de raça, cor, etnia, religião ou origem.

Pena – reclusão, de dois a oito anos, e multa, além da pena correspondente à violência. (grifo nosso)

É importante frisar que o supracitado dispositivo legal se vale, de forma categórica, das expressões: "quer submetendo", "quer sujeitando" "quer restringindo", demonstrando que as formas de caracterização não são cumulativas. Assim, basta estar presente uma das situações do tipo penal para que o crime seja caracterizado. Destaca-se, por oportuno, que todas as formas de exploração inseridas nesse dispositivo têm a dignidade da pessoa humana como bem maior a ser tutelado.

Ademais, além do enfrentamento dado pelos GEFMs, que contribuiu para ampliar o conceito de trabalho escravo, é necessário ressaltar que o neoconstitucionalismo propiciou um terreno fértil para o reconhecimento do trabalho escravo contemporâneo, uma vez que coloca o princípio constitucional da dignidade da pessoa humana como pilar do Estado Democrático de Direito.

Neste sentido, passa-se a discorrer sobre o papel do Estado na defesa da inserção desse valoroso princípio constitucional nas relações de emprego, com o objetivo de elevar o trabalho ao patamar da dignidade humana, buscando, assim, a erradicação do trabalho análogo ao de escravo no território brasileiro.

2.2. O papel do Ministério do Trabalho e Emprego no enfrentamento ao crime de trabalho escravo contemporâneo

Antes de falar da atuação do MTE, faz-se necessário conhecer os órgãos envolvidos no enfrentamento ao trabalho escravo. Por se tratar de um delito que deriva da relação de trabalho, os órgãos responsáveis por proteger e efetivar os direitos trabalhistas estão na linha de frente do combate. Neste sentido, o comando das ações de enfrentamento é do Ministério do Trabalho e Emprego (MTE), que possui o Grupo Especial de Fiscalização Móvel (GEFM), composto por Auditores-Fiscais do Trabalho (AFT), responsáveis por fiscalizar e retirar do ambiente de trabalho os empregados encontrados em situações análogas à de escravidão. Ainda na esfera dos direitos trabalhistas, cita-se o Ministério Público do Trabalho (MPT), composto pelos Procuradores do Trabalho, responsáveis por propor ações civis públicas e por firmar os termos de ajuste de conduta.

No âmbito criminal, compete à Polícia Federal a realização do inquérito policial, e ao Ministério Público Federal, o oferecimento da denúncia. Por fim, compete à Justiça do Trabalho julgar as ações anulatórias dos autos de infração lavrados pelos AFT e as ações civis públicas propostas pelo MPT, e à Justiça Federal julgar os processos de crime análogo à condição de escravo.

Especificamente, na atuação do MTE no enfrentamento ao trabalho escravo, os auditores fiscais do trabalho, responsáveis por fiscalizar todas e quaisquer relações de emprego, exercem importante papel nas ações de combate. Na estrutura organizacional do MTE, o Grupo Nacional Móvel de Combate ao Trabalho Escravo (GNMCTE), coordenado pela Secretaria de Inspeção do Trabalho (SIT), em Brasília, e composto por auditores fiscais, detecta o casos de crime. Por extensão, tem-se o trabalho das unidades descentralizadas do MTE, denominadas Superintendência Regional do Trabalho e Emprego (SRTE), onde equipes de auditores fortalecem as ações de combate.

O enfrentamento ao trabalho escravo pode se dar por meio de denúncias e/ou fiscalizações de rotina em regiões que, tradicionalmente, possuem um maior índice de descumprimento das normas trabalhistas pela exploração de trabalhadores. Os auditores fazem a inspeção na frente de trabalho e, caso encontrem condições de trabalho que se enquadram no art. 149 do Código Penal, procedem com a rescisão indireta do contrato de trabalho, fazendo com que o empregador efetue o pagamento das verbas rescisórias dos trabalhadores encontrados naquela situação. Além disso, são feitas as interdições, lavrados os autos de infração referentes às irregularidades constatadas e emitidas as Guias de Seguro Desemprego para Trabalhador Resgatado, conforme previsto na Lei n. 7.998/1990[11].

Após proceder com a retirada dos trabalhadores, fazer o acerto rescisório, lavrar os autos de infração e liberar a Guia de Seguro Desemprego, os auditores elaboram um relatório descritivo da situação encontrada, listando os autos lavrados e as interdições feitas, anexando, ao final, as fotos das condições de trabalho do estabelecimento

---

(11) Art. 2º - O Programa de Seguro-Desemprego tem por finalidade: I - prover assistência financeira temporária ao trabalhador desempregado em virtude de dispensa sem justa causa, inclusive a indireta, e **ao trabalhador comprovadamente resgatado de regime de trabalho forçado ou da condição análoga à de escravo** (Redação dada pela Lei n. 10.608 de 20.12.2002) (grifo nosso).

fiscalizado. Este relatório é elaborado em três vias, sendo a primeira encaminhada ao Ministério Público do Trabalho (MPT), a segunda ao Ministério Público Federal (MPF) e a terceira à Polícia Federal. Por fim, cada um desses órgãos, com base no relatório fiscal, adotará as medidas cabíveis.

3. Caso hipotético em estudo

Com fundamento nas mudanças oriundas do neoconstitucionalismo que impactaram no Direito do Trabalho, passa-se à narrativa do caso hipotético em foco, com vistas à análise de suas implicações frente à nova dogmática de interpretação constitucional que prima pela valorização do princípio da dignidade da pessoa humana, da qual decorreu a ampliação do conceito de trabalho escravo contemporâneo, que vem amparando a atuação do MTE no seu combate em território nacional.

Caso hipotético: João de Souza Filho saiu do Maranhão e foi contratado para trabalhar como carvoeiro em uma fazenda situada na região Noroeste de Minas. Trabalhando sem carteira assinada, João nunca recebeu equipamento de proteção individual e encontra-se alojado em uma barraca de lona, dormindo sob um chão de terra batida. O trabalhador também não dispõe de banheiro no alojamento, fazendo as suas necessidades fisiológicas no mato ou em um riacho que passa perto da fazenda. Esse mesmo riacho, totalmente poluído, também lhe serve a água que bebe e toma banho, dado que na fazenda não há banheiro, chuveiro, nem água tratada para os empregados. Também não há local para refeição, o que obriga João a almoçar sentado no chão de terra, sob um sol de 40 graus.

Indignado com a situação do amigo João, o empregado de uma fazenda vizinha faz uma denúncia ao Ministério do Trabalho e Emprego (MTE), informando que o trabalhador encontra-se em péssimas condições de trabalho, e solicita uma fiscalização. Dias depois, a equipe de auditores fiscais do MTE chega ao estabelecimento e constata que, de fato, João está trabalhando em condições subumanas, ou seja, em condições degradantes que aviltam sua saúde e sua dignidade.

Com base no texto do art. 149 do Código Penal, que inclui as condições degradantes como uma das formas de trabalho análoga à de escravo, por retirarem do trabalhador a sua dignidade, os auditores fiscais do trabalho procedem com a rescisão indireta do contrato de trabalho de João, por entenderem sua situação como trabalho escravo. Lavrados os autos de infração, feitos os pagamentos das verbas rescisórias e a liberação da Guia de Seguro Desemprego, por fim, o empregador paga a passagem de João para que retorne ao Maranhão.

No entanto, ao chegar ao Maranhão, João resolve pleitear a sua reintegração ao emprego, sob as seguintes alegações: (i) que as condições de vida dele no Maranhão são iguais às que ele vivenciava na fazenda do Noroeste de Minas; (ii) que aquele trabalho não feria a sua dignidade; (iii) que aquele trabalho o fazia feliz e (iv) que a Constituição garante a ele o direito ao trabalho e a autonomia da vontade.

Tal reação jurídica do trabalhador, contrária ao amparo recebido do MTE na defesa de seus direitos trabalhistas e constitucionais, origina as indagações: (i) se João não considera aquele trabalho indigno?; (ii) se ele deseja continuar trabalhando para aquele empregador?; (iii) se ele sente-se feliz naquele ambiente? e (iv) se a Constituição lhe garante o direito ao trabalho e à autonomia da vontade, como pode o Estado decidir contra a vontade dele?

4. Discussão

A partir das questões levantadas na exposição do caso mencionado, valendo-se do método hipotético-dedutivo de Popper (2003), tem-se que aspectos pertinentes à teoria estudada tornam clara a tensão entre os princípios e as técnicas de ponderação originadas do neoconstitucionalismo.

Desta forma, considerando o neoconstitucionalismo e a ampliação conceitual alcançada pelo o trabalho escravo contemporâneo, qual seria a decisão mais coerente do magistrado?: (i) permitir que João volte a trabalhar naquelas condições, já que a Constituição lhe garante o direito ao trabalho e à autonomia da vontade? Ou (ii) negar o pedido de João por entender que é papel do Estado definir o patamar inicial civilizatório dos indivíduos e defender os interesses da coletividade?

Primeiramente, cabe esclarecer que, por se tratar de uma relação de emprego, aplicam-se as regras próprias do Direito do Trabalho.

Deve-se lembrar que, no contrato de trabalho, tem-se uma relação jurídica, na qual as partes não estão em igualdade de condições para negociar. Sendo assim, é papel do Estado definir um patamar que o empregador, detentor do poder econômico, deve seguir para que aquela relação jurídica seja considerada válida.

Além disso, há de se lembrar que o Direito do Trabalho tem como função central a melhoria das condições de pactuação da força de trabalho na ordem socioeconômica, função que privilegia o interesse coletivo dos trabalhadores em detrimento do interesse individual, conforme ensina Mauricio Godinho Delgado:

> essa função central do Direito do Trabalho (melhoria das condições de pactuação da força de trabalho na ordem socioeconômica) não pode ser apreendida sob uma ótica meramente individualista, enfocando

o trabalhador isolado. Como é próprio ao Direito e, fundamentalmente ao Direito do Trabalho, em que o ser coletivo prepondera sobre o ser individual, a lógica básica do sistema jurídico deve ser captada tomando-se o conjunto de situações envolvidas, jamais sua fração isolada. **Assim, deve-se considerar, no exame do cumprimento da função justrabalhista, o ser coletivo obreiro, a categoria, o universo mais global de trabalhadores**, independentemente dos estritos efeitos sobre o ser individual destacado[12].

Como é sabido, o Direito do Trabalho, mesmo sendo considerado pela doutrina majoritária como direito privado, sofre incontestável interferência estatal para atender aos interesses da coletividade.

Outro princípio próprio do Direito do Trabalho que tem correlação com o caso apresentado é o da indisponibilidade dos direitos trabalhistas. Esse princípio impede que o empregado, por sua simples manifestação de vontade, disponha-se dos direitos que lhe são assegurados pela ordem jurídica e pelo contrato. Na visão de Delgado, tal princípio consiste em:

> ele traduz a inviabilidade técnico-jurídica de poder o empregado despojar-se, por sua simples manifestação de vontade, das vantagens e proteções que lhe asseguram a ordem jurídica e o contrato. A indisponibilidade inata aos direitos trabalhistas constitui-se talvez no veículo principal utilizado pelo Direito do Trabalho para tentar igualar, no plano jurídico, a assincronia clássica existente entre os sujeitos da relação socioeconômica de emprego. O aparente contingenciamento da liberdade obreira que resultaria da observância desse princípio desponta, na verdade, como o instrumento hábil a assegurar efetiva liberdade no contexto da relação empregatícia: é que aquele contingenciamento atenua ao sujeito individual obreiro a inevitável restrição de vontade que naturalmente tem perante o sujeito coletivo empresaria.

Desta feita, o princípio da indisponibilidade é um instrumento utilizado pelo Direito do Trabalho para tentar assegurar um patamar digno aos trabalhadores, o que na prática, muitas vezes é descumprido pelos próprios órgãos de proteção ao trabalho (Justiça do Trabalho, MPT e MTE). Essa intervenção do Estado se faz necessária no Direito do Trabalho, em razão da existência de desigualdade na relação de emprego, na qual o empregado figura como parte hipossuficiente. Caso não existisse o referido princípio, o patamar de dignidade da sociedade poderia chegar a níveis avassaladores, tendo em vista a lógica da exploração capitalista da força de trabalho. Partindo dessa lógica, o Estado é o responsável por definir o patamar inicial de civilidade.

Além dos princípios próprios da esfera laboral, devemos lembrar que, conforme exposição teórica, com o surgimento do neoconstitucionalismo, os princípios constitucionais ganharam força normativa e *status* de norma jurídica. Portanto, isso irá refletir no Direito do Trabalho e, consequentemente, no caso concreto, pois o magistrado estará diante de um confronto entre princípios de igual valor — de um lado, a autonomia da vontade do empregado (que não quer deixar o emprego, por entender que aquela situação não fere a sua dignidade); e do outro, a dignidade da pessoa humana, princípio este tutelado pelo Estado.

Partindo-se desse conflito, seria uma solução possível para o caso hipotético a utilização pelo magistrado da técnica da ponderação, com o intuito de solucionar este impasse. É de se ressaltar que, a ponderação pode ser exercida mediante concessões recíprocas entre os princípios em rota de colisão, ou pela prevalência que propicie a realização da escolha por um deles. Neste caso concreto, o legislador não conseguirá fazer uma concessão recíproca na qual irão permanecer os dois princípios na decisão, uma vez que o princípio da dignidade da pessoa humana, obrigatoriamente, deve prevalecer sobre o princípio da autonomia da vontade.

De forma mais detalhada, Barroso (2014) explica a técnica da ponderação. Segundo o autor:

> a existência de colisões de normas constitucionais, tanto as de princípios como as de direitos fundamentais, passou a ser percebida como um fenômeno natural — até porque inevitável — no constitucionalismo contemporâneo. As Constituições modernas são documentos dialéticos, que consagram bens jurídicos que se contrapõem. Há choques potenciais entre a promoção do desenvolvimento e a proteção ambiental, entre a livre-iniciativa e a proteção do consumidor. No plano dos direitos fundamentais, a liberdade religiosa de um indivíduo pode conflitar-se com a de outro, o direito de privacidade e a liberdade de expressão vivem em tensão contínua, a liberdade de reunião de alguns pode interferir com o direito de ir e vir dos demais. Quando duas normas de igual hierarquia colidem em abstrato, é intuitivo que não possam fornecer, pelo seu relato, a solução do problema. Nestes casos, a atuação do intérprete criará o Direito aplicável ao caso concreto. A existência de colisões de normas constitucionais leva à necessidade de *ponderação*.

---

(12) DELGADO, Mauricio Godinho. *Curso completo de Direito do Trabalho*. 13. ed. São Paulo: LTr, 2014. p. 199.

A subsunção, por óbvio, não é capaz de resolver o problema, por não ser possível enquadrar o mesmo fato em normas antagônicas. Tampouco podem ser úteis os critérios tradicionais de solução de conflitos normativos — hierárquico, cronológico e da especialização — quando a colisão se dá entre disposições da Constituição originária. Neste cenário, a ponderação de normas, bens ou valores (v. *infra*) é a técnica a ser utilizada pelo intérprete, por via da qual ele (i) fará *concessões recíprocas*, procurando preservar o máximo possível de cada um dos interesses em disputa ou, no limite, (ii) procederá à *escolha* do direito que irá prevalecer, em concreto, por realizar mais adequadamente a vontade constitucional. Conceito-chave na matéria é o princípio instrumental da *razoabilidade*[13].

Conclui-se, assim, que esta técnica não consiste em negar um princípio em detrimento do outro, mesmo porque os dois princípios são de natureza constitucional e estão na mesma posição hierárquica. Portanto, a ponderação consiste em sopesar, diante de um caso concreto, qual dos princípios em confronto deverá prevalecer. Assim, a possível solução para o caso em tela seria a da prevalência do princípio da dignidade humana sobre o princípio da autonomia da vontade.

Isso porque deve-se lembrar de que cabe ao Estado a defesa dos interesses da coletividade e não de um trabalhador de forma isolada . Sendo assim, é papel do Estado definir o conceito do que é digno ou não. Cabe a ele definir o patamar inicial civilizatório dos trabalhadores. De forma contrária, se o Juiz entendesse que deveria prevalecer no caso concreto o princípio da autonomia da vontade, haveria lesão à coletividade de trabalhadores, uma vez que se estaria indo na contramão do papel central do Direito do Trabalho e dos próprios princípios constitucionais que valorizam o trabalho e a dignidade da pessoa humana.

Assim, na relação de emprego, tal decisão seria ainda mais gravosa, pois o juiz estaria legitimando o detentor do capital a se aproveitar da condição hipossuficiente do trabalhador, sob uma falsa impressão de que existiria uma autonomia da vontade por parte do mesmo que, muitas das vezes, está em situação de luta pela sobrevivência.

Desta forma, verifica-se que a autonomia da vontade desse empregado possui limites, pois irá se esbarrar no papel do Estado em garantir o patamar civilizatório mínimo das condições de trabalho. Portanto, neste caso concreto, ao aplicar a técnica da ponderação, o magistrado deverá optar pela prevalência do princípio da dignidade humana em detrimento da autonomia da vontade. Em síntese, não se tem a negação deste princípio, e sim a prevalência daquele.

Outra conclusão possível é a de que neste caso nem se trata de "ponderar", pois o princípio da indisponibilidade serve exatamente ao princípio da dignidade. A ponderação se faz no caso concreto, quando os princípios apontam soluções diversas. No entanto, no Direito do Trabalho, o próprio princípio da autonomia da vontade é atropelado, em termos gerais, pelo princípio da indisponibilidade.

5. Conclusão

Ao encerramento deste estudo, considerando-se a importância da técnica da ponderação oriunda do neoconstitucionalismo como instrumento de solução do conflito entre os princípios constitucionais, infere-se que a decisão mais acertada, por parte do magistrado, seria a não reintegração do trabalhador ao emprego caracterizado por condições análogas à de escravo. Isto porque a condição jurídica de indisponibilidade dos direitos trabalhistas anula a possibilidade do empregado dispor do direito ao trabalho digno.

Ademais, cabe ao Estado definir os direitos mínimos inerentes à coletividade, não cabendo a um trabalhador, individualmente, aceitar condições inferiores às mínimas estabelecidas por lei, sob pena de prejudicar toda a coletividade. Em resumo, cabe ao Estado garantir o patamar civilizatório mínimo das condições de trabalho, definindo o que é trabalho digno.

Cabe ao magistrado, portanto, solucionar o conflito de princípios valendo-se das técnicas da ponderação. Ao sopesar os princípios da autonomia da vontade e o da dignidade da pessoa humana, deverá prevalecer a defesa do princípio da dignidade da pessoa humana, um dos fundamentos da atual Carta Magna, não podendo o indivíduo, dentro de uma relação que envolve a exploração da força de trabalho, definir o limite de sua dignidade, sob pena de reduzir os níveis de civilidade alcançados, até então, pelo Estado Democrático de Direito, para toda a classe trabalhadora.

6. Referências bibliográficas

BARROSO, Luís Roberto. Neoconstitucionalismo e constitucionalização do direito: o triunfo tardio do Direito Constitucional no Brasil. *Revista Eletrônica sobre a Reforma do Estado*. Salvador, n. 9, mar.–maio 2007.

BARROSO, Luís Roberto. Neoconstitucionalismo e a constituição de direito: o triunfo tardio do direito constitucional no Brasil. *Jus Navigandi*, nov. 2005. Disponível em: <http://jus.com.br/

---

(13) BARROSO, Luis Roberto. Neoconstitucionalismo e constitucionalização do direito: o triunfo tardio do Direito Constitucional no Brasil. *Revista Eletrônica sobre a Reforma do Estado*, Salvador, n. 9, mar.–maio 2007. p. 14.

artigos/7547/neoconstitucionalismo-e-constitucionalizacao-do-direito>. Acesso em: 05 jul. 2014.

BARROSO, Luís Roberto. Neoconstitucionalismo e a constituição de direito: o triunfo tardio do direito constitucional no Brasil. 2005. Disponível em: <http://www.georgemlima.xpg.com.br/barroso.pdf>. Acesso em: 05 jul. 2014.

BRASIL. Constituição (1988). Constituição da República Federativa do Brasil, 1988. Palácio do Planalto. Brasília. Disponível em: <http://www.planalto.gov.br/ccivil_03/constituicao/constituicao.htm>. Acesso em: 24 jun. 2014.

BRASIL. Decreto-lei n. 2848 de 7 de Dezembro de 1940. Código Penal. Disponível em: <http://www.planalto.gov.br/ccivil_03/decreto-lei/del2848.htm>. Acesso em: 27 jun. 2014.

BRASIL. Decreto-lei n. 5.452, de 1 de maio de 1943. Consolidação das Leis do Trabalho. Aprova a Consolidação das Leis do Trabalho. Disponível em: <http://www.planalto.gov.br/ccivil_03/decreto-lei/del5452.htm>. Acesso em: 24 jun. 2014.

BRASIL. Lei n. 10.803 de 11 de Dezembro de 2003. Altera o art. 149 do Decreto-lei n. 2.848, de 7 de dezembro de 1940 — Código Penal, para estabelecer penas ao crime nele tipificado e indicar as hipóteses em que se configura condição análoga à de escravo. Disponível em: <http://www.planalto.gov.br/ccivil_03/leis/2003/l10.803.htm>. Acesso em: 24 jun. 2014.

BRASIL. Gabinete da Presidência. Secretaria de Direitos Humanos da Presidência da República. 10 anos de CONATRAE: trabalho escravo e escravidão contemporânea. Brasília: SDH, 2013.

CAMARGO, Beatriz. Governo cumpre parte de acordo com a OEA sobre trabalho escravo. Repórter Brasil, 29 maio 2006. Disponível em: <http://reporterbrasil.org.br/2006/05/governo-cumpre-parte-do-acordo-com-oea-sobre-trabalho-escravo/>. Acesso em: 24 jul. 2014.

DELGADO, Mauricio Godinho. *Curso completo de direito do trabalho.* 13. ed. São Paulo: LTr, 2014.

FIGUEIRA, Ricardo Rezende; PRADO, Adonia Antunes. *Olhares sobre a escravidão contemporânea:* novas contribuições críticas. Cuiabá: EdUFMT, 2011.

MIRAGLIA, Lívia Mendes Moreira. *Trabalho escravo contemporâneo:* conceituação à luz do princípio da dignidade da pessoa humana. 2008. Dissertação (Mestrado em Direito do Trabalho) – Faculdade Mineira de Direito, Pontifícia Universidade Católica de Minas Gerais, Belo Horizonte, 2008.

POPPER, Karl Raymund. *Conjecturas e refutações.* Lisboa: Almedina, 2003.

TEODORO, Maria Cecília Máximo. *O juiz ativo e os direitos trabalhistas.* São Paulo: LTr, 2011.

Capítulo 3

Capitalismo, Trabalho e Consumo: a Reconstrução do Sólido em Tempos de Fluidez

Konrad Saraiva Mota[*]

1. Introdução

O presente artigo tem como foco central analisar as novas feições da relação entre capital, trabalho e consumo no paradigma na alta modernidade. Obviamente que as pretensões não evocam qualquer completude.

São, na verdade, muito mais provocativas do que conclusivas. Visam restabelecer a reflexão sobre o lugar do trabalho no capitalismo moderno.

O ponto de partida é o reconhecimento de que o trabalho não mais ocupa a destacada posição de outrora. No mundo do capital desponta o consumo — antes ditado pelo sistema, hoje capaz de subvertê-lo.

A influência do consumo é tamanha, que afasta do trabalho um aspecto que sempre lhe foi característico: a formação de subjetividades. O indivíduo se conduz muito mais pelo que consome do que pelo que produz.

A sociedade da satisfação imediata a da superfluidade de interesses desconstrói aos poucos os laços de longevidade que conceberam o direito do trabalho, abalando suas estruturas e lhe reduzindo as opções de enfrentamento.

Contudo, enxergar essa nova roupagem do capitalismo, com vestes mais leves e globalizantes, constitui premissa essencial ao combate da anunciada desconstrução.

2. Capital e trabalho: um divórcio com base em postulados consumeristas

A relação de "amor e ódio" entre capital e trabalho sempre foi alvo de valorosas reflexões. Por consenso, diz-se ambivalente e contraditória. Conformadora e, ao mesmo tempo libertária. Sem dúvida, capital e trabalho resultam antagônicos e complementares. Mas será que essa interdependência persiste nos dias de hoje?

O capitalismo é produto da modernidade. Nasce por impulso de um ideal emancipatório do indivíduo frente ao Estado, provocando o abandono de um sistema censitário em festejo à evidência de uma nova classe: a burguesia.

Como consequência, emergiu um necessário deslocamento na nascente desse mesmo poder, que — antes centrado na perenidade do sangue e nas origens nobres — passa às mãos dos detentores do capital.

Desde então, o capitalismo busca impor sua agenda. No contrapeso, encontrou o trabalho. A mercadoria não se dissociava de sua fonte produtiva. A lucratividade dependia da força de trabalho. Era preciso regular, cientificar, doutrinar o trabalhador para que pudesse produzir mais em menos tempo, concebendo a tão desejada mais-valia.

Mas o incremento da produtividade exigiu do capital uma postura que culminou com o fortalecimento do trabalho: foi preciso reunir a massa trabalhadora nos muros da grande fábrica para que dela se pudesse exigir seu melhor.

Ali reunidos, os trabalhadores se reconheceram donos de uma inequívoca solidariedade. A proximidade física provocou uma natural interação. O chão de fábrica transformou-se no local para compartilhar as angústias da exploração.

Por isso a citada ambivalência: "para produzir mais e melhor, o sistema teve que agrupar pessoas em volta das máquinas, e essas mesmas pessoas — vendo-se como num espelho — aprenderam a conspirar[1]".

A organização da classe trabalhadora foi uma questão de tempo. Agrupados em entidades sindicais, os operários adquiriram uma capacidade reivindicatória naquele momento. Tendo na greve sua principal ferramenta, o

---

[*] Doutorando em Direito do Trabalho (PUC/MINAS – 2014). Mestre em Direito (Pós-graduação *Stricto Sensu* 2012). Pós-graduado em Direito (Pós-graduação *Lato Sensu* 2004 e 2012). Mestre em Direito (Pós-graduação *Stricto Sensu* 2012). Juiz do Trabalho junto ao TRT 7ª Região (desde 2006). Juiz Coordenador dos Leilões Judiciais junto ao TRT da 7ª Região (2008-2010). Agraciado pela Ordem Alencarina do Mérito Judiciário Trabalhista no grau de Oficial em 2009. Conselheiro da Escola Judicial do Tribunal Regional do Trabalho da 7ª Região desde 2010. Professor de Direito do Trabalho e Direito Processual do Trabalho da Universidade de Fortaleza – UNIFOR desde 2007 (graduação e pós-graduação). Professor Colaborador da Escola da Magistratura do Trabalho da 7ª Região. Professor de Cursos Preparatórios para Concursos Públicos e Exame da OAB.

[1] VIANA, Márcio Túlio. O novo papel das convenções coletivas de trabalho: limites, riscos e desafios. *Revista do Tribunal Superior do Trabalho*, Brasília, LTr, p. 47, 2001.

proletariado pôde atenuar o desiderato avassalador do capital.

Os sindicatos recriaram a impotência dos trabalhadores individuais na forma do poder de barganha coletivo e lutaram com sucesso intermitente para transformar os regulamentos incapacitadores em direitos dos trabalhadores e reformulá-los como limitações impostas à liberdade de manobra dos empregadores.[2]

O movimento organizado da classe operária, aliado às consequências sociais desastrosas gestadas no ventre do capitalismo incipiente, impulsionou o Estado a sair da posição absenteísta e intervir na desequilibrada relação entre o produtor e o detentor dos meios de produção.

Foi nesse ambiente que surgiu o direito do trabalho. Regulador de uma relação conflituosa e, ao mesmo tempo, duradoura, entre capital e trabalho. A norma era fruto do sistema e, paralelamente, o justificava.

Ocorre que o paradoxo que fez nascer o direito do trabalho não mais prevalece na alta modernidade. O capitalismo conseguiu superar suas contradições. Atualmente é "possível produzir sem reunir" e inclusive "reunir sem unir"[3].

Inovações tecnológicas favoreceram a automação. A desconcentração da produção tirou o trabalhador do pátio da empresa. A terceirização externa colocou no mesmo espaço empregados e não empregados, gerando competição pelo posto de trabalho. A longevidade do contrato cedeu lugar a ajustes precários e a termo. A globalização trouxe consigo o discurso da flexibilização.

Como destaca Bauman, "o capital rompeu sua dependência em relação ao trabalho com uma nova liberdade de movimentos, impensável no passado"[4]. O capitalismo mais uma vez mostrou-se hábil na administração de crises.

O trabalho deixa de ser o principal ponto de inflexão no desenvolvimento do capital, transferindo-se para uma posição secundária. Não é mais a proteção do trabalhador que preocupa o capitalista. O foco se volta para o consumidor.

> As principais fontes de lucro [...] tendem a ser, numa escala sempre em expansão, ideias e não objetos materiais. [...] Quando se trata de tornar ideias lucrativas, os objetos da competição são os consumidores e não os produtores. Não surpreende, pois, que hoje o principal compromisso do capital seja com os consumidores.[5]

A ênfase exacerbada no consumidor torna o trabalhador cada vez mais supérfluo. Acontece que a própria sociedade cria necessidades de consumo "fetichizado e estranhado"[6], afastando-se dos verdadeiros produtores de riqueza social.

Obtempera Antunes[7] que essa superfluidade identificada no consumo transborda-se para a força de trabalho humana, de modo que os trabalhadores ou se submetem ao exercício de trabalhos precarizados ou amargam o indigesto desemprego.

Pode-se dizer, portanto, que, em tempos de "modernidade líquida"[8], o "divórcio" entre capital e trabalho tem como base postulados consumeristas.

Acontece que o consumo, quando aferido em si, é uma atividade solitária. Não se ignora a influência da grande mídia no processo de disseminação das tendências. Mas, ao final, a solidariedade no consumo não encontra espaço proeminente (tal como verificado com o trabalho).

Eis uma grande preocupação: o trabalho não mais dispõe do poder de outrora e o consumo segue seu rumo individualista e antissocial. O cenário não é animador. Uma possível solução, todavia, pode ser vislumbrada.

Isto porque, trabalhador e consumidor estão, em geral, corporificados no mesmo indivíduo. É preciso que os trabalhadores reconheçam sua energia enquanto consumidores. E se o consumo por si não os agrega, que se reúnam enquanto trabalhadores.

Os tradicionais discursos de resistência devem ser urgentemente adaptados às novas estratégias de controle das tendências destrutivas que um capitalismo sem freios pode gerar. O reconhecimento dessa realidade, porém, constitui o primeiro passo da caminhada.

---

(2) BAUMAN, Zygmunt. *Modernidade líquida*. Rio de janeiro: Zahar, 2001. p. 185.

(3) VIANA, Márcio Túlio. As várias faces da terceirização. *Revista do Tribunal Regional do Trabalho da 8ª Região*. Belém, TRT 8ª Região, p. 329-330, 2010.

(4) *Op. cit.*, p. 188.

(5) *Op. cit.*, p. 190.

(6) ANTUNES, Ricardo. Trabalho e superfluidade. In: LOMBARDI, C.L.; SAVIANI, D; SANFELICE, J. L. (Org.). *Capitalismo, trabalho e educação*. 2. ed. Campinas: Autores Associados/HISTEDBR, 2004. p. 36.

(7) *Op. cit.*, p. 36.

(8) Expressão cunhada por Zygmunt Bauman, para quem "os fluidos se movem facilmente. Eles 'fluem', 'escorrem', 'esvaem-se', 'respingam', 'vazam', 'inundam', 'borrifam'; são 'filtrados', 'destilados'; diferentemente dos sólidos, não são facilmente contidos – contornam certos obstáculos, dissolvem outros e invadem ou inundam seu caminho. [...] Essas são razões para considerar 'fluidez' ou 'liquidez' como metáforas adequadas quando queremos captar a natureza da presente fase, nova de muitas maneiras, na história da modernidade." (BAUMAN, 2001. p. 8-9)

3. Capitalismo, trabalho e consumo na formação de subjetividades

A subjetividade humana recebe, na sua construção, as mais variadas influências. A rotina é certamente um relevante elemento nesse processo. Aquilo que é vivido no dia a dia incorpora-se na personalidade, modelando comportamentos. Evidente que a cultura predisposta não deve ser esquecida. Mas a própria cultura sofre interferência dessa mesma rotina.

Se a rotina molda subjetividades, o capitalismo enquanto realidade prevalente também o faz. A abordagem, porém, depende do momento histórico analisado. Tem-se, pois, que a subjetividade capitalística em "tempos de trabalho" não é igual àquela em "tempos de consumo".

Para melhor explicar o ponto de vista aqui sustentado, tome-se o fator tempo como exemplo.

Quando capital e trabalho viviam "em matrimônio", a permanência do trabalhador no pátio fabril, bem como a exigência constante de maior rendimento, fazia incutir na conduta do obreiro o "tempo produtivo" como parâmetro a ser seguido.

No ambiente laboral, o operário deveria produzir a maior quantidade possível no menor tempo. O espaço temporal utilizado na produção tinha que ser abreviado. Rapidez era a palavra de ordem.

Sob essa perspectiva, o tempo, embora dotado de uma imanente unidade (o tempo é um só), acabava sofrendo uma ruptura, dividindo-se em "vários tempos", mas sempre arraigado ao desiderato produtivo proposto pelo capitalismo.

"Assim é que se fala em tempo produtivo, como aquele vinculado à atividade, ao trabalho seja ele qual for; e tempo não produtivo (*sic*) ou residual"[9]. O tempo livre passa a ser visto como tempo perdido.

Inclusive o tempo de lazer ressente-se com referido padrão de condicionamento. O trabalhador se cobra por não está trabalhando e, não raro, se pune pelo que deixa de produzir quando, por exemplo, vai ao cinema ou viaja de férias com a família.

O tempo de enfermidade não foge à regra. Trabalhador doente passa a ser visto com desconfiança. É sinônimo de descomprometimento, gerando o que Morais denomina de "síndrome de temor aos perigos da ociosidade"[10]. Concebe-se uma ideologia de vergonha, uma vez que adoecer significa faltar ao trabalho e, por conseguinte, não produzir.

É bem verdade que a subjetividade do tempo pautada no trabalho e na produção não deixou de existir na alta modernidade. Contudo, outro elemento é introduzido nessa conformação: o consumo.

O consumo, antes ditado pelo capital, adquire maioridade. O consumidor ganha relevo, pois, afinal de contas, é ele que precisa ser agradado.

Acontece que o consumidor atual não deseja apenas quantidade. Qualidade e variedade também são levadas em consideração. O tempo de trabalho não é mais exclusivamente o tempo de maior produção.

Logicamente que o processo produtivo não se deve alongar demasiadamente. Porém, os procedimentos necessários a conferir qualidade ao produto não podem ser atropelados.

A diversificação produtiva é também uma exigência do moderno consumidor. Por isso, segundo Gorz[11], a necessidade de lançar continuamente novos produtos no mercado, desfazendo-se dos antigos não pelo seu desuso ou ineficácia, mas pela pura e simples substituição, evitando a saturação.

O consumo visa à satisfação imediata. Não há prazer em adiar a desejada satisfação. O consumidor deve ser agraciado com aquilo que é novo, bom e, de certo modo, acessível. O tempo do consumidor dissocia-se do tempo do trabalhador, sem, contudo, eliminá-lo.

Mas qual desses tempos interessa ao capital? O tempo do trabalho ou o tempo do consumo? Será que nos dias de hoje é vantajoso exigir do empregado que se faça mais em menos tempo, com prejuízo da qualidade e da diversificação da mercadoria? Será que a produção serial atende aos desígnios do capitalismo moderno?

Sem dúvida, as respostas resultam de uma aferição interlocutiva entre capital, trabalho e consumo. Capital e consumo como protagonistas e o trabalho cada vez mais como coadjuvante dessa "película da vida real".

O tempo foi só uma referência escolhida dentre tantas outras que poderiam ser aqui citadas. O fato é que "os laços e parcerias tendem a ser vistos e tratados como coisas destinadas a serem consumidas, e não produzidas; estão sujeitas aos mesmos critérios de avaliação de todos os outros objetos de consumo"[12].

---

(9) MORAIS, José Luis Bolzan de. *A subjetividade do tempo*: uma perspectiva transdisciplinar do direito e da democracia. Santa Cruz do Sul: Edunisc, 1998, p. 45.

(10) *Op. cit.*, p. 51.

(11) GORZ, André. Técnica, técnicos e luta de classes. In: *Crítica da divisão do trabalho/escolhidos e apresentados por André Gorz*. Trad. Estela dos Santos Abreu. 3 ed. São Paulo: Martins Fontes, 1996. p. 221.

(12) *Op. cit.*, p. 205.

O trabalho precisa reconhecer o consumo como novo elemento do capital moderno. Precisa com ele alinhar forças, na tentativa de recuperar o merecido prestígio no modo de ser e estar do capitalismo.

4. A sobrevivência do "duro" numa modernidade "mole"

Para Bauman, "a modernidade começa quando o espaço e o tempo são separados da prática da vida e entre si, e assim podem ser teorizados como categorias distintas e mutuamente independentes da estratégia e da ação". O autor reverbera, pois, que, "na modernidade, o tempo tem história"[13].

Partindo dessa perspectiva, Bauman constrói sua explanação sobre a modernidade, levando-a em consideração desde o nascedouro até seu estágio atual. Na origem, apresenta a modernidade como sólida, dura, inflexível. Nos dias de hoje, a converte em uma modernidade fluida, mole, flexível.

É na modernidade sólida que o trabalho revela-se exponente no mundo do capital. A pretensão de perpetuidade no emprego capitaneou investimentos do capitalismo no trabalho. A relação de emprego era marcada por uma dependência libertária. O trabalhador, enquanto fixado ao empregador, dele podia exigir melhores condições.

Os vínculos de trabalho subsistiam sob o signo da confiança. Os laços eram contínuos e, nesta condição, caracterizavam a própria relação. As qualidades pessoais do operário eram levadas em consideração. O *modus faciendi* significava mais do que o resultado da ação laboral.

Sobrelevava-se a subordinação direta e imediata. O empregador, tal como um comandante no campo de batalha, traçava as estratégias e emitia ordens a serem seguidas de modo inquestionável. A bilateralidade, assim, se fazia manifesta.

Havia rigidez no cumprimento da jornada. Atrasos não eram tolerados, pois o tempo de trabalho perdido correspondia a uma mercadoria a menos no estoque. Sim, existia estoque!

Os salários eram definidos e repassados em empenhos periódicos. Os benefícios, inclusive de natureza previdenciária (como complementação de aposentadorias e pensões) integravam a política de recursos humanos da empresa.

No campo coletivo, o empregado sabia a quem recorrer. Os sindicatos mantinham uma significativa legitimidade e, em boa parte das demandas, de fato traduziam os interesses da categoria. A greve era uma ferramenta de pressão eficiente, viabilizando conquistas que, posteriormente, vieram a ser assimiladas pelas normas estatais.

Como retrato dessa modernidade dura, o direito do trabalho revelava na lei um perfil regulatório eminentemente intervencionista, conferindo barreiras aos anseios exploratórios do capital. Em contrapartida, o viabilizou.

Ocorre que o estágio sólido e condensado da modernidade é atualmente fluido e difuso. Equilibra-se em alicerces porosos e flexíveis, tornando-se leve e, por isso, globalizante.

E o trabalho? O trabalho acabou sendo levado a reboque desse novel viés. Modernizar o trabalho significa fazê-lo multifuncional. Contratos de longo prazo tornaram-se *démodé*. "O capital necessita cada vez menos do trabalho estável e cada vez mais do trabalho *part time*"[14].

A bilateralidade do vínculo passou a ser indesejada. Melhor alocar entre empregado e empregador um intermediário, desnaturando a relação. A subordinação é, nos dias de hoje derrogada. O trabalho pode ser feito à distância e o controle dilui-se nos recursos da tecnologia da informação.

O resultado é mais importante do que o modo de fazer. O salário extravia-se em "penduricalhos" travestidos de participação nos lucros, benesses inconfessas e monetarização de riscos.

Os laços se fragilizam. A velocidade daquilo que vem e vai é tamanha que quase não se percebe. Trocas promissoras são o "prato do dia". O mercado exige um trabalhador competitivo. O individualismo o perpetra dócil e volátil. Não se deseja mais "fazer carreira na empresa". As experiências em várias empresas são mais valorizadas.

Acontece que o direito do trabalho fora criado duro, em tempos de modernidade sólida. Por conta disso, acaba sendo alvo de constante desconstrução. Seja na mídia, na família e no seio do próprio Estado.

E o que fazer para brecar todo esse desarranjo? A resposta não é de simples concepção. Porém, deve-se perceber que o primado do trabalho fora elevado ao patamar de princípio garantidor da dignidade humana.

Mesmo concebido em uma modernidade sólida, o direito do trabalho foi abraçado pelas mais diversas Constituições, inclusive a brasileira, mantendo-se intacto em seu núcleo normativo. Sendo norma, deve ser respeitado.

Como lembra Delgado, a matriz cultural de centralidade do trabalho e emprego submeteu a "dinâmica econômica do capitalismo a certa função social". Assim:

> Esta matriz cultural sabidamente detectou que o trabalho, em especial o regulado (o emprego, em

---

(13) *Op. cit.*, p. 16.

(14) *Op. cit.*, p. 36

suma), por ser assecuratório de certo patamar de garantias ao ser humano, constitui-se no mais importante veículo de afirmação socioeconômica da grande maioria dos indivíduos componentes da sociedade capitalista.[15]

O respeito ao trabalho como função social do capitalismo ultrapassa os estágios da modernidade. Porém, é preciso o reconhecimento dessa nova realidade, a fim de adaptar os mecanismos de enfrentamento aos obstáculos por ela concebidos.

Se o capital é *expert* em superar suas crises, o trabalho também precisa sê-lo. A abordagem, todavia, deve ser atualizada. As bandeiras do passado não têm o mesmo impacto no presente. É tempo de reconquista e o reconhecimento de que o oponente se fortaleceu revitaliza para o combate.

5. Conclusão

Viu-se que a estreita relação entre capital e trabalho vem sendo constantemente minada pela introdução do consumo como alvo precípuo do capitalismo recente.

O protagonismo do consumidor desloca os interesses do capital e o divorcia do trabalho, tornando-se deste, no máximo, um "companheiro de quarto".

A subjetividade, antes construída em função do trabalho, hoje se modela a partir do consumo. O indivíduo se apresenta mais como consumidor do que como produtor e os resultados dessa adaptação são marcantes.

Variedade, velocidade, necessidades construídas pelas lucrativas táticas de *marketing* incorporam-se ao ser humano enquanto tal, tornando-o resultado daquilo que consome.

O capital supera suas crises. Desestrutura a base na qual foram edificados os pilares do trabalhismo. Supera a ambivalência que gerou o direito do trabalho como é tradicionalmente conhecido.

É preciso, portanto, um resgate do primado do trabalho e emprego, já que devidamente normatizado e alçado a patamar constitucional. O passo inicial, porém, depende do reconhecimento de que o capitalismo se fortaleceu. Armou-se como novos discursos.

O abandono de antigos argumentos se faz premente. O enfrentamento deve ser inteligente e sem retrocesso social.

6. Referências bibliográficas

ANTUNES, Ricardo. **Trabalho e superfluidade**. In: LOMBARDI, C.L.; SAVIANI, D; SANFELICE, J. L. (Org.). *Capitalismo, trabalho e educação*. 2. ed. Campinas: Autores Associados/HISTEDBR, 2004.

BAUMAN, Zygmunt. *Modernidade líquida*. Rio de Janeiro: Zahar, 2001.

DELGADO, Mauricio Godinho. *Capitalismo, trabalho e emprego:* entre o paradigma da destruição e os caminhos da reconstrução. São Paulo: LTr, 2007.

GORZ, André. Técnica, técnicos e luta de classes. In: *Critica da divisão do trabalho/escolhidos e apresentados por André Gorz*. Trad. Estela dos Santos Abreu. 3. ed. São Paulo: Martins Fontes, 1996.

MORAIS, José Luis Bolzan de. *A subjetividade do tempo:* uma perspectiva transdisciplinar do direito e da democracia. Santa Cruz do Sul: Edunisc, 1998.

VIANA, Márcio Túlio. As várias faces da terceirização. *Revista do Tribunal Regional do Trabalho da 8ª Região*, Belém, 2010.

VIANA, Márcio Túlio. Crise econômica e atuação sindical. *Suplemento trabalhista*, São Paulo, LTr, 2010.

VIANA, Márcio Túlio. O novo papel das convenções coletivas de trabalho: limites, riscos e desafios. *Revista do Tribunal Superior do Trabalho*, Brasília, LTr, 2001.

---

(15) DELGADO, Maurcio Godinho. *Capitalismo, trabalho e emprego:* entre o paradigma da destruição e os caminhos da reconstrução. São Paulo: LTr, 2007. p. 29.

CAPÍTULO 4

Notas sobre Trabalho e Consumo: Revendo Necessidades

Isabelle Carvalho Curvo[*]

1. Introdução: "o rápido de ontem é o lento de hoje"[1]

Em agosto de 2014 foi anunciado que o mês seguinte seria o grande boom no mercado de *smartphones*, com oito modelos sendo lançados ao mesmo tempo pelas maiores empresas do ramo. Entre as novidades esperadas estavam *up grades* nas câmeras e nas telas, aumentos significativos na capacidade de armazenamento, novos acabamentos em metal e melhorias no design[2]. Segundo analistas, somente na primeira semana de lançamento do iPhone 6 seriam vendidos cerca de 10 milhões de aparelhos ao redor do mundo[3]. Essa euforia por novos modelos, seja pelas empresas, seja pelos consumidores, é significativa de uma época em que bebês usam *tablets*, em que telefones residenciais são coisas do passado, em que nossos mais íntimos segredos são guardados em nuvens pelas grandes corporações.

Não temos mais o velho alarme na cabeceira da cama, agenda de telefones ou lembretes na porta da geladeira. O papel se desfaz, jornais impressos também; o sexo pode ser virtual, visita a museus também; "curtidas" percorrem o mundo e renovam bandeiras, pinturas podem ser em outras telas, agora dos celulares, que não precisam de pincel ou tinta. O virtual se enche de real, o real, de virtual. Todos podem ser pintores, políticos, ou jornalistas em "tempo real" — tiram fotos, relatam, postam vídeos, participam, opinam, redefinem conceitos de justiça, direitos, relacionamento humano e liberdade.

Aparelhos centralizam nossa vida no que ela tem de mais cotidiano, da lista de supermercado ao horário do ônibus, do pagamento de contas às conversas com os filhos. Centralizando, eles se tornam centrais. Como disse Hannah Arendt[4], somos seres condicionados — o que quer que toque a vida humana se torna condição de sua existência. A sensação que fica, portanto, é a de que as tecnologias estão presentes a tal ponto em nossas vidas que não é mais possível ficar sem elas, "somos quase que um só". Ao colocarmos tantos objetos no mundo, eles se tornam nosso novo mundo.

No mundo de novos objetos, "estar conectado" tornou-se verbo comum, e significa tanto a transferência de dados quanto o ser global. Diz Bauman[5], nos conectamos cada vez mais sem fios, sem amarras ou tradições, nos conectamos e desconectamos com a mesma facilidade — sinais de novos tempos, fluidos. Símbolos do movimento a que estamos sujeitos, nós e as máquinas, em meio ao fluxo contínuo que nos liga ao mundo: queremos ser incluídos, não queremos ser ultrapassados, queremos estar à frente do tempo. E isso vale para as tecnologias, mas também para a moda e suas tendências de cada estação, para os filmes do ano e novos artistas que temos que conhecer, para as descobertas da ciência, para as novelas ou notícias sobre conflitos armados — não podemos ficar de fora. Diante dessa profusão de coisas e ideias, como não se sentir um pouco perdido?

2. Acumulando signos: "porque você vale a pena"[6]

A percepção de que estamos perdidos também é algo que nos liga ao mundo; ele que já foi tão único, hoje são vários; ele que já foi bipolar, hoje é multipolar. Como resume Bauman, "alguns habitantes do mundo estão em movimento; para os demais, é o mundo que se recusa a ficar parado"[7]. Nós corremos e ele também, assim como muitas das certezas históricas e políticas que nos guiavam; elas foram desfeitas e refeitas, em uma realidade que nunca nos pareceu tão dinâmica, transitória e efêmera.

Até pouco tempo atrás, as vidas e o mundo transpareciam segurança, materializada em grandes planos, e nas instituições que de tão próximas controlavam o nosso cotidiano. Da família à igreja, passando pelo modo tradicional

---

(*) Graduada em Direito pela UFMG e mestranda em Direito do Trabalho pela PUC Minas.

(1) *Slogan* de uma propaganda da Nike. No original, em inglês, *"Yesterday's fast is today's slow"*.

(2) Disponível em: <http://www.tecmundo.com.br/celular/60782-lancamentos-8-celulares-mostram-que-setembro-mes-incrivel.htm>.

(3) Disponível em: <http://www.tecmundo.com.br/iphone-6/60800-10-milhoes-iphone-6-vendidos-primeira-semana-diz-analista.htm>.

(4) ARENDT, Hannah. *A condição humana*. Rio de Janeiro: Forense Universitária, 2013.

(5) BAUMAN, Zygmunt. *Modernidade líquida*. Rio de Janeiro: Zahar, 2001.

(6) *Slogan* de uma propaganda da L'Óreal. No original, em inglês, *"Because you're worth it"*.

(7) BAUMAN, Zygmunt, *op. cit.*, p. 70.

de se fazer política, existia no ar uma dada autoridade de quem diz o que é certo, certeza a ponto de sequer se poder duvidar. Nesse mundo, as ordens simplesmente *eram*[8]. Os valores que as sustentavam eram sólidos tanto quanto as autoridades, visíveis, únicas, e prontas para determinar nossos projetos de futuro, também certos e coerentes. O Estado interferia, era outro dentre os vários instrumentos de controle, gestão e direção, sobretudo em nome de políticas sociais que assegurassem um mínimo de igualdade.

Se hoje nosso reino é de "insegurança", "hesitação", e "agonia" — nas expressões de Bauman — não é tanto porque nos faltam autoridades ou valores, mas porque eles podem ser múltiplos, novos a cada instante. O que ruiu foi a "exclusividade" das autoridades[9]. Sem os limites de certo e errado, sem uma noção tão clara dos nossos fins, somos obrigados nós mesmos a refazê-los, e o mundo se torna uma quantidade quase infinita de possibilidades e opções de vida.

Saberemos nós ser tão livres? Muito da aparente insegurança que recobre o mundo talvez se dê porque ainda nos encontramos presos em certos paradigmas do que seja identidade, relacionamentos, futuro — e desse paradigma não sabemos como sair. Estar inacabado e incompleto parece ser o limite e a possibilidade dos novos tempos, talvez tempos pós-modernos, de angústia, mas também da ideia radical de que tudo pode ser diferente do que é, de que muito ainda está por acontecer.

Nesses novos tempos, as ordens não são porque são, elas devem ser porque foram legitimamente construídas, devem ser porque o indivíduo veio à tona e ele pode ter voz. A responsabilidade que decorre disso tem, portanto, o mesmo peso da liberdade que nos cerca, e contraditoriamente ou não, o uso corrente de termos como democracia e individualismo é fruto de uma mesma época — a nossa —, em que se pode comprar *smartphones* e, online, dizer se foram corretas ou não as decisões dos tribunais.

No agregado de "eus" também se pode fazer um "nós", e utopias podem ser reescritas, não para um futuro distante, mas para o agora. O modo usual de se fazer política se renova para além de sindicatos ou partidos, uma mesma manifestação pode ter mil rostos e valores. Família e religião não se desfazem, mas também se recompõem em inúmeras formas, com a possibilidade de questionamento de um papel outorgado somente pela tradição — todos querem construir novas tradições, novos pertencimentos, novos relacionamentos.

Em constante mudança, nossos tempos e distâncias não são mais os mesmos e a própria noção de fronteiras ou limites nos é estranha, seja entre os países, seja das nossas identidades. Assim, o fato de compartilharmos ideias com o outro lado do mundo nos faz pensar em um espaço único, cujas fronteiras entre países não têm mais sentido, nem mesmo a ideia de nação. Como causa ou consequência desse movimento é que empresas, pessoas, bens, dados, capitais, tudo corre na mesma velocidade.

A ideia de montar acampamento é a metáfora de uma realidade em que não nos vinculamos mais aos locais, nem nós nem as empresas, de modo que "ser moderno passou a significar, hoje em dia, ser incapaz de parar e ainda menos de ficar parado".[10] O smartphone de última geração pode ser o mesmo, aqui e em Bangladesh, ele viaja e nos faz viajar pelo espaço sem limites, ou pelo menos com limites pouco visíveis.

A globalização dos nossos desejos de consumo, seja por tecnologias ou por informações, é também a globalização do trabalho. Ele que já foi tão nacional quanto nossas identidades, agora se rearticula com um mercado financeiro mundial, aparentemente homogêneo, mas que se por um lado oculta, por outro aprofunda muitas das desigualdades entre países e pessoas. A mundialização é união, mas também é divisão. O Estado diminui, delega seus papéis, agora também diminuídos, o que leva para longe sonhos maiores de igualdade.

Na nova divisão do trabalho, até com as coisas mais simples, tal como uma cadeira, o processo produtivo se desmembra: a base pode ter vindo de um país, o estofado de outro, o *design* de um terceiro. De longe, grupos econômicos administram suas antigas fábricas, agora fantasmas, pois elas mesmas têm cada vez menos trabalhadores diretamente contratados. Em busca de uma redução permanente de custos, as antigas grandes empresas se fragmentam e se dispersam entre as várias nações, modificando totalmente suas estratégias de produção, distribuição e consumo. Transferem suas plantas e unidades produtivas, ampliam suas redes de fornecimento, passam a ter novas fábricas, porém com tamanho reduzido, a ponto de fisicamente desaparecerem.

Em mercados cada vez mais abertos, a mão de obra e as matérias-primas passam a ser literalmente globais — por exemplo, em cada país um regime trabalhista: ora por peça, ora estável e regulamentado, ora temporário, ora infantil, o que convier. Quanto às empresas subsidiárias, na ponta da cadeia de produção, busca-se a máxima redução de custos, alimentando uma cadeia cada vez maior de terceirizações, franquias, diversidade de contratos e assalariamentos, e informalidades. Vemos renascer o desemprego, formas várias de subemprego, flexibilizações — e

---

(8) BAUMAN, Zygmunt, *op. cit.*.

(9) BAUMAN, Zygmunt, *op. cit.*

(10) BAUMAN, Zygmunt, *op. cit.*, p. 37.

o paradigma do trabalho formal, estável e com garantias é visto pelas empresas como algo do passado. Nesse cenário, nunca o caráter fantasmagórico da mercadoria[11] foi tão bem exemplificado: mal sabemos de onde vêm as coisas, mal sabemos quais são as relações sociais que nos escondem as coisas.

O mundo do passado — da coerência, da hierarquia, da estabilidade — era o mundo do fordismo, com suas fábricas e máquinas grandes, com sua forte separação entre execução e concepção. Controle e normas jurídicas se misturavam em uma subordinação visível e rígida, que assim também planejava as vidas, estáveis como os produtos fabricados — eram televisões, geladeiras, carros, todos produtos feitos para longos prazos. Os operários também seguiam esse modelo: "repetindo gestos, em jornada inteira, e sem trocar de patrão, suas vidas eram tão uniformes como os uniformes que vestiam. Tinham o destino traçado pela história de seus pais, e assim seria também com os seus filhos"[12].

O capital era visível e enraizado, localizado no tempo e no espaço, ou seja, "tão fixado ao solo quanto os trabalhadores que empregava"[13], e com fronteiras menos voláteis que nos dias atuais, dias em que "o capital viaja leve — apenas com a bagagem de mão, que inclui nada mais que pasta, telefone celular e computador portátil". Atualmente o capital leve "pode saltar em quase qualquer ponto do caminho, e não precisa demorar-se em nenhum lugar além do tempo que durar sua satisfação[14]". Pode-se produzir sem reunir, pode-se produzir sem se ver.[15]

A fábrica de antes reunia trabalhadores e sindicatos em massa, assim como uma produção e consumo de massa. A palavra que o resumia era "volume". Como parecia já ter previsto Ford, tudo se encaixava, como "porca no parafuso": "os salários crescentes, por exemplo, serviam a um só tempo ao empresário (pois permitiam o consumo), ao Estado (que arrecadava mais), ao sindicato (que se fortalecia) e, naturalmente, aos próprios trabalhadores".[16] A percepção de fundo era, afinal, a de que trabalhadores eram consumidores, e como tal, poderiam fazer girar a roda do capitalismo não somente no trabalho, mas fora dele.

Tal como as vidas, os produtos se projetavam para o futuro, carregavam a estabilidade e durabilidade. Os produtos pareciam querer vencer o tempo, demonstrar a segurança requerida pela sociedade de produtores, mais do que ter um *design*. Dentro de uma ideia de que "grande é lindo", as dimensões também eram visíveis, resistentes, materializáveis. "Ter" muitos objetos denotava o respeito, conforto e poder social, garantia uma existência segura, a proteção. Os bens não se destinavam, afinal, ao consumo imediato – pelo contrário, deveriam permanecer completamente intactos. O importante era acumular, era garantir a segurança a longo prazo. E só bens duráveis, resistentes e imunes ao tempo poderiam oferecer isso.

Diferentemente, nos tempos líquidos, tudo muda, a produção e seus produtos. Nesse caminho da "sociedade de consumidores", mais do que adquirir e juntar, o objetivo central é descartar e substituir[17]. Se o desperdício já foi considerado loucura, torna-se quase a condição de reprodução do sistema e de seus valores, pois a produção também ocorre em ostentação.

A pergunta central é então: "no fundo, a abundância só terá sentido no desperdício?"[18]. Como diz Baudrillard, "o que se produz hoje não se fabrica em função do respectivo valor de uso ou da possível duração, mas em função da sua morte."[19] A obsolescência programada nunca foi tão usada e defendida. Nunca a destruição criativa fez tanto sentido. Como diz Serge Latouche, é a tríade infalível do consumo que garante a viabilidade do sistema: a obsolescência dos produtos, a publicidade e o crédito.

> A sociedade de consumo precisa dos seus objetos para existir e sente sobretudo necessidade de os *destruir*. O 'uso' dos objetos conduz apenas ao seu *desgaste lento*. O valor criado reveste-se de maior intensidade no seu *desperdício violento*. Por tal motivo, a destruição permanece como alternativa fundamental da produção: o consumo não passa de intermediário entre as duas. No consumo, existe a tendência profunda para se ultrapassar, para se transfigurar na destruição. Só assim adquire sentido. [...] Só na destruição é que os objetos existem *por excesso*, dando testemunho da riqueza no próprio ato de desaparecimento[20].

---

(11) MARX, Karl. *O capital*: crítica da economia política. Livro I: o processo de produção do capital. São Paulo: Boitempo, 2013.

(12) VIANA, Márcio Túlio. A proteção social do trabalhador no mundo globalizado. O direito do Trabalho no limiar do século XXI. *Revista LTr*, São Paulo, v. 63. n. 7, p. 885-896, 1999.

(13) BAUMAN, Zygmunt. *Modernidade líquida*. Rio de Janeiro: Zahar, 2001. p. 69-70.

(14) *Idem, ibidem*, p. 70.

(15) VIANA, Márcio Túlio. *op. cit.*

(16) *Idem, ibidem*.

(17) BAUMAN, Zygmunt. *Vida para consumo*: a transformação das pessoas em mercadorias. Rio de Janeiro: Zahar, 2008. p. 50

(18) BAUDRILLARD, Jean. *A sociedade de consumo*. Lisboa: Edições 70, 2011. p. 41.

(19) *Ibidem*, p. 44.

(20) *Ibidem*, p. 46.

O mercado precisa andar, correr, se renovar, por novos produtos, novos mercados, novos clientes. A constante diferenciação dos produtos entra no mesmo movimento de diferenciação das vidas. Em nome disso, os produtos têm sua vida útil previamente calculada ao mínimo, seja pelas empresas, seja pela publicidade, que a todo o momento insiste que o moderno é o novo, e o velho é ultrapassado. Mas o que é velho e novo? Como nos coloca Bauman[21], talvez o símbolo dos dias de hoje seja a renegociação do significado do tempo — um tempo que foi de futuro e atualmente é de presente. Pois é *urgente* comprar. É para ontem, "o rápido de ontem é o lento de hoje" — não se pode ficar para trás.

Parece que a alegria maior do consumo encontra-se no processo, nos novos começos, mais do que na compra de um objeto em si. É necessário que comprar se torne um hábito, ou mais especialmente, um vício, que nos envolve em nossos momentos mais cotidianos e explica nossa hipnose diária. Não vemos e não é importante ver essa felicidade no objeto, até porque esse tipo de alegria parece encontrar-se cada vez mais distante: como escolher, nesse excesso de informação? "A possibilidade de conter e assimilar a massa de inovações que se expande de modo incessante está ficando cada vez mais reduzida — talvez até nebulosa."[22] A felicidade talvez venha mais do desejo do que da sua satisfação. Ou mais, existe a satisfação, mas ela é imediata e logo substituída por novos desejos — sempre renováveis e jamais saciáveis. A maior atração do mundo de compras é a possibilidade de sempre *renascer*.[23]

Porque, afinal, "a promessa de satisfação só permanece sedutora enquanto o desejo continua insatisfeito".[24] Se por um lado as promessas devem ser cativantes e atraentes, por outro elas devem ser enganadoras para serem continuamente quebradas — é exatamente o reforço da insatisfação dos desejos que move a economia do consumo. Ao redor disso é que giram as ideias de renovação constante das mercadorias, nas práticas de depreciação material ou simbólica delas, ou ainda na criação de outras necessidades, mais urgentes. "É o *excesso* da soma total de promessas que neutraliza a frustração causada pelas imperfeições ou defeitos de cada uma delas e permite que a acumulação de experiências frustrantes não chegue a ponto de solapar a confiança na efetividade essencial dessa busca".[25]

Com a fábrica moderna, surgem os sistemas *just in time*, *kanban e lean production*, marcados pelas novas tecnologias de informação e de automação. E diferentemente da empresa fordista, na qual os desejos eram produzidos e planejados antes do consumo, na empresa moderna não há estoques, adequa-se o material utilizado às necessidades do consumidor final, necessidades essas previamente encomendadas. Livrarias, videolocadoras, grandes lojas de eletrodomésticos perdem um pouco do sentido em uma sociedade sem estoques.

Nos dias de hoje se almeja a diversificação e a elevação máxima da qualidade dos produtos, em contraposição à redução ao mínimo dos custos da produção. Se a palavra-chave é inovação, ela deve resultar em uma variedade crescente de produtos, em quantidades reduzidas, no menor prazo possível, e com os menores custos.[26] Ou seja, "de quantitativo e material, o crescimento devia tornar-se 'qualitativo' e 'imaterial'. Os produtos deviam impor-se por sua 'imagem', sua novidade, seu valor simbólico".[27] A primeira vista contraditório, o único fim da publicidade é "não o de acrescentar, mas de tirar o valor de uso dos objetos, de diminuir seu valor/tempo, sujeitando-se ao valor/moda e à renovação acelerada"[28].

A ideia de futuro no consumo traz uma pretensão de razoabilidade e prudência que não parece caber hoje em dia. Planejamento é coisa do passado. Pois o que se quer é um consumo de ímpeto, sem que tenhamos muito tempo para pensar ou calcular se isso faz sentido, se teremos dinheiro, ou mais além, as consequências sociais, políticas e ambientais do consumo. Aliás, é com isso que contam os bancos, os sistemas de crédito e as empresas, com o impulso, mais ainda, com a inadimplência.

Os objetos do mundo se organizam em coleção, estão dispostos aos nossos olhos como estariam em uma grande prateleira. Diante da profusão de coisas, elas existem, são compradas e mantidas em um dado contexto, seja no da loja, seja no de nossas casas. Um objeto significa o outro, eles são vistos quase como uma totalidade — *para se comprar um, deve-se comprar o todo*[29]. Não é a toa que as grandes lojas colocam em suas vitrines milhões de objetos reluzentes, em série, prontos a serem comprados, também em série, pois o ofuscamento e o excesso nos conduzem a um consumo imediato, em meio a uma espécie de hipnose diária pelas ruas da cidade.

Em um primeiro momento, podemos pensar que consumir é um ato banal: tomamos um café, pegamos um

---

(21) BAUMAN, Zygmunt. *Vida para consumo*: a transformação das pessoas em mercadorias. Rio de Janeiro: Zahar, 2008.

(22) *Ibidem*, p. 53.

(23) *Idem*.

(24) *Ibidem*, p. 63.

(25) *Ibidem*, p. 65.

(26) GORZ, André. *Misérias do presente, riqueza do possível*. São Paulo: Annablume, 2004.

(27) *Ibidem*, p. 38.

(28) BAUDRILLARD, Jean. *A sociedade de consumo*. Lisboa: Edições 70, 2011. p. 45.

(29) *Idem*.

táxi, compramos leite — são todas ações que envolvem o consumo. Nesse sentido, consumir é algo tão antigo e corriqueiro quanto a própria existência dos seres vivos, cuja sobrevivência foi assegurada desde o momento em que descobrimos a estocagem, ou melhor, que poderíamos viver com base no excesso.[30]

Porém, mais marcadamente hoje em dia, os homens da opulência estão cercados por objetos, muito mais que por outros homens. Vivemos o seu tempo, seguimos o ritmo da sua sucessão permanente. Se antes os objetos nos viam viver, hoje somos nós que os vemos morrer.[31] Tão envoltos que estamos em mercadorias, não percebemos quantas delas existem no mundo, como nossa vida é mediada, sua centralidade e a nossa dependência, de modo que fica até difícil nos perguntarmos: o que é *realmente* necessário?

Como afirma Gorz, o próprio conceito de necessidade é histórico[32], não há uma percepção universal ou atemporal do que seja essencial, do que seja consumo ou consumismo. As fronteiras entre necessidade e luxo são maleáveis, variam no tempo, podem ser relativizadas e reinterpretadas. É o que acontece, por exemplo, a cada vez que atribuímos um sentido de urgência aos nossos hábitos de consumo, como se isso tivesse um sentido quase que existencial.

Legitimados pela necessidade, prosseguimos na cultura do excesso, onde há algo mais que a mera soma dos produtos, há "a evidência do excedente, a negação mágica da rareza, a presunção materna e luxuosa da terra da promissão".[33] Ou seja, esbanjar virou a regra, ela demonstra que se está além do reino da necessidade. "Nessa sociedade, o consumo visto e tratado como vocação é ao mesmo tempo um direito e um dever universal que não conhece exceção." [34] Sentimos como se tivéssemos um direito natural à abundância, um direito vivido como graça ou magia, calcada no próprio mito de progresso infinito da humanidade, no seu controle da natureza — nos sentimos tal como um Deus.[35]

Essa opulência mágica a que se refere Baudrillard fica mais clara quando vemos o consumo como uma apropriação de signos, cuja expressão mais evidente está nas propagandas: "Abra a felicidade", diz a Coca-Cola; "A vida é linda", diz o Boticário; "Esse é o meu lugar", diz um shopping; "Seja a próxima mudança", diz o Itaú; "Porque você merece", diz a L'Oréal; "Sorte é uma atitude", diz a Martini; "Amo muito poder escolher", diz o McDonald's; "Sentir o poder fluir", diz o Neymar, em uma propaganda de perfume.

A imagem de fundo das propagandas é sempre a felicidade, terrena, imediata, inalcançável, porém materializada nos objetos. Segundo Bauman, somos a única sociedade em que não há justificativa ou legitimação para a infelicidade — ela é uma abominação[36]. A felicidade então se decompõe em um prisma de emoções, vivências, projetos individuais que também queremos nos apropriar ao comprarmos os objetos, que perdem parte da sua antiga materialidade. Os signos funcionam quase como uma névoa: não podemos pegá-los, mas sabemos que estão ali, mediando nossas relações e identidades pessoais. E no mundo atual, identidade é tudo, ainda que se propague a diferença. O simples fato de ter os objetos, independentemente do seu uso ou descarte, traz um símbolo, é um signo, que, tal como um mito, recobre os objetos e lhes dá vida própria. Assim, eles também nos dão vida própria.

Ao mesmo tempo, como objeto e signo, o consumo nos mantém distantes das relações entre homens, vivendo quase que na recusa do real.[37] O simulacro do mundo — o objeto — é um álibi da nossa participação no mundo[38], seja como cidadão, como trabalhador, como indivíduo. Os objetos nos desculpam pela passividade a que nos compele o mundo real, a ponto de o termo "individualismo" fazer algum sentido, não pelo que de fato seja, mas pelo que ele nos convida a ver. Eles representam alguma segurança, ainda que também efêmera, num mundo que corre tão rápido, e que nos demonstra que esse é o modo correto de se viver. Estamos no caminho certo, pensamos. No modelo de vida do *self made man*, os objetos se transformam no objetivo e na confirmação do progresso individual e coletivo. Afinal, "eu mereço!" — como todo-poderoso, como um Deus, o indivíduo decide, é ele a autoridade. Na verdade, o mundo então só poderia estar para além do indivíduo; entre ele e o mundo há um objeto.

Contrariamente ao que talvez pense Bauman, parece ser mais certa a constatação de Baudrillard, segundo a qual ainda que nossa sociedade seja repleta de signos, e seja, portanto, uma ordem de consumo,

---

(30) BAUMAN, Zygmunt. *Vida para consumo*: a transformação das pessoas em mercadorias. Rio de Janeiro: Zahar, 2008.
(31) BAUDRILLARD, Jean. *A sociedade de consumo*. Lisboa: Edições 70, 2011. p. 13.
(32) GORZ, André. *Metamorfoses do trabalho*: crítica da razão econômica. São Paulo: Annablume, 2007.
(33) BAUDRILLARD, Jean. *Op. cit.*, p. 15.
(34) BAUMAN, Zygmunt. *Op. cit.*. p. 73.
(35) BAUDRILLARD, Jean, *op. cit.*

(36) BAUMAN, Zygmunt, *op. cit.*, p. 60.
(37) *Idem.*
(38) BAUDRILLARD, Jean. *Op. cit.*

isso não retira dela o caráter econômico, de uma ordem de produção.[39] Sim, é certo que o consumo tornou-se especialmente importante nas sociedades atuais, a ponto de "querer" e de "desejar" sustentarem de fato a economia[40] e a expressão "consumismo" ter algum lugar. Mas talvez seja questionável que ele seja "a principal força motora e operativa da sociedade", ou que o consumo tenha assumido o papel chave quando o trabalho deixou de fazê-lo.[41]

Ainda que seja difícil escapar do dualismo que cerca o consumidor, ora visto como alienado e dominado pela mídia, ora visto como agente racional e autônomo diante dos objetos[42], fato é que o consumo atende a uma necessidade crescente de reprodução do capital, que se não nos aliena completamente, sem dúvida cria muitas das nossas "necessidades" diárias, materiais e simbólicas. Elas foram pensadas e produzidas muito antes da escolha do sujeito, racional e soberano, visto como símbolo da liberdade.

O trabalho continua central, ele é quem instaura a condição de consumidor, a desigualdade de um é a do outro. Produção e consumo são duas faces da mesma moeda, "sem necessidade não existe produção. E o consumo reproduz a necessidade."[43] Ou seja, "a produção produz o consumo, criando o incentivo ao consumo como uma necessidade"[44]. Não há, portanto, uma sociedade de consumidores que se sobreponha a uma sociedade de produtores — elas agora andam de mãos dadas, se somam e entenderam de modo absoluto que trabalhadores são consumidores, fazem parte do mundo, e como tal, também partilham signos e significados. Produção e consumo estão no mesmo ritmo, então nada mais urgente que captar o "espírito" do trabalhador-consumidor, dentro e fora do trabalho.

3. "Dê um *play* na vida"[45]

Até a revolução industrial, o tempo humano se parecia muito com o tempo natureza, um mimetizava o outro e seguia seus ritmos. Os calendários, por exemplo, em parte imitavam, em parte transformavam o tempo da natureza, que pouco a pouco se tornava um tempo humano, social.

Aprendemos a prever as chuvas, controlar plantações, a mudar o curso e o tempo das águas, a disciplinar os tempos do corpo e da mente. Aprendemos, pois, que poderíamos controlar a natureza e seus processos.

A Revolução Industrial, nesse sentido, não foi somente uma revolução das máquinas, foi também uma revolução no nosso relacionamento com o tempo. Ela foi o marco do cálculo, da previsibilidade, do mensurável, do controle, e seu símbolo maior foi o relógio. Sabe-se que os relógios já existiam desde o século XIV, mas que por serem itens caros e exclusivos, geralmente ficavam nas praças e igrejas, sendo que por muito tempo a população os viu com desconfiança, preferiam os relógios de sol. Depois de um tempo, um pouco mais baratos, os relógios foram então sendo apropriados pelos patrões, nas fábricas, pois a industrialização demandava a sincronização e um disciplinamento maior do trabalho. Os relógios e máquinas cumpriram um papel fundamental nisso, impondo ritmos novos e estranhos ao trabalhador.[46]

Não à toa, o controle do tempo esteve por algum tempo restrito a uma pequena — e estratégica — camada da população. O dono da fábrica era então o dono do tempo. Mas pouco a pouco os relógios foram se difundindo, e logo se percebeu que o relógio não era o mais importante, que os tempos poderiam ser internalizados, e que a autoridade sobre o tempo não precisaria mais ser tão visível. Os homens são suas próprias autoridades, nós dividimos e contabilizamos o tempo, sabemos se estamos atrasados, queremos "ter mais tempo". Separamos a hora de trabalhar, a hora de estudar, a hora de dormir e de comer.

Até pouco antes do século XVIII, não havia muito sentido em se falar em um tempo de trabalho alheio aos tempos da natureza, pois ela ditava muitos dos ritmos da vida. Tempo de trabalho era o tempo do necessário, e do possível. Com uma jornada de trabalho, medida e contabilizada pela racionalidade econômica, inaugura-se uma divisão entre *trabalho e lazer*. Lazer como reino da liberdade, oposto à obrigação do trabalho; lazer como "tempo livre", oposto a um tempo conformado; lazer é onde sou eu mesmo, o trabalho é onde sou outro. Mas é possível separar esses dois momentos?

Como diz Gorz[47], a partir do momento que o tempo passa a ser controlado a tal ponto em nossas sociedades, não podemos falar em um tempo de trabalho e um tempo de lazer, livre, pois a racionalidade econômica invade todas as esferas da vida. Assim como no trabalho, os momentos

---

(39) Idem.

(40) BAUMAN, Zygmunt. *Vida para consumo*: a transformação das pessoas em mercadorias. Rio de Janeiro: Zahar, 2008.

(41) Ibidem, p. 41.

(42) Idem.

(43) MARX apud PADILHA, Valquíria. *Shopping center*: a catedral das mercadorias. São Paulo: Boitempo, 2006.

(44) PADILHA, Valquíria. *Shopping center*: a catedral das mercadorias. São Paulo: Boitempo, 2006.

(45) *Slogan* de uma propaganda da Unimed.

(46) PADILHA, Valquíria. *Shopping center*: a catedral das mercadorias. São Paulo: Boitempo, 2006.

(47) GORZ, André. *Metamorfoses do trabalho*: crítica da razão econômica. São Paulo: Annablume, 2007.

de lazer passam a ser medidos por critérios de eficiência e produtividade — não podemos "perder tempo". O relógio é um só, mede todos os tempos. E tempo é dinheiro, ele é medido pelo dinheiro, assim como todas as mercadorias. E assim é visto pelo capital, tempo como capital produtivo.

Por ser o tempo uma instituição social, ele está submetido ao modo de produção que nos é próprio, ele é um dentre os vários bens produzidos. Ele acaba também se submetendo à lógica "da propriedade, privada ou pública da apropriação, do *objeto*, possuído e alienável, alienado ou livre, e participando, como todos os objetos produzidos de modo sistemático, da abstração reificada do valor de troca."[48]

Como uma mercadoria, o tempo de lazer também é um bem ao qual se tem acesso pelo dinheiro. Para que possamos ficar sem trabalhar, precisamos do salário, precisamos do trabalho. Além disso, porque vivemos em uma sociedade de consumo, é ele quem media nossas relações, assim como media nosso tempo fora do trabalho. Ele invade todas as esferas da vida, é quase que uma "organização total da vida cotidiana".[49] A maior parte das nossas atividades de lazer tem por trás uma indústria: consumimos turismo, redes sociais, programas de televisão.

Se o não trabalho é um objeto de consumo das pessoas, ele é um objeto da atividade econômica das empresas. O capital não para, ele depende desse tempo livre para vender seus bens, mas também para que o trabalhador descanse, e retorne no dia seguinte ao trabalho. Trabalho e lazer, dois lados da mesma moeda, funcionam na mesma medida como elementos de expansão do capital. E como tal, o lazer reflete a reificação do próprio trabalho:

> A atitude alienada com relação ao consumo não apenas existe em nosso modo de adquirir e consumir mercadorias, mas determina, além disso, o emprego do 'tempo livre'. Que podemos esperar? Se um homem trabalha sem verdadeira relação com o que está fazendo, se compra e consome mercadorias de um modo abstrato e alienado, como pode usar seu 'tempo livre' de um modo ativo e significativo? Continua sendo sempre o consumidor passivo e alienado. 'Consome' partidas de futebol, filmes cinematográficos, jornais e revistas, livros, conferências, paisagens, reuniões sociais do mesmo modo alienado e abstratificado com que consome as mercadorias que compra. [...] Na realidade, não é livre para gozar o 'seu' tempo disponível; seu consumo das horas de lazer está determinado pela indústria, como acontece às mercadorias que compra seu gosto é manipulado, quer ver e ouvir o que se lhe obriga a ver e ouvir; a diversão é uma indústria como qualquer outra, fazendo-se o consumidor comprar diversão assim como se lhe faz comprar roupa ou sapato.[50]

Os *shoppings* parecem ser o maior exemplo desse lazer sob a forma do consumo, desse consumo que aparenta ser lazer.[51] Espaço privado revestido de público, o *shopping* nos dá a impressão de uma cidade ideal: com mercadorias, serviços, alimentação, lazer — concentra tudo em um só espaço. Temos de cabeleireiros a lotéricas, de supermercados a agências de viagens, dos correios a academias de ginástica. É um lugar limpo, bonito, seguro, moderno, e só se reconhece entre seus pares — é uma cidade perfeita. Sabemos que as luzes são artificiais, para que não saibamos quanto tempo ficamos ali. Sabemos também que os percursos são milimetricamente planejados, canalizados para o consumo de tudo, do ambiente, das vivências, dos sentimentos, dos signos.

Simplesmente andar pelos shoppings e galerias, como muitas pessoas fazem em seus momentos de lazer, nos demonstra que o lazer nada mais é que a liberdade de perder tempo. É a sua mera possibilidade que diferencia o quanto e como se vivencia o lazer. Se pensarmos em quem trabalha em jornada noturna, em quem aceita trabalhar inúmeras horas extras, podemos ver que poder ter "tempo livre", poder não trabalhar, é um dos elementos que nos diferencia um dos outros.

É justamente porque tempo é dinheiro que excedente de riqueza também é excedente de tempo, de poder fruir o tempo como se quer, de poder "perder tempo". Assim, ter lazer é, de certa forma, um privilégio, mas não é somente a quantidade de lazer que nos distingue, é a sua qualidade, seus conteúdos, quão autônomo pode ser em relação ao trabalho. E a fruição do lazer também carrega símbolos, como bem sabe a indústria do *entertainment*.

Na sociedade atual, o lazer se torna quase que uma exigência, nos parece urgente ter "mais tempo", para fazer o que queremos ou para simplesmente não fazer nada. Mas é justamente por ser uma exigência, nossa e do sistema, que o lazer demonstra como a "esperança violenta de liberdade dá testemunho do poder do sistema de constrangimentos que nenhum lado é tão tal como ao nível do tempo".[52] Contrafaticamente, o desejo de liberdade demonstra como

---

(48) BAUDRILLARD, Jean. *A sociedade de consumo*. Lisboa: Edições 70, 2011. p. 202.

(49) *Ibidem*, p. 20.

(50) FROMM, Eric *apud* PADILHA, Valquíria. Shopping center: a catedral das mercadorias. São Paulo: Boitempo, 2006. p. 176.

(51) Sobre os *shoppings*, cf. PADILHA, Valquíria. Shopping center: a catedral das mercadorias. São Paulo: Boitempo, 2006.

(52) BAUDRILLARD, Jean. *A sociedade de consumo*. Lisboa: Edições 70. 2011. p. 203.

não temos tido tanta liberdade. Contrafaticamente, o desejo por um verdadeiro "eu" demonstra parte da falsidade do que temos chamado de "eu".

Queremos nos reconhecer em algo, em nós mesmos, queremos nos determinar e determinar o que fazemos, queremos autonomia. O lazer nos mostra o que queremos no trabalho. Se "os trabalhadores encontram no tempo de não trabalho tudo aquilo de que se veem privados no tempo de trabalho: iniciativa, responsabilidade, realização, diversão"[53], temos que nos perguntar: "por que nossa sociedade capitalista industrial precisa de um lazer para devolver ao homem o que o trabalho lhe rouba"?[54]

Talvez o grande erro do fordismo, e uma das causas da sua crise, tenha sido a rígida separação entre concepção e execução, e incapacidade de cogitar que as pessoas querem ao menos contar com a possibilidade de participação, de ter autonomia. Na sociedade da informação não há mais espaço para fronteiras, o que não quer dizer que elas de fato não se verifiquem. O discurso e a pretensão, o nível das promessas, no entanto, é o de que o conhecimento é fundamental, possível, e transformador — da vida e do trabalho.

Segundo Bauman[55], em um universo de ordens rígidas e sólidas tal como o fordismo, o corpo, mais que a mente, era o que mais contava. Era a administração dos corpos a função primordial da fábrica, que assim se tornava o lugar por excelência da dominação. O espírito deveria ser silenciado em todos os momentos, do trabalho às atividades políticas, e a força de trabalho tinha um sentido estrito e meramente utilitário. E não que hoje não tenha esse sentido, mas nos dias atuais o corpo e a mente têm um sentido utilitário. A administração do espírito não é mais tão localizada, ela continua, mas vai além do chão de fábrica. E o controle, como não é mais visível, transporta-se para várias autoridades, difusas, e para o próprio indivíduo. Nas várias esferas da vida, o consumo reforça o trabalho e vice versa.

No trabalho, a imagem transmitida pelos novos modelos de gestão é a de uma empresa participativa, sem diferenças hierárquicas e simbólicas. Pretende-se a redução das chefias e introdução de sistemas de participação e de decisão coletiva, trabalhos em equipe[56]. Aqui, cada trabalhador torna-se um igual, ou um quase igual, um "colaborador". Sente-se parte da empresa da qual faz parte, mesmo que uma mínima falta o coloque para fora. Ao mesmo tempo, ele é um superior hierárquico dos outros trabalhadores, é quase patrão. Em nome da "qualidade total", valorizam-se funcionários polivalentes, capacitados às novas tecnologias da informação, que se dediquem permanentemente ao fortalecimento da identidade e produtividade empresarial. Não se pergunta, no entanto, de onde vem essa qualificação, cada vez mais individual.

A informação, tal como a imagem pessoal, ambas são também mercadorias compradas no mercado de identidades. Isso vale para a vida e também para o trabalho. É assim que, como diz Bauman, o capitalismo precisa que o trabalhador se venda como um bem atrativo, para além da mera força física de trabalho. Aliás, agora a força de trabalho é composta por novos elementos, elementos simbólicos e imagéticos que devem ser flexíveis tais como o próprio emprego, devem se adequar aos padrões de produção e consumo lá fora. Como diz Bauman, os trabalhadores "são, ao mesmo tempo, promotores das mercadorias e as mercadorias que promovem. São, simultaneamente, o produto e seus agentes de *marketing*, os bens e seus vendedores".[57] Eles vão em busca de novas habilidades, que vincularão o seu sustento, e posterior consumo — em um ritmo cíclico.

Para a empresa, a autonomia passada no trabalho deve ser a mesma que desprende o trabalhador do emprego. O ideal seria a ausência de vínculos, compromissos, planos a longo prazo, ligações emocionais ou filhos e nenhuma intenção de iniciá-los. Nesse sentido, o compromisso deve ser com a empresa, nada mais. De algum modo combinam-se no sujeito todas as atividades de execução e controle: à primeira vista ele mesmo é quem controla sua jornada, se atingiu suas metas e, em última instância, qual será o seu salário. A autoridade que era visível no fordismo agora se dilui, no trabalho e fora dele, pois agora ela se concentra em você, trabalhador, o único responsável pelo seu sucesso ou fracasso na empresa. Incentivam-se salários por produção e PLR, jornadas variáveis: o controle é interno, invisível, mas tão autoritário quanto no fordismo. Apenas recriamos novas formas de alienação e exploração com o processo de acumulação flexível.

A tecnologia, vista por alguns como a "liberação" do trabalho, não somente aprofunda o desemprego e o subemprego, como estabelece a mais acirrada concorrência entre os empregados. Da identidade de classe, centrada no sindicato, passamos à identidade com a empresa.[58]

---

(53) PADILHA, Valquíria. Shopping center: a catedral das mercadorias. São Paulo: Boitempo, 2006. p. 170.

(54) *Ibidem*, p. 169.

(55) BAUMAN, Zygmunt. *Vida para consumo*: a transformação das pessoas em mercadorias. Rio de Janeiro: Zahar, 2008. p. 70.

(56) POCHMANN, Marcio. *O emprego na globalização*: a nova divisão internacional do trabalho e os caminhos que o Brasil escolheu. São Paulo: Boitempo, 2007.

(57) BAUMAN, Zygmunt. *Vida para consumo*: a transformação das pessoas em mercadorias. Rio de Janeiro: Zahar, 2008. p. 13.

(58) GORZ, André. *Misérias do presente, riqueza do possível*. São Paulo: Annablume, 2004.

Ou ainda, da identidade de classe, passamos à identidade preenchida por novos produtos. Pois em um mundo do trabalho tão instável, é sempre necessário trabalhar mais e mais, para ter acesso ao consumo, mais e mais. Ou ao menos para tentar garantir seu emprego. Se o consumo atinge a vida, ele atinge seu trabalho: cada hora extra de um trabalhador é menos uma hora de trabalho do outro...

As empresas passam a ser organizadas a partir de uma lógica piramidal, no que concerne à estrutura do trabalho. "Enquanto seleciona, reduz, qualifica — e, portanto, exclui — no topo, a nova lógica das cadeias, inclui na base trabalhadores com salários baixos e contratos flexíveis, quando não informais."[59] Em nome da redução de gastos com mão de obra, postos são progressivamente reduzidos, veem-se Planos de Demissão Voluntária. Em decorrência disso, o "núcleo estável" da empresa é cada vez mais reduzido e qualificado, com salários altos e perspectiva de carreira.

Aqueles que exercem atividades-meio têm sua atividade mediada pelas empresas terceirizadas, com salários menores e alta rotatividade. Pior são os que estão na base da pirâmide: "um grupo de trabalhadores eventuais, ou a prazo, ou a tempo parcial. Quase sempre desqualificados, transitam entre o desemprego e o emprego precário, e por isso são os mais explorados do sistema"[60] A sensação, no topo e na base da pirâmide, é a de concorrência de todos contra todos: ou se aceita as condições de trabalho que lhe foram dadas, ou se está fora. Ou a insegurança no emprego, instabilidade econômica, dificuldade de administração do próprio tempo e falta de perspectivas, ou a marginalidade, pobreza e desigualdade social.

Para Pochmann[61] e Castel[62] nos modelos econômicos do pós-guerra, baseados no fordismo, muito da integração social ligava-se à busca do pleno emprego e à segurança das vidas, principalmente a econômica, mediada pelo salário. Os excluídos, mesmo que existentes, eram vistos como uma situação anormal, a ser sustentada por um Estado forte e interventor. O paradoxo atual, entretanto, é que, mesmo diante das políticas neoliberais e do avanço da reestruturação produtiva, o emprego continua sendo definidor da renda, do consumo e do exercício da cidadania. E os excluídos não são mais a exceção, e sim a regra. Como diz Bauman, "não é o Estado, nem mesmo seu braço executivo, que está sendo solapado, erodido, enfraquecido, que está definhando — mas sua *soberania*, sua prerrogativa de estabelecer o limite entre incluídos e excluídos, assim como o direito de reabilitar e readmitir esses últimos".[63]

Como fazer, se o salário continua vinculando outros direitos, por exemplo, a saúde e a educação, em especial quando eles são também mercadorias? Como fazer, se salário ainda vincula as identidades pessoais e sociais, quando elas também são mercadorias? E, por fim, como fazer quando o salário vincula a mais simples sobrevivência, ela que, pasmem, também é uma mercadoria? O que não é mercadoria?

4. Conclusões: por onde passa a necessidade?

Segundo Baudrillard, o paradigma da felicidade nas sociedades modernas remete quase que a uma necessidade de salvação. A felicidade é um direito, mas também um dever, ela ocorre como um mito que guia nossas ações assim como seríamos guiados para o céu. Entretanto, para termos um direcionamento da vida na terra, precisamos pressupor a igualdade entre todos, e para que funcione essa igualdade abstrata, ela precisa ser mensurável, mensurável por objetos. Ou seja, só somos felizes se nossa felicidade puder ser comparada à dos demais. E a felicidade pode ocorrer para todos, só nos falta a sua medida.

Atualmente, mais que nunca, "o indivíduo expressa a si mesmo através de suas posses."[64], pois aparentemente todos podem fazê-lo. Quando consumo e trabalho são um mérito individual, eles materializam o mito do progresso e da felicidade terrena. São tarefas a serem empreendidas individualmente, e vividas individualmente, tal como em uma corrida em que o ponto de partida é pressuposto como o mesmo. A pretensão de igualdade se mostra evidente no fato de que a "sociedade de consumidores não reconhece diferenças de idade ou gênero (embora de modo contrafactual) e não lhes faz concessões. Tampouco reconhece (de modo gritantemente contrafactual) distinções de classe".[65]

Inseridos na sociedade dos consumidores, também nós diariamente nos esquecemos que o trabalho não é o mesmo para todos, nem o consumo. Talvez pelo aparecimento

---

(59) DUPAS, Gilberto. *Economia global e exclusão social*: pobreza, emprego, estado e o futuro do capitalismo. São Paulo: Paz e Terra, 2000. p. 71.

(60) VIANA, Márcio Túlio. A proteção social do trabalhador no mundo globalizado. *O direito do Trabalho no limiar do século XXI*, v. 63, n. 07, 63-07/885-896, São Paulo: LTr, 1999, p. 887.

(61) POCHMANN, Marcio. *O emprego na globalização*: a nova divisão internacional do trabalho e os caminhos que o Brasil escolheu. São Paulo: Boitempo, 2007.

(62) CASTEL, Robert. *As metamorfoses da questão social*: uma crônica do salário. Petrópolis: Vozes, 2012.

(63) BAUMAN, Zygmunt. *Vida para consumo*: a transformação das pessoas em mercadorias. Rio de Janeiro: Zahar, 2008.

(64) FERGUSON apud BAUMAN, Zygmunt. *Modernidade líquida*. Rio de Janeiro: Zahar, 2001. p. 89.

(65) BAUMAN, Zygmunt. *Op. cit.*, p. 73.

de uma cultura do desejo pensamos que desapareceu totalmente a materialidade. Ou talvez viver em meio ao excesso nos faz esquecer que há também a falta. Segundo Baudrillard, todo o jogo político em torno da sociedade de consumo consiste na diferenciação entre quem tem pouco e quem tem muito. No entanto, isso não é dito, pois a ideia de fundo é a de que o progresso infinito implica necessariamente na democratização: "quanto mais houver, chegar-se-á a um ponto em que haverá o suficiente para toda a gente." Nada mais contrafático:

> O fato de uma sociedade entrar em fase de crescimento, como acontece com as nossas sociedades industriais, não modifica em nada o processo; pelo contrário, o sistema capitalista (e produtivista em geral) acentuou, de certo modo, ao máximo, semelhante 'desnivelamento' funcional e o desequilíbrio, racionalizando-o e generalizando-o a todos os níveis.[66]

Precisaremos então crescer, para depois rever nossas necessidades? Uma ordem desigualitária e de privilégios é que produz o crescimento para além das necessidades. Ela vive das insatisfações, das ambivalências, do perpétuo déficit. Assim, como que presos na ideia de que o maior número de bens — ou o excesso — é sinônimo de equilíbrio e felicidade geral, nos esquecemos que a abundância não está nos números. Será impossível pensar limites entre excesso e necessidade? Baudrillard nos dá uma pista: ao nível do bife, não existe proletário nem privilegiado. A necessidade se cataloga pelo valor de uso dos bens, pela sua utilidade social. A sua solidez nunca se fez tão necessária.

A exigência de felicidade é para todos, mas a sua realização é para alguns. O restante não pode estar à frente do tempo, como pressupõem as propagandas; só podem viver o tempo de hoje, do premente. Se o indivíduo não aparenta aptidão para consumir, sua entrada na sociedade é barrada, assim como mendigos são banidos dos shoppings. "O dinheiro se transmuta sempre em privilégio hierárquico, em privilégio de poder e de cultura".[67] Parece que as leis de mercado se aplicam igualmente a mercadorias e seus selecionadores, só quem é vendável pode adentrar os templos do consumo. Mas se o espírito dos indivíduos já foi trabalhado pela mídia, seus corpos desmentem a sua filiação à sociedade de consumo: eles trazem as marcas da rejeição. A máxima "não há mercadoria sem consumidor" é levada ao pé da letra, e controla o acesso a esse mundo.

O corpo "bruto", despido de adornos, não reformado e não trabalhado, é algo de que se deve ter vergonha: ofensivo ao olhar, sempre deixando muito a desejar e, acima de tudo, testemunha viva da falência do dever, e talvez da inépcia, ignorância, impotência e falta de habilidade do "eu".[68]

O corpo fala, ele diz qual consumidor. E ele compõe mais uma das bagagens que levamos ao longo da vida, uma bagagem que não tem sempre as mesmas coisas, a depender da sociabilidade que também nos molda. Vemos, assim, que o consumo não depende só da renda e do trabalho, ele também é fruto de um capital social[69] Consumir funk ou mpb marca seus possuidores. Consumir tal estilo de cabelo ou de roupa também. A cultura marca os corpos, e também a socialização, que não é tão homogênea quanto o discurso da globalização coloca. Pelo contrário, se ele difunde tal discurso é porque em sua base pressupõe a desigualdade fática, *material e simbólica*.

Por isso a urgência em repensarmos as necessidades, mas também a socialização que as sustenta. Como diz Bourdieu, contra a ideologia de que os gostos são considerados um dom da natureza, a realidade demonstra que as necessidades culturais são produtos da educação e da origem social. Se em uma visão economicista do mundo vige a ideia segundo a qual a mera realocação dos recursos pode transformar a sociedade, ela esquece que temos um reservatório de valores, um capital social que é medido pelo senso estético, pelos conhecimentos, pelas escolhas culturais — também símbolos de poder e, portanto, de desigualdade. Portanto, além das necessidades, o está em jogo também é a apropriação da cultura e das socializações possíveis.

Nesses tempos de ambivalência, porque a luta não pode também ser? Para aqueles que idealizam um passado, ou para aqueles que idealizam um futuro, cabe dizer: os paradigmas de participação política só se renovam, acompanham o tempo presente, se dão todos os dias, nos Rolezinhos, nas greves, no suposto individualismo de quem "saiu do facebook". Grande parte do nosso discurso de "apatia do povo brasileiro" decorre da incapacidade de enxergar o mundo para além dos paradigmas de luta política. A luta pela reapropriação é material, mas também simbólica; a luta é pelo consumo, mas também por novos signos, e não está alheia às contradições do tempo histórico. De tal modo que podemos concordar com Canclini[70], no

---

(66) BAUDRILLARD, Jean. A sociedade de consumo. Lisboa: Edições 70, 2011. p. 55.

(67) *Ibidem*, p. 57.

(68) BAUMAN, Zygmunt. *Vida para consumo*: a transformação das pessoas em mercadorias. Rio de Janeiro: Zahar, 2008. p. 79.

(69) BOURDIEU, Pierre. *A distinção*: crítica social do julgamento. Porto Alegre: Zouk, 2013.

(70) CANCLINI *apud* TEODORO, Maria Cecília Máximo. *O trabalho líquido*: o trabalhador acuado entre a modernidade líquida e a destruição criadora. 2014.

sentido de que o consumo pode ser o exercício da cidadania, mas somente na medida em que, intencionalmente ou não, questiona-se a distribuição material e simbólica vigente, pois só aí já estão presentes os germens contra um sistema que, no seu cerne, é estruturalmente excludente.

5. Referências bibliográficas

ARENDT, Hannah. *A condição humana*. Rio de Janeiro: Forense Universitária, 2013.

BAUDRILLARD, Jean. *A sociedade de consumo*. Lisboa: Edições 70, 2011.

BAUMAN, Zygmunt. *Modernidade líquida*. Rio de Janeiro: Zahar, 2001.

_____. *Vida para consumo:* a transformação das pessoas em mercadorias. Rio de Janeiro: Zahar, 2008.

BOURDIEU, Pierre. *A distinção:* crítica social do julgamento. Porto Alegre: Zouk, 2013.

CASTEL, Robert. *As metamorfoses da questão social:* uma crônica do salário. Petrópolis: Vozes, 2012.

DUPAS, Gilberto. *Economia global e exclusão social:* pobreza, emprego, estado e o futuro do capitalismo. São Paulo: Paz e Terra, 2000.

GORZ, André. *Misérias do presente, riqueza do possível*. São Paulo: Annablume, 2004.

_____. *Metamorfoses do trabalho:* crítica da razão econômica. São Paulo: Annablume, 2007.

HARVEY, David. *A condição pós-moderna*. São Paulo: Loyola, 2013.

MARX, Karl. *O capital:* crítica da economia política. Livro I: o processo de produção do capital. São Paulo: Boitempo, 2013.

PADILHA, Valquíria. Shopping Center: a catedral das mercadorias. São Paulo: Boitempo, 2006.

POCHMANN, Marcio. *O emprego na globalização:* a nova divisão internacional do trabalho e os caminhos que o Brasil escolheu. São Paulo: Boitempo, 2007.

TEODORO, Maria Cecília Máximo. *O trabalho líquido:* o trabalhador acuado entre a modernidade líquida e a destruição criadora. 2014.

VIANA, Márcio Túlio. A proteção social do trabalhador no mundo globalizado. O direito do Trabalho no limiar do século XXI. *Revista LTr*, São Paulo, v. 63, n. 07, 1999.

CAPÍTULO 5

Responsabilidade Social da Empresa: Compromisso com a Concretização dos Direitos Sociais e uma Atuação para Além da Legislação

Thaís Campos Silva[(*)]

1. Introdução

O Direito, como instrumento de regulação das relações humanas, é fruto de processos políticos, de manifestações sociais e de valores socialmente relevantes.

Por essa razão, o Direito precisa acompanhar a evolução da sociedade, valorizar e amparar as ações sociais e reprimir os comportamentos considerados inaceitáveis.

A responsabilidade social da empresa representa a atuação que leve em conta todos os envolvidos no ambiente empresarial, ou seja, trabalhadores, fornecedores, clientes, meio ambiente e comunidade.

Essa responsabilidade social é um tema que merece ser mais profundamente estudado pelos operadores do Direito, tendo em vista se tratar de postura recentemente inserida nas empresas e por apresentar relevância social.

Do mesmo modo, a atuação de uma empresa efetivamente responsável merece ser divulgada para que a sociedade faça escolhas conscientes, valorize aquelas que se preocupam com a construção de uma sociedade menos exclusivista.

A empresa que atua dessa forma seguramente atenderá a sua função social e dará maior efetividade aos princípios da solidariedade, da promoção da justiça social, da livre iniciativa, conforme determina a Constituição Federal. Essas empresas assumirão, assim, o compromisso com a concretização dos Direitos sociais e atuação para além da legislação vigente. Será ainda uma forma de combate ao *Dumping* Social.

Embora a responsabilidade social seja uma forma de atuação empresarial, o que se verifica na prática são algumas empresas se passando por responsáveis e cumpridoras de suas obrigações apenas para fins de *marketing* e isenções fiscais, mas que, de fato, estão enquadradas em listas sujas, respondem a inúmeras execuções na Justiça do Trabalho e na Justiça Estadual.

Por essa razão, é necessário fazer com que as empresas responsáveis sejam efetivamente fiscalizadas e que a sociedade tenha ciência de quais são os empreendimentos que realmente adotam essa postura.

Muito ainda precisa ser feito, seja divulgação ou fiscalização, vez que a corresponsabilidade das entidades privadas em muito beneficiará na construção de uma sociedade mais justa.

2. Origem histórica e conceito de responsabilidade social

A história da sociedade é marcada por desigualdades sociais, em que a riqueza se concentra nas mãos de poucos e a pobreza se espalha por muitos.

A sociedade vem, a passos lentos, modificando essa realidade, principalmente nas últimas décadas, em que avanços ocorreram com a introdução da Responsabilidade Social das Empresas.

Com a intensificação do processo tecnológico e a transição democrática nas décadas de 1970 a 1990, as empresas assumiram papel social até então quase inexistente, valorizando e participando de ações sociais diversas.

Anteriormente a esse período, as referidas ações eram realizadas principalmente pela Igreja e grupos assistencialistas heterogêneos, que prestavam auxílio na forma de filantropia aos mais necessitados.

O processo de globalização também gerou mudanças na sociedade, seja para o bem ou para o mal. Certo é que apresentou (e apresenta) como malefícios a intensificação do processo de dispersão geográfica da produção e das forças produtivas, aumentando a tecnologia e substituindo parte da mão de obra por máquinas, o que, por consequência, implica desemprego e acentua a exclusão social.[(1)]

(*) Mestranda em Direito Privado pela Puc-Minas, na linha de pesquisa Direito do Trabalho Modernidade e Democracia. Advogada.

(1) MAESTRI, Hugo Cruz. *Função social da empresa, responsabilidade social e sustentabilidade:* um enfoque jurídico sobre a tríade social que integra as sociedades empresárias. Dissertação de Mestrado – Faculdade de Direito Milton Campos. Nova Lima, 31 out. 2011, p. 15-16.

Segundo Isadora Schwertner, ainda no sentido negativo, a globalização fez o Estado perder o controle das dificuldades internas e concentrar seus esforços na busca pela estabilidade econômica, o que resultou em mudança no modo de vida das pessoas e na gestão empresarial.[2]

Nesse contexto, o Estado, que deveria assegurar um padrão inicial civilizatório aos cidadãos, não conseguiu responder aos anseios da sociedade de forma eficiente, fazendo com que o seu papel na economia voltasse a pauta de discussões. A "crise" do Estado Assistencial (*Welfare States*) reacendeu a chama do liberalismo readequado (Estado Neoliberal), que valoriza a atuação da empresa na sociedade, não sendo esse somente o agente de promoção social.

A própria Constituição Federal de 1988 traduz esse ideal de participação do Estado, das empresas e dos cidadãos em prol de uma sociedade mais justa, elencando, assim, um rol de direitos fundamentais e sociais, de aplicabilidade imediata.

Com o passar do tempo, o empresariado brasileiro percebeu que um discurso politicamente correto, pautado na ética, na transparência e com ações sociais era lhe positivo, em relação tanto à imagem transmitida à sociedade, como à satisfação da classe trabalhadora.[3]

A própria ordem econômica passou a incentivar a participação das empresas no desenvolvimento de atividades de cunho social, concedendo incentivos fiscais, visando compatibilizar os interesses das empresas com o do Estado.

Refletindo esse discurso social nasceram, na década de 1990, as ações sociais do Terceiro Setor, em que associações, fundações, ONGs (Organizações Não Governamentais) exercem atividades de importância social sem fins lucrativos. Assim, a atuação social passou a ser responsabilidade do Estado, desse terceiro setor, das empresas privadas e ainda do indivíduo.

No âmbito empresarial, a responsabilidade social é entendida como a atuação da empresa buscando a concretização da justiça social e da dignidade da pessoa humana, com ações internas, que valorizem o trabalhador, garantindo o cumprimento da legislação laboral, o compromisso com os fornecedores, clientes, acionistas, e ações externas, que visem proteger o meio ambiente e a comunidade de forma geral.

Para fortalecer e difundir a referida ideia foi criado, por um grupo de empresários, o Instituto Ethos de Empresas e Responsabilidade Social. Tal instituto é uma OSCIP (Organização da Sociedade Civil de Interesse Público), sem fins lucrativos, que tem a missão de mobilizar e ajudar as empresas a atuar no mercado, com responsabilidade social.[4] Formado por estudiosos do tema, o instituto Ethos apresenta o seguinte conceito de Responsabilidade Social:

> Responsabilidade Social Empresarial consiste num conjunto de iniciativas por meio das quais as empresas buscam — voluntariamente — integrar considerações de natureza ética, social e ambiental às suas interações com clientes, colaboradores, fornecedores, concorrentes, acionistas, governos e comunidades — as chamadas "partes interessadas" – visando ao desenvolvimento de negócios sustentáveis.[5]

Dentro desse conceito de Responsabilidade Social, em que são consideradas as interações sociais e ambientais com os diversos sujeitos, surge o termo americano *Stakeholders*, entendido como partes interessadas, aquelas que serão ou poderão ser afetados pelas atividades empresariais.

Nessa teoria dos *Stakeholders*, entende-se que a propriedade não deve proporcionar benefícios apenas ao titular, mas também obedecer a sua função social e o interesse geral.[6]

A doutrina ligada à ciência da administração desenvolveu duas correntes em relação à Responsabilidade Social: a primeira possui uma visão clássica que entende que o objetivo da empresa é a lucratividade, razão pela qual o foco deve ser sempre maximizar lucros aos acionistas e sócios; a corrente majoritária apresenta visão socioeconômica que entende que as empresas são responsáveis pela comunidade em que estão inseridas, devendo o lucro ser tratado como consequência.

No mesmo sentido da visão socioeconômica, Emerson Kapaz define:

> Responsabilidade Social na empresa significa uma visão empreendedora mais preocupada com o entorno social em que a empresa está inserida, ou seja, sem deixar de se preocupar com a necessidade

---

(2) SCHWERTNER, Isadora Minotto Gomes. *Responsabilidade social empresarial*. Curitiba: Juruá, 2011. p. 106.

(3) RICO, Elizabeth de Melo. A responsabilidade social empresarial e o Estado: uma aliança para o desenvolvimento sustentável. *Revista São Paulo Perspec*. São Paulo, v. 18, n. 4, 2004. Disponível em: <http://www.scielo.br/scielo.php?script=sci_arttext&pid=S0102-88392004000400009&lng=en&nrm=iso>. Acesso em: 3 maio 2014.

(4) INSTITUTO ETHOS. Disponível em: <http://www3.ethos.org.br/missao>. Acesso em: 3 maio 2014.

(5) SCHWERTNER, Isadora Minotto Gomes. *Responsabilidade social empresarial*. Curitiba: Juruá, 2011. p. 107.

(6) MAESTRI, Hugo Cruz. *Função social da empresa, sesponsabilidade social e sustentabilidade*: um enfoque jurídico sobre a tríade social que integra as sociedades empresárias. Dissertação de Mestrado – Faculdade de Direito Milton Campos. Nova Lima, 31 de outubro de 2011, p. 34-35.

de geração de lucro, mas colocando-o não como um fim em si mesmo, mas como um meio para se atingir um desenvolvimento sustentável e com mais qualidade de vida.[7]

Em consonância com as correntes apresentadas alhures, pesquisa publicada pela Revista Exame demonstra que a visão do empresário e do cidadão acerca da missão da empresa ainda está longe de ser igual.

Dos empresários entrevistados, 82% entendem que a missão da empresa é gerar lucro; 63% disseram ser trabalhar com ética nos relacionamentos; 50% entendem ser missão da empresa ajudar a desenvolver o país; 47% acham que a missão da empresa é aliar crescimento com justiça social; e apenas 34% dos empresários entendem que a missão da empresa é gerar empregos.

Entre os cidadãos entrevistados, 93% entenderam ser missão da empresa gerar empregos; 60% disseram que é ajudar a desenvolver o país; 42% afirmaram ser desenvolver trabalhos comunitários; 31% entenderam que a missão é aliar crescimento com justiça social. Registre-se que o lucro foi citado por apenas 10% dos entrevistados.[8]

Essa pesquisa demonstra quão divergente é a concepção de empresários e de cidadãos/trabalhadores acerca da missão da empresa. O empregador almeja basicamente o lucro, deixando sua relação para com o trabalhador em última análise, enquanto exatamente o contrário ocorre com os trabalhadores, que se preocupam com a geração de empregos e pouco se importam com o lucro alcançado.

Encontrar um equilíbrio entre os pensamentos dos empresários e dos trabalhadores é essencial, visto que ambas as preocupações são relevantes. O lucro deve existir na sociedade capitalista em que estamos inseridos, mas este sistema capitalista deve ser mais humano, acompanhado de políticas sociais éticas, que respeitem os trabalhadores, gerando empregos e lhes garantindo seus direitos e, sobretudo, dignidade no ambiente laboral.

Salvador Aguilar deixa claro ainda que ser socialmente responsável não significa somente cumprir as obrigações previstas em lei de forma espontâneo ou forçadamente, deve-se ir mais além.[9]

As empresas devem decidir voluntariamente agir de forma responsável, é uma forma de gestão consciente da participação empresarial na efetivação dos direitos sociais.

Neste sentido, para ser enquadrada nesta denominação, a empresa deve ir além do simples cumprimento das obrigações legais, implementando melhores condições a seus trabalhadores, fornecendo cursos de qualificação para o mercado de trabalho, realizando trabalhos sociais nas comunidades em que está inserida, trabalhando de forma sustentável.

Vale registrar que a responsabilidade social difere da filantropia (ações assistencialistas). Na primeira há ações consistentes da empresa visando mudanças sociais; é um modelo de gestão, com acompanhamento de projetos e compromisso com os *stakeholders*, enquanto a filantropia é simples doação voluntária.

Segundo Isadora Schwertner, "diante da nova tendência de atuação empresarial em benefício da coletividade é possível afirmar que as empresas tornam-se agentes de promoção do bem-estar social".[10]

Essa atuação humanitária também está intimamente ligada à função social da empresa, objeto de estudo no item seguinte.

3. Responsabilidade social e função social da empresa: conceitos distintos e complementares

A ideia de Função Social é do século XI, quando São Tomás de Aquino mencionou que os bens apropriados individualmente teriam um destino comum, que o homem deveria respeitar.[11]

Tal afirmação já trazia em si limites à propriedade privada e foi posteriormente incorporada pela Constituição Mexicana de 1917 e Constituição Alemã de 1919, que abordavam a ideia de Função Social nas expressões "para interesse de todo o povo" e "um serviço para o bem comum", respectivamente.[12]

No Brasil, a Função Social foi mencionada a partir da Constituição de 1934, sendo a Constituição Cidadã de 1988 a mais preocupada com os direitos sociais e com a dignidade da pessoa humana.

---

(7) KOOL, Solange Lúcia Heck; PRUNE, Dirajaia Esse. A responsabilidade social da empresa e a sustentabilidade no ambiente de trabalho. *Revista da Unifebe* (on-line), p. 189, 2012.

(8) MAESTRI, Hugo Cruz. *Função social da empresa, responsabilidade social e sustentabilidade*: um enfoque jurídico sobre a tríade social que integra as sociedades empresárias. Dissertação de Mestrado – Faculdade de Direito Milton Campos. Nova Lima, 31 out. 2011, p. 32.

(9) AGUILAR, Salvador Cerón. Un modelo educativo para México. *Expansión*, n. 780, ano XXX, 8 dez. 2003, p. 67.

(10) SCHWERTNER, Isadora Minotto Gomes. *Responsabilidade social empresarial*. Curitiba: Juruá, 2011. p. 110.

(11) MAESTRI, Hugo Cruz. *Função social da empresa, responsabilidade social e sustentabilidade*: um enfoque jurídico sobre a tríade social que integra as sociedades empresárias. Dissertação de Mestrado – Faculdade de Direito Milton Campos. Nova Lima, 31 out. 2011, p. 21.

(12) *Ibidem*, p. 11.

O art. 170 da Constituição de 1988 estabelece a Função Social da propriedade como princípio da ordem econômica, fundada na valorização do trabalho humano e na livre iniciativa, e o art. 5º, inciso XXIII, enfatiza que a propriedade atenderá a sua Função Social.

Luiz Antônio Zanoti sintetiza esse pensamento, dizendo:

> Abstrai-se disto que o Estado dá liberdade e garantias ao particular, mas pode retirá-las, se este agir de forma individualista, em detrimento do bem coletivo. Ou, em outras palavras, o direito à existência digna do homem se sobrepõe ao direito de propriedade.[13]

Função Social é, portanto, o poder-dever da empresa de harmonizar suas atividades com o interesse coletivo. Assim, a utilização da propriedade, ainda que privada, está limitada por lei, devendo prevalecer a dignidade da pessoa e os interesses coletivos, em detrimento da vontade exclusiva do proprietário.

Nesse sentido, percebe-se que o conceito de Função Social, embora distinto do conceito de Responsabilidade Social são complementares, caminham lado a lado, ambos com o intuito de que a empresa, seja ela pública ou privada, atue de forma consciente em relação a trabalhadores, a fornecedores, aos clientes, ao ambiente e ao interesse coletivo em sentido amplo.

Com o objetivo de cumprir a Função Social e ser socialmente responsáveis, devem as empresas observar os princípios constitucionais da solidariedade, da promoção da justiça social, da livre iniciativa, da proteção, entre outros que visam assegurar a dignidade da pessoa humana.

Cumprindo com esses princípios, a empresa deixa de ser mera produtora de bens e serviços, podendo influenciar positivamente para a construção de uma sociedade mais igualitária.

É importante que essa cultura solidária seja efetivamente incorporada e que não seja somente propaganda, *marketing* de empresas que se dizem responsáveis em relação ao meio ambiente e com projetos sociais, mas não são capazes de oferecer aos trabalhadores condições dignas de trabalho e cumprimento da legislação laboral.

Infelizmente, em inúmeras oportunidades, percebe-se que algumas empresas estão preocupadas exclusivamente em mostrar para a sociedade que são cumpridoras de seus deveres sociais para fins de *marketing* e isenções fiscais, sem ter, de fato, postura socialmente responsável.

Com o advento da *Internet*, a sociedade consegue acompanhar com maior facilidade as ações sociais desenvolvidas pela empresa e escolher qual produto deseja adquirir, com base em dados empíricos.

Segundo Grayson e Hodges, "a empresa socialmente irresponsável é economicamente inviável".[14] Cada vez mais ela tem valor em razão da sua imagem, eis que, como dito, os consumidores não analisam somente o produto, mas a sua forma de atuação no mercado.

Nesse sentido, investir no empregado e em projetos sociais não significa minimizar os lucros; ao contrário, pode ser uma forma de maximizá-lo pelo consequente aumento da produção em razão da valorização de empresas socialmente responsáveis.

Lamentavelmente, existem empresas, inclusive públicas, que se apresentam como socialmente responsáveis, participando de projetos sociais, mas estão relacionadas nas listas tomadoras de trabalho em condições análogas à de escravo, lançadas pelo Ministério do Trabalho e Emprego e/ou relacionadas na lista dos maiores devedores trabalhistas do Brasil.

A título de exemplo, a Petrobrás expõe, na página inicial de seu sítio eletrônico, projetos sociais e ambientais, estampando o termo "Empresa com Responsabilidade Social".[15] Entretanto, a mesma empresa estatal, que deveria servir de exemplo para o setor privado, está relacionada entre os vinte maiores devedores trabalhistas do Brasil, com mais de 1.200 processos em débito.[16]

A empresa Zara, produtora de roupas de marca internacional, foi autuada em fiscalização do Ministério do Trabalho e Emprego em 2011, quando se flagraram trabalhadores estrangeiros, em sua maioria bolivianos, laborando em condições análogas à de escravidão. Segundo reportagem colhida na *internet*[17], os empregados trabalhavam em jornadas exaustivas, por 16 horas diárias, em prédio sem segurança e dormiam no mesmo local.

Em defesa, a empresa Zara alegou não ter conhecimento dos fatos em razão de ter terceirizado a produção. Entretanto, tal argumento não prosperou, tendo sido mantido o auto de infração da fiscalização pelo juiz da

---

(13) JACOB, Cristiane Bassi; LEHFELD, Lucas de Souza. Educação corporativa nas empresas familiares: propósito coletivo como instrumento para a função social da empresa. *Revista de Direito Privado*, São Paulo, Revista dos Tribunais, ano 11, n. 42, p. 308, abr./jun. 2010.

(14) GRAYSON, D., HODGES, A. *Compromisso social e gestão empresarial*. São Paulo: PubliFolha, 2002. p. 300.

(15) Disponível em: <http://www.petrobras.com.br/pt/sociedade-e--meio-ambiente/?gclid=CPOt-7Pg4L0CFaLm7AodTxUAeQ>. Acesso em: 1º maio 2014.

(16) Disponível em:<http://www.tst.jus.br/estatistica-do-cndt>. Acesso em: 14 abr. 2014.

(17) Disponível em: < http://blogdosakamoto.blogosfera.uol.com.br/2014/04/15/justica-considera-zara-responsavel-por-caso-de--trabalho-analogo-ao-escravo>+ Acesso em: 14 abr. 2014.

3ª Vara do Trabalho de São Paulo, no processo número 0001662-91.2012.503.0003, que fundamentou ter a empresa responsabilidade direta pela situação constatada.

Percebe-se que muito ainda deve ser feito no sentido de ampliar a consciência dos cidadãos, consumidores e, principalmente, dos empresários, que necessitam perceber que o caminho para se ter uma empresa próspera e lucrativa é ser socialmente responsável.

Está na hora, no Brasil, de revogar a "lei de Gerson", que diz que o importante é levar vantagem e instituir a Lei de Senna, que preconiza a dignidade e a seriedade.[18]

Segundo pesquisa realizada pela Revista Exame, na avaliação dos consumidores sobre a reputação de uma empresa, a Responsabilidade Social tem peso 41% (quarenta e um por cento).[19]

Mais uma vez, fica demonstrado que estamos caminhando rumo a essa almejada conscientização dos consumidores, que passam a valorizar empresas que efetivamente se preocupam com questões sociais. Porém, vale registrar que muito ainda resta a ser feito.

4. Ética e transparência na empresa

Para lograr êxito na conscientização dos consumidores, é necessário que haja ainda a participação direta do Governo, esclarecendo sobre a importância do tema e principalmente dando exemplo por meio das empresas públicas que sejam efetivamente responsáveis para com seus trabalhadores, com clientes, com o meio ambiente e com a sociedade de forma geral.

Essa bandeira deve ser carregada com altivez, não somente pelo Poder Público, mas também pelas escolas, pelas organizações de Terceiro Setor, pelos sindicatos, a fim de que a mensagem seja propagada de forma ampla.

O Instituto Ethos é importante organização de incentivo à Responsabilidade Social da empresa que busca implementar práticas sociais, demonstrando a relevância do comportamento ético e o retorno nos investimentos e o consequente desenvolvimento social, econômico e ambientalmente sustentável.[20]

Outro interessante incentivo foi a criação do Selo Social, que é uma estratégia para estimular o cumprimento dos Objetivos de Desenvolvimento do Milênio (ODM), reconhecendo órgãos públicos, empresas e organizações não governamentais, as quais realizam investimentos internos e externos em prol da sociedade.

São oito os objetivos elencados, denominados pelo projeto como sendo os "8 Jeitos de Mudar o Mundo", quais sejam: acabar com a fome e a miséria; educação básica de qualidade para todos; igualdade entre os sexos e valorização da mulher; reduzir a mortalidade infantil; melhorar a saúde das gestantes; combater a AIDS, a malária e outras doenças; qualidade de vida e respeito ao meio ambiente; todo mundo trabalhando pelo desenvolvimento;[21]

As organizações inscritas no Selo Social participarão de capacitações direcionadas ao seu setor de atuação. Conhecerão melhor os "8 Jeitos de Mudar o Mundo" e seus indicadores, desenvolvimento social sustentável, como elaborar um projeto social, balanço social e *marketing* social.

Todas as ações realizadas pela organização deverão constar do relatório do Balanço Social, que será avaliado tecnicamente pelo Conselho Gestor da cidade, formado por 3 representantes, sendo um de cada setor (empresas, entidades sociais como ONGs e órgãos públicos).

Após esse processo, empresas, órgãos públicos e organizações não governamentais poderão ser certificadas com o Selo Social do município, sendo apresentadas e divulgadas a toda cidade como contribuintes diretas para o desenvolvimento social.

Percebe-se, portanto, que instituições estão preocupadas com essa atuação responsável da empresa, entendendo ser fundamental para uma sociedade mais justa e equânime.

Entretanto, o Estado não pode se eximir de seu dever constitucional de garantidor do bem-estar da sociedade, nem transferir exclusivamente para a esfera privada o papel que lhe cabe. A união de forças (Estado, empresas, organizações, cidadãos e filantropias individuais) é que irá conseguir modificar a realidade social posta.

A atuação ética da empresa implica que seus atos sejam necessariamente transparentes Com o objetivo de uniformizar no mundo as diretrizes de atuação empresarial socialmente responsável, a ISSO (*International Organization for Standardization*) lançou, em 2010, um conjunto de preceitos a que os países podem voluntariamente aderir.

Tal documento lança sete princípios a serem seguidos pelas empresas de grande, médio e pequeno porte, quais sejam: responsabilidade pelos resultados; transparência; comportamento ético; respeito e consideração aos interesses

---

(18) Sentença proferida pela juíza Denízia Vieira Braga, em 16 de dezembro de 1994, autos do processo n. 2.273/94, que tramitou perante a 1ª Vara do Trabalho de Contagem.

(19) Disponível em: <http://exame.abril.com.br/negocios/album-de--fotos/as-10-empresas-com-mais-responsabilidade-social-no--mundo/>. Acesso em: 14 abr. 2014.

(20) INSTITUTO ETHOS. Disponível em: <http://www3.ethos.org.br/missao>. Acesso em: 3 maio 2014.

(21) Disponível em: <http://www.brusque.sc.gov.br/selosocial/>. Acesso em: 5 maio 2014.

dos *stakeholders*; cumprimento das leis; cumprimento das normas internacionais; e cumprimento da universalidade dos direitos humanos.[22]

Registre-se que ser empresa transparente não significa que as informações confidenciais da empresa necessitam ser compartilhadas, mas que suas decisões tenham impacto positivo no meio ambiente, na comunidade, nos trabalhadores e no *stakeholders*.

Em 1999, o deputado Paulo Rocha apresentou Projeto de Lei n. 32/1999, que tornaria obrigatória a elaboração de balanço social por empresas privadas. Esse balanço seria o documento que demonstraria a atuação social da empresa, analisando, entre outros, as relações com os empregados, a interação da empresa com a comunidade.

O referido projeto foi discutido e arquivado em 2011, sob o argumento de que o balanço social invade a liberdade da empresa.

Entretanto, como estudado anteriormente, a liberdade da empresa não é plena, eis que está condicionada ao atendimento de sua função social. O interesse coletivo prevalece sobre o individual e prioriza-se sempre a dignidade da pessoa humana.

O balanço social tal qual explicado nesta oportunidade não violaria a liberdade empresarial, eis que não teriam que ser mencionados os segredos empresariais, sendo apenas uma forma de divulgar empresas que efetivamente atuam com Responsabilidade Social. Assim, os consumidores de produtos e serviços poderiam fazer escolhas conscientes e socialmente corretas.

Dessume-se, nesse caso, que o próprio Poder Legislativo, que deveria ser também um incentivador da transparência, da ética e da atuação responsável das empresas, arquivou o referido projeto de lei que poderia ser de extrema utilidade para a sociedade de modo geral.

Outro importante avanço foi a publicação, em novembro de 2010, da Norma Internacional ISO 26000 — Diretrizes sobre Responsabilidade Social, cujo lançamento foi em Genebra, Suíça e apresentou versão em português — ABNT NBR ISO 26000.

Na referida norma, a responsabilidade social se expressa pelo desejo e pelo propósito das organizações de incorporarem considerações socioambientais em seus processos decisórios e a se responsabilizar pelos impactos de suas decisões e atividades na sociedade e no meio ambiente. Isso implica um comportamento ético e transparente, que leva em conta os interesses de todos aqueles que serão afetados pela ação da empresa.

Os estímulos fiscais também são mecanismos importantes de incentivo, como se demonstrará no próximo tópico.

5. Dos incentivos fiscais

A atuação das empresas como socialmente responsáveis não significa, e nem pode significar, a substituição das atividades e responsabilidades do Estado, até porque esta é a sua função normal, sua finalidade, ou seja, cabe ao Estado proteger os interesses da população, buscar o bem comum, servindo de exemplo para os demais setores da sociedade, utilizando de forma adequada e transparente os recursos.[23]

O Estado tem ainda um papel incentivador, podendo definir patamares mínimos e iniciais em matéria social, laboral, bem como fornecer incentivos à economia do país.

Tal possibilidade encontra-se expressa na Constituição Federal, especialmente no art. 174 que atribui aquele a função de regulador da atividade econômica e responsável por incentivar, fiscalizar e planejar a economia.[24]

Esses incentivos decorrem de vantagens adicionais; não são decorrentes de meros privilégios, tendo em vista que são obtidos em razão da prática de atos previamente estabelecidos. Assim, tributa-se menos aquele que cumpriu o desejado pelo Estado.

Para que não haja concessão de incentivos por privilégios e de forma discriminatória, a Lei Complementar de Responsabilidade Fiscal, Lei n. 101/2000, estabelece limites e formas para a concessão, podendo ocorrer nas seguintes hipóteses: promoção do desenvolvimento nacional, regional ou setorial; por eliminar o desequilíbrio do desenvolvimento das regiões; ou com base em planejamento econômico tributário[25].

Os benefícios são vantajosos para o Estado, eis que impulsionam o setor privado da economia a participar de programas sociais, sendo forma, inclusive, de atrair estes investimentos.[26]

As doações dirigidas a projetos sociais previstos em lei geram o abatimento no Imposto de Renda, em diferentes

---

(22) INSTITUTO ETHOS. ISO26000. Norma Internacional de Responsabilidade Social. 2010. Disponível em: <http://www.ethos.org.br/iso26000>. Acesso em: 4 abr. 2014.

(23) SÓLIS, Julio Ismael Camacho. La Responsabilidad Social y gestión en el Derecho del Trabajo. *Revista de Direito do Trabalho*, Revista dos Tribunais, ano 38, n. 145, p. 43, jan./mar. 2012.

(24) BRASIL. *Constituição (1988)*. Constituição da República Federativa do Brasil. Organização de Alexandre de Moraes. 16. ed. São Paulo: Atlas, 2000.

(25) SCHWERTNER, Isadora Minotto Gomes. *Responsabilidade social empresarial*. Curitiba: Juruá, 2011. p. 142.

(26) *Idem*.

percentuais, sendo que os valores variam de acordo com o projeto apoiado.

A título de exemplo, cite-se o projeto Funcriança (Fundo de Direito da Criança e Adolescente), que consiste em um fundo de arrecadação criado por lei federal para angariar recursos que serão revertidos para crianças e adolescentes. Nesse projeto, ficou estabelecido que as pessoas físicas podem deduzir integralmente as doações, no limite de 6% do imposto devido, ao passo que as pessoas jurídicas podem deduzir 1% do referido imposto mensal, trimestral ou anual, calculado à alíquota de 15%, mas somente as empresas que apuram o Imposto de Renda pelo lucro real podem adotar esse incentivo fiscal. O limite total para dedução é de 4% pela pessoa jurídica e 6% pela pessoa física.[27]

Existem ainda outros programas importantes, como o Prouni (Programa Universidade para Todos), incentivos à cultura, doações à OSCIP, doações a entidades civis sem fins lucrativos, entre outros. É importante registrar que, antes de serem iniciados, os projetos são cadastrados e aprovados pelo Ministério da Cultura.

Como mencionado alhures, muitas vezes as empresas participam de programas sociais apenas buscando as isenções fiscais e a possibilidade de construir uma imagem politicamente correta.

Embora possa ser esse o ponto de partida para mudanças sociais, é necessário que haja mudança de mentalidade, que os empresários percebam e entendam as vantagens reais de deterem empresas socialmente responsáveis e que os consumidores valorizem posturas efetivamente corretas e boicotem empresas descumpridoras de seus deveres.

Os incentivos fiscais recebidos pelas empresas são mais uma forma de estimular a atuação dos empresários em projetos sociais, mas buscando sempre fazer com que a responsabilidade social seja incorporada de forma plena, com o intuito de transformar a atual sociedade em um ambiente mais igualitário e solidário.

Entretanto, ainda que existam tais incentivos, algumas empresas não são responsáveis sequer por seus deveres legais, atuando com posturas caracterizadoras de *Dumping* Social.

6. A responsabilidade social como forma de combate ao *dumping* social

A transparência e postura ética pontuada como um dos pilares da Responsabilidade Social não é verificada em empresas que praticam *dumping* social.

O termo *dumping* social foi primeiramente utilizado no Direito Comercial para definir uma prática anticoncorrencial que se baseia na venda de grande quantidade de produtos a um preço abaixo daquele praticado no mercado.

O *dumping* social, portanto, é identificado pelas condutas dos empregadores que violam os direitos trabalhistas por longo período e de forma reiterada, visando abaixar os custos, aumentando a competitividade do produto ou serviço no mercado. Nesse sentido, é realizada a prática anticoncorrencial em razão da precarização das condições de trabalho e do descumprimento das normas vigentes.

A mencionada prática vem sendo, aos poucos, estudada pela doutrina e reconhecida na Justiça do Trabalho, nas decisões proferidas em primeira instância, pelos Tribunais Regionais e ainda, mais recentemente, pelo Tribunal Superior do Trabalho.

Recentes julgados caminham no sentido de que, identificando o *dumping* social, deverá ser a empresa condenada ao pagamento de indenização. O Enunciado n. 4 da 1ª Jornada de Direito Material e Processual do Trabalho, realizada em 2007 no TST[28], dispõe:

> DUMPING SOCIAL. DANO À SOCIEDADE. INDENIZAÇÃO SUPLEMENTAR. As agressões reincidentes e inescusáveis aos direitos trabalhistas geram um dano à sociedade, pois com tal prática desconsidera-se, propositalmente, a estrutura do Estado social e do próprio modelo capitalista com a obtenção de vantagem indevida perante a concorrência. A prática, portanto, reflete o conhecido "dumping social", motivando a necessária reação do Judiciário trabalhista para corrigi-la. O dano à sociedade configura ato ilícito, por exercício abusivo do direito, já que extrapola limites econômicos e sociais, nos exatos termos dos arts. 186, 187 e 927 do Código Civil. Encontra-se no art. 404, parágrafo único do Código Civil, o fundamento de ordem positiva para impingir ao agressor contumaz uma indenização suplementar, como, aliás, já previam os arts. 652, "d", e 832, § 1º, da CLT.

A condenação das empresas que praticam o *dumping* social deve ser cada vez mais estimulada, vez que o pagamento de indenização visa reparar os danos ocasionados ao trabalhador e à sociedade de modo geral, além de ter ainda caráter pedagógico, a fim de que as referidas empresas cumpram a legislação trabalhista.

Ademais disso, empresas que praticavam o *dumping* social poderão perceber que o caminho para o sucesso empresarial no mundo moderno não é reduzir os direitos trabalhistas, mas, ao contrário, ser socialmente responsável, inclusive em relação ao trabalhador.

---

(27) SCHWERTNER, Isadora Minotto Gomes. *Responsabilidade social empresarial*. Curitiba: Juruá, 2011. p. 144.

(28) 1ª Jornada de Direito Material e Processual do Trabalho. Disponível em: <http://www.lopescoutinho.com/1_POS_Cordenador_GC/01_teoria_proc/Materiais/primeira_jornada_de_direiro_TST.pdf>. Acesso em: 10 jun. 2014.

Nesse contexto, não basta apenas cumprir a legislação: deve-se investir no empregado, melhorando sua cultura e sua relação com os demais trabalhadores.

Assim, a responsabilidade social funciona também como forma de combate ao *dumping* social, eis que empresas responsáveis, éticas e transparentes não praticam condutas anticoncorrenciais, valorizam seus trabalhadores e, com isso, ganham um mercado consumidor cada dia mais consciente.

7. Conclusão

A iniciativa de implementar empresas socialmente responsáveis é extremamente válida e merece aplausos. Entretanto, não se pode concordar com empresas que se intitulam responsáveis sociais, mas, de fato, não cumprem, sequer, com as obrigações trabalhistas da mão de obra que estão utilizando. Algumas utilizam a terminologia apenas "de fachada", sem se dedicar de fato a programas sociais e ações internas.

O incentivo fiscal é válido, tendo em vista que a empresa, entidade privada, estará atuando em corresponsabilidade com o Estado, mas não deve ser um dos únicos estímulos para que a empresa adote essa postura.

Ademais disso, o Estado não pode se eximir da sua obrigação normal, da sua própria finalidade, ou seja, proteger o bem comum, definindo patamares mínimos e iniciais de direitos, atuando com ética na utilização dos recursos e com transparência.

É necessária uma mudança de mentalidade dos sócios, dos proprietários e das empresas, para que percebam que o caminho do sucesso empresarial é tornar a empresa socialmente responsável.

Tal mudança também é imprescindível em relação aos consumidores, que precisam demonstrar que optam por empresas realmente preocupadas com ações sociais e que respeitem todos aqueles de alguma forma envolvidos em sua atividade.

Registre-se, mais uma vez, que não se recrimina o lucro, tendo em vista que ele faz parte do sistema em que está inserido. Todavia, não pode ser o único motor empresarial, virá como consequência dessa forma de atuação social.

A função social da empresa, constitucionalmente prevista, do mesmo modo, estará atendida, eis que se levarão em conta os princípios constitucionais da solidariedade, da promoção da justiça social, da livre iniciativa, entre outros.

O *Dumping* Social também será mitigado em razão da valorização de empresas que realmente são responsáveis. É necessária ainda a atuação do Judiciário, punindo empresas que praticam tais condutas anticoncorrenciais, o que, consequentemente, levará à valorização daquelas que atuam nos termos da lei.

Outro importante aspecto é a utilização de *marketing* ético e transparente, como um elo entre os consumidores e as empresas que tenham essa forma de atuação responsável.

As tecnologias de informática e comunicação tão avançadas à disposição do consumidor deverão ser, da mesma maneira, aliadas nesse processo de escolha do produto ou serviço.

A responsabilidade social, se tratada com seriedade, será um grande passo para uma sociedade mais justa. Nesse sentido, a implementação desse projeto de empresa auxilia a concretização do Estado Democrático de Direito, dos direitos sociais, com uma atuação para além do que prevê a legislação, de forma a efetivar a dignidade da pessoa humana, pilar da Constituição vigente.

8. Referências bibliográficas

AGUILAR, Salvador Cerón. Un modelo educativo para México. *Expansión*, n. 780, año XXX, p. 67, 8 dez. 2003.

ALMEIDA, Ronald Silka de. *A proteção ao meio ambiente do trabalho e a responsabilidade social da empresa*. Disponível em: <http://www.anima-opet.com.br/pdf/anima4-Seleta%20Externa/anima4--Ronald-Silka-de-Almeida.pdf.>. Acesso em: 14 abr. 2014.

BRASIL. *Consolidação das Leis do Trabalho*. Decreto-lei n. 5.452, de 1º de maio de 1943. Aprova a consolidação das leis do trabalho. 104. ed. São Paulo: Atlas, 2000. Coletânea de Legislação.

BRASIL. *Constituição (1988)*. Constituição da República Federativa do Brasil. Organização de Alexandre de Moraes. 16. ed. São Paulo: Atlas, 2000.

CARVALHO, Maria de Lourdes. *A empresa contemporânea*: sua função social em face das pessoas com deficiência. Belo Horizonte: Del Rey, 2012.

DELGADO, Mauricio Godinho. *Curso de Direito do Trabalho*. 10. ed. São Paulo: LTr, 2011.

GOVATTO, Ana Cláudia Marques. Ética e responsabilidade social nos negócios. *Revista Imes*, São Paulo, Saraiva, 2002.

INMETRO. Portal do Governo Brasileiro. Disponível em: < http://www.inmetro.gov.br/qualidade/responsabilidade_social/iso26000.asp>. Acesso em: 13 maio 2014.

INSTITUTO ETHOS. Disponível em: <http://www3.ethos.org.br/missao>. Acesso em: 3 maio 2014.

ITACARAMBY, Paulo. Responsabilidade Social, um caminho contra o *dumping*. *Revista Anamatra*, ano XV, n. 45, out. 2003.

JACOB, Cristiane Bassi; LEHFELD, Lucas de Souza. Educação corporativa nas empresas familiares: propósito coletivo como instrumento para a função social da empresa. *Revista de Direito Privado*, Revista dos Tribunais, ano 11, n. 42, abr./jun. 2010.

KOOL, Solange Lúcia Heck; PRUNE, Dirajaia Esse. A responsabilidade social da empresa e a sustentabilidade no ambiente de trabalho. *Revista da Unifebe* (*on-line*). 2012.

MAESTRI, Hugo Cruz. *Função social da empresa, responsabilidade social e sustentabilidade:* um enfoque jurídico sobre a tríade social que integra as sociedades empresárias. Dissertação de Mestrado – Faculdade de Direito Milton Campos. Nova Lima, 31 out. 2011.

PASSADOR, Cláudia Souza. A responsabilidade social no Brasil: uma questão em andamento. In: VII CONGRESO INTERNACIONAL DEL CLAD SOBRE LA REFORMA DEL ESTADO Y DE LA ADMINISTRACIÓN PÚBLICA, Lisboa, Portugal. 2002.

PETROBRÁS. Disponível em: <http://www.petrobras.com.br/pt/sociedade-e-meio-ambiente/?gclid=CPOt-7Pg4L0CFaLm7AodTxUAeQ>. Acesso em: 1º maio 2014.

PONCHIROLLI, Oscar. *Ética e responsabilidade social empresarial.* 1. ed. 2007, Curitiba: Juruá, 2010.

RICO, Elizabeth de Melo. A responsabilidade social empresarial e o Estado: uma aliança para o desenvolvimento sustentável. *Revista São Paulo Perspec*, São Paulo, v. 18, n. 4, 2004. Disponível em: <http://wwww.scielo.br/scielo.php?script=sci_arttext&pid=S0102-88392004000400009&Ing=en&nrm=iso>. Acesso em: 3 maio 2014.

SAKAMOTO, Leonardo. *Flagrantes mostram roupas da Zara sendo fabricadas por escravos.* Disponível em: <http://noticias.uol.com.br/cotidiano/ultimas-noticias/2011/08/17/flagrantes-mostram-roupas-da-zara-sendo-fabricadas-por-escravos.htm>. Acesso em: 1º maio 2014.

SCHWERTNER, Isadora Minotto Gomes. *Responsabilidade social empresarial.* Curitiba: Juruá, 2011.

SÓLIS, Julio Ismael Camacho. La Responsabilidad Social y gestión en el Derecho del Trabajo. *Revista de Direito do Trabalho*, Revista dos Tribunais, ano 38, n. 145, p. 31-50, jan./mar. 2012.

TRIBUNAL SUPERIOR DO TRABALHO. Lista dos 100 maiores devedores trabalhistas do Brasil. Disponível em: <http://www.tst.jus.br/estatistica-do-cndt>. Acesso em: 14 abr. 2014.

CAPÍTULO 6

Choque de Realidade: o Artifício da Pejotização como Instrumento de Precarização Trabalhista

Maria Cecília Máximo Teodoro[*] *e Roberta Dantas de Mello*[**]

1. Introdução

No cenário brasileiro, assiste-se à renitente tentativa de fraudar os direitos trabalhistas, garantidos constitucionalmente, por meio de arranjos econômicos, de maneira que se coloca em xeque a própria relação de emprego.

Na tentativa de não configurar a relação de trabalho como relação de emprego, existem situações que são mais frequentes, sendo que neste Estudo se privilegia a transformação fraudulenta do trabalhador em pessoa jurídica para a prestação de serviços a empresas.

O choque de realidade ora proposto objetiva, em um primeiro momento, apontar o cenário caótico decorrente da fraude trabalhista de conversão da pessoa física do trabalhador em pessoa jurídica para prestação de serviços a empresas.

Para tanto, serão analisados o fenômeno da "pejotização" e os elementos do art. 129 da Lei n. 11.196/2005.

Em momento seguinte, será avaliado o contexto recente do País, em números, que refletem a precarização trabalhista via uso fraudulento da pessoa jurídica.

Por fim, busca-se comprovar que o caminho contrário ao da precarização das relações de trabalho se encontra na reiterada luta pela efetivação dos direitos sociais, notadamente pela reafirmação da centralidade do emprego, padrão estabelecido para o desenvolvimento do *capitalismo com reciprocidade*, nos termos da CF/88.

2. "Pejotização" ou "personificação de encomenda": o empresário aparente

Os neologismos *pejotização* ou *personificação de encomenda* identificam a transformação fraudulenta de uma pessoa natural em pessoa jurídica. Conforme será visto, o uso deste artifício pode implicar precarização das relações de emprego, uma vez que enseja a constituição de pessoa jurídica para a prestação de serviços que deveriam ser executados por empregados regularmente contratados.

A partir da década de 1990, o fenômeno das contratações por meio de pessoa jurídica, acompanhado das terceirizações, passou a ter maior destaque.

A proliferação do número de pessoas jurídicas formalmente constituídas reflete um dado inerente às economias em crescimento, como o caso brasileiro, pelo fato de haver vantagens jurídicas e econômicas que a personificação da empresa traz à atividade produtiva.

No momento em que se utiliza da pessoa jurídica para mascarar a relação de emprego, há fraude à legislação trabalhista (art. 9º da CLT). Assim, a responsabilidade de cumprimento à lei na contratação de empregados pertence exclusivamente ao empregador, sob pena de também responder por crime contra a organização do trabalho.

A exigência de constituição meramente artificial da pessoa jurídica tem ocorrido em diversas categorias profissionais, notadamente nas áreas ligadas ao jornalismo, à engenharia e à informática. Aparentemente, passa a ser "natural" que a sociedade empresária e o verdadeiro empresário individual busquem se constituir como pessoas jurídicas.

A Justiça do Trabalho tem deparado com a personificação de empresa com o nítido propósito de fraudar as normas jurídico-trabalhistas.

Como se sabe, é lícito o uso de pessoa jurídica na contratação para a prestação de serviços não habituais, não subordinados e distintos das atividades inerentes do contratante.

Por sua vez, a ilicitude da formação da pessoa jurídica ocorre quando há a intenção de burlar a relação de emprego

---

[*] Pós-Doutora em Direito do Trabalho pela Universidade de Castilla--La Mancha com bolsa de pesquisa da CAPES. Doutora em Direito do Trabalho e da Seguridade Social pela USP. Mestre em Direito do Trabalho pela PUC/MG. Professora de Direito do Trabalho do Mestrado e da Graduação da PUC/MG. Membro eleita do Colegiado do Programa de Pós-Graduação em Direito da PUC/MG. Pesquisadora.

[**] Doutoranda em Direito Privado com ênfase em Direito do Trabalho pela PUC/MG sob a orientação acadêmica de Maria Cecília Máximo Teodoro. Mestre em Direito Privado com ênfase em Direito do Trabalho pela PUC/MG sob a orientação acadêmica de Mauricio Godinho Delgado. Pesquisadora da CAPES (2010-2012). Especialista em Direito do Trabalho e Direito Previdenciário. Especialista em Direito Processual Constitucional. Advogada. Professora de Direito.

e o seu respectivo custo social. Em outras palavras, quando se exige do trabalhador a constituição de pessoa jurídica como fator condicionante para a existência da relação de trabalho e, na realidade, há formalização de um contrato de prestação de serviços com características legalmente fixadas entre a referida pessoa jurídica e aquela para quem os serviços serão prestados.

Na prática, os empregadores formulam "proposta" a alguns de seus empregados (geralmente, os mais qualificados e que ganham maiores salários) para que constituam empresas e passem a figurar como prestadores de serviços. Esses empregados se sucumbem a essa "proposta", sejam seduzidos pelo argumento patronal de que receberiam um salário maior ao se constituírem em pessoa jurídica ou amedrontados pela inviabilidade de sua contratação.

Há ainda a possibilidade de o próprio trabalhador querer exibir a condição de empresário ou pessoa jurídica, seja para ostentar o *status* de ser "patrão de si mesmo" ou pelo proveito tributário que possa auferir.

Porém, o interesse do trabalhador não pode ser invocado como causa excludente da relação de emprego em face da irrenunciabilidade dos direitos trabalhistas, da imperatividade das normas juslaborais e do custo social do trabalho.

Em verdade, o maior beneficiado (se não o único) do uso deste artifício é o detentor do capital, o verdadeiro empresário, que reduz (ou até se exime), de forma significativa, os custos inerentes à sua atividade econômica, ao pagamento de tributos e a outras inúmeras responsabilidades.

Como um dos modos de combater essa possibilidade precarizadora da relação de emprego, torna-se necessário não somente a atuação repressiva dos órgãos de fiscalização do Ministério do Trabalho (SRTEs), do Ministério Público do Trabalho e da Justiça do Trabalho.

Revela-se também importante a postura preventiva por meio da divulgação das informações aos trabalhadores acerca de seus direitos, de sua real condição jurídica e das diferenças essenciais entre um trabalhador subordinado e um autêntico empresário. Nesta frente de atuação, destacam-se os sindicatos e o SEBRAE como agentes multiplicadores de campanhas de esclarecimentos.

Com o mesmo propósito, deve ser destacado o papel dos intérpretes justrabalhistas, a partir da análise apropriada do art. 3º da CLT, conforme assim observado:

> Na verdade, não se trata de uma alteração do pressuposto jurídico de que a pessoa jurídica não se integra numa relação de emprego na condição de empregado, até porque a proteção do ser humano constitui a essência do Direito do Trabalho, e sim de *fixar o alerta de que mesmo a transformação do trabalhador em empresário não muda a sua vinculação jurídica ao capital.* Como efeito, não se dirá que a pessoa jurídica em questão é empregada da outra empresa que toma os seus serviços, e sim que *a pessoa cujo trabalho sirva à satisfação do interesse econômico de outrem é empregado, ainda que ostente, do ponto de vista fático e jurídico, a condição de empresário.*[1]

Uma vez pacificado o entendimento jurisprudencial de que a mera contratação formal por meio de pessoa jurídica não elimina a configuração da relação de emprego, a dificuldade realmente existe quando a pessoa jurídica, que se submete à execução do serviço, utiliza de mão de obra alheia (empregados), embora não haja ostentação de capital e sua atividade empresarial somente se insira no contexto do interesse econômico de outra empresa, ou empresas, que explore seus serviços.

Sob esta ótica, o "pequeno empresário", que se vale da mão de obra alheia para a execução dos serviços, não aufere propriamente lucro, e, sim, remuneração decorrente do seu próprio trabalho, já que cabe a ele arcar com os custos oriundos da produção (matéria prima, aluguel do imóvel, pagamento de salários, tributos, etc.).

Na eventualidade de os empregados desse "pequeno empresário" sofrerem violação a seus direitos trabalhistas e ajuizarem ação trabalhista contra o "empregador" — "pequeno empresário" tão ou às vezes ainda mais miserável que o(s) autor(es) dessa ação —, cabe ao juízo prudente o reconhecimento do vínculo empregatício entre os empregados do empresário aparente e a empresa final.

No que diz respeito à condição de "empresário aparente"[2], além de não ter acesso aos direitos trabalhistas próprios da relação de emprego (FGTS+40%, férias+1/3, horas extras e verbas rescisórias, entre outros), ele assume os gastos para a formação e a manutenção da sua pessoa jurídica (ilustrativamente, emissão de nota fiscal e administração contábil) e parte do risco econômico. Ainda, não se pode deixar de mencionar, situações em que o empregado compra nota fiscal de uma terceira empresa para apresentar ao empregador a fim de garantir o recebimento de sua remuneração.

O uso fraudulento de pessoa jurídica ("Empregado Ltda."[3]) também acarreta prejuízos decorrentes da

---

(1) SOUTO MAIOR, Jorge Luiz. *Curso de direito do trabalho*: a relação de emprego. São Paulo: LTr, 2008a. v. 2, p. 194.

(2) Expressão cunhada por Jorge Luiz Souto Maior. SOUTO MAIOR, Jorge Luiz. *Curso de direito do trabalho*: a relação de emprego. São Paulo: LTr, 2008a. v. 2.

(3) Expressão utilizada na reportagem de Sandra Turcato e Rosualdo Rodrigues, "PJ é artifício para sonegação de direitos".

sonegação fiscal, fundiária e previdenciária. Há sonegação de contribuições sociais a partir do momento em que o recolhimento sob a forma de pessoa jurídica é menor se comparado ao celetista. Ainda, ocorre a possibilidade de sonegação em relação ao FGTS, de notória finalidade social, e contribuição inferior ao INSS.

Após 2005, a prática da "pejotização" (frise-se: não se trata de mero rearranjo econômico-produtivo, e sim, de fraude à legislação trabalhista e frustração dos direitos trabalhistas) também passou a ser justificada pela interpretação manipulada do art. 129 da Lei n. 11.196/2005.

O aludido diploma legal, ao dispor sobre incentivos fiscais para o incremento da inovação tecnológica, integra, supostamente, medidas que visam a incentivar a constituição de pessoas jurídicas e, paralelamente, a combater a informalidade no trabalho. *In verbis*:

> Art. 129. Para fins fiscais e previdenciários, a prestação de serviços intelectuais, inclusive os de natureza científica, artística ou cultural, em caráter personalíssimo ou não, com ou sem a designação de quaisquer obrigações a sócios ou empregados da sociedade prestadora de serviços, quando por esta realizada, se sujeita tão somente à legislação aplicável às pessoas jurídicas, sem prejuízo da observância do disposto no art. 50 da Lei n. 10.406, de 10 de janeiro de 2002 — Código Civil.[4]

Todavia, é imperioso compreender os elementos constitutivos do preceito transcrito para, então, confrontá-lo com as normas protetivas trabalhistas, cuja imperatividade não pode ser afastada pelo simples ato volitivo das partes.

2.1. Elementos do art. 129 da Lei n. 11.196/2005

Nos moldes do art. 129 da Lei n. 11.196/2005, a fruição de benefícios fiscais e previdenciários depende da regular constituição de uma pessoa jurídica cujo objeto seja a prestação de serviços intelectuais, que podem ser de cunho científico, artístico ou cultural.

Exige-se, assim, a observância da legislação civil, já que a existência legal da pessoa jurídica de direito privado começa com a inscrição do ato constitutivo no respectivo registro, precedida, quando necessário, de autorização ou aprovação do Poder Executivo, averbando-se todas as alterações pelas quais a entidade passar (art. 45 do Código Civil de 2002).

Ao combinar os dispositivos retromencionados com o art. 966, parágrafo único, do Código Civil de 2002, infere-se que não se considera empresário o exercente de profissão intelectual, ainda que tenha auxiliares ou colaboradores.[5]

Excepciona-se a regra do referido parágrafo único, do art. 966 do Código Civil de 2002, quando o exercício da profissão constituir elemento de empresa; ou seja, quando o foco for desviado para a execução de atividade econômica organizada para a produção ou circulação de bens e serviços e os fatores de produção.

No pertinente ao tipo societário, parece mais razoável defender que, para o cumprimento do art. 129 da Lei n. 11.196/2005, seja constituída uma sociedade simples, que poderá adotar qualquer forma empresária, salvo a típica da sociedade por ações, porquanto esta última, qualquer que seja o seu objeto, sempre importará sociedade empresária, nos termos do art. 982, parágrafo único, do Código Civil de 2002.

Em relação ao trabalho intelectual, objeto dessa sociedade simples, Francisco Meton Marques de Lima o define como aquele proveniente da inteligência humana. Ou seja, mediante esforço mental para a compreensão abstrata de um objeto, o trabalhador intelectual age com o intuito de realizar ou fazer alguma coisa.[6]

O trabalho intelectual pode ser de natureza científica, artística ou cultural, sendo que a primeira modalidade citada dirige-se "[...] à pesquisa, à investigação metódica e coordenada a partir de evidências e experiências [...]", enquanto o trabalho artístico engloba todas as formas de

---

RODRIGUES, Rosualdo; TURCATO, Sandra. PJ é artifício para sonegação de direitos. *Revista Anamatra*, Brasília, ano 18, n. 55, p. 10-15, 2º sem. 2008. Disponível em: <http://ww1.anamatra.org.br/sites/1200/1223/00000743.pdf>. Acesso em: 15 maio 2014.

(4) BRASIL. Lei n. 10.406, de 10 de janeiro de 2002. Institui o Código Civil. *Diário Oficial da União*, Brasília, 11 jan. 2002. Disponível em: <http://www.planalto.gov.br/ccivil_03/leis/2002/L10406.htm>. Acesso em: 15 maio 2014.

(5) Art. 966. Considera-se empresário quem exerce profissionalmente atividade econômica organizada para a produção ou a circulação de bens ou de serviços. Parágrafo único. Não se considera empresário quem exerce profissão intelectual, de natureza científica, literária ou artística, ainda com o concurso de auxiliares ou colaboradores, salvo se o exercício da profissão constituir elemento de empresa. Nesse sentido, os Enunciados n. 193 a 195 do Conselho da Justiça Federal, aprovados na III Jornada de Direito Civil: "193 – Art. 966: O exercício das atividades de natureza exclusivamente intelectual está excluído do conceito de empresa. 194 – Art. 966: Os profissionais liberais não são considerados empresários, salvo se a organização dos fatores da produção for mais importante que a atividade pessoal desenvolvida. 195 – Art. 966: A expressão "elemento de empresa" demanda interpretação econômica, devendo ser analisada sob a égide da absorção da atividade intelectual, de natureza científica, literária ou artística, como um dos fatores da organização empresarial." BRASIL. Conselho da Justiça Federal. Enunciados aprovados na III Jornada de Direito Civil. Disponível em: <http://www.cjf.jus.br/revista/enunciados/III jornada.pdf>. Acesso em: 12 dez. 2013.

(6) LIMA, Francisco Meton Marques. A "pejutização" do contrato de trabalho: retorno ao princípio da autonomia da vontade – Lei n. 11.196/05. *Revista LTr*, v. 71, n. 06, p. 689-699, jun. 2007.

expressão, tais como "[...], literária, musical, corporal, pintura, escultura, desenho, gráfica, artesanato etc., criando, interpretando ou reproduzindo." Já o trabalho cultural, ante a dificuldade de se definir o que seja cultura — conceito aberto e indeterminado por natureza — poderia ser entendido, em tese, como aquele dirigido à disseminação do modo de vida de determinada sociedade, que é transmitido de uma geração a outra por meio de hábitos, crenças, danças, folclore etc.[7]

Em virtude do caráter excetivo do art. 129 da Lei n. 11.196/2005, não se pode elastecer o conceito de trabalho intelectual para nele incluir atribuições repetitivas que não demandem esforço mental, criativo e pensante. A interpretação há, pois, de ser restritiva, sob pena de proliferação, ainda maior, do artifício da "pejotização". Assim, o aludido dispositivo não comporta interpretação diversa, por se tratar de exceção à principal forma de contratação e de distribuição de riqueza no Brasil, que se materializa na relação de emprego.

Ensinam Luiz Otávio Linhares Renault e Eduardo Couto Filho,

> Ao analisar as possibilidades legais e a realidade dos trabalhadores brasileiros, consegue-se apurar que, ao contrário do que se depreende no art. 129 da Lei n. 11.196/2005, pelo qual, *em tese*, a contratação de trabalhadores intelectuais através de pessoa jurídica serviria para diminuir os encargos sobre o trabalho, aumentando, também *em tese*, o valor-trabalho, o que se constata é que a contratação através deste sistema acarreta apenas a *inaplicabilidade dos direitos e proteções trabalhistas*, sendo mantidos os valores do salário base como valor pago pela prestação de serviços à pessoa jurídica.[8]

É importante mencionar o posicionamento de Jorge Luiz Souto Maior quanto ao art. 129 da Lei n. 11.196/2005, uma vez que argui a sua inconstitucionalidade. Segundo o renomado jurista, com base nos dispositivos constitucionais (art. 3º, IV e art. 7º, XXXII, da CF/88), o referido artigo, "[...] por ferir as regras constitucionais que inibem qualquer possibilidade de diferenciação, quanto aos efeitos jurídicos, entre trabalho manual e intelectual, não passa pelo crivo da constitucionalidade."[9]

2.2. Art. 129 da Lei n. 11.196/2005: colisão com o primado do Direito do Trabalho

Segundo Mario De La Cueva, o estatuto laboral é a regra geral no terreno do trabalho humano, sendo o direito comum, para as prestações de serviço, tanto as de direito civil quanto as de direito empresarial, as normas de exceção.[10]

Declarado o primado do Direito do Trabalho, uma vez que o ordinário é a celebração de contrato de emprego entre as partes, incumbe ao Judiciário perquirir a verdadeira natureza da relação jurídica entabulada pelas partes. Para tanto, o Estado-Juiz sempre deverá observar o princípio da primazia da realidade.

A investigação judicial requererá ainda mais cuidado quando se tratar de celebração de contrato de prestação de serviços a ser executado por pessoa jurídica. É que a situação, além de se distanciar do primado do Direito do Trabalho, dependendo dos elementos de convicção trazidos aos autos, pode revelar que o trabalhador foi obrigado pelo seu contratante a criar uma pessoa jurídica meramente de fachada para a prestação de serviços.

O conjunto probatório pode demonstrar ainda que um ex-empregado foi dispensado por seu ex-empregador para abrir uma sociedade falsa[11], cujo objeto é a prestação dos mesmos serviços de outrora, para o mesmo tomador, mas, agora, sob a batuta da "pejotização".

Em todas as hipóteses acima ventiladas, tem-se a desarmonia entre a manifestação de vontade do trabalhador e o seu querer íntimo, viciado em face do constrangimento moral ou físico, e impingido pelo dono dos meios de produção que contratará os seus serviços.

Em regra, presume-se que a renúncia a direitos trabalhistas e a vantagens decorrentes do contrato de emprego

---

(7) LIMA, Francisco Meton Marques. A "pejutização" do contrato de trabalho: retorno ao princípio da autonomia da vontade – Lei n. 11.196/05. *Revista LTr*, v. 71, n. 06, p. 689-699, jun. 2007.

(8) COUTO FILHO, Eduardo Soares do; RENAULT, Luiz Otávio Linhares. A "pejotização" e a precarização das relações de trabalho no Brasil. *Virtuajus*, Belo Horizonte, Ano 8, n. 1, jul. 2009. Disponível em: <http://www.fmd.pucminas.br/Virtuajus/1_2009/Docentes/Pejotizacao%20Renaul.pdf>. Acesso em: 12 maio 2014.

(9) SOUTO MAIOR, Jorge Luiz. *Curso de direito do trabalho*: a relação de emprego. São Paulo: LTr, 2008a. v. 2, p. 199.

(10) No original: [...] Hoy día pude ya aseverarse que en el terreno del trabajo del hombre, el estatuto laboral es la regla general, o para emplear una fórmula legendaria, *el derecho común para las prestaciones de servicios*, en tanto el derecho civil y el mercantil son las normas de excepción, esto es, con el lenguaje kelseniano, pude ya declararse *el primado del derecho del trabajo*. DE LA CUEVA, Mario. *El nuevo derecho mexicano del trabajo*. Mexico DF: Porruá, 1972. p. 89-90. Tradução nossa.

(11) O ordenamento jurídico brasileiro não aceitava a sociedade unipessoal. Era comum ao profissional, que forçado a constituir pessoa jurídica falsa, procurar cônjuge, ascendentes, descendentes, parentes ou amigos mais próximos para atender ao requisito legal. Este profissional adquiria praticamente a totalidade das cotas sociais e assumia a administração do negócio, com poder de gestão, restando ao sócio minoritário número insignificante de cota(s) e nenhuma ingerência sobre os destinos da sociedade. Com o advento da Lei n. 12.441, de 11 de julho de 2011, há permissão para constituição de Empresa Individual de Responsabilidade Limitada – EIRELI.

não decorre de ato livre do obreiro, mas de coação, ante a situação de proeminência que o empregador ostenta na vida social.

Sob outro prisma, pode ficar caracterizada a hipótese de simulação relativa, decorrente do "[...] desacordo intencional entre a vontade interna e a declarada para [...] ocultar, sob determinada aparência, o negócio querido [...]". Nessa situação, os contratantes, em concerto volitivo, celebram um pacto aparente, formalmente externalizado (contrato de prestação de serviços intelectuais a ser executado por pessoa jurídica), não coincidente com o ajuste verdadeiramente almejado e dissimulado por eles (o contrato de emprego).[12]

Por ser a simulação um vício social que, além de atingir pessoas determinadas, viola a ordem pública e a segurança das relações jurídicas, a sanção prevista no *caput* do art. 167 do Código Civil de 2002 é a nulidade do negócio simulado e a validade do dissimulado.[13]

Diante desse contexto, a avença produzida sob o falso pretexto da "pejotização" deve ser invalidada pela Justiça do Trabalho, materialmente competente para apreciar e julgar a natureza do pacto firmado pelas partes (art. 114 da CF/88), declarando-se a validade do vínculo empregatício, inicialmente escondido.

Vale ressaltar que em dissídio individual trabalhista, o empregado prejudicado com a utilização indevida da figura de pessoa jurídica poderá pleitear o reconhecimento do vínculo, bem como todos os direitos dele decorrentes, levando testemunhas para comprovar que na relação jurídica estavam presentes os quesitos do art. 3º da CLT.

Na defesa do interesse coletivo, o entendimento do sindicato é que a instituição já está legitimada a ingressar com ação civil pública, como substituto processual, pleiteando o registro de todos os empregados que indevidamente estão na condição de pessoa jurídica. Além disso, quer individualmente ou coletivamente, ainda cabe denúncia à Delegacia Regional do Trabalho (DRT) para que autue a empresa infratora.

Tal providência pretende reinstalar a ordem natural das coisas, confirmar a imperatividade das normas justrabalhistas, bem como ressarcir os prejuízos ao erário público, sobretudo no tocante ao recolhimento de contribuições previdenciárias e do imposto de renda, este último no percentual cabível.

Quanto à possível alegação de que o trabalhador intelectual tem a intenção deliberada de ter o seu contrato regido pela legislação civil que, nos dizeres de Francisco Meton Marques de Lima, "[...] possui mais força de contratualidade, permitindo mais liberdade na manifestação de vontade [...]", realmente é sabido que nem todos os profissionais que usam a inteligência humana na execução de suas atividades preferem a legislação trabalhista, por achá-la "intervencionista em excesso" e até por se sentirem envergonhados e socialmente diminuídos se enquadrados no rol de empregados.[14]

Fato é que essa alegação se encontra desprovida de verdade. Quando o trabalhador, que na condição de empregado exerce atividade intelectual, reivindica não precisar da proteção trabalhista,

> [...] no fundo, o que querem mesmo é ter o privilégio de pagar menos imposto de renda e contribuir em parcela inferior ao regime de previdência social, isto sem se falar no outro aspecto do esvaziamento da fonte de custeio que isto provoca, pois a contribuição das empresas, de 20%, tem por base o valor pago a prestadores de serviços pessoas físicas (art. 22, da Lei n. 8.212/91).[15]

Independentemente do sentimento que move essa ou aquela escolha contratual dos trabalhadores, sejam eles intelectualizados ou não, frise-se: o certo é que as normas trabalhistas são dotadas de imperatividade — atributo necessário para garantir o cumprimento dos preceitos de ordem pública nelas contidos, considerados essenciais pelo Estado para a manutenção da boa convivência social, do bem comum e do interesse geral.

Assim, o contingenciamento imposto à manifestação de vontade das partes justifica-se na medida em que a limitação é intimamente coerente com o princípio da proteção que inspira, orienta e auxilia na interpretação de todo o estuário normativo trabalhista.

A respeito, Mauricio Godinho Delgado discorre:

> As regras justrabalhistas são, desse modo, essencialmente imperativas, não podendo, de maneira geral, ter sua regência contratual afastada pela simples manifestação de vontade das partes. [...]. Esta restrição

---

(12) DINIZ, Maria Helena. *Código civil anotado*. 15. ed. São Paulo: Saraiva, 2010. p. 195.

(13) Nesse sentido, o Enunciado n. 153 do Conselho da Justiça do Federal, aprovado na III Jornada de Direito Civil: "Na simulação relativa, o negócio simulado (aparente) é nulo, mas o dissimulado será válido se não ofender a lei nem causar prejuízos a terceiros". BRASIL. Conselho da Justiça Federal. Enunciados aprovados na III Jornada de Direito Civil. Disponível em: <http://www.cjf.jus.br/revista/enunciados/IIIjornada.pdf>. Acesso em: 12 maio 2014.

(14) LIMA, Francisco Meton Marques. A "pejotização" do contrato de trabalho: retorno ao princípio da autonomia da vontade – Lei n. 11.196/05. *Revista LTr*, v. 71, n. 06, p. 689-699, jun. 2007.

(15) SOUTO MAIOR, Jorge Luiz. *Curso de direito do trabalho*: a relação de emprego. São Paulo: LTr, 2008a. v. 2, p. 1998.

é tida como instrumento assecuratório eficaz de garantias fundamentais ao trabalhador, em face do desequilíbrio de poderes inerente ao contrato de emprego.[16]

Não bastasse, há previsões constitucional (art. 3º, IV e art. 7º, XXXII, da CF/88) e celetista (art. 3º, parágrafo único, da CLT) que proíbem distinções fundadas em execução de trabalho intelectual, técnico ou manual.

Logo, do ponto de vista jurídico, a respeito da pessoa do empregado, não há diferença entre executar serviço manual ou intelectual. Da mesma forma, não há porque conferir ao trabalhador intelectual tratamento diferenciado em relação ao custeio da seguridade social.

Finalmente, o princípio da norma mais favorável se mostra útil para resolver eventual confronto entre o art. 129 da Lei n. 11.195/2005, os arts. 2º e 3º da CLT (que elencam os pressupostos fático-jurídicos caracterizadores da relação empregatícia), e o art. 9º do Texto Consolidado (que prevê a nulidade de atos praticados com o objetivo de desvirtuar, impedir ou fraudar a aplicação dos preceitos celetistas).

O referido postulado genérico é um dos desdobramentos do princípio da proteção e consiste na prevalência da regra jurídica mais benéfica ao trabalhador, mesmo que ela tenha hierarquia inferior àquela com a qual é confrontada.

Na aplicação do princípio em comento, devem ser observadas algumas diretrizes, entre elas a de definir objetivamente a norma mais favorável, dispensando-se a apreciação subjetiva dos interessados. Em razão disso, é irrelevante que um, alguns ou todos os contratantes não queiram a proteção trabalhista, uma vez que esta se impõe.

2.3. "Pejotização": realidade em números

Desde a década de 1990, assiste-se a uma crescente precarização da contratação do trabalho no Brasil e são diversos os indicadores que confirmam este fenômeno.

Segundo a Pesquisa de Emprego e Desemprego (PED), realizada pelo convênio DIEESE-SEADE, foi constatado que, entre 1989 e 2005, o número de ocupados, na Região Metropolitana de São Paulo, cresceu tão somente 28%, enquanto o total de subcontratados aumentou em 178% e o de "autônomos que trabalham para uma empresa só", 157%.[17]

De acordo com estudo do IBGE veiculado em 2004, com base no Cadastro Nacional de Pessoa Jurídica (CNPJ), havia no País aproximadamente 4,5 milhões de empresas cadastradas naquele ano, dos quais 3,1 milhões (68%) são "empresas sem empregados". Nestas, verificam-se apenas os registros do proprietário ou dos sócios. O próprio IBGE diagnostica que, na grande maioria destes casos, a empresa é assim constituída com o objetivo de modificar o vínculo do trabalhador com a empresa em que ele realmente trabalha.[18]

Segundo a Agência Sebrae de Notícias, até 2009, dos 5,8 milhões de negócios formais existentes no Brasil, 99,2%, ou seja, mais de 5,7 milhões são micro e pequenas empresas. Elas empregam 52,3% dos 24,9 milhões trabalhadores com carteira assinada do País, o que corresponde a 13,1 milhões de empregados. De 2000 a 2008, aumentou de 4,1 milhões para 5,7 milhões o número de micro e pequenas empresas, o que significa um crescimento de 40%.[19]

Desta feita, comprova-se por diversas fontes confiáveis a presença marcante do fenômeno da pejotização no recente contexto brasileiro.

3. Conclusão

A transformação fraudulenta do trabalhador em pessoa jurídica — identificada sob o neologismo da pejotização — revela-se fruto de uma ideologia que ao colocar em xeque a própria relação de emprego não somente afronta a função central do Direito do Trabalho de melhoria progressiva do patamar civilizatório do trabalhador, como também o desenvolvimento pleno da Democracia brasileira.

Ademais, não se criaram fórmulas alternativas consistentes e bem sucedidas de inclusão e afirmação econômica e social da grande maioria das pessoas na sociedade capitalista, em contraponto à clássica centralidade do emprego.

---

(16) DELGADO, Maurício Godinho. *Curso de Direito do Trabalho*. 10. ed. São Paulo: LTr, 2011. p. 195.

(17) DEPARTAMENTO INTERSINDICAL DE ESTATÍSTICA E ESTUDOS SOCIOECONÔMICOS. *Anuário do trabalho na micro e pequena empresa*: 2009. São Paulo: DIEESE, 2009a. Disponível em: <http://www.dieese.org.br/anu/Sebrae_completo2009.pdf>. Acesso em: 3 jul. 2011.

(18) CONCEIÇÃO, Maria da Consolação Vegi. A Emenda n. 3 do Projeto de Lei da super-receita e as tentativas de legitimação do "trabalhador-PJ". Fisco Soft, fev. 2007. Disponível em: <http://www.fiscosoft.com.br/a/37o5/a-emenda-n-3-do-projeto-de-lei-da-super-receita-e-as-tentativas-de-legitimacao-do-trabalhador-pj-maria-da-consolacao-vegi-da-conceicao>. Acesso em: 15 nov. 2013.

(19) AGÊNCIA SEBRAE DE NOTÍCIAS. Pequenos negócios criam maior parte dos empregos, a maioria no interior do País. Pequenas Empresas, Grandes Negócios, 4 jan. 2011. Disponível em: <http://revistapegn.globo.com/Revista/Common/0,,EMI199913-17180,00-PEQUENOS+NEGOCIOS+CRIAM+MAIOR+PARTE+DOS+EMPREGOS+A+MAIORIA+NO+INTERIOR+DO+P.html>. Acesso em: 25 out. 2011. DEPARTAMENTO INTERSINDICAL DE ESTATÍSTICA E ESTUDOS SOCIOECONÔMICOS. *Anuário do trabalho na micro e pequena empresa*: 2009. São Paulo: DIEESE, 2009a. Disponível em: <http://www.dieese.org.br/anu/Sebrae_completo2009.pdf>. Acesso em: 3 jul. 2011.

Mais importante do que isso, não foram criadas alternativas de gestão trabalhista minimamente civilizadas em contraponto ao padrão juslaborativo clássico: o vínculo empregatício.

O fato é que o trabalho e a sua modalidade mais bem regulada e mais abrangente — o emprego — continuam ocupando papel central na sociedade atual, mesmo que a orquestra ideológica ainda seja tocada, com som mais baixo, para que se aceite qualquer trabalho sem os requisitos próprios da dignidade.

4. Referências bibliográficas

AGÊNCIA SEBRAE DE NOTÍCIAS. Pequenos negócios criam maior parte dos empregos, a maioria no interior do País. Pequenas Empresas, Grandes Negócios, 4 jan. 2011. Disponível em: <http://revistapegn.globo.com/Revista/ Common/0,,EMI199913-17180,00-PEQUENOS+NEGOCIOS+CRIAM+MAIOR+ PARTE+DOS+EMPREGOS+A+MAIORIA+NO+INTERIOR+DO+P.html>. Acesso em: 12 dez. 2013.

BRASIL. Conselho da Justiça Federal. Enunciados aprovados na III Jornada de Direito Civil. Disponível em: <http://www.cjf.jus.br/revista/enunciados/III jornada.pdf>. Acesso em: 12 dez. 2013.

_____. (Constituição 1988). Constituição da República Federativa do Brasil. Brasília: Senado Federal, 1988. Disponível em: <http://www.planalto. gov.br/ccivil_03/constituicao/constitui%C3%A7ao.htm>. Acesso em: 12 dez. 2013.

_____. Decreto-lei n. 5.452, de 1º de maio de 1943. Aprova a Consolidação das Leis do Trabalho. CLT. Diário Oficial da União, Brasília, 9 ago.1943. Disponível em: <http://www.planalto.gov.br/ccivil_03/decreto-lei/Del5452 ompilado.htm>. Acesso em: 12 dez. 2013.

_____. Lei n. 10.406, de 10 de janeiro de 2002. Institui o Código Civil. Diário Oficial da União, Brasília, 11 jan. 2002. Disponível em: <http://www.planalto. gov.br/ccivil_03/leis/2002/L10406.htm>. Acesso em: 12 dez. 2013.

_____. Lei n. 11.196, de 21 nov. 2005. Institui o Regime Especial de Tributação para a Plataforma de Exportação de Serviços de Tecnologia da Informação — REPES, o Regime Especial de Aquisição de Bens de Capital para Empresas Exportadoras — RECAP e o Programa de Inclusão Digital; dispõe sobre incentivos fiscais para a inovação tecnológica, e dá outras providências. Diário Oficial da União, Brasília, 22 nov. 2005. Disponível em: <http://www. planalto.gov.br/ccivil_03/_ato2004-2006/2005/lei/l11196.htm>. Acesso em: 12 dez. 2013.

_____. Lei n. 12.441, de 11 de julho de 2011. Altera a Lei n. 10.406, de 10 de janeiro de 2002 (Código Civil), para permitir a constituição de empresa individual de responsabilidade limitada. Diário Oficial da União, Brasília, 12 jul. 2011. Disponível em: <http://www.planalto.gov.br/ccivil_03/_Ato2011-2014/2011/Lei/L12441.htm>. Acesso em: 20 jan. 2012.

CONCEIÇÃO, Maria da Consolação Vegi. A Emenda n. 3 do Projeto de Lei da super-receita e as tentativas de legitimação do "trabalhador-PJ". Fisco Soft, fev. 2007. Disponível em: <http://www.fiscosoft.com.br/a/37o5/a-emenda-n-3-do-projeto-de-lei-da--super-receita-e-as-tentativas-de-legitimacao-do-trabalhador-pj--maria-da-consolacao-vegi-da-conceicao>. Acesso em: 15 out. 2011.

COUTO FILHO, Eduardo Soares do; RENAULT, Luiz Otávio Linhares. A "pejotização" e a precarização das relações de trabalho no Brasil. *Virtuajus*, Belo Horizonte, Ano 8, n. 1, jul. 2009. Disponível em: <http://www.fmd. pucminas.br/Virtuajus/1_2009/Docentes/Pejotizacao%20Renaul.pdf >. Acesso em: 12 dez. 2013.

DE LA CUEVA, Mario. *El nuevo derecho mexicano del trabajo*. Mexico DF: Porruá, 1972.

DELGADO, Mauricio Godinho. *Capitalismo, trabalho e emprego*: entre o paradigma da destruição e os caminhos de reconstrução. São Paulo: LTr, 2006.

_____. *Curso de Direito do Trabalho*. 10. ed. São Paulo: LTr, 2011.

_____; DELGADO, Gabriela Neves. *Constituição da República e direitos fundamentais*: dignidade da pessoa humana, justiça social e direito do trabalho. São Paulo: LTr, 2012.

DEPARTAMENTO INTERSINDICAL DE ESTATÍSTICA E ESTUDOS SOCIOECONÔMICOS. *Anuário do trabalho na micro e pequena empresa*: 2009. São Paulo: DIEESE, 2009a. Disponível em: <http://www.dieese.org.br/ anu/Sebrae_completo2009.pdf>. Acesso em: 3 jul. 2011.

DINIZ, Maria Helena. *Código Civil anotado*. 15. ed. São Paulo: Saraiva, 2010.

FRANCO FILHO, Georgenor de Sousa. O trabalho intelectual na era da informação — pejotização — blogs de consultas e contratos de imagem. *Revista do Tribunal Regional do Trabalho da 9ª Região*, Curitiba, TRT, v. 33, n. 60, p. 165-174, jan./jun. 2008.

GOMES, Orlando. *Ensaios de direito civil e de direito do trabalho*. Rio de Janeiro: Aide, 1986.

INSTITUTO BRASILEIRO DE GEOGRAFIA E ESTATÍSTICA. Economia Informal Urbana — *2005*. Rio de Janeiro: IBGE, 2005. Disponível em: <http:// 201.2.114.147/bds/BDS.nsf/6ABB48F6DE4879E303257007006C47F0/$File/NT000A840E.pdf>. Acesso em: 12 dez. 2013.

LIMA, Francisco Meton Marques. A "pejutização" do contrato de trabalho: retorno ao princípio da autonomia da vontade – Lei n. 11.196/05. *Revista LTr*, v. 71, n. 06, p. 689-699, jun. 2007.

MELLO, Roberta Dantas de. *Relação de emprego e Direito do Trabalho*: papel histórico, crise e renascimento. São Paulo: LTr, 2014.

MORAES FILHO, Evaristo; MORAES, Antônio Carlos Flores de. *Introdução ao direito do trabalho*. 8. ed. São Paulo: LTr, 2000.

OLIVEIRA, Christiana D'arc Damasceno. *O Direito do Trabalho contemporâneo*: efetividade dos direitos fundamentais e dignidade da pessoa humana no mundo do trabalho. São Paulo: LTr, 2010.

POCHMANN, Márcio. *Debates contemporâneos, economia social e do trabalho, 2*: a superterceirização do trabalho. São Paulo: LTr, 2008.

_____. *O emprego no desenvolvimento da nação*. São Paulo: Bointempo, 2008.

REQUIÃO, Rubens. *Curso de direito comercial*. 21. ed. São Paulo: Saraiva, 2003. v. 1.

RODRIGUES, Rosualdo; TURCATO, Sandra. PJ é artifício para sonegação de direitos. *Revista Anamatra*, Brasília, ano 18, n. 55, p. 10-15, 2º sem. 2008. Disponível em: <http://ww1.anamatra.org.br/sites/1200/1223/00000743.pdf>. Acesso em 12 dez. 2013.

RODRIGUEZ, Américo Plá. *Princípios de Direito do Trabalho*. 3. ed. São Paulo: LTr, 2000.

SERVIÇO BRASILEIRO DE APOIO ÀS MICRO E PEQUENAS EMPRESAS. Unidade de Políticas Públicas – *Lei n. 11.196/05 – "MP Do Bem"*. Brasília: SEBRAE, 2005. Disponível em: <http://www.biblioteca.sebrae.com.br/bds/BDS. nsf/D9DB3239F51A8C55032570D00041F11C/$File/NT000AD62E.pdf>. Acesso em: 12 dez. 2013.

SOUTO MAIOR, Jorge Luiz. *Curso de Direito do Trabalho:* a relação de emprego. São Paulo: LTr, 2008a. v. 2.

_____. A supersubordinação: invertendo a lógica do jogo. *Revista Tribunal Regional do Trabalho da 3ª Região*, Belo Horizonte, v. 48, n. 78, p. 157-193, jul./dez. 2008b.

TEPEDINO, Gustavo; BARBOZA, Heloísa Helena; MORAES, Maria Celina Bodin de. *Código Civil interpretado conforme a Constituição da República:* parte geral e obrigações (arts. 1º a 420). Rio de Janeiro: Renovar, 2004. v. 1.

VIANA, Márcio Túlio. A proteção social do trabalhador no mundo globalizado. In: PIMENTA, José Roberto Freire *et al.* (Coords.). *Direito do Trabalho:* evolução, crise, perspectivas. São Paulo: LTr, 2004.

WALD, Arnaldo. O empresário, a empresa e o código civil. In: FRANCIULLI NETO, Domingos; MENDES, Gilmar Ferreira; MARTINS FILHO, Ives Gandra da Silva. *O novo Código Civil:* estudos em homenagem ao Prof. Miguel Reale. São Paulo: LTr, 2003.

CAPÍTULO 7

Um Olhar Crítico Acerca da Contratação por Intermédio de Cooperativas de Trabalho e Alguns Critérios para Identificação das Falsas Cooperativas

Roberta Dantas de Mello[*]

1. Introdução

No Brasil, o regime jurídico das cooperativas se pauta na previsão constitucional de 1988, nas Leis ns. 5.764/1971, 8.949/1994 e 12.690/2012 e no Código Civil de 2002.

Especialmente a partir de 1994, as cooperativas de trabalho, também conhecidas por "cooperativas de mão de obra", eclodiram de forma desenfreada pelo País. Será que este fenômeno observou a teoria geral jurídica e a finalidade típica que regem o cooperativismo?

O presente artigo demonstra que não raras vezes as cooperativas, notadamente as cooperativas de mão de obra, constituem-se apenas sob o rótulo e a forma e não primam pelo seu real conteúdo e essência. Desta feita, a sua contratação configura-se fraude trabalhista e tratamento precário ao trabalho e à dignidade da pessoa humana.

Para se lançar um olhar crítico e combater este arranjo econômico, quando contaminado pelo elemento precarizante, inicialmente, discorre-se sobre o instituto do cooperativismo e realiza-se uma análise normativa acerca das cooperativas de trabalho no País.

Em um segundo momento, avalia-se a contratação por intermédio de cooperativas de trabalho e é estudado o parágrafo único do art. 442 da CLT.

Por fim, são indicados alguns critérios para a identificação das falsas cooperativas e o panorama recente do sistema cooperativista nacional.

2. Cooperativa: conceito e características

Compreende-se por cooperativa a sociedade constituída a partir da reunião de pessoas que se agregam, livre e voluntariamente, porque movidas por identidade de interesses e necessidades.

A finalidade típica do cooperativismo se concentra na ajuda mútua, que ocorre sob dois aspectos: econômico e filosófico. Em relação ao aspecto econômico, aspira-se à melhoria das condições de vida em geral, por meio da prestação de serviços aos seus próprios integrantes — seus principais clientes. Quanto ao filosófico, almeja-se o aperfeiçoamento moral do ser humano, pautado na solidariedade.

Esse tipo societário não visa primordialmente ao lucro e não está sujeito à falência, tendo como alicerces a cooperação, a participação e a democracia, na medida em que os cooperados detêm a titularidade simultânea do capital e da força de trabalho e, em assembleia geral (órgão supremo da entidade), tomam deliberações compartilhadas, com singularidade de voto.

De acordo com a Recomendação n. 193 da Organização Internacional do Trabalho — OIT:

> [...]
>
> 2 – [...] o termo "cooperativa" designa uma *associação* autônoma de pessoas unidas voluntariamente para satisfazer suas necessidades e aspirações econômicas, sociais e culturais em comum através de uma *empresa* de propriedade conjunta, e de gestão democrática.[1]

Sem opor à definição acima transcrita, os vocábulos destacados (associação e empresa) serão evitados, porque, no Direito brasileiro, a associação é legalmente conceituada, nos termos do art. 53 do Código Civil de 2002, como "[...] a união de pessoas que se organizam para fins não econômicos", ao passo que a cooperativa, embora constitua uma sociedade de pessoas, desenvolve atividade econômica para atingir o seu escopo maior, que é garantir retribuição pessoal diferenciada aos seus membros, que

---

[*] Doutoranda em Direito Privado com ênfase em Direito do Trabalho pela PUC/MG sob a orientação acadêmica de Maria Cecília Máximo Teodoro. Mestre em Direito Privado com ênfase em Direito do Trabalho pela PUC/MG sob a orientação acadêmica de Mauricio Godinho Delgado. Pesquisadora da CAPES (2010-2012). Especialista em Direito do Trabalho e Direito Previdenciário. Especialista em Direito Processual Constitucional. Advogada. Professora de Direito.

[1] ORGANIZAÇÃO INTERNACIONAL DO TRABALHO. Recomendação 193: recomendação sobre a promoção de cooperativas adotada pela Conferência em sua 90ª Reunião. Genebra: OIT, 2002. Disponível em: <http://www.ilo.org/images/empent/static/coop/pdf/Portuguese--Brazilian%20version.pdf>. Acesso em: 15 jul. 2014.

concentram a dupla qualidade de donos e de principais clientes dos serviços por ela prestados.

No tocante ao termo empresa, J. X. Carvalho Mendonça, citado por Rubens Requião, identifica-o como "[...] organização técnico-econômica que se propõe a produzir a combinação dos diversos elementos, natureza, trabalho e capital, bens ou serviços destinados à troca (venda), com esperança de realização de lucros [...]."[2]

Partindo desta premissa, torna-se necessário comparar as finalidades das sociedades empresária e simples[3], para constatar que esta última não pratica atividade economicamente organizada para a produção ou circulação de bens ou de serviços visando ao auferimento de vantagens patrimoniais para si própria.

No modelo adotado, desde 1844, pela Sociedade dos Probos Pioneiros de Rochdale — considerada o primeiro empreendimento socioeconômico de sucesso fundado na cooperação entre as pessoas, preponderam os interesses dos cooperados, razão de ser da cooperativa. Esta lhes presta serviços diretamente ou, se necessário, celebra contratos com terceiros, sem perder sua autonomia, para garantir o seu escopo maior.

De outro lado, a divisão das sobras porventura existentes na cooperativa segue lógica própria, que não se confunde com o critério de repartição de lucro adotado pela maioria das empresas, que, em regra, baseia-se na quantidade de capital investido por sócio.

Dessa forma, as cooperativas são sistemas de mútua ajuda, com fim econômico, porque voltados para a melhoria da situação econômica dos seus cooperados, mas sem prevalência do espírito puramente mercantil, o que a distingue das demais atividades empresariais.[4]

Ainda, a respeito da teoria geral jurídica do cooperativismo, cabe mencionar os princípios do sistema cooperativista estabelecidos, internacionalmente, pela Aliança Cooperativa Internacional (ACI)[5].

---

(2) REQUIÃO, Rubens. *Curso de direito comercial.* 21. ed. São Paulo: Saraiva, 2003. v. 1.p. 54.

(3) Por força do art. 982, parágrafo único, do Código Civil de 2002, a cooperativa será sempre sociedade simples, independentemente do seu objeto.

(4) MAIOR, Jorge Luiz Souto. A supersubordinação. In: RENAULT, Luiz Otávio Linhares *et al.* (Coords.). *Parassubordinação.* São Paulo: LTr, 2011. p. 50-86.

(5) A Aliança Cooperativa Internacional (ACI), fundada em 1895, é uma organização independente, não governamental, que une, representa e serve cooperativas em todo o mundo. Seu objetivo é promover a internacionalização do cooperativismo, sendo, atualmente, composta de 257 entidades, espalhadas por 95 países, atingindo cerca de 1 bilhão de pessoas em todo o mundo. As cooperativas nacionais e internacionais que a integram atuam

No 23º Congresso da ACI, em Viena, no ano de 1966, foram tratados os princípios do cooperativismo, ainda vigentes:

• **Adesão voluntária e livre:** Trata-se de faculdade reconhecida à pessoa física que lhe garante o direito de se tornar cooperada, devendo, para tanto, manifestar idônea e higidamente o seu querer, sem qualquer vício na externalização de sua vontade. Nenhum tipo de constrangimento moral ou físico, nenhuma distinção infundada pautada em raça, cor, posição social, posição política, credo ou outro critério diferenciador injustificado pode-lhe ser oposta a fim de obstar seu ingresso no quadro cooperativo. O importante é que o interessado conheça e esteja de acordo com o estatuto social da cooperativa. Ele deve desenvolver atividade na área de atuação da sociedade, pois o êxito desta depende da possibilidade técnica da prestação de serviços. É equivocado imaginar que o chamado "princípio das portas abertas" — consectário do princípio da adesão livre e voluntária — assegure acesso irrestrito às cooperativas. Em verdade, a entrada é permitida contanto que os interessados preencham as condições legais e estatutárias regentes do sistema cooperativista;

• **Gestão democrática pelos sócios:** Como a cooperativa é uma sociedade de pessoas, na qual todos os seus integrantes são donos do empreendimento, e o indivíduo se sobrepõe ao capital, é compreensível que a administração caiba aos sócios, respeitados os parâmetros democráticos. Assim, todos os cooperados terão igualdade de voto para a tomada de decisões e para a definição das políticas e das prioridades da entidade, sendo de somenos relevância a maior ou menor participação no capital social;

• **Participação econômica dos sócios:** Os sócios adquirem cotas da cooperativa e as integralizam, sendo responsáveis pela formação do capital social da entidade. Parte desse patrimônio é propriedade comum da pessoa jurídica. Se os resultados forem positivos, uma parcela dos ganhos auferidos pela sociedade serão destinados a fundos de reserva, que, em parte, são indivisíveis. Eventuais sobras líquidas apuradas em determinado exercício, após a dedução dos valores depositados nos fundos de reserva, serão distribuídas entre os cooperados, seja em observância à proporcionalidade de suas operações ou por deliberação da assembleia geral que pode estipular

---

em diversos setores da economia, tais como agricultura, serviços bancários, pesca, saúde, habitação, indústria, seguros, turismo e consumo. INTERNATIONAL CO-OPERATIVE ALLIANCE. *Introduction to ICA.* Disponível em: <http://www.ica.coop/ica/index.html>. Acesso em: 27 set. 2014.

outras destinações para o saldo eventualmente encontrado quando da subtração das receitas e das despesas. Há, pois, previsão jurídica de compensação pecuniária em proveito dos cooperados: à medida que acreditam na cooperativa, nela investem e com ela negociam, na hipótese de excedentes, receberão parte desse montante;

• **Autonomia e independência:** As cooperativas são organizações autônomas, controladas democraticamente por seus sócios, não sujeitas à interferência estatal, tampouco dirigidas ou coordenadas por outras instituições. Quando celebram negócios jurídicos com particulares ou entes públicos, estes não adquirem o direito de intervir nas deliberações tomadas pelos cooperados em assembleia geral, em órgãos de administração ou de fiscalização. A intromissão dos tomadores de serviço no modo de gestão das cooperativas é inadmissível, por configurar desvio de finalidade no cumprimento da filosofia cooperativista, desenvolvida para beneficiar os membros da sociedade, e não os seus contratantes;

• **Educação, formação e informação:** A ampla divulgação da doutrina e dos princípios cooperativistas é fundamental para a preservação da pureza do movimento surgido em 1844, já que o indivíduo devidamente informado sobre quais são os genuínos ingredientes do cooperativismo têm melhores condições de avaliar a qualidade dos benefícios que lhe são oferecidos. A contínua formação, reciclagem e aperfeiçoamento de cooperados — inclusive no segmento voltado à educação tecnológica — propicia o seu desenvolvimento profissional e cultural, que será revertido em favor da sociedade. Considerando que a cooperação é um valor compatível com a atual ótica solidarista, cooperados mais experientes podem e devem ensinar os preceitos cooperativistas a líderes comunitários e a formadores de opinião com vistas a disseminar ainda mais a doutrina e suas vantagens;

• **Cooperação entre cooperativas:** O fortalecimento do movimento cooperativista e o melhor atendimento das necessidades comuns dos cooperados podem e devem ser concretizados via cooperação entre as cooperativas, seja em âmbito local, regional, nacional ou internacional. Há de ser incentivado o intercâmbio de informações e de ações, a assunção de forças em busca de um objetivo comum, a formação de novas células cooperativas, inclusive em graus mais elevados, como as cooperativas centrais ou federações e as confederações;

• **Interesse pela comunidade:** A autêntica cooperativa visa ao desenvolvimento político, social e econômico de sua comunidade. Constituída e mantida em consonância com os reais pilares cooperativistas, deve buscar a melhoria da qualidade do ambiente onde está sediada; promover novas formas de trabalho cooperado; gerar empregos, desenvolver políticas de desenvolvimento sustentável e promover programas de conscientização e de inclusão social.

Os referidos princípios interpretativos são de suma importância para o estudo da cooperativa porque derivam do objetivo precípuo dessa modalidade de sociedade simples, que é, frise-se, prestar serviços aos próprios cooperados para melhorar suas condições de vida em geral.

O Brasil acolheu as diretrizes dos princípios traçados pela ACI em 1966. No País, o regime jurídico das cooperativas no Brasil é formado tanto pelas Leis ns. 5.764/1971 e 12.690/2012, quanto pelos arts. 1.093 a 1.096 do Código Civil de 2002. Não há antinomia, porque a sociedade é regida pelas disposições civis, ressalvada a legislação especial.

Até o acolhimento dos princípios estipulados pela ACI se verifica da seguinte maneira: 1 – **Adesão voluntária e livre:** Conforme art. 4º, inciso I, da Lei n. 5.764/1971, que, além de definir a Política Nacional de Cooperativismo, institui o regime jurídico das sociedades cooperativas e dá outras providências, a adesão é livre, com número ilimitado de cooperados, "[...] salvo impossibilidade técnica de prestação de serviços." O § 1º do art. 29 do mesmo diploma legal complementa o princípio em tela, ao estabelecer que a admissão de cooperados pode sofrer restrições, a critério do órgão normativo respectivo, no tocante "[...] às pessoas que exercem determinada atividade ou profissão ou estejam vinculadas a determinada entidade". Embora no Centésimo Congresso da ACI não tenha sido consagrada expressamente a possibilidade de o cooperado não mais aderir à cooperativa, acredita-se que, por aplicação analógica do princípio do paralelismo das formas, está assegurado o direito do sócio de se desligar livre e espontaneamente da cooperativa, pois ninguém é obrigado a manter vínculo social, ainda que de viés cooperativista, quando este não mais lhe convir. Por força do art. 32 da Lei n. 5.764/1971, dá-se a demissão do cooperado quando ele se desligar por vontade própria da sociedade. Em contrapartida, a sua responsabilidade perante terceiros, por compromisso da cooperativa da qual se demitiu, perdura até quando aprovadas as contas do exercício em que se deu o seu desligamento; 2 – **Gestão democrática pelos sócios:** O inciso VI do art. 1.094 do Código Civil de 2002 prevê: "direito de cada sócio a um só voto nas deliberações, tenha ou não capital social a sociedade, e qualquer que seja o valor de sua participação." A prática do chamado "voto por cabeça" constitui, portanto, elemento indispensável para a promoção do debate, do pluralismo e da cidadania. No ordenamento jurídico pátrio, o princípio em comento está consagrado nos art. 47 e 56 da Lei n. 5.764/1971, que elencam a Diretoria ou Conselho de Administração e o Conselho Fiscal, respectivamente, como os órgãos de administração e de fiscalização da cooperativa. Todos eles são compostos exclusivamente por cooperados eleitos em assembleia geral, órgão supremo da sociedade, observados os limites legais e estatutárias. As deliberações vinculam todos os cooperados, ainda que ausentes ou discordantes (art. 38 da Lei n. 5.764/1971); 3 – **Participação econômica dos sócios:** de acordo com o art. 21 da Lei n. 5.764/1971, o estatuto social da cooperativa deve indicar: o capital mínimo, o valor e a menor quantidade permitida para a aquisição de cota-parte pelo cooperado, bem como o modo de integralizá-la (inciso III); a forma de devolução aos cooperados das sobras registradas; e a forma de rateio das perdas apuradas por insuficiência de contribuição para cobertura das despesas da sociedade (inciso IV), dentre outras informações. A simples leitura da parte final do parágrafo acima evidencia que não é obrigatória a geração de sobras na cooperativa. Dependendo da boa ou da má administração desse tipo societário, influenciada por fatores naturais, humanos, internos ou externos, econômicos de âmbito local, regional, nacional ou internacional, os excedentes podem ser vultosos, razoáveis ou sequer existir em determinado(s) exercício(s); 4 – **Educação, formação e informação:** A partir da vigência do Código Civil de 2002 esse escopo foi intensificado na esfera infraconstitucional, pois a codificação civil, originariamente criada para regular relações jurídicas entre iguais, passou a adotar os princípios da eticidade, da socialidade e da operabilidade, além de contemplar cláusulas abertas e conceitos jurídicos indeterminados, visando à reaproximação do direito da ética e da justiça. No Brasil, a Medida Provisória n. 1.715/1998 (atual Medida Provisória n. 2.148-40/2001) autorizou a criação do Serviço Nacional de Aprendizagem do Cooperativismo (SESCOOP), pessoa jurídica de direito privado, cujo objetivo é organizar, administrar e executar em todo o território nacional o ensino de formação profissional, desenvolvimento e promoção social do trabalhador em cooperativa e dos cooperados. 5 – **Cooperação entre cooperativas:** A composição das cooperativas centrais ou federações cooperativistas exige, ao menos, três cooperativas singulares, podendo ser admitidos, excepcionalmente, associados individuais, exceto se a atividade exercida for de crédito (inciso II e §2º do art. 6º da Lei n. 5.764/1971). Já as confederações são constituídas, no mínimo, de três federações de modalidades idênticas ou diferentes. No plano internacional, existe a Aliança Cooperativa Internacional (ACI), fundada em 1895; 6 – **Interesse pela comunidade:** arts. 4º, X, e 91, ambos da Lei n. 5.764/1971.

Com o advento da Lei n. 12.690/2012, foram expressos a recepção dos seguintes princípios para as cooperativas de trabalho: adesão voluntária e livre; gestão democrática; participação econômica dos membros; autonomia e independência; educação, formação e informação; intercooperação; interesse pela comunidade; preservação dos direitos sociais, do valor social do trabalho e da livre iniciativa; não precarização do trabalho; respeito às decisões de asssembleia, observado o disposto nesta Lei; participação na gestão em todos os níveis de decisão de acordo com o previsto em lei e no Estatuto Social.

Com fulcro nos incisos do art. 1.094 do Código Civil de 2002, as características da cooperativa são: variabilidade, ou dispensa do capital social (inciso I); concurso de sócios em número mínimo necessário para compor a administração da sociedade, sem limitação de número máximo (inciso II); limitação do valor da soma de quotas do capital social que cada sócio poderá tomar (inciso III); intransferibilidade das quotas do capital a terceiros estranhos à sociedade, ainda que por herança (inciso IV); *quorum*, para a assembleia geral funcionar e deliberar, fundado no número de sócios presentes à reunião, e não no capital social representado (inciso V); direito de cada sócio a um só voto nas deliberações, tenha ou não capital a sociedade, e qualquer que seja o valor de sua participação (inciso VI); distribuição dos resultados, proporcionalmente ao valor das operações efetuadas pelo sócio com a sociedade, podendo ser atribuído juro fixo ao capital realizado (inciso VII); indivisibilidade do fundo de reserva entre os sócios, ainda que em caso de dissolução da sociedade (inciso VIII).

Por cooperado, compreende-se a pessoa física que reúne a qualidade de dono e usuário dos serviços prestados pela sociedade que integra. O primeiro papel que desempenha ganha contornos mais concretos com a gestão democrática da cooperativa, não podendo ser esquecido que a importância da pessoa do cooperado se sobrepõe à importância da constituição do capital societário.

Especificamente, nos arts. 3º e 4º da Lei n. 5.764/1971 há os requisitos de validade das cooperativas sob os ângulos dos seus integrantes e dos próprios objetivos da cooperativa.

As cooperativas singulares, por determinação legal, caracterizam-se pela prestação direta de serviços aos cooperados (art. 7º da Lei n. 5.764/1971). As cooperativas centrais, ou federações de cooperativas, facilitam a utilização recíproca de serviços, dentre outras atribuições (art. 8º, *caput*, da Lei n. 5.764/1971). A confederação orienta e coordena as atividades das filiadas quando o vulto do empreendimento transcende o âmbito de capacidade ou conveniência de atuação das centrais e federações (art. 9º da Lei n. 5.764/1971).

Sobre a efetiva existência de uma relação de natureza cooperativista, é necessário que o intérprete verifique a observância aos princípios que explicam e fundamentam as peculiaridades do cooperativismo nos planos jurídico e social, bem como a ausência dos elementos que configurariam a relação de emprego.

A fim de que seja configurado o cooperativismo, Mauricio Godinho Delgado pontua ser necessário conhecer e lidar, de forma consistente, com os princípios da dupla qualidade e da retribuição pessoal diferenciada.

No que diz respeito ao princípio da dupla qualidade,

[...] a pessoa filiada tem de ser, ao mesmo tempo, em sua cooperativa, cooperado e cliente, auferindo as vantagens dessa duplicidade de situações. Isso significa que, para tal princípio, é necessário haver prestação de serviços pela Cooperativa *diretamente ao associado* – e não somente a terceiros. Essa prestação direta de serviços aos associados/cooperados é, aliás, conduta que resulta imperativamente da própria Lei de Cooperativas (art. 6º, I, Lei n. 5.764/71). De fato, segundo a lei, as *cooperativas singulares* (que não se confundem com as "cooperativas centrais" ou "federações de cooperativas" ou, ainda, "confederações de cooperativas" – art. 6º, II e III, Lei das Cooperativas) "... se caracterizam pela prestação direta de serviços aos associados" (art. 7º, Lei n. 5.764/70). Na mesma linha, enfatiza o art. 4º deste diploma que as cooperativas singulares são "constituídas para prestar serviços aos associados". Objetiva, desse modo, o *princípio da dupla qualidade* que as cooperativas destaquem-se por uma peculiaridade em face de outras associações: *o próprio associado é um dos beneficiários centrais dos serviços por ela prestados* [...]. Nesses casos, a cooperativa existe para prestar serviços a seus associados, que *são profissionais autônomos*, sendo a prestação de serviços a terceiros mero instrumento para viabilizar seu objetivo primário e mais notável (prestação de serviços a seus próprios integrantes).[6]

Passa a ser compreensível que o estímulo à formação de cooperativa exija uma contrapartida, batizada pela doutrina de princípio da retribuição pessoal diferenciada.[7]

Tal postulado genérico sintetiza a necessidade de a escolha pela cooperativa ser mais proveitosa para o cooperado e de superar os ganhos que, normalmente, auferiria, caso permanecesse em outro vínculo obrigacional, atuando de forma isolada.

Dessa forma, Mauricio Godinho Delgado esclarece:

De fato, o que justifica a existência da cooperativa — e as vantagens que essa figura recebe da ordem jurídica — é a circunstância de que ela *potencia* as atividades humanas e das organizações cooperadas. As cooperativas são protegidas pelo Direito porque potenciam o trabalho humano. Efetivamente, *a cooperativa permite que o cooperado obtenha uma retribuição pessoal, em virtude de sua atividade autônoma, superior àquilo que obteria caso não tivesse associado*. A retribuição pessoal de cada cooperado é, necessariamente (ainda que em potencial), superior àquela alcançada caso atuando isoladamente. O princípio da retribuição pessoal diferenciada é a *diretriz jurídica que assegura ao cooperado um complexo de vantagens comparativas de natureza diversa muito superior ao patamar que obteria caso atuando destituído da proteção cooperativista*. A ausência desse complexo faz malograrem tanto a noção quanto os objetivos do cooperativismo, eliminando os fundamentos sociais que justificaram o tratamento mais vantajoso que tais entidades sempre mereceram da ordem jurídica.[8]

Vale destacar que as diretrizes da dupla qualidade e da retribuição pessoal diferenciada se correlacionam porque, à medida que o sócio cooperado concentra as atribuições de dono e cliente do próprio empreendimento, tudo fará, juntamente com os seus pares, mediante gestão democrática, para auferir feixe de vantagens mais atraentes e rentáveis para o seu patrimônio material e moral. O resultado da boa administração será o fortalecimento da cooperativa, que poderá proporcionar mais vantagens a seus membros.

As cooperativas podem desenvolver atividades em diversos ramos da economia. E, dependendo do respectivo objeto, podem ser classificadas em: agropecuária, de crédito, de trabalho, de transporte, de saúde, de educação, de habitação, de infraestrutura, de produção, de consumo, mineral, de turismo e lazer e especial.

---

(6) DELGADO, Mauricio Godinho. *Curso de Direito do Trabalho*. 10. ed. São Paulo: LTr, 2011. p. 328-329.

(7) Entre outras aluações do princípio da retribuição pessoal diferenciada, importante destacar o tratamento normativo especial no tocante à Previdência Social. Por força do art. 22, inciso I, da Lei n. 8.212/1991, a contribuição a cargo da empresa, destinada à Seguridade Social, é de 20% (vinte por cento) sobre o total das remunerações pagas, devidas ou creditadas a qualquer título, durante o mês, aos segurados empregados que lhe prestem serviços, destinados a retribuir o trabalho, qualquer que seja a sua forma, inclusive as gorjetas, os ganhos habituais sob a forma de utilidades e os adiantamentos decorrentes de reajuste salarial, quer pelos serviços efetivamente prestados, quer pelo tempo à disposição do empregador ou tomador de serviços, nos termos da lei ou do contrato ou, ainda, de convenção ou acordo coletivo de trabalho ou sentença normativa. O percentual é reduzido para 15% (quinze por cento) sobre o valor bruto da nota fiscal ou fatura de prestação de serviços, relativamente a serviços que lhe são prestados por cooperados por intermédio de cooperativas de trabalho, nos termos do inciso IV do art. 23 do mesmo diploma legal.

(8) DELGADO, Mauricio Godinho. *Op. cit.*, p. 329.

De acordo com dados fornecidos pela OCB — Organização das Cooperativas Brasileiras, referentes à distribuição das cooperativas por ramos em dezembro de 2010, a maior concentração encontra-se na agropecuária (23%), seguida pelo crédito (16%), transporte e trabalho (ambos com 15%), saúde (13%), educação (5%), habitação e produção (ambos com 4%), infraestrutura e consumo (empatados com 2%), mineral (1%), turismo e lazer (0,5%) e especial (0,2%).[9]

Serão tratadas aqui apenas as cooperativas de trabalho, também chamadas de "cooperativas de mão de obra", pelo fato de, a partir de 1994, terem se disseminado pelo Brasil, sob a justificativa de solucionar, de modo satisfatório, alguns dos problemas enfrentados pelo País àquela época, tais como desemprego e necessidade de readaptação da estrutura produtiva para o alcance de excelência empresarial e de sobrevivência do empreendimento econômico em tempos de globalização e de acirramento da concorrência internacional e nacional.

Não há dúvidas de que o acréscimo do parágrafo único ao art. 442 da CLT — "Qualquer que seja o ramo de atividade da sociedade cooperativa, não existe vínculo empregatício entre ela e seus associados, nem entre estes e os tomadores de serviços daquela" — tenha sido decisivo para a eclosão das cooperativas de trabalho no Brasil.[10]

Todavia, não raras vezes esse tipo societário se constitui somente sob rótulo e forma cooperativistas, sem primar, em seu conteúdo e sua essência, pelos verdadeiros princípios que orientam a filosofia de cooperação divulgada com sucesso pelos Pioneiros de Rochdale desde 1844.

O descompasso entre a aparência e a realidade requer que sejam conhecidas as previsões legais pertinentes às cooperativas de trabalho para, então, ser verificado se o tratamento normativo dado ao instituto é formal e materialmente compatível com os sistemas constitucional e infraconstitucional vigentes.

3. Cooperativas de trabalho: análise normativa

O revogado Decreto n. 22.239/1932, em seu art. 24, trazia a seguinte definição de cooperativas de trabalho:

> Art. 24. São cooperativas de trabalho aquelas que, constituídas entre operários de uma determinada profissão ou ofício, ou de ofícios vários de uma mesma classe, - têm como finalidade primordial melhorar os salários e as condições do trabalho pessoal de seus associados e, dispensando a intervenção de um patrão ou empresário, se propõem a contratar e executar obras, tarefas, trabalhos ou serviços, públicos ou particulares, coletivamente por todos ou por grupos de alguns.[11]

Nota-se que o dispositivo da década de 1930 — já revogado — amalgava situações díspares e contraditórias ("operários" e "salários" não são conceitos próprios às cooperativas, mas à relação de emprego).

Com isso, o Decreto n. 22.239/1932 evidenciava certa imprecisão legal no início da institucionalização do Direito do Trabalho no Brasil. De todo modo, esse fato demonstra que, no caso brasileiro, a relação de trabalho no manto cooperativista foi logo suplantada por relação socioeconômica e jurídica superior — a relação de emprego. Ou seja, no Brasil, nos anos 1930/1940, a relação de emprego logo demonstra superioridade, quanto à valorização do trabalho humano, comparativamente às relações laborativas cooperativistas.

Não obstante estas observações, fica claro que a simples leitura do dispositivo transcrito revelava que as cooperativas

---

(9) ORGANIZAÇÃO DAS COOPERATIVAS BRASILEIRAS. Apresentação institucional: sistema cooperativista. 2011. Disponível em: <http://www.brasilcooperativo.coop.br/GERENCIADOR/ba/arquivos/140411_apresentacaoinstitucional2010_1.pdf>. Acesso em: 27 jul. 2014.

(10) Na Exposição de Motivos do Projeto de Lei n. 3.383/1992, posteriormente convertido na Lei n. 8.949/1994, que acrescentou o parágrafo único ao art. 442 da CLT, foram exaltadas as virtudes da terceirização que seriam alcançadas com as cooperativas de trabalho. Também foi engrandecida a possibilidade de o trabalhador ser autônomo, ao invés de subordinado. A norma, inicialmente idealizada para solucionar alguns impasses advindos da reforma agrária, como a necessidade de inibir a celebração de vínculos empregatícios no campo, teve a sua incidência ampliada para compreender trabalhadores cooperados no âmbito urbano, conforme se verifica: [...] Começa-se a admitir, em larga escala, em face do movimento econômico e financeiro por que passa o País, a terceirização, como uma alternativa de flexibilidade empresarial. Chega a ser considerada por algumas empresas e até trabalhadores, em face da recessão, como excelência empresarial na contratação de prestação de serviços em substituição à mão de obra interna das empresas. Sob o ponto de vista do Direito, a terceirização não consegue equacionar a questão da relação empregatícia, o que poderá ser solucionado com o projeto em pauta. [...] Está no cooperativismo de trabalho a fórmula mágica de reduzir o problema do desemprego gerado pelo êxodo rural e agora mais precisamente pela profunda recessão econômica. [...]. O projeto visa, portanto, a beneficiar essa imensa massa de desempregados do campo [...]. Estabelecendo a regra da inexistência de vínculo empregatício, nos termos ora propostos, milhares de trabalhadores rurais e urbanos [...] terão o benefício de serem trabalhadores autônomos, com a vantagem de dispensar a intervenção de um patrão." RANDS, Maurício. Cooperativas: fraude ou alternativa? *Jornal Trabalhista*, ano 15, n. 731, p. 1.115-1.117, 12 out. 1998.

(11) BRASIL. Decreto n. 22.239, de 19 de dezembro de 1932. Reforma as disposições do Decreto Legislativo n. 1.637, de 5 de janeiro de 1907, na parte referente às sociedades cooperativas. Diário Oficial da União, Brasília, 19 dez. 1932. Disponível em: <http://www.ocb.org.br/site/cooperativismo/arquivos/Decreto22239_1932.pdf>. Acesso em: 3 jul. 2014.

de trabalho deveriam oferecer retribuição pessoal diferenciada aos seus membros, mediante pagamento mais vantajoso, busca por melhores condições de trabalho e eliminação da figura do patrão ou empresário. O Decreto dispunha que os serviços poderiam ser realizados pelos cooperados em proveito alheio — entenda-se, em benefício do tomador de serviços. O contratante, porém, não poderia exercer poder de direção, controle, fiscalização e punição contra os trabalhadores, e também não poderia gerenciar ou administrar a cooperativa de trabalho como se fosse mera extensão do seu negócio.

Com a vigência da Lei n. 5.764/71, foi vedada, para as cooperativas em geral, a configuração de vínculo empregatício entre a cooperativa e o cooperado. Com efeito, o art. 90 da referida lei dispõe: "Qualquer que seja o tipo de cooperativa, não existe vínculo empregatício entre ela e seus associados."

Além disso, a Lei n. 5.764/71 era enfática ao determinar que as cooperativas singulares deviam se caracterizar pela prestação direta de serviços aos cooperados (art. 7º da Lei n. 5.764/71). Na mesma linha, o dispositivo legal, portanto, não dava guarida para cooperativas de trabalho que existissem para prestar serviços em proveito alheio, salvo, naturalmente, serviços efetivamente autônomos, em que o profissional também atua em proveito de si próprio.

Em 1994, a Lei n. 8.949 acrescentou o parágrafo único ao art. 442 da CLT, que apresentou a seguinte redação: "Qualquer que seja o ramo de atividade da sociedade cooperativa, não existe vínculo empregatício entre ela e seus associados, nem entre estes e os tomadores de serviços daquela."

Ocorre que este preceito passou a ser alvo de compreensão confusa, que, "ao que tudo indica, decorre da consideração equivocada de uma premissa, a de que o parágrafo único do art. 442 da CLT [...] estaria se referindo, em toda a sua extensão, às cooperativas como gênero e não como espécie."[12]

No entendimento da melhor doutrina, a parte final deste dispositivo acrescentado, faz menção, ainda que de forma indireta, à espécie cooperativa de trabalho, uma vez que a Lei n. 5.764/71 aborda as cooperativas em geral.

Segundo Mauricio Rands, a novidade trazida pela Lei n. 8.949/1994, que acrescentou o parágrafo único ao art. 442 da CLT, foi proibir, via regulação heterônoma, a formação de relação de emprego entre o cooperado e o tomador de serviços da cooperativa de trabalho. Considerando que a Lei n. 5.764/1971 não disciplina detalhadamente as cooperativas de trabalho, esta figura estaria de volta ao cenário normativo, sem importar, contudo, em repristinação do Decreto n. 22.239/1932.[13]

De toda maneira, se se considera que a Lei n. 8.949/1994 abriu possibilidade à figura da cooperativa de trabalho — como defende Mauricio Rands no texto citado — isso não significa que a cooperativa possa fazer locação de mão de obra em benefício de qualquer tomador. A locação de mão de obra é incompatível com a ordem constitucional brasileira, só prevalecendo no caso delimitado e transitório da Lei n. 6.019/1974. Isso quer dizer que as cooperativas de trabalho somente poderiam envolver profissionais autônomos, não subordinados, que realizam trabalho em proveito próprio e em benefício de terceiros. Trabalhadores vinculados a um tomador por meio dos elementos fático-jurídicos da relação de emprego não podem ser tidos como cooperados, mas efetivos empregados do tomador.

De acordo com Mauricio Godinho Delgado, a Lei n. 8.949/1994 favoreceu o cooperativismo, ofertando-lhe a presunção relativa de ausência de vínculo de emprego, caso exista relação efetivamente cooperativista envolvendo o trabalhador no sentido amplo.[14]

Entretanto, há o entendimento do renomado jurista Jorge Luiz Souto Maior, no sentido de que o parágrafo único do art. 442 da CLT, ao prever a possibilidade de formação de cooperativas de trabalho e negar, expressamente, a relação de emprego (quando seu objeto se limite à "mera prestação de serviços a uma empresa, que utiliza da mão de obra que lhe é posta à disposição para satisfação de seus objetivos econômicos") extrapola o conteúdo fixado no ordenamento jurídico. Assim, compreende que este preceito celetista não se amolda, "primeiro, às diretrizes legais vigentes sobre o cooperativismo no Brasil e, segundo, ao sistema jurídico constitucional, que tem por pressuposto a relação de emprego como forma de estabelecer garantias sociais aos trabalhadores."[15]

No que diz respeito à constitucionalidade do parágrafo único do art. 442 da CLT, entende-se não padecer de inconstitucionalidade formal, haja vista a União Federal ter a competência para legislar sobre Direito do Trabalho, nos termos do art. 22, incisos I e XXVII, ambos da CF/88, e a

---

(12) SOUTO MAIOR, Jorge Luiz. A supersubordinação. In: RENAULT, Luiz Otávio Linhares *et al.* (Coords.). *Parassubordinação*. São Paulo: LTr, 2011. p. 59

(13) RANDS, Maurício. Cooperativas: fraude ou alternativa? *Jornal Trabalhista*, ano 15, n. 731, p. 1.115- 1.117, 12 out. 1998.

(14) DELGADO, Mauricio Godinho. *Curso de Direito do Trabalho*. 10. ed. São Paulo: LTr, 2011.

(15) SOUTO MAIOR, Jorge Luiz. A supersubordinação. In: RENAULT, Luiz Otávio Linhares *et al.* (Coords.). *Parassubordinação*. São Paulo: LTr, 2011. p. 81-82

Lei n. 8.949/1994 ter observado as regras do procedimento legislativo.

Quanto ao aspecto material, em que pese ao respeito ao posicionamento do ilustre jurista Jorge Luiz Souto Maior, compreende-se também não levantar a hipótese de inconstitucionalidade.[16]

Insere-se na Hermenêutica Constitucional o princípio da presunção de constitucionalidade das leis e dos atos do Poder Público, desdobrado em duas regras, segundo Luís Roberto Barroso:

> a) não sendo evidente a inconstitucionalidade, havendo dúvida ou a possibilidade de razoavelmente se considerar a norma como válida, deve órgão competente abster-se da declaração de inconstitucionalidade;
>
> b) havendo alguma interpretação possível que permita afirmar-se a compatibilidade da norma com a Constituição, em meio a outras que carreavam para ela um juízo de invalidade, deve o intérprete optar pela interpretação legitimadora, mantendo o preceito em vigor.[17]

Assim, entre duas ou mais interpretações possíveis terá precedência aquela que mantiver a autoridade do ato legislativo, pelo fato de ser presumida a racionalidade do sistema jurídico em respeito à supremacia da Norma Fundamental.

Na clássica obra *Hermenêutica e Aplicação do Direito*, Carlos Maximiliano assevera:

> Todas as presunções militam a favor da validade de um ato, legislativo ou executivo; portanto, se a incompetência, a falta de jurisdição ou a inconstitucionalidade, em geral, não estão acima de toda dúvida razoável, interpreta-se e resolve-se pela manutenção do deliberado por qualquer dos três ramos em que se divide o Poder Público. Entre duas exegeses possíveis, prefere-se a que não infirma o ato de autoridade.[18]

A CF/88, em seu art. 174, § 2º, expressamente, determina que a lei apoiará e estimulará o cooperativismo, sem fazer qualquer distinção quanto ao objeto e ao ramo das cooperativas. No plano infraconstitucional, a Lei n. 5.764/1971 não proíbe a cooperativa de trabalho — ao revés, em seu art. 5º, autoriza que o objeto desse tipo societário seja qualquer gênero de serviço, operação ou atividade. O Código Civil também não faz restrições à cooperativa de trabalho, dispondo a matéria de forma genérica.

Logo, acredita-se que não há empecilho para o parágrafo único do art. 442 da CLT versar sobre a cooperativa de trabalho, parecendo mais razoável reconhecer a sua constitucionalidade.

Com o intuito de evitar que a referida norma celetista acoberte fraudes trabalhistas, deve-se aplicar o princípio da interpretação conforme a Constituição, que, de acordo com Luís Roberto Barroso, não se resume à eleição de uma interpretação normativa em detrimento de outras possíveis. Explica o constitucionalista: "O conceito sugere mais: a necessidade de buscar uma interpretação que não seja a que decorre da leitura mais óbvia do dispositivo."[19]

Com base nesta formulação teórica, deve ser afastada toda e qualquer interpretação do parágrafo único do art. 442 da CLT que conduza ao raciocínio — simplista e equivocado — de que a mera criação de cooperativa de trabalho, mesmo nas hipóteses de *marchandage*, bastaria para elidir o reconhecimento de vínculo empregatício.

Conforme salienta Mauricio Godinho Delgado, nos autos do processo AIRR – n. 49340-38.2005.5.17.0001,

> [...] não estabelece o dispositivo citado presunção legal de caráter absoluto, mas simples presunção relativa de ausência de vínculo de emprego. O objetivo da regra teria sido o de retirar do rol empregatício relações próprias às cooperativas — desde que não comprovada a roupagem ou utilização meramente simulatória de tal figura jurídica. A justificativa da existência da cooperativa é justamente o fato de que a associação de trabalhadores possibilitaria uma atuação no mercado de forma mais organizada e eficaz, tendo como objetivo assegurar um conjunto de benefícios que seriam impossíveis por uma atuação

---

(16) Jorge Luiz Souto Maior compreende que as cooperativas de trabalho não têm amparo constitucional "[...] vez que a Constituição adota como princípio fundamental o 'valor social do trabalho' (art. 1º, IV), valor esse que é ditado pelo art. 7º da mesma Carta, que tem por pressuposto a caracterização da relação de emprego quando alguém se utiliza de modo continuado e subordinadamente do trabalho de outra pessoa. Os efeitos jurídicos da utilização do *trabalho humano* não podem ser mascarados por vínculos negociais entre empresas ou 'cooperativas', sob pena de negar eficácia a todo o aparato constitucional de proteção ao trabalho. [...] o tema das cooperativas de trabalho não deve ser analisado sob o aspecto da fraude, haja vista a demonstrada invalidade jurídica da exceção contida no parágrafo único do art. 442, da CLT, por incompatibilidade com o sistema constitucional vigente." SOUTO MAIOR, Jorge Luiz. Cooperativas de trabalho. *Revista LTr*, v. 60, n. 08, p. 1.060-1.063, ago. 1996a.

(17) BARROSO, Luís Roberto. *Interpretação e aplicação da Constituição*. 5. ed. São Paulo: Saraiva, 2003. p. 178.

(18) MAXIMILIANO, Carlos. *Hermenêutica e aplicação do direito*. 9. ed. Rio de Janeiro: Forense, 1981. p. 307.

(19) BARROSO, Luís Roberto. *Interpretação e aplicação da constituição*. 5. ed. São Paulo: Saraiva, 2003. p. 178.

isolada, individual, como o aprimoramento profissional, a ampliação do mercado de trabalho do cooperado, uma efetiva prestação direta de serviços aos associados, tornando-os beneficiários centrais dos serviços prestados pela cooperativa, potencializando o trabalho e permitindo que o cooperado possa obter uma remuneração superior àquela que receberia se não estivesse associado, ainda que em potencial. Ora, se comprovado que as empresas rotuladas de cooperativas não atendem às finalidades e princípios imanentes ao cooperativismo, quais sejam, princípio da dupla qualidade, da retribuição pessoal diferenciada, e a prestação de serviços se caracterizar pela presença dos elementos fático-jurídicos da relação de emprego, esta deverá ser reconhecida, sob pena de se compactuar com a burla à essência da finalidade legal.[20]

Como é cediço, o contrato de emprego é um contrato-realidade. Logo, a substância suplanta a forma, desvendando-se a natureza do pactuado a partir das características da prestação de serviço do trabalhador, e não do acordo abstrato de vontades firmado pelas partes.

Acredita-se, portanto, que a cooperativa, quando bem empregada, particularmente quando envolve profissionais autônomos, poderá promover o desenvolvimento socioeconômico, com distribuição de renda, geração de postos de trabalho e pagamento de melhor preço pelo serviço prestado, bem assim outros benefícios e vantagens que o cooperado não alcançaria se sua atuação fosse solitária.

Todavia, se a cooperativa for constituída ou posteriormente utilizada para não observar os princípios que lhe são peculiares, preferindo locar mão de obra efetivamente subordinada, e não eventual, restará configurada a fraude trabalhista, nula de pleno direito, nos termos do art. 9º da CLT, declarando-se a existência de relação de emprego diretamente com o tomador de serviços, com a imputação de responsabilidade solidária contra a falsa cooperativa, porque coautora do ilícito (art. 942, parágrafo único do Código Civil de 2002) de aplicação subsidiária ao Direito do Trabalho (art. 8º da CLT).

Em 19 de julho de 2012, a Lei n. 12.690 passou a dispor sobre a organização e funcionamento das cooperativas de trabalho e instituiu o Programa Nacional de Fomento às Cooperativas de Trabalho (PRONACOOP).

A citada Lei se originou do Projeto de Lei n. 4.622/2004, que teve o seu art. 30 vetado por prever a revogação do parágrafo único do art. 442 da CLT. Segundo as razões do veto, este dispositivo celetista disciplina matéria de forma ampla e suficiente sendo desnecessária regra específica para as cooperativas de trabalho. Assim, permanece em vigor o parágrafo único do art. 442 da CLT, acrescentado pela Lei n. 8.949/94.

A Lei n. 5.764/71 e o Código Civil de 2002 completam a "Lei das Cooperativas de Trabalho" naquilo que não colidirem.

Ao destacar a espécie correspondente à cooperativa de trabalho, fica evidente que o *caput* do art. 2º da Lei n. 12.690/2012 absorveu os princípios da dupla qualidade e da retribuição pessoal diferenciada, conforme se verifica:

> Art. 2º Considera-se Cooperativa de Trabalho a sociedade constituída por trabalhadores para o exercício de suas atividades laborativas ou profissionais com proveito comum, autonomia e autogestão para obterem melhor qualificação, renda, situação socioeconômica e condições gerais de trabalho.[21]

No entanto, a Lei n. 12.690/2012, em seu art. 1º, excluiu do seu âmbito de abrangência as seguintes cooperativas de serviço: as cooperativas de assistência à saúde; as cooperativas que atuam no setor de transporte, as cooperativas de profissionais liberais cujos sócios exerçam as atividades em seus próprios estabelecimentos e as cooperativas de médicos cujos honorários sejam pagos por procedimento.

Com o objetivo de dificultar a utilização indevida das cooperativas de trabalho, no art. 3º são elencados os seguintes princípios: adesão voluntária e livre; gestão democrática; participação econômica dos membros; autonomia e independência; educação, formação e informação; intercooperação; interesse pela comunidade; preservação dos direitos sociais, do valor social do trabalho e da livre iniciativa; não precarização do trabalho; respeito

---

(20) BRASIL. Tribunal Superior do Trabalho. AIRR – 49340-38.2005.5.17.0001. Relator Mauricio Godinho Delgado. Diário Eletrônico da Justiça do Trabalho, Brasília, 28 jun. 2010. Disponível em: <http://brs02.tst.jus.br/cgi-bin/nph-brs?d=ITRE&s1=cooperativa+e+presun%E7%E3o+e+442&sect1=1&s2=&s3=&s4=&s5=&s6=&s9=GMMGD&s10=&s11=&s12=&s20=&s21=&s7=&s24=&s8=&s13=&s14=&s15=&s16=&s17=&s18=&s19=&s25=&s22=&s23=&s26=&pg1=ALL&pg2=NUMT&pg3=ANOT&pg4=&pg5=&pg6=&pg7=&pg8=TIPT&pg9=GABT&pg10=GABT&pg11=GABT&pg12=GABT&pg13=&pg14=VART&pg15=TRIT&pg16=SEQT&pg17=COOJ&pg18=&pg19=&pg20=&pg21=&pg22=&pg23=&pg24=EMEN&sect2=1&u=http://www.tst.jus.br/www.tst.jus.br/jurisprudencia/n_brs/n_nspit/n_nspitgen_un.html&p=1&r=3&f=G&l=0>. Acesso em: 3 jul. 2014.

(21) BRASIL. Lei n. 12.690, de 19 jul. 2012. Dispõe sobre a organização e o funcionamento das Cooperativas de Trabalho; institui o Programa Nacional de Fomento às Cooperativas de Trabalho – PRONACOOP; e revoga o parágrafo único do art. 442 da Consolidação das Leis do Trabalho – CLT, aprovada pelo Decreto-lei n. 5.452, de 1º de maio de 1943. Disponível em: <http://www.planalto.gov.br/ccivil_03/_Ato2011-2014/2012/Lei/L12690.htm>. Acesso em: 12 jul. 2014.

às decisões de asssembleia, observado o disposto nesta Lei; participação na gestão em todos os níveis de decisão de acordo com o previsto em lei e no Estatuto Social.

No art. 4º, determina-se que as cooperativas de trabalho podem ser de dois tipos: de produção, "quando constituída por sócios que contribuem com trabalho para a produção em comum de bens e a cooperativa detém, a qualquer título, os meios de produção"; e de serviço, "quando constituída por sócios para a prestação de serviços especializados a terceiros, sem a presença dos pressupostos da relação de emprego."[22]

O art. 5º reforça retoricamente o entendimento jurisprudencial majoritário e materializa os termos da Resolução n. 193/2002 da OIT ao prescrever que a cooperativa de trabalho "não pode ser utilizada para intermediação de mão de obra subordinada".[23]

Ainda, a descaracterização do vínculo cooperado também pode ocorrer quando houver inobservância das características próprias desta espécie societária.

O recente diploma legal procurou fixar restrições e "novas travas à mercantilização e precarização do trabalho" à fórmula cooperativista que regula.[24] Neste sentido, destacam-se os seguintes dispositivos:

> Art. 3º [...]
>
> [...]
>
> VIII – preservação dos direitos sociais, do valor social do trabalho e da livre iniciativa;
>
> IX – não precarização do trabalho;
>
> Art. 4º A Cooperativa de Trabalho pode ser:
>
> [...]
>
> II – de serviço, quando constituída por sócios para a prestação de serviços especializados a terceiros, sem a presença dos pressupostos da relação de emprego.
>
> Art. 5º A Cooperativa de Trabalho não pode ser utilizada para intermediação de mão de obra subordinada.[25]

Nesta mesma diretriz, a Lei n. 12.690/2012, nos arts. 17 e 18, determinou a competência do Ministério do Trabalho e Emprego para fiscalizar o cumprimento dos seus dispositivos, bem como estabeleceu penalidades.

Embora a cooperativa de trabalho corresponda à relação autônoma de trabalho, ou melhor, à "fórmula de estruturação e atuação coletiva do trabalho autônomo"[26], o art. 7º passa a garantir aos cooperados certos direitos tipicamente trabalhistas, sem prejuízo daqueles que a Assembleia Geral venha a instituir:

> 7º A Cooperativa de Trabalho deve garantir aos sócios os seguintes direitos, além de outros que a Assembleia Geral venha a instituir:
>
> I – retiradas não inferiores ao piso da categoria profissional e, na ausência deste, não inferiores ao salário mínimo, calculadas de forma proporcional às horas trabalhadas ou às atividades desenvolvidas;
>
> II – duração do trabalho normal não superior a 8 (oito) horas diárias e 44 (quarenta e quatro) horas semanais, exceto quando a atividade, por sua natureza, demandar a prestação de trabalho por meio de plantões ou escalas, facultada a compensação de horários;
>
> III – repouso semanal remunerado, preferencialmente aos domingos;
>
> IV – repouso anual remunerado;
>
> V – retirada para o trabalho noturno superior à do diurno;
>
> VI – adicional sobre a retirada para as atividades insalubres ou perigosas;
>
> VII – seguro de acidente de trabalho.
>
> § 1º Não se aplica o disposto nos incisos III e IV do caput deste artigo nos casos em que as operações entre o sócio e a cooperativa sejam eventuais, salvo decisão assemblear em contrário.
>
> § 2º A Cooperativa de Trabalho buscará meios, inclusive mediante provisionamento de recursos, com base em critérios que devem ser aprovados em Assembleia Geral, para assegurar os direitos previstos nos incisos I, III, IV, V, VI e VII do caput deste artigo e outros que a Assembleia Geral venha a instituir.
>
> § 3º A Cooperativa de Trabalho, além dos fundos obrigatórios previstos em lei, poderá criar, em Assembleia Geral, outros fundos, inclusive rotativos, com recursos destinados a fins específicos, fixando o modo de formação, custeio, aplicação e liquidação.
>
> § 4º (VETADO).

---

(22) BRASIL. Lei n. 12.690, de 19 jul. 2012. Dispõe sobre a organização e o funcionamento das Cooperativas de Trabalho; institui o Programa Nacional de Fomento às Cooperativas de Trabalho – PRONACOOP; e revoga o parágrafo único do art. 442 da Consolidação das Leis do Trabalho – CLT, aprovada pelo Decreto-lei n. 5.452, de 1º de maio de 1943. Disponível em: <http://www.planalto.gov.br/ccivil_03/_Ato2011-2014/2012/Lei/L12690.htm>. Acesso em: 12 jul. 2014.

(23) Idem.

(24) DELGADO, Mauricio Godinho. Curso de Direito do Trabalho. 13. ed. São Paulo: LTr, 2014.

(25) BRASIL. Lei n. 12.690, de 19 jul. 2012. Dispõe sobre a organização e o funcionamento das Cooperativas de Trabalho; institui o Programa Nacional de Fomento às Cooperativas de Trabalho (PRONACOOP); e revoga o parágrafo único do art. 442 da Consolidação das Leis do Trabalho – CLT, aprovada pelo Decreto-lei n. 5.452, de 1º de maio de 1943. Disponível em: <http://www.planalto.gov.br/ccivil_03/_Ato2011-2014/2012/Lei/L12690.htm>. Acesso em: 12 jul. 2014.

(26) DELGADO, Mauricio Godinho. Curso de Direito do Trabalho. 13. ed. São Paulo: LTr, 2014.

§ 5º A Cooperativa de Trabalho constituída nos termos do inciso I do *caput* do art. 4º desta Lei poderá, em Assembleia Geral Extraordinária, estabelecer carência na fruição dos direitos previstos nos incisos I e VII do *caput* deste artigo.

§ 6º As atividades identificadas com o objeto social da Cooperativa de Trabalho prevista no inciso II do *caput* do art. 4º desta Lei, quando prestadas fora do estabelecimento da cooperativa, deverão ser submetidas a uma coordenação com mandato nunca superior a 1 (um) ano ou ao prazo estipulado para a realização dessas atividades, eleita em reunião específica pelos sócios que se disponham a realizá-las, em que serão expostos os requisitos para sua consecução, os valores contratados e a retribuição pecuniária de cada sócio partícipe.(27)

4. Falsas cooperativas: alguns critérios para identificá-las

Os princípios intrínsecos ao cooperativismo são o ponto de partida para a fixação de alguns critérios que auxiliam na identificação das falsas cooperativas de trabalho.

Albino Gawlak e Fabianne Turra sustentam que o fiel cumprimento do princípio da adesão livre e espontânea pode ser aferido pelos seguintes parâmetros: conhecimento pelo trabalhador que pretende ingressar em alguma cooperativa da doutrina, da filosofia, dos princípios, dos objetivos e da estrutura cooperativista; ciência dos direitos e deveres do cooperado; e propósito pessoal de ser um sócio atuante e participativo, pois a dupla qualidade do cooperado (dono e usuário dos serviços prestados pela cooperativa) pressupõe o seu maior interesse no sucesso da gestão societária.(28)

Se o trabalhador ignorar tais informações ou não agir como se espera de um verdadeiro cooperado, haverá motivos para se desconfiar da licitude da cooperativa de trabalho.

Também é importante investigar se há flutuação contínua do trabalhador entre uma cooperativa e outra, porque o legítimo cooperado não pode ter a sua vontade viciada por interferências alheias tendentes a forçá-lo, induzi-lo ou constrangê-lo a mudar de sociedade.

A decisão de desligamento deve ser pessoal, livre e espontânea. Não pode ser resultado de coação (moral ou física), muito menos de ordem (direta ou indireta) emanada do tomador de serviço, de seus prepostos, ou de supostos "dirigentes" da falsa cooperativa.

Do mesmo modo, não podem existir ameaças (veladas ou explícitas) de o "cooperado" ser excluído de futuros escalonamentos de trabalho, caso se recuse a sair de uma sociedade para ingressar em outra. O trabalhador é quem deve avaliar as vantagens e as desvantagens de ser e/ou de deixar de ser um cooperado, para, *sponte sua*, decidir o seu destino.

Outro indicativo que corrobora para a identificação de falsas cooperativas seria a exigência de pessoalidade, pois a imposição do mesmo elenco de "cooperados" pelo contratante faz com que a relação jurídica ganhe excessivos contornos quanto à individualização da mão de obra. Essa situação favorece a emanação de ordens pelo tomador ou por seus prepostos — o que não é condizente com o princípio da autonomia e da independência.

A presença de pessoalidade desvia a atenção do tomador de serviços para o caráter *intuitu personae* dos trabalhadores, quando, em verdade, ele deveria estar centrado apenas e tão somente no resultado final do serviço pactuado com a cooperativa. Outro efeito dela decorrente é a restrição imposta à liberdade dos cooperados, que não poderão trabalhar para outros contratantes, ainda que estes ofereçam melhor preço pela execução do mesmo serviço. A impossibilidade de substituição dos trabalhadores poderá se transformar, assim, em sério obstáculo para a garantia e o cumprimento do princípio da retribuição pessoal diferenciada.

Há que se ponderar ainda sobre a relevância de se tratar o trabalhador cooperado de efetivo profissional autônomo, que se reúne na cooperativa para agregar proteções e vantagens ao seu exercício profissional. A presença da subordinação compromete esse caráter autônomo tornando a fórmula cooperativista um instrumento de diminuir vantagens obtidas com a incidência do Direito do Trabalho. Logo, o ideal é que a cooperativa de trabalho envolva profissionais autônomos, não sendo mero mecanismo de contratação de trabalhadores realmente subordinados e não eventuais.

Em relação ao princípio da gestão democrática pelos sócios, que legitima as decisões *interna corporis* da sociedade, deve-se observar se o cooperado, ou aquele rotulado como tal, é regularmente convocado para as assembleias gerais; se tem assegurado o direito de voto, qualquer que seja a matéria posta em discussão no órgão supremo da cooperativa, ou se sua vontade é ignorada nos temas mais relevantes; e se, mesmo presente na assembleia, o seu direito de voto é exercido livremente, sem ingerências por parte de terceiros (sejam pessoas totalmente estranhas à

---

(27) BRASIL. Lei n. 12.690, de 19 jul. 2012. Dispõe sobre a organização e o funcionamento das Cooperativas de Trabalho; institui o Programa Nacional de Fomento às Cooperativas de Trabalho – PRONACOOP; e revoga o parágrafo único do art. 442 da Consolidação das Leis do Trabalho – CLT, aprovada pelo Decreto-Lei n. 5.452, de 1º de maio de 1943. Disponível em: <http://www.planalto.gov.br/ccivil_03/_Ato2011-2014/2012/Lei/L12690.htm>. Acesso em: 12 jul. 2014.

(28) GAWLAK, Albino; TURRA, Fabianne Ratzke. *Cooperativismo*: filosofia de vida para um mundo melhor. 3. ed. Curitiba: [s.n.], 2001.

cooperativa, tomadores dos serviços contratados com a cooperativa ou, mesmo, "dirigentes da cooperativa" que, estranhamente, nunca militam a favor dos interesses dos cooperados). Em síntese, deve ser mensurado e analisado o nível de participação dos cooperados nas estruturas organizacionais da sociedade, especialmente nas assembleias gerais.

Acerca do princípio da participação econômica dos sócios, pode ser apurado se, havendo sobras líquidas, parte desse valor foi previamente destinado aos fundos de reserva e o remanescente dividido entre os cooperados, observada a proporcionalidade de suas operações com a sociedade.

O cumprimento dos princípios da educação, formação e informação; da cooperação entre cooperativas e do interesse pela comunidade pode ser verificado, ilustrativamente, mediante a demonstração dos seguintes compromissos: desenvolvimento de atividades alternativas pela cooperativa para fins de capacitar continuamente seus sócios e familiares; fortalecimento da estrutura cooperativa, em níveis nacional e estadual; intercâmbio de conhecimentos, tecnologias e experiências entre as diversas organizações do sistema (entendam-se as cooperativas singulares, as federações e as confederações); promoção de encontros intermunicipais e interestaduais de cooperativas; divulgação sistemática dos resultados positivos das cooperativas e publicação periódica de indicadores sociais hábeis a demonstrar as diferenças de desenvolvimento entre aqueles que optaram por seguir a filosofia cooperativista e aqueles que não aderiram a ela; e implementação de políticas de desenvolvimento sustentável em favor da comunidade na qual a cooperativa está inserida.

Se não houver diferença entre os serviços prestados pela cooperativa aos seus sócios e os oferecidos por ela a terceiros, estará violado o princípio da dupla qualidade do cooperado. A hipótese revela desvio no cumprimento da finalidade típica da cooperativa (consoante *caput* do art. 4º da Lei n. 5.764/1971) e frustra um dos fundamentos sociológicos que justificam a constituição da cooperativa: o exercício do solidarismo e da ajuda mútua para que os interesses dos cooperados, como um todo, superem os dos tomadores de serviço.

No que diz respeito ao princípio da retribuição pessoal diferenciada, deve ser investigado se os benefícios percebidos pelo cooperado são, em média, mais expressivos que aqueles auferidos, caso optasse por regime de trabalho diverso do cooperativista.

Embora a ideia não consubstancie um princípio cooperativista propriamente dito, pode ser questionado se o espaço físico da sociedade investigada atende às possibilidades de reunião, controle, operações e prestações de serviços, nos termos do art. 4º, inciso XI, da Lei n. 5.764/1971. Fere a legislação específica, o bom senso, a razoabilidade e o princípio da primazia da realidade acreditar que uma pessoa jurídica constituída sob o rótulo de "cooperativa" não tenha sede e infraestrutura básica que satisfaçam minimamente as necessidades de seus membros.[29]

Finalmente, a *affectio societatis* — elemento que evidencia o ânimo das pessoas de concentrarem esforços em busca de um objetivo idêntico, com assunção conjunta dos riscos do negócio — também ajuda na investigação da legalidade e da legitimidade social das cooperativas. É que, havendo genuína convergência de interesses entre os cooperados, todos agirão com fidelidade e confiança em relação aos seus pares, encarando-os como colaboradores na realização do escopo comum, e não como contrapartes em um contrato bilateral.[30]

5. Cooperativas de trabalho no Brasil: cenário atual

Segundo estatística divulgada no *site* da Organização das Cooperativas Brasileiras — OCB, baseada em dados fornecidos pelas unidades estaduais componentes do sistema cooperativista nacional, havia 528 cooperativas de trabalho no Brasil em 1990. Em 1994, ano em que foi acrescentado o parágrafo único ao art. 442 da CLT, este número aumentou para 825. Em 2002, já existiam 2.109 em todo o País, uma elevação de cerca de 300% no número de entidades no mercado laborativo nacional. A partir de 2006, no entanto, observa-se um movimento contínuo

---

(29) No artigo de Mauricio Rands há menção de casos concretos ocorridos em Minas Gerais e em São Paulo (nas regiões de cultura de café, cana de açúcar e citricultura) em que a falta de espaço físico, de logística, de organização e de recursos materiais para atender a milhares de "trabalhadores cooperados" denunciava que os obreiros tinham sido arregimentados para prestar serviços de natureza pessoal, onerosa, não eventual e subordinada a determinado tomador de serviço. RANDS, Maurício. Cooperativas: fraude ou alternativa? *Jornal Trabalhista*, ano 15, n. 731, p. 1.115-1.117, 12 out. 1998, p. 1.115-1.116.

(30) Se capital e trabalho são gêmeos inimigos nas relações de emprego parece mais razoável acreditar que empregado e empregador não agirão integralmente na qualidade de colaboradores. Ainda que a função social dos contratos e a cláusula geral da boa-fé objetiva constem expressamente dos arts. 421 e 422, ambos do Código Civil de 2002, impondo aos contratantes a observância recíproca dos deveres anexos de cuidado, colaboração e informação tanto nas tratativas preliminares, na execução do pactuado, quanto na fase pós-contratual, dúvidas podem ser suscitadas quanto ao verdadeiro alcance e efeito desses dispositivos nos pactos laborais, uma vez que a relação empregatícia, desde o seu nascedouro, é marcada por desigualdades materiais, que precisam ser compensadas por desigualdades jurídicas.

de declínio, sendo registrado pela OCB, até dezembro de 2010, o total de 1.024 cooperativas de trabalho.[31]

Acredita-se que a firme atuação da Justiça do Trabalho no combate às falsas cooperativas de trabalho, com a imputação de condenação solidária à sociedade fraudulenta e ao tomador que se beneficiou dos serviços prestados pelos falsos cooperados, também venha contribuindo para o fenômeno verificado a partir de 2006.

Merece destaque o empenho do Ministério Público do Trabalho para inibir a proliferação de cooperativas de trabalho fraudulentas. Na esfera extrajudicial, pode-se celebrar Termo de Ajustamento de Conduta (TAC) junto com o *parquet*, com a previsão de multa em cláusula penal para a hipótese de inadimplemento do pactuado. A fixação da sanção pecuniária é relevante, uma vez que funciona como mecanismo coercitivo indireto e persuasivo, cujo escopo é convencer o celebrante do TAC a corrigir seu comportamento.

Entretanto, se o descumprimento prosseguir, o TAC será executado na Justiça do Trabalho, nos termos do art. 876 da CLT, a fim de que atos materiais sejam realizados pelo Estado-Juiz para, forçosamente, obter-se a prestação da obrigação de fazer, de não fazer ou de dar que o celebrante deveria ter adimplido espontaneamente. Também será executada a multa estipulada no título executivo extrajudicial.

O Ministério Público do Trabalho detém, ainda, legitimidade ativa *ad causam* para propor ação civil pública visando à condenação daqueles que se valem de cooperativas de trabalho fraudulentas. Trata-se de demanda de natureza coletiva, voltada para a tutela de direitos metaindividuais, que requer uma nova concepção processual adequada ao combate da litigiosidade massificada e repetitiva.

Por sua vez, o Ministério do Trabalho e Emprego, por meio de seus auditores fiscais do trabalho, tem competência para realizar as inspeções nos locais de trabalho. Constatando-se fraude na constituição das cooperativas de trabalho, os referidos auditores fiscais do trabalho devem autuar o infrator da legislação trabalhista, para fins de imposição de multa administrativa, sem prejuízo do reconhecimento do vínculo empregatício com esse empregador dissimulado.

Ainda, cabe ao Ministério do Trabalho e Emprego a fiscalização do cumprimento dos dispositivos da Lei n. 12.690/2012 e a aplicação das penalidades em conformidade com o art. 17 e com o art. 18 dessa lei.

Realmente, todos os esforços devem ser empreendidos para que não ocorra a situação descrita por Jorge Luiz Souto Maior: "[...] o trabalhador continua sendo mero trabalhador, com o prejuízo de deixar de ser considerado empregado."[32]

6. Conclusão

A constituição e a contratação das cooperativas de trabalho devem atender às finalidades e aos princípios inerentes ao cooperativismo.

A fórmula alternativa de prestação de trabalho por cooperativa de mão de obra, quando bem empregada, particularmente quando envolve profissionais autônomos, poderá promover o desenvolvimento socioeconômico e implicar vantagens que o trabalhador cooperado não alcançaria se sua atuação fosse solitária.

No entanto, se a cooperativa for contaminada pelo elemento precarizante de tornar nebulosa a identificação do vínculo empregatício e negar a existência da relação de emprego, restará configurada a fraude trabalhista, nula de pleno direito, declarando-se a existência de relação de emprego diretamente com o tomador de serviços, com a imputação de responsabilidade solidária contra a falsa cooperativa, porque coautora do ilícito (art. 942, parágrafo único do Código Civil de 2002 c/c art. 8º da CLT).

Não suficiente, a contratação fraudulenta por intermédio da cooperativa de trabalho indica, ilustrativamente, a renitente tentativa de regressão das garantias trabalhistas, afronta os princípios constitucionais da dignidade da pessoa humana e da construção de uma sociedade livre, justa e solidária.

7. Referências bibliográficas

AROUCA, Gustavo de Lima. *Cooperativa de trabalho*: uma visão a partir do direito civil. 2006. 132f. Dissertação (Mestrado em Direito) — Pontifícia Universidade Católica de Minas Gerais, Belo Horizonte.

BARROSO, Luís Roberto. *Interpretação e aplicação da constituição*. 5. ed. São Paulo: Saraiva, 2003.

BRASIL. Decreto-lei n. 5.452, de 1º de maio de 1943. Aprova a Consolidação das Leis do Trabalho. CLT. *Diário Oficial da União*, Brasília, 9 ago.1943. Disponível em: <http://www.planalto.gov.br/ccivil_03/decreto-lei/Del5452 ompilado.htm>. Acesso em: 25 set. 2014.

---

(31) ORGANIZAÇÃO DAS COOPERATIVAS BRASILEIRAS. Apresentação institucional: sistema cooperativista. 2011. Disponível em: <http://www. brasilcooperativo.coop.br/GERENCIADOR/ba/arquivos/140411_apresentacaoinstitucional2010_1.pdf>. Acesso em: 27 jul. 2014.

(32) SOUTO MAIOR, Jorge Luiz. Ainda as cooperativas de trabalho! *Revista Justiça do Trabalho*, v. 18, n. 206, p. 18-22, fev. 2001.

_____. Decreto n. 22.239, de 19 de dezembro de 1932. Reforma as disposições do Decreto Legislativo n. 1.637, de 5 de janeiro de 1907, na parte referente às sociedades cooperativas. Diário Oficial da União, Brasília, 19 dez. 1932. Disponível em: <http://www.ocb.org.br/site/cooperativismo/arquivos/ Decreto22239_1932.pdf>. Acesso em: 03 jul. 2014.

_____. Lei n. 5.764, de 16 de dezembro de 1971. Define a Política Nacional de Cooperativismo, institui o regime jurídico das sociedades cooperativas, e dá outras providências. Diário Oficial da União, Brasília, 16 dez. 1971. Disponível em: <http://www.planalto.gov.br/ccivil_03/leis/L5764.htm>. Acesso em: 3 jul. 2014.

_____. Lei n. 6.019, de 03 de janeiro de1974. Dispõe sobre o trabalho temporário nas empresas urbanas, e dá outras providências. Diário Oficial da União, Brasília, 4 jan. 1974. Disponível em: <http://www.planalto.gov.br/ccivil _03/leis/L6019.htm>. Acesso em: 3 jul. 2014.

_____. Lei n. 8.212, de 24 de julho de 1991. Dispõe sobre a organização da Seguridade Social, institui Plano de Custeio, e dá outras providências. Diário Oficial da União, Brasília, 25 jul. 1991. Disponível em: <http://www.planalto. gov.br/ccivil_03/leis/L8212cons.htm>. Acesso em: 3 jul. 2014.

_____. Lei n. 8.949, de 9 de dezembro de 1994. Acrescenta o parágrafo ao art. 442 da Consolidação das Leis do Trabalho (CLT) para declarar a inexistência de vínculo empregatício entre as cooperativas e seus associados. Diário Oficial da União, Brasília, 12 dez. 1994. Disponível em: <http://www. planalto.gov.br/ccivil_03/Leis/L8949.htm>. Acesso em: 3 jul. 2014.

_____. Lei n. 10.406, de 10 de janeiro de 2002. Institui o Código Civil. Diário Oficial da União, Brasília, 11 jan. 2002. Disponível em: <http://www.planalto. gov.br/ccivil_03/leis/2002/L10406.htm>. Acesso em: 3 jul. 2014.

_____. Lei n. 12.690, de 19 jul. 2012. Dispõe sobre a organização e o funcionamento das Cooperativas de Trabalho; institui o Programa Nacional de Fomento às Cooperativas de Trabalho (PRONACOOP); e revoga o parágrafo único do art. 442 da Consolidação das Leis do Trabalho — CLT, aprovada pelo Decreto-lei n. 5.452, de 1º de maio de 1943. Disponível em: <http://www.planalto.gov.br/ccivil_03/_Ato2011-2014/2012/Lei/L12690.htm>. Acesso em: 12 jul. 2014.

_____. (Constituição 1988). Constituição da República Federativa do Brasil. Brasília: Senado Federal, 1988. Disponível em: <http://www.planalto. gov.br/ccivil_03/constituicao/constitui%C3%A7ao.htm>. Acesso em: 25 set. 2014.

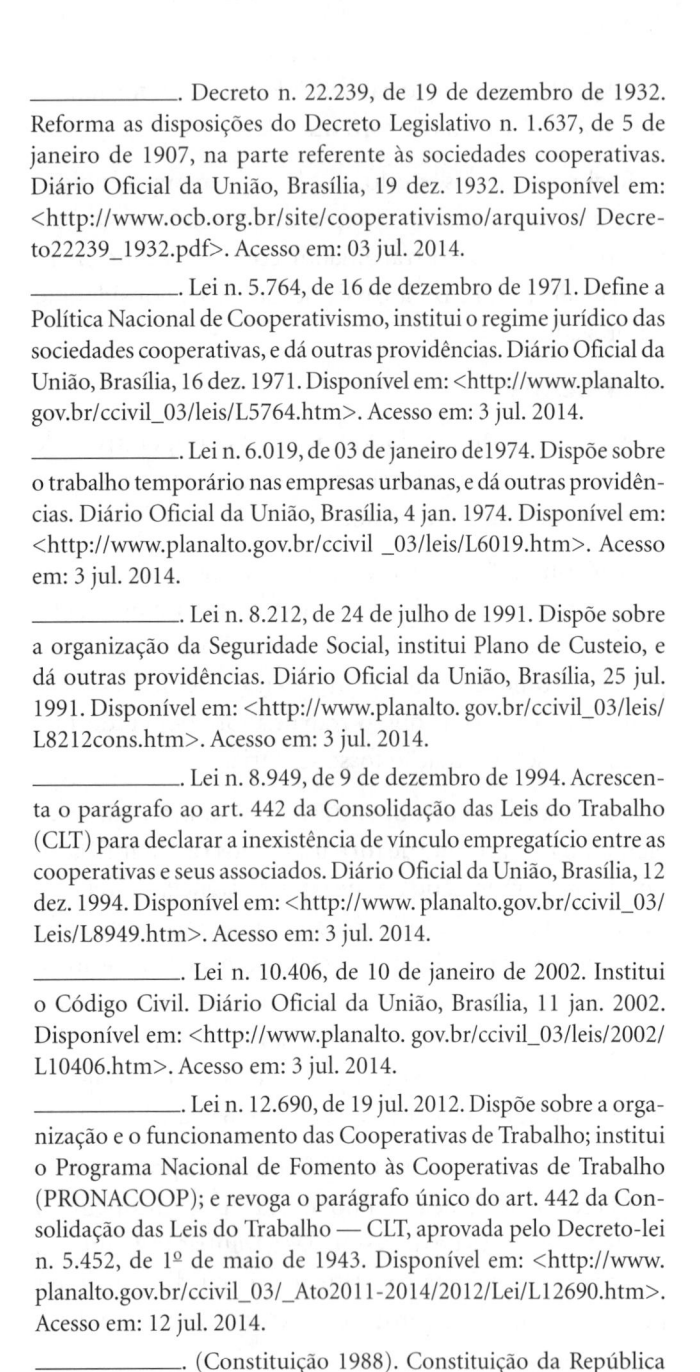

_____. Tribunal Superior do Trabalho. AIRR – 49340-38.2005.5.17.0001. Relator Mauricio Godinho Delgado. Diário Eletrônico da Justiça do Trabalho, Brasília, 28 jun. 2010. Disponível em: <http://brs02.tst.jus.br/cgi-bin/nph-brs?d=ITRE&s1=cooperativa+e+presun%E7%E3o+e+442&sect1=1&s2=&s3=&s4=&s5=&s6=&s9=GMMGD&s10=&s11=&s12=&s20=&s21=&s7=&s24=&s8=&s13=&s14=&s15=&s16=&s17=&s18=&s19=&s25=&s22=&s23=&s26=&pg1=ALL&pg2=NUMT&pg3=ANOT&pg4=&pg5=&pg6=&pg7=&pg8=TIPT&pg9=GABT&pg10=GABT&pg11=GABT&pg12=GABT&pg13=&pg14=VART&pg15=TRIT&pg16=SEQT&pg17=COOJ&pg18=&pg19=&pg20=&pg21=&pg22=&pg23=&pg24=EMEN&sect2=1&u=http://www.tst.jus.br/www.tst.jus.br/jurisprudencia/n_brs/n_nspit/n_nspitgen_un.html&p=1&r=3&f=G&l=0>. Acesso em: 3 jul. 2014.

_____. MINISTÉRIO DO TRABALHO E EMPREGO. O que muda com a Lei 12.690/2012 — cooperativismo de trabalho. Disponível em: <http://portal.mte.gov.br/data/files/8A7C816A3ADC4075013AFEC9893D419E/CARTILHA_cooperativismo_trabalho_BAIXA.pdf>. Acesso em: 3 jul. 2014.

CREMONESI, André. *Cooperativas de trabalho:* alternativa de trabalho e renda ou fraude aos direitos trabalhistas. São Paulo: LTr, 2009.

DELGADO, Mauricio Godinho. *Curso de Direito do Trabalho.* 10. ed. São Paulo: LTr, 2011.

_____. *Curso de Direito do Trabalho.* 13. ed. São Paulo: LTr, 2014.

FERRARI, Irany. *Cooperativas de trabalho:* existência legal. São Paulo: LTr, 1999.

FIGUEIREDO, Ronise de Magalhães. *Dicionário prático do cooperativismo.* Belo Horizonte: Mandamentos, 2000.

GAWLAK, Albino; TURRA, Fabianne Ratzke. *Cooperativismo:* filosofia de vida para um mundo melhor. 3. ed. Curitiba: [s.n.], 2001.

INTERNATIONAL CO-OPERATIVE ALLIANCE. *Introduction to ICA.* Disponível em: <http://www.ica.coop/ica/index.html>. Acesso em: 27 set. 2014.

KRUEGER, Guilherme. Cooperativismo na CLT: a pluralidade, a liberdade e a utopia no mundo do trabalho. In: KRUEGER, Guilherme; MIRANDA, André Branco (Coords.). *Comentários à legislação das sociedades cooperativas.* Belo Horizonte: Mandamentos, 2007, t. 2.

LUDWING, Guilherme Guimarães. *Acertos e desacertos do novo regime das cooperativas de trabalho – Lei n. 12.690/2012.* Disponível em: <http://www.revistas.unifacs.br/index.php/redu/article/view/2303/1686>. Acesso em: 27 jul. 2014.

MAXIMILIANO, Carlos. *Hermenêutica e aplicação do direito.* 9. ed. Rio de Janeiro: Forense, 1981. p. 307.

ORGANIZAÇÃO DAS COOPERATIVAS BRASILEIRAS. *Apresentação institucional:* sistema cooperativista. 2011. Disponível em: <http://www. brasilcooperativo.coop.br/GERENCIADOR/ba/arquivos/140411_apresentacaoinstitucional2010_1.pdf>. Acesso em: 27 jul. 2014.

ORGANIZAÇÃO DAS COOPERATIVAS DO ESTADO DE MINAS GERAIS. *Cooperativismo:* história. Disponível em: <http://www.minasgerais.coop.br/ pagina/30/historia.aspx>. Acesso em: 27 jul. 2014.

ORGANIZAÇÃO INTERNACIONAL DO TRABALHO. *Recomendação 193:* recomendação sobre a promoção de cooperativas adotada pela Conferência em sua 90ª Reunião. Genebra: OIT, 2002. Disponível em: <http://www.ilo.org/ images/empent/static/coop/pdf/Portuguese-Brazilian%20version.pdf>. Acesso em: 15 jul. 2014.

RANDS, Maurício. Cooperativas: fraude ou alternativa? *Jornal Trabalhista,* ano 15, n. 731, p. 1.115-1.117, 12 out. 1998.

REQUIÃO, Rubens. *Curso de direito comercial.* 21. ed. São Paulo: Saraiva, 2003. v. 1.

ROCHA, Ana Cláudia Torret. Cooperativas de trabalho: características legais para a existência de uma autêntica sociedade cooperativa: apontamentos para a identificação de fraude aos direitos trabalhistas. *LTr Suplemento Trabalhista,* ano 45, n. 028, p. 135-141, 2009.

RODRIGUEZ, Américo Plá. *Princípios de Direito do Trabalho*. 3. ed. São Paulo: LTr, 2000.

SEVERO; Valdete Souto. ALMEIDA; Almiro Eduardo de. *A nova lei das cooperativas de trabalho:* a fraude institucionalizada. Disponível em: <http://jus.com.br/imprimir/26416/a-nova-lei-das-cooperativas-de-trabalho-a-fraude-institucionalizada>. Acesso em: 27 jul. 2014.

SIQUEIRA, Marli Aparecida da Silva. Cooperativa de serviço e trabalho: opção laboral ou fraude. *Síntese Trabalhista*, v. 11, n. 132, p. 44-59, jun. 2000.

SOUTO MAIOR, Jorge Luiz. Cooperativas de trabalho. *Revista LTr*, v. 60, n. 08, p. 1060-1063, ago.1996a.

_____. Trabalho por intermédio de cooperativas. *Suplemento Trabalhista*, ano 32, n. 025, p. 169-170, p. 1996b.

_____. Ainda as cooperativas de trabalho! *Revista Justiça do Trabalho*, v. 18, n. 206, p. 18-22, fev. 2001.

_____. A supersubordinação. In: RENAULT, Luiz Otávio Linhares *et al.* (Coords.). *Parassubordinação*. São Paulo: LTr, 2011. p. 50-86.

CAPÍTULO 8

Cooperativas de Trabalho: Análise do Programa Nacional de Conformidade Instituído pela Organização das Cooperativas Brasileiras

Cauã Baptista Pereira de Resende[(*)]

1. Introdução

Segundo dados da Organização das Cooperativas Brasileiras (OCB)[(1)], atualmente o Brasil possui aproximadamente 6.652 cooperativas, 9.016.527 associados e 298.182 empregados formais. Especificamente no ramo trabalho, são 1.024 cooperativas, 217.127 associados e 3.879 empregados.

Entre 2009 e 2010 constatou-se um crescimento de 9,3% no número de associados e de 8,8% no número de empregados de cooperativas no Brasil. Apenas no ano de 2010, foram concedidos 284 registros para cooperativas pela OCB.

De acordo com a Organização das Cooperativas de Minas Gerais, no Estado de Minas Gerais hodiernamente existem aproximadamente 781 cooperativas, 925.701 associados e 29.829 empregados. Juntas, as cooperativas mineiras faturam cerca de R$ 17 bilhões por ano (6,4% do PIB do Estado de Minas Gerais) e fornecem empregos indiretos a 80 mil pessoas.

Apenas a título de exemplo, cabe ressaltar que dentre as 20 maiores empresas do Estado de Minas Gerais, três são cooperativas, quais sejam: Itambé (receita de R$ 1,6 bilhão), Cooxupé (receita de R$ 1,5 bilhão) e Unimed BH (receita de R$ 1,4 bilhão).

Destarte, dada a relevância econômico-social das sociedades cooperativas, constata-se que o seu estudo aprofundado é imprescindível nos âmbitos trabalhista, tributário, societário, civil e constitucional.

No presente trabalho, porém, pretendemos analisar unicamente as cooperativas de trabalho sob o prisma do Direito do Trabalho.

Como será visto minuciosamente em momento oportuno, a cooperativa de trabalho é um meio viável de crescimento socioeconômico para o país como um todo, legalmente previsto, em que o trabalhador alia suas forças às forças de outros trabalhadores, por meio da organização, a fim de buscar melhores condições de trabalho e consequentemente melhores condições de vida.

Todavia, tal ramo cooperativista tem enfrentado inúmeros problemas, sendo confundido rotineiramente pela sociedade e operadores do direito como mera opção para o descumprimento das leis trabalhistas.

Diante dessa contradição entre dever-ser (consubstanciada na conceituação, princípios e importância socioeconômica das sociedades cooperativas) e ser (refletido quando por diversas vezes as cooperativas de trabalho são consideradas empresas fraudadoras dos preceitos trabalhistas) surge o objeto deste estudo, que examinará a história, o conceito e as características das sociedades cooperativas, assim como o Programa Nacional de Conformidade das Cooperativas do Ramo Trabalho (PNC Trabalho), instituído pela Organização das Cooperativas Brasileiras, com o escopo de orientar e delimitar as características que toda cooperativa desse segmento deve apresentar.

O presente trabalho é dividido em mais seis capítulos, assim constituídos: "Escorço histórico", "Conceito", "Características básicas e princípios" e "Ramos do cooperativismo", nos quais se procura apresentar as noções básicas no instituto para uma melhor compreensão do assunto; "Cooperativas de trabalho" e "Programa nacional de conformidade do ramo trabalho", com o desenvolvimento dos temas centrais do presente estudo.

2. Escorço histórico

2.1. Surgimento do cooperativismo

O cooperativismo teve sua primeira manifestação ativa, no ano de 1844, na cidade de Rochdale, na Inglaterra. Na época, o mundo passava pela Revolução Industrial e as fábricas ganharam grande propulsão com desenvolvimento do maquinário utilizado, bem como das técnicas de

---

(*) Mestrando em Direito do Trabalho pela Pontifícia Universidade Católica de Minas Gerais.Graduado em Direito pela Pontifícia Universidade Católica de Minas Gerais (2009). Pós-graduado em Direito do Trabalho pela Faculdade de Direito Milton Campos (2011). Mestrando em Direito do Trabalho pela Pontifícia Universidade Católica de Minas Gerais (2014-2015). Advogado.

(1) BRASILEIRAS, Organização das Cooperativas. Disponível em: <http://www.ocb.org.br/site/ramos/estatisticas.asp>. Acesso em: 22 jul. 2014.

produção. Isso ensejou na maior exploração do corpo de operários, uma vez que a finalidade das fábricas era a obtenção de lucros cada vez maiores, o que necessitava de produção em grande escala e em curto tempo.

Enquanto as fábricas prosperavam, os operários trabalhavam e viviam em situação miserável, pois tinham uma jornada de trabalho excessiva, em péssimas condições, sendo remunerados com salários baixíssimos, o que lhes não lhes oferecia os mínimos recursos necessários para viver com dignidade.

Assim 28 (vinte e oito) tecelões, em uma estratégia de sobrevivência após um longo período de greve, uniram-se e fundaram a primeira cooperativa moderna, que foi de consumo. Vivenciando dificuldades financeiras para comprar gêneros de primeira necessidade, esses trabalhadores resolveram se associar para fazer a compra desses produtos em conjunto, obtendo assim melhores preços. Diante do contexto histórico de ascensão capitalista à época, que causava grande opressão aos cidadãos de classes menos favorecidas, essa cooperativa de consumo significou uma reação em defesa da situação econômica dos trabalhadores.

A fundação desta cooperativa dos tecelões ingleses, chamados posteriormente de "Os Pioneiros de Rochdale", é para grande parte da doutrina o marco histórico que simboliza o início do movimento cooperativista, que se expandiu por todo mundo.

Esta cooperativa teve grande sucesso, tendo aumentado seu número de associados gradativamente, o que importava no seu sucesso como sociedade. Isso acabou incentivando a criação e desenvolvimento de novas cooperativas, pelos próprios "Pioneiros de Rochdale", como as de habitação, de produção, e também novas filiais da cooperativa de consumo.

2.2. Cooperativismo no Brasil

A primeira cooperativa que se tem registro no Brasil foi de a consumo, localizada na cidade de Ouro Preto, Minas Gerais, no ano de 1889, denominada "Sociedade Cooperativa Econômica dos Funcionários Públicos de Ouro Preto", segundo dados obtidos no sítio eletrônico da OCB[2].

No decorrer de poucos anos o cooperativismo se expandiu para outros Estados como São Paulo, Rio de Janeiro, Pernambuco e Rio Grande do Sul. Neste Estado, a doutrina cooperativista sofreu grande influência dos imigrantes europeus, principalmente os de origem alemã e italiana, que trouxeram de seus países a cultura do associativismo, mormente na produção rural, cuja atividade era realizada pelos próprios membros das famílias comunitárias, o que incentivou a organização em cooperativas. Tem-se notícia ainda que, em 1902, no Rio Grande do Sul, foi fundada a cooperativa de crédito de produtores rurais.

2.3. Histórico normativo do cooperativismo no Brasil

Na época de criação das primeiras cooperativas no Brasil, ainda não havia legislação que as regulamentasse. O primeiro texto legal que dispunha sobre o tema foi a Lei n. 1.637, de 5 de janeiro de 1907.

O Código Civil de 1916 somente dispunha acerca das sociedades cooperativas, sobre a necessidade de autorização governamental para a sua existência. A Constituição da República de 1891, vigente à época não continha nenhuma previsão a respeito de cooperativas. O mesmo se repetiu na Carta Magna sucedânea, datada de 1934.

No entanto, o Decreto-lei n. 22.239 de 1932 cumpria neste período o papel de legislação cooperativista e, segundo Waldírio Bulgarelli[3], este texto normativo afastou expressamente a possível confusão entre os institutos "cooperativa" e "associação", reconhecendo aquelas como sociedade, como se denota: "Art. 2º As sociedades cooperativas, qualquer que seja a sua natureza civil ou comercial, são sociedades de pessoas e não de capital"[4].

A Constituição Republicana de 1937 apenas designou a competência da União para legislar sobre as cooperativas, em seu art. 16, XIX, declinando esta competência aos Estados no caso de inexistência de lei federal regulamentadora do assunto, com fulcro no seu art. 18, "f". As Cartas Magnas de 1946 e 1967 nada dispunham sobre as cooperativas.

É mister destacar o advento da Lei n. 5.764 de 1971, que trouxe delimitações legais específicas sobre cooperativismo, bem como instituiu o regime jurídico das cooperativas. Apesar de não ter trazido grandes evoluções para o sistema cooperativista, esta lei é de extrema importância por ser o diploma legal especial, que trata do assunto, vigente na atualidade.

A CR/1988, pela sua peculiaridade democrática, trouxe várias previsões acerca das cooperativas, mormente quanto à desnecessidade de autorização para a sua criação, bem

---

(2) BRASILEIRAS, Organização das Cooperativas. Disponível em: <http://www.ocb.org.br/site/cooperativismo/evolucao_no_brasil.asp>. Acesso em: 22 jul. 2014.

(3) BULGARELLI, Waldírio. Regime jurídico das Sociedades Cooperativas. São Paulo: Livraria Pioneira, 1965. p. 230-231.

(4) BRASIL, Decreto-lei n. 22.239, de 19 de dezembro de 1932. Apresenta as características das cooperativas e consagra as postulações doutrinárias do sistema cooperativista. Diário Oficial da União. Rio de Janeiro, 19 dez. 1932.

como a vedação da intervenção estatal nas mesmas, estabelecido no art. 5º, XVIII, que é o artigo guardião dos principais direitos fundamentais dos cidadãos brasileiros, como se denota: "a criação de associações e, na forma da lei, a de cooperativas independem de autorização, sendo vedada a interferência estatal em seu funcionamento"[5].

É importante destacar ainda a Lei n. 12.690, de 19 de julho de 2012, que dispôs sobre a organização e o funcionamento das Cooperativas de Trabalho e instituiu o Programa Nacional de Fomento às Cooperativas de Trabalho (PRONACOOP). Trata-se de diploma normativo de notável relevância para as cooperativas de trabalho, visto que estabelece princípios e valores desse segmento (art. 3º), áreas de atuação (art. 4º), direitos básicos dos cooperados (art. 7º) e regras básicas para o seu funcionamento (art. 10 e seguintes) da cooperativa.

Volvendo às previsões constitucionais no tocante às cooperativas, cumpre ressaltar que o capítulo da Lei Maior que trata da Ordem Econômica e Financeira do país, prevê também o apoio ao cooperativismo, mormente nas atividades de garimpo, conforme o art. 174, §§ 2º, 3º e 4º, e na execução de políticas agrícolas, conforme o art. 187, VI. No capítulo que trata do Sistema Financeiro Nacional, a Carta Magna prevê a sua estruturação para promover o desenvolvimento equilibrado do país abrangendo as cooperativas de crédito, como se vê no art. 192.

2.4. A evolução da organização do sistema cooperativista

Desde a sua criação, o cooperativismo ganhou reconhecimento mundial e nos dias de hoje, as cooperativas são bem vistas e aceitas pelos governantes de diversos países, como alternativa saudável ao sucesso econômico de pessoas com interesses em comum.

Destarte, as cooperativas se multiplicaram e se espalharam por todo o mundo, sendo atualmente, organizadas internacionalmente pela Aliança Cooperativa Internacional (ACI), que tem sua sede atualmente na cidade de Genebra, Suíça. Esta entidade não governamental foi criada em 1895, e coordena o movimento cooperativista em âmbito mundial, reúne, representa e presta apoio às cooperativas e suas correspondentes organizações, tendo por objetivo a integração, autonomia, desenvolvimento do cooperativismo, propagando a doutrina filosofia e educação cooperativista.

No continente americano existe ainda a ACI Américas que cumpre o mesmo papel da ACI, promovendo o desenvolvimento e a integração do cooperativismo nas Américas.

No Brasil, a organização e instrução do sistema cooperativista se dão pela Organização das Cooperativas Brasileiras (OCB), criada em 1969, que atua como representante legal do cooperativismo brasileiro, além de ser órgão consultivo do governo, congregando as organizações estaduais constituídas com a mesma natureza, as Organizações das Cooperativas Estaduais (OCEs).

As Organizações das Cooperativas Estaduais funcionam como entidade de controle e orientação das sociedades cooperativas de uma maneira mais próxima. Compete ainda às OCE's representar e defender o interesse das cooperativas registradas perante as autoridades constituídas e a sociedade, bem como orientar as cooperativas para a prestação de serviços adequados ao pleno desenvolvimento destas sociedades.

3. Conceito

Para o deslinde deste trabalho, faz-se mister trazer o conceito de sociedade cooperativa, de acordo com o entendimento doutrinário.

Vários autores apresentaram seus conceitos de cooperativa, e na análise de alguns deles, nota-se que a elaboração de conceitos é tarefa estritamente pessoal, em que cada um apresenta um foco diferente para trabalhar sua definição.

Sob a ótica do Direito Civil, antes mesmo da promulgação do Código Civil de 2002, alguns civilistas teceram suas definições a respeito do tema, como se vê em Pontes de Miranda: "a sociedade cooperativa é a sociedade em que a pessoa do sócio passa à frente do elemento econômico e as consequências da personalidade são profundas, a ponto de torná-la espécie de sociedade"[6].

Nota-se que este jurista se volta para o caráter pessoal da sociedade cooperativa, em que o sócio é destacado como seu elemento de maior importância, sem, no entanto, deixar de reconhecer a natureza econômica deste tipo de sociedade.

O jurista Waldemar Ferreira, dá outro enfoque para a sua conceituação de sociedade cooperativa, denota-se: "É a sociedade de capital variável com o fluxo e o refluxo de quantos se lhe associam para a obtenção das vantagens que puder ministrar"[7].

---

(5) BRASIL. Presidência da República. Constituição da República de 1988. Diário Oficial da União, Brasília, DF, 5 out. 1988. Disponível em: <http://www.planalto.gov.br/ccivil_03/constituicao/constituicaocompilado.htm>. Acesso em: 22 jul. 2014.

(6) MIRANDA, Pontes de. Tratado de direito privado. Tomo XLIX. Rio de Janeiro: Borsoi, 1965. p. 429.

(7) FERREIRA, Waldemar. Tratado de direito comercial. São Paulo: Saraiva, 1961. p. 387.

O Professor Becho[8], grande estudioso da doutrina cooperativista, para elaborar seu conceito de "cooperativa", realiza uma composição dos dois entendimentos supracitados, abordando tanto a característica marcante da cooperativa como sociedade de pessoas, mas destaca com veemência a questão do caráter econômico delas, que é inerente a qualquer tipo de sociedade. Neste diapasão, colaciona-se sua definição de cooperativa:

> Para nós, as cooperativas são sociedades de pessoas, de cunho econômico, sem fins lucrativos, criadas para prestar serviços aos sócios de acordo com princípios jurídicos próprios e mantendo seus traços distintivos intactos.
>
> Sociedade de pessoas porque, na linha exposta por Pontes de Miranda, o capital cede em importância para os membros individualizados, que não buscam na sociedade uma melhor remuneração para seus dinheiros, mas sim para seu trabalho.
>
> O cunho econômico destaca que as cooperativas não são sociedades beneficentes ou culturais (mesmo se enfocarem tais atividades por liberalidade de seus membros). Os sócios visam incrementos econômicos para si, o que tem causado muita confusão para os desconhecedores da matéria, já que confundem conteúdo econômico com lucro. Não é o caso.[9]

Afere-se da exegese do trecho supracitado que esta definição traz em si conteúdo mais profundo das sociedades cooperativas, adentrando nos princípios norteadores do cooperativismo, como ausência de fins lucrativos, apesar do destino certo para os excedentes ou sobras. Verifica-se que este Autor traduz melhor o que seja uma sociedade cooperativa, na sua essência principiológica e jurídica.

Renato Lopes Becho[10] volta sua definição para o princípio da cooperação, base das sociedades em análise. Este princípio tem como escopo a união de pessoas com desejos semelhantes, buscando na ajuda mútua, a forma de alcançarem determinadas metas. No que tange às cooperativas, o objetivo da cooperação é obter vantagens econômicas para os sócios, ou seja, para os membros que se uniram.

Sobre este aspecto, Maurício Abdalla[11] afirma que as sociedades cooperativas têm crescido em todo o mundo, por meio da união de milhões de trabalhadores, por nelas não existirem a relação de exploração entre empregador e empregado, vez que estas figuras inexistem nas cooperativas. Lado outro, o que ocorre nestas sociedades, é a valorização da vida humana e não a sua exploração, por meio da valorização do trabalho e a colaboração entre os agentes produtivos.

Pontes de Miranda[12] ainda afirmava que o objetivo maior das cooperativas é evitar que os outros tirem proveito ganhando a mais-valia do produto realizado por outra pessoa, no caso, o sócio da cooperativa é quem deve auferir a receita advinda do seu trabalho, ou seja, a vantagem econômica deve integrar o patrimônio do cooperado, que é quem produz. Compreende-se, *in verbis*, a doutrina do retromencionado jurista:

> A cooperativa atende a necessidade ou necessidades, que podem ser satisfeitas ou mais eficientemente satisfeitas com a cooperação. Em princípio, a cooperativa supõe que outrem tire proveitos que pesam nos que se juntam, em cooperação, para que se pré--eliminem esses proveitos por terceiros (intermediários). Há algo de defensivo, de pré-eliminatório dos que teriam por fito ganhar, por falta de cooperação entre os sócios da cooperativa. O que caracteriza a cooperativa é essa função de evitamento de que outros ganhem com o que o sócio da cooperativa paga a mais, ou recebe de menos. Não se pode dizer que essa atividade seja extra-econômica, como se tem afirmado. Não é só econômico o que se passa em defesa dos que alienam e dos que adquirem.
>
> O que a cooperativa consegue eliminar é a vantagem para os sócios, quer eles paguem o que resultou da atividade cooperativa, isto é, preço abaixo do preço corrente do mercado, ou recebam acima do preço corrente do mercado; quer eles paguem o preço corrente, ou recebam pelo preço corrente, e lhes seja prestado, por divisão do ativo, o que lhes toca pelas diferenças. Nada obsta a que se entenda à maior participação capitalista do sócio.[13]

Destarte, considera-se que cooperativa é uma associação autônoma de pessoas que se unem, voluntariamente, para satisfazer aspirações e necessidades econômicas, sociais e culturais comuns, por meio de uma empresa de propriedade coletiva e democraticamente gerida.

4. Características básicas e princípios

Como exposto anteriormente, o cooperativismo moderno é explicado e fundamentado nos chamados "Princípios dos Pioneiros de Rochdale" que originalmente

---

(8) BECHO, Renato Lopes. *Tributação das cooperativas*. 2. ed. São Paulo: Dialética, 1999.

(9) *Ibidem*, p. 80.

(10) *Idem*.

(11) ABDALLA, Maurício. *O princípio da cooperação*. São Paulo: Paulus, 2002. p. 99-100.

(12) MIRANDA, Pontes de. *Tratado de direito privado*. Tomo XLIX. Rio de Janeiro: Borsoi, 1965. p. 431-432.

(13) *Idem*.

fizeram uso de 12 princípios. No decorrer dos anos, entremeio muitas discussões doutrinárias e filosóficas, que tinham por fim a elaboração de uma doutrina cooperativista, vários estudiosos reanalisaram e rearranjaram estes princípios de acordo com seu entendimento, chegando a números maiores ou menores que doze.

Entretanto, atualmente, são reconhecidos internacionalmente 7 (sete) princípios do cooperativismo, que foram selecionados pela Aliança Cooperativa Internacional (ACI) no Congresso de Paris, de 1937. No ano de 1966, no Congresso de Viena, os princípios foram consolidados pela ACI, sendo apresentados no formato que se utiliza hoje, o título e um texto que o conceitue.

Neste viés, no Brasil, a Lei Federal n. 5.764/71 é o texto normtativo que trata do funcionamento das sociedades cooperativas, vez que legitima os princípios que foram acolhidos pela ACI em 1966. Isso fez com que os princípios cooperativistas estivessem atrelados à base legal, que define as características que configuram a sociedade cooperativa, como se vê no art. 4º da referida lei. Observe-se:

> Art. 4º As cooperativas são sociedades de pessoas, com forma e natureza jurídica próprias, de natureza civil, não sujeitas a falência, constituídas para prestar serviços aos associados, distinguindo-se das demais sociedades pelas seguintes características:
>
> I – adesão voluntária, com número ilimitado de associados, salvo impossibilidade técnica de prestação de serviços;
>
> II – variabilidade do capital social representado por quotas-partes;
>
> III – limitação do número de quotas-partes do capital para cada associado, facultado, porém, o estabelecimento de critérios de proporcionalidade, se assim for mais adequado para o cumprimento dos objetivos sociais;
>
> IV – inacessibilidade das quotas-partes do capital a terceiros, estranhos à sociedade;
>
> V – singularidade de voto, podendo as cooperativas centrais, federações e confederações de cooperativas, com exceção das que exerçam atividade de crédito, optar pelo critério da proporcionalidade;
>
> VI – quorum para o funcionamento e deliberação da Assembleia Geral baseado no número de associados e não no capital;
>
> VII – retorno das sobras líquidas do exercício, proporcionalmente às operações realizadas pelo associado, salvo deliberação em contrário da Assembleia Geral;
>
> VIII – indivisibilidade dos fundos de Reserva e de Assistência Técnica Educacional e Social;
>
> IX – neutralidade política e indiscriminação religiosa, racial e social;
>
> X – prestação de assistência aos associados, e, quando previsto nos estatutos, aos empregados da cooperativa;
>
> XI – área de admissão de associados limitada às possibilidades de reunião, controle, operações e prestação de serviço.

Por sua vez, a Lei Federal n. 12.690/12, em seu art. 3º, define os princípios e valores específicos das cooperativas de trabalho, objeto principal do presente estudo. Confira-se:

> Art. 3º A Cooperativa de Trabalho rege-se pelos seguintes princípios e valores:
>
> I – adesão voluntária e livre;
>
> II – gestão democrática;
>
> III – participação econômica dos membros;
>
> IV – autonomia e independência;
>
> V – educação, formação e informação;
>
> VI – intercooperação;
>
> VII – interesse pela comunidade;
>
> VIII – preservação dos direitos sociais, do valor social do trabalho e da livre iniciativa;
>
> IX – não precarização do trabalho;
>
> X – respeito às decisões de asssembleia, observado o disposto nesta Lei;
>
> XI – participação na gestão em todos os níveis de decisão de acordo com o previsto em lei e no Estatuto Social.

A Organização das Cooperativas Brasileiras (OCB) defende os princípios do cooperativismo como linhas orientadoras por meio das quais as cooperativas levam seus valores à prática, os quais são:

1) **adesão voluntária e livre**: as cooperativas são organizações voluntárias, abertas a todas as pessoas aptas a utilizar os seus serviços e assumir as responsabilidades como membros, sem discriminação de sexo, sociais, raciais, políticas e religiosas. Ademais, a adesão livre corrobora com o direito constitucional previsto no art. 5º, XX, da Carta Magna, que veda a coação a qualquer pessoa para que se associe ou permaneça associado.

2) **gestão democrática e livre**: as cooperativas são organizações democráticas, controladas pelos seus membros, que participam ativamente na formulação das suas políticas e na tomada de decisões. Os homens e as mulheres, eleitos como representantes dos demais membros, são responsáveis perante estes. Cada sócio tem direito a um voto, independentemente do capital integralizado por ele na sociedade cooperativa, e assim opina no que entende ser melhor para a cooperativa, sempre em grau de igualdade com todos os demais.

3) **participação econômica dos membros**: os membros contribuem equitativamente para o capital das suas

cooperativas e controlam-no democraticamente. Parte desse capital é, normalmente, propriedade comum da cooperativa. Usualmente os sócios recebem juros limitados sobre o capital, como condição de sociedade. Os sócios destinam as sobras aos seguintes propósitos: desenvolvimento da cooperativa, possibilitando a formação de reservas, parte dessas podendo ser indivisíveis; retorno aos sócios na proporção de suas transações com a cooperativa; e apoio a outras atividades que forem aprovadas pelos sócios.

4) **autonomia e independência**: as cooperativas são organizações autônomas, de ajuda mútua, controladas pelos seus membros. Se firmarem acordos com outras organizações, incluindo instituições públicas, ou recorrerem a capital externo, devem fazê-lo em condições que assegurem o controle democrático pelos seus membros e mantenham a autonomia da cooperativa. Lado outro, a Constituição Republicana de 1988 pôs fim à necessidade de autorização governamental para se criar a cooperativa, como se vê no art. 5º, XVIII.

5) **educação, formação e informação**: as cooperativas promovem a educação e a formação dos seus membros, dos representantes eleitos e dos trabalhadores, de forma que estes possam contribuir, eficazmente, para seu desenvolvimento das suas cooperativas. Esta política educacional é primordial para a difusão do sistema cooperativista de uma maneira correta e ética, além de contribuir fundamentalmente para o êxito do trabalho das cooperativas, vez que seus membros tornam-se mais conscientes do seu papel perante a sociedade cooperativa e à sua comunidade.

6) **intercooperação**: pelo próprio espírito de cooperação, inerente às cooperativas, é cediço que estas são exemplo de que a união de pessoas para o alcance de objetivos semelhantes pode trazer resultados muito eficazes e de uma forma rápida. Assim, importante afirmar que a união e cooperação não só entre os membros de uma cooperativa, mas de várias cooperativas trabalhando em conjunto, contribui significativamente para o fortalecimento do movimento cooperativista.

7) **interesse pela comunidade**: as cooperativas trabalham para o desenvolvimento sustentado das suas comunidades através de políticas aprovadas pelos membros. Como dito anteriormente, as cooperativas são sociedades sociais, o que significa que seu trabalho está voltado para a melhoria social de seus membros e de toda a comunidade em que atua. Estas sociedades não se voltam apenas para o retorno financeiro, necessário ao sustento de seus sócios, mas também no benefício de cultura, educação e humanização das pessoas que a cercam.[14]

Frise-se que os princípios cooperativistas são fundamentais para a distinção das cooperativas das demais sociedades, pois retratam fielmente suas peculiaridades.

5. Ramos do cooperativismo

O modelo cooperativista tem se difundido por todo o mundo no decorrer dos anos, principalmente no que tange à viabilização dos negócios em vários campos de atuação. Para tanto, o sistema cooperativista obedece a uma divisão em 13 ramos do cooperativismo, consoante a área de atuação das cooperativas.

Tais ramos foram estabelecidos pela OCB e suas atuais denominações foram aprovadas pelo seu Conselho Diretor no ano de 1993. A divisão na verdade, tem como objetivo principal facilitar a organização política, econômica e tornar as sociedades cooperativas mais competitivas no mercado.

São os seguintes os ramos em que se classificam as cooperativas brasileiras, segundo a OCB:

Agropecuário: Composto pelas cooperativas agropecuárias e de produtores rurais, caracteriza-se pelos serviços prestados aos associados, como recebimento ou comercialização da produção conjunta, armazenamento e industrialização, além da assistência técnica, educacional e até social.

Consumo: Composto pelas cooperativas dedicadas à compra em comum de artigos de consumo para seus cooperados.

Crédito: Composto pelas cooperativas destinadas a promover a poupança, financiar necessidades ou empreendimentos do associado e facilitar seu acesso ao mercado financeiro com melhores condições que as instituições bancárias tradicionais.

Educacional: Composto por cooperativas de professores, de alunos de escola agrícola, de pais de alunos e por cooperativas de atividades afins. Essas cooperativas praticam preços mais justos e realizam uma educação de qualidade comprometida com o desenvolvimento da comunidade.

Habitacional: Composto pelas cooperativas destinadas à construção, manutenção e administração de moradias aos associados. Seu diferencial é a construção de habitações a preços mais justos, abaixo do mercado, pois não visam o lucro.

---

(14) BRASILEIRAS, Organização das Cooperativas. Disponível em: <http://www.ocb.org.br/site/cooperativismo/principios.asp>. Acesso em: 22 jul. 2014.

Infra-estrutura: Composto por cooperativas de eletrificação rural que atendem principalmente a pequena e média propriedade rural. Preenche uma lacuna das concessionárias de energia nas regiões de baixo consumo.

Mineral: Composto por cooperativas com a finalidade de pesquisar, extrair, lavrar, industrializar, comercializar, importar e exportar produtos minerais.

Especial: Composto pelas cooperativas constituídas por pessoas que precisam ser tuteladas. Estas cooperativas têm como finalidade a gestão de serviços sociossanitários e educativos, mediante atividades agrícolas, industriais, comerciais e de serviços, contemplando as seguintes pessoas: deficientes físicos, sensoriais, psíquicos e mentais, dependentes de acompanhamento psiquiátrico permanente, dependentes químicos, pessoas egressas de prisões, os condenados a penas alternativas à detenção e os adolescentes em idade adequada ao trabalho e situação familiar difícil do ponto de vista econômico, social ou afetivo.

Produção: Cooperativa de Produção, é a sociedade que, por qualquer forma, detém os meios de produção e seus associados contribuem com serviços laborativos ou profissionais para a produção em comum de bens ou serviços.

Saúde: Composto pelas cooperativas que se dedicam à preservação e promoção da saúde humana. Inclui os serviços de médicos, dentistas, psicólogos e profissionais de outras atividades afins.

Trabalho: Composto por cooperativas de profissionais afins para a prestação de serviços.

Transporte: No Ramo Transporte estão as cooperativas que atuam no transporte de cargas e de passageiros. Foi criado pela Assembleia Geral da OCB no dia 30 de abril de 2002. É um ramo recente e muito dinâmico, com boas perspectivas de crescimento.

Turismo e Lazer: Composto pelas cooperativas que prestam serviços turísticos, artísticos, de entretenimento, de esportes e de hotelaria.[15]

Por motivos óbvios, neste estudo será dado maior enfoque ao ramo cooperativo trabalho, como se verá a seguir.

6. Cooperativas de trabalho

Consoante o estudo prévio realizado a respeito da conceituação das sociedades cooperativas, bem como do seu histórico de surgimento e sedimentação no Brasil, cumpre tecer análise especial sobre as cooperativas de trabalho, já que dentre os ramos do Direito Cooperativo, é a este que se refere este artigo, ao tratar da sua relação com o Direito do Trabalho.

O ramo do trabalho foi o primeiro a ser regulamentado pelo ordenamento jurídico brasileiro, por meio do Decreto Legislativo n. 1.637, de 5 de janeiro de 1907 e, a partir de 1932, pelo Decreto-lei n. 22.239, de 19 de dezembro de 1932, que, em seu art. 24, abaixo transcrito, estabeleceu a sistemática de funcionamento da Cooperativa de Trabalho.

> Art. 24. São cooperativas de trabalho aquelas que, constituídas entre operários de uma determinada profissão ou ofício ou de ofícios vários de uma mesma classe, têm como finalidade primordial melhorar os salários e as condições de trabalho pessoal de seus associados e, dispensado a intervenção de um patrão ou empresário, se propõem contratar obras, tarefas, trabalho ou serviços públicos ou particulares, coletivamente por todos ou por grupos de alguns.

Atualmente, a Lei Federal n. 12.690/12 conceitua e estabelece a forma de atuação das cooperativas de trabalho da seguinte maneira:

> Art. 2º Considera-se Cooperativa de Trabalho a sociedade constituída por trabalhadores para o exercício de suas atividades laborativas ou profissionais com proveito comum, autonomia e autogestão para obterem melhor qualificação, renda, situação socioeconômica e condições gerais de trabalho.
>
> § 1º A autonomia de que trata o caput deste artigo deve ser exercida de forma coletiva e coordenada, mediante a fixação, em Assembleia Geral, das regras de funcionamento da cooperativa e da forma de execução dos trabalhos, nos termos desta Lei.
>
> § 2º Considera-se autogestão o processo democrático no qual a Assembleia Geral define as diretrizes para o funcionamento e as operações da cooperativa, e os sócios decidem sobre a forma de execução dos trabalhos, nos termos da lei.
>
> [...]
>
> Art. 4º A Cooperativa de Trabalho pode ser:
>
> I – de produção, quando constituída por sócios que contribuem com trabalho para a produção em comum de bens e a cooperativa detém, a qualquer título, os meios de produção; e
>
> II – de serviço, quando constituída por sócios para a prestação de serviços especializados a terceiros, sem a presença dos pressupostos da relação de emprego.
>
> [...]
>
> Art. 10. A Cooperativa de Trabalho poderá adotar por objeto social qualquer gênero de serviço, operação ou atividade, desde que previsto no seu Estatuto Social.

É importante ainda destacar os direitos assegurados pelo art. 7º do referido diploma normativo, quais sejam: (i) retiradas não inferiores ao piso da categoria profissional e,

---

(15) BRASILEIRAS, Organização das Cooperativas. Disponível em: <http://www.ocb.org.br/site/ramos/estatisticas.asp>. Acesso em: 22 jul. 2014.

na ausência deste, não inferiores ao salário mínimo-hora; (ii) duração do trabalho normal não superior a 8 (oito) horas diárias e 44 (quarenta e quatro) horas semanais; (iii) repouso semanal remunerado, preferencialmente aos domingos; (iv) repouso anual remunerado; (v) retirada para o trabalho noturno superior à do diurno; (vi) adicional sobre a retirada para as atividades insalubres ou perigosas; (vii) seguro de acidente do trabalho.

Cumpre clarificar que as cooperativas de trabalho ganharam expressividade no Brasil a partir da crise econômica dos anos 1990, que ocasionou no fechamento de empresas, redução das vagas de emprego, e aumento significativo da informalidade no trabalho[16].

Destarte, os trabalhadores sem perspectivas de trabalho formal, e também de rendimentos necessários à sua sobrevivência, passaram a organizar-se em cooperativas, como forma alternativa à escassez de empregos.

As cooperativas têm como objeto a prestação de serviço e exigem sócios tecnicamente habilitados para o exercício do trabalho, ofício ou profissão determinados, podendo agir individualmente, por grupos ou coletivamente por todos, ao mesmo tempo. Por se tratar de sociedade de trabalhadores, os sócios devem laborar com o mesmo objeto de especialidade, que será também o objeto da sociedade cooperativa.

Destarte, pode-se afirmar que as cooperativas de trabalho, consistem no esforço comum dos cooperados que assumem um caráter de intermediariedade dos trabalhadores ou profissionais que, dispensando a intervenção de terceiros (na verdade, empregadores), unem-se para constituírem uma sociedade com a característica da mutualidade inerente. Assim, a característica mais marcante deste ramo do cooperativismo é a sua finalidade de prestar serviços aos seus próprios sócios pela intermediação de mão de obra e de prestações de serviços vinculadas a uma atividade comum.

Além das características de solidariedade e comunhão de interesses, as cooperativas, principalmente as de trabalho, têm na igualdade um princípio basilar, vez que, por serem todos os cooperados iguais, não há entre eles hierarquia ou subordinação. Quando se torna sócio da cooperativa, o cooperado outorga a esta sociedade poderes "para que ela, em seu nome, procure no mercado, pessoas jurídicas (tomadores de serviços) que desejam contratar seus serviços"[17].

Dessume-se, pois, que o objeto destas cooperativas é buscar para seus sócios, novas oportunidades de trabalho. Evidencie-se que pela natureza da relação existente entre sócio e cooperativa, jamais pode se falar em relação de emprego, como muito claramente preceitua o parágrafo único do art. 442 da CLT: "Qualquer que seja o ramo de atividade da sociedade cooperativa, não existe vínculo empregatício entre ela e seus associados, nem entre estes e os tomadores de serviços daquela"[18].

Na verdade, não se trata de uma excludente legal absoluta, mas de simples presunção relativa de ausência de vínculo de emprego, caso exista efetiva relação cooperativista envolvendo o cooperado e a cooperativa. Em outras palavras, se comprovado que o envoltório cooperativista não atende às finalidades e princípios inerentes ao cooperativismo, o Poder Judiciário pode declarar a nulidade da relação cooperativista e reconhecer o vínculo de emprego, afastando-se a simulação perpetrada, em conformidade com o art. 9º da CLT.

Segundo alguns doutrinadores, nas legítimas cooperativas a relação do sócio com a cooperativa de trabalho se dá por outorga de mandato, o que corrobora para a diferenciação de uma relação empregatícia. Nesse sentido, vale colacionar o posicionamento de Vanessa Cardone[19]:

> O mandato outorgado em nome da própria cooperativa, manifestado pela ciência do Estatuto Social, assinatura do termo de adesão e ficha de matrícula, conhecimento da Lei n. 5.764/71 e parágrafo único do art. 442 da CLT, constitui na prática a manifestação ao contrato de mandato.
>
> (...)
>
> O mandato acima mencionado objetiva a criação de um direito em favor do mandante por meio do mandatário; no contrato de trabalho dá-se o contrário, o fim perseguido é a realização de uma atividade destinada à obtenção de um resultado intelectual o material.
>
> (...)
>
> No mandato, há substituição do mandante pelo mandatário no exercício da atividade; no contrato de trabalho, não há a substituição do empregador pelo empregado.
>
> (...)

---

(16) MAUAD, Marcelo. *Cooperativas de trabalho – sua relação com o Direito do Trabalho*. São Paulo: LTr, 2001. p. 91.

(17) CARDONE, Vanessa. *Cooperativas de trabalho*: legalidade e subsistência. São Paulo: Antiqua, 2007. p. 25.

(18) BRASIL, Decreto-lei n. 5.452, de 1º de maio de 1943. Aprova a Consolidação das Leis do Trabalho. Diário Oficial da União. Rio de Janeiro, 1º maio 1943.

(19) CARDONE, Vanessa. *Cooperativas de trabalho*: legalidade e subsistência. São Paulo: Antiqua, 2007. p. 26.

No mandato, não há subordinação pessoal, enquanto no contrato de trabalho há subordinação jurídica trabalhista.

Pela inexistência de vínculo empregatício, é mister ressaltar que os sócios das cooperativas de trabalho prestam serviços a terceiros, contratantes das cooperativas, como trabalhadores autônomos, devidamente inscritos nos órgãos de classe e junto à prefeitura local, como profissionais, prestadores de serviços.

Assim, o ato cooperativo realizado pelas cooperativas de trabalho evidencia-se como a oportunidade oferecida pelas cooperativas de trabalho a seus sócios, por meio de alocação de serviços para eles, no mercado de trabalho. Entretanto, a relação "cooperado-cooperativa" não é apenas de intermediação de mão de obra, mas sim de mutualidade, vez que sendo trabalhadores autônomos, e não empregados, os sócios não percebem salários, mas sim uma remuneração de acordo com a sua produtividade.

Segundo defende Mauricio Godinho Delgado[20], para se avaliar a respeito da efetiva existência de uma relação de natureza cooperativista é necessário que o operador justrabalhista verifique a obsevância dos princípios que justificam e explicam as peculiaridades do cooperativismo no plano jurídico e social. Por isso é necessário conhecer e lidar, consistentemente, com as diretrizes da dupla qualidade e da retribuição pessoal diferenciada.

O princípio da dupla qualidade informa que a pessoa filiada tem de ser ao mesmo tempo, em sua cooperaiva, cooperado e cliente. Ou seja, é necessário haver efetiva prestação de serviços pela cooperativa diretamente ao associado — e não somente a terceiros.

Tal princípio diferencia a cooperativa das outras associações, visto que o próprio cooperado é um dos beneficiários centrais dos serviços prestados pela cooperativa.

Por outro lado, o princípio da retribuição pessoal diferenciada garante que, potencialmente, o cooperado deve perceber retribuição pessoal ou vantagens superiores àquelas auferidas caso atuassem isoladamente no mercado de trabalho, foram do sistema cooperativista.

7. Programa Nacional de Conformidade do Ramo Trabalho (PNC Trabalho)

Todo e qualquer instituto jurídico está sujeito a fraudes e a desvirtuamentos. Com as cooperativas não é diferente, mormente porque a vedação legal à existência de vínculo empregatício (entre "cooperado e cooperativa" e entre "tomador de serviços e cooperado") atrai naturalmente empresários despreparados e inescrupulosos, que visam unicamente ao lucro rápido e fácil.

Em razão disso, as cooperativas de trabalho foram estigmatizadas, principalmente por membros do Poder Judiciário trabalhista, que desconsideravam as características específicas dessas cooperativas.

Desta forma, no intuito de combater a utilização das cooperativas como instrumento para flexibilizar ou fazer mais precárias as condições de trabalho dos trabalhadores assalariados, e buscar a melhor adequação do movimento cooperativista do ramo, a Organização das Cooperativas Brasileiras, representantes de trabalho de todo país e especialistas da área, desenvolveram, em 2004, a instituição dos "Critérios para a Identificação da Cooperativa de Trabalho", estabelecendo requisitos mínimos para a sua existência, fundamentada nos princípios cooperativistas da Aliança Cooperativa Internacional (ACI) e em observância à Resolução n. 193 da OIT.

Foram estabelecidos padrões de conformidade coerentes com os princípios e valores cooperativistas, além de critérios para a identificação da legítima cooperativa de trabalho. Produziu-se, assim, um escopo normativo que orienta e delimita as características que toda cooperativa desse segmento deve apresentar.

Nada obstante, a aplicação da metodologia PNC Trabalho permite a estruturação de uma agenda para o cooperativismo de trabalho, destacando os casos de sucesso e permitindo à sociedade se relacionar com cooperativas do segmento de forma segura.

Em resumo, essas são as etapas que uma cooperativa de trabalho deve trilhar para adquirir o Selo de Conformidade da OCB:

1ª – **Acesso**

As cooperativas devidamente registradas nas OCEs e em regularidade com seus documentos constitutivos, estão aptas a assinar o Termo de Compromisso, conforme Regulamento para Adesão e Manutenção das Cooperativas ao PNC, e dar início ao processo preparatório de conformidade. Nesta etapa, a agenda positiva demonstra apenas uma listagem das cooperativas com pré-requisitos aprovados pela OCB para participar do PNC, em nível inicial.

2ª – **Preparação**

Após a assinatura do Termo de Compromisso, a cooperativa passa por uma auditoria inicial para diagnosticar a situação atual de conformidade e assim estabelecer um Plano de Ação Corretiva para tratamento das não conformidades detectadas, que deve ser realizado por

---

[20] DELGADO, Maurocio Godinho. *Curso de Direito do Trabalho*. 10. ed. São Paulo: LTr, 2011.

consultoria especializada. Nesta etapa a cooperativa é inserida na agenda positiva com o *status* de trabalhos em andamento.

3ª – Conformidade

É realizada auditoria para comprovação do atendimento dos requisitos do Plano de Ação Corretiva. Se aprovada, a cooperativa adquire o direito de uso do Selo de Conformidade, participando da agenda positiva com o status de cooperativa aprovada no PNC.

4ª – Manutenção

Para que a cooperativa mantenha o direito de uso do Selo, são realizadas auditorias de manutenção anuais ou eventuais, para verificação de conformidade e cumprimento dos Planos de Ação Corretiva pela cooperativa, assim como para implantar atualizações e melhorias do PNC. A primeira auditoria poderá ocorrer em até dois anos, sendo que as demais deverão acontecer anualmente.

5ª – Monitoramento

Acompanhamento de indicadores de desempenho das cooperativas estabelecidos nas avaliações da auditoria de manutenção ou nas atualizações do PNC, para verificação de desvios que podem determinar desde a realização de ações corretivas até uma nova auditoria.[21]

Como se observa, o Programa PNC Trabalho desenvolvido pela OCB é um importante instrumento tanto para as cooperativas quanto para a sociedade (associações de consumidores, sindicatos, Ministério do Trabalho e Emprego, Ministério Público do Trabalho, Poder Judiciário, OAB etc), pois inibe a ocorrência de fraudes à legislação trabalhista e permite que os atores sociais identifiquem mais facilmente as legítimas cooperativas de trabalho.

As vantagens para as cooperativas de trabalho que participam do Programa PNC Trabalho são evidentes: (i) fortalecimento da marca da cooperativa, destacando-a das demais; (ii) credibilidade com os clientes, uma vez que a OCB zela pela integridade e idoneidade do programa; (iii) integração no mercado de forma adequada, segura e competitiva; (iv) aumento da eficiência e eficácia operacional, e com isso melhoria na qualidade dos serviços; (v) compartilhamento do aprendizado, minimização de riscos, crescimento e convergência de negócios em resultados.

Portanto, infere-se que o Programa PNC Trabalho, desenvolvimento pela OCB, deveria ser mais difundido e incentivado, inclusive mediante concessão de incentivos fiscais, visto que, conforme evidenciado, trata-se de importante instrumento que visa a combater a precarização do trabalho e assegurar o respeito à legislação trabalhista e aos princípios e valores cooperativistas.

8. Conclusão

Como se demonstrou, o sistema cooperativista surgiu a partir de uma demanda social e econômica, de pessoas que não poderiam sobreviver a uma situação de exploração e miséria, e ganhou força com base em princípios de intercooperação, solidariedade e liberdade.

Hodiernamente, além de ser uma importante alternativa para superar o desemprego e as crises econômicas, verificou-se que a cooperativa de trabalho é um meio viável de crescimento socioeconômico para o país como um todo, legalmente previsto, em que o trabalhador alia suas forças às forças de outros trabalhadores, por meio da organização, a fim de buscar melhores condições de trabalho e consequentemente melhores condições de vida.

Portanto, é inconteste que as cooperativas são extremamente benéficas aos cooperados e à sociedade como um todo. Tanto é assim que a própria Constituição da República de 1988 estabeleceu em seu art. 174, § 2º, que a "lei apoiará e estimulará o cooperativismo e outras formas de associativismo"[22].

Destarte, de modo categórico conclui-se que não há nenhum aspecto negativo inerente às cooperativas de trabalho, pois o cooperativismo constitui verdadeira revolução na tradicional relação capital-trabalho, uma vez que o trabalhador torna-se dono dos meios de produção, livre do "empregador" e da exploração capitalista.

Nesse sentido, o cooperativismo não pode ser confundido com as falsas cooperativas, que visam unicamente a reduzir os custos da produção fazendo mais precárias as condições de labor dos trabalhadores.

Com efeito, essas "cooperativas" devem ser fiscalizadas e severamente punidas pelo poder público, especialmente por meio da atuação do MTE, MPT e sindicatos, visto que na essência tais empresas não são cooperativas, na medida em que desrespeitam os princípios — fundamentais e constitutivos — do cooperativismo.

Pode-se concluir que é extremamente importante a iniciativa da Organização das Cooperativas Brasileiras que, por meio do Programa PNC trabalho, oferece uma eficaz ferramenta que permite que os atores sociais

---

(21) BRASILEIRAS, Organização das Cooperativas. Disponível em: <http://www.brasilcooperativo.coop.br/site/hotsitepnc/index.htm>. Acesso em: 22 jul. 2014.

(22) BRASIL. Presidência da República. Constituição da República de 1988. Diário Oficial da União, Brasília, DF, 05 out. 1988. Disponível em: <http://www.planalto.gov.br/ccivil_03/constituicao/constituicaocompilado.htm>. Acesso em: 22 jul. 2014.

identifiquem mais facilmente as legítimas cooperativas de trabalho, que beneficiam milhares de pessoas direta e indiretamente no Brasil.

Assim sendo, evidencia-se que o Programa PNC Trabalho, desenvolvimento pela OCB, deveria ser mais difundido e incentivado, inclusive mediante concessão de incentivos fiscais, haja vista que, em última análise, o programa contribui para o combate à precarização do trabalho e às fraudes trabalhistas, assegura a higidez dos princípios e valores cooperativistas e proporciona maior observância aos princípios da dignidade da pessoa humana e do valor social do trabalho (fundamentos do Estado Democrático de Direito).

Vale destacar que essa ferramenta deveria ser aprimorada e fiscalizada não somente pelas entidades pertencentes ao sistema cooperativista, mas também pelo poder público e pela sociedade civil organizada (incluindo-se associações, sindicatos, Ministério do Trabalho e Emprego, Ministério Público do Trabalho, Poder Judiciário, OAB, etc.).

Certamente, ao difundir e democratizar o Programa PNC Trabalho, estar-se-á prestigiando a prevenção à lesão de direitos trabalhistas e contribuindo para o descongestionamento do Poder Judiciário Trabalhista.

9. Referências bibliográficas

ABDALLA, Maurício. *O princípio da cooperação*. São Paulo: Paulus, 2002.

BECHO, Renato Lopes. *Tributação das cooperativas*. 2. ed. São Paulo: Dialética, 1999.

BRASIL. Câmara dos Deputados. Decreto n. 1.637, de 5 de janeiro de 1907. Disponível em: <http://www2.camara.leg.br/legin/fed/decret/1900-1909/decreto-1637-5-janeiro-1907-582195-publicacaooriginal-104950-pl.html>. Acesso em: 23 jul. 2014.

_____. Decreto-lei n. 5.452, de 1º de maio de 1943. Aprova a Consolidação das Leis do Trabalho. Diário Oficial da União. Rio de Janeiro, 1º maio 1943.

_____. Decreto-lei n. 22.239, de 19 de dezembro de 1932. Apresenta as características das cooperativas e consagra as postulações doutrinárias do sistema cooperativista. Diário Oficial da União. Rio de Janeiro, 19 dez. 1932.

_____. Presidência da República. Constituição da República de 1891. Diário Oficial da União, Rio de Janeiro, RJ, 24 fev. 1891. Disponível em: <http://www.planalto.gov.br/ccivil_03/constituicao/constituicao91.htm>. Acesso em: 22 jul. 2014.

_____. Presidência da República. Constituição da República de 1934. Diário Oficial da União, Rio de Janeiro, RJ, 16 jul. 1934. Disponível em: <http://www.planalto.gov.br/ccivil_03/constituicao/constituicao34.htm>. Acesso em: 22 jul. 2014.

_____. Presidência da República. Constituição da República de 1988. Diário Oficial da União, Brasília, DF, 05 out. 1988. Disponível em: <http://www.planalto.gov.br/ccivil_03/constituicao/constituicaocompilado.htm>. Acesso em: 22 jul. 2014.

_____. Presidência da República. Lei n. 3.071, de 1º de janeiro de 1916. Institui o Código Civil dos Estados Unidos do Brasil. Diário Oficial da União, Rio de Janeiro, RJ, 01 jan. 1916. Disponível em: <http://www.planalto.gov.br/ccivil_03/leis/l3071.htm>. Acesso em: 22 jul. 2014.

_____. Presidência da República. Lei n. 5.764, de 16 de dezembro de 1971. Define a Política Nacional de Cooperativismo, institui o regime jurídico das sociedades cooperativas, e dá outras providências. Diário Oficial da União, Brasília, DF, 16 dez. 1971.

_____. Presidência da República. Lei n. 10.406, de 10 de janeiro de 2002. Institui o Código Civil. Diário Oficial da União, Brasília, 10 jan. 2002.

_____. Presidência da República. Lei n. 12.690, de 19 de julho de 2012. Diário Oficial da União, Brasília, DF, 19 jul. 2012. Disponível em: <http://www.planalto.gov.br/ccivil_03/_Ato2011-2014/2012/Lei/L12690.htm>. Acesso em: 22 jul. 2014.

BRASILEIRAS, Organização das Cooperativas. Disponível em: <http://www.ocb.org.br/site/ramos/estatisticas.asp>. Acesso em: 22 jul. 2014.

_____, Organização das Cooperativas. Disponível em: <http://www.ocb.org.br/site/cooperativismo/evolucao_no_brasil.asp>. Acesso em: 22 jul. 2014.

_____, Organização das Cooperativas. Disponível em: <http://www.brasilcooperativo.coop.br/site/hotsitepnc/index.htm>. Acesso em: 22 jul. 2014.

_____, Organização das Cooperativas. Disponível em: <http://www.ocb.org.br/site/cooperativismo/principios.asp>. Acesso em: 22 jul. 2014.

BULGARELLI, Waldírio. *Regime jurídico das sociedades cooperativas*. São Paulo: Livraria Pioneira, 1965.

CARDONE, Vanessa. *Cooperativas de trabalho:* legalidade e subsistência. São Paulo: Antiqua, 2007.

DELGADO, Mauricio Godinho. *Curso de Direito do Trabalho*. 10. ed. São Paulo: LTr, 2011.

FERREIRA, Waldemar. *Tratado de Direito Comercial*. São Paulo: Saraiva, 1961.

MAUAD, Marcelo. *Cooperativas de trabalho* — sua relação com o Direito do Trabalho. São Paulo: LTR, 2001.

MINAS GERAIS, Organização das Cooperativas de. Disponível em: <http://www.minasgerais.coop.br/pagina/33/numeros.aspx>. Acesso em: 22 jul. 2014.

MIRANDA, Pontes de. *Tratado de direito privado*. Tomo XLIX. Rio de Janeiro: Borsoi, 1965.

CAPÍTULO 9

Responsabilidade Civil pela perda de uma Chance no Direito do Trabalho

Maria Cecília Máximo Teodoro[*] *e Érica Fernandes Teixeira*[**]

1. Introdução

A sociedade está em constante transformação; é um organismo mutante, em ebulição. Todos os dias novas formas de lesão surgem, bem como novos bens jurídicos protegidos. O Direito, enquanto mecanismo de pacificação social, está sempre aquém dos fatos sociais, tentando regulamentá-los e gerar a harmonia das relações.

Para tanto, o ordenamento jurídico precisa diariamente ser revisto, reinterpretado, objeto de um novo olhar da hermenêutica, sob pena de tornar-se obsoleto e incapaz de regrar as relações sociais.

Na seara da responsabilidade civil não é diferente. Este instituto do Direito Civil vem se desenvolvendo no sentido de alargar seu âmbito de reparação ao dano causado injustamente. Nesse sentido, o Novo Código Civil Brasileiro, por exemplo, rompe com seus pressupostos anteriores, de proteção do devedor (neste incluído o autor da lesão), rumo a um novo modelo, de proteção integral ao credor (neste incluída a vítima).

Afinada a esta tendência ganha relevo a teoria da reparação da perda de uma chance, que se exprime pela possibilidade de condenação pela reparação daquele que retirou de outrem uma oportunidade de obter uma vantagem ou de evitar um prejuízo.

Defende-se aqui, portanto, sua atualidade, necessidade e viabilidade no ordenamento jurídico brasileiro, extrapolando, inclusive, as fronteiras do Direito Civil e fazendo surtir efeitos nas relações de trabalho, seara profícua para a existência de danos dessa ordem.

2. A evolução da responsabilidade civil: a indenização pela perda de uma chance

A perda de uma chance, por se tratar de algo estritamente hipotético, sempre foi considerada como irreparável, não compondo o objeto de proteção e regulamentação do Direito.

O princípio guia da responsabilidade civil outrora informava à ordem jurídica que aquele que causasse dano a outrem seria compelido a reparar os prejuízos causados em razão de seu ato, e de maneira integral. Nestes prejuízos incluíam-se os danos emergentes e os lucros cessantes resultantes do ato ilícito ou injusto praticado por alguém.

De fato, o ato danoso gera sequelas sociais, comprometendo a funcionalidade dos meios e modos de produção e a legitimidade do Estado como garantidor da ordem social[1].

Portanto, o Código Civil lança as linhas necessárias ao harmonioso convívio social, através do art. 927, que dispõe:

> Art. 927. Aquele que, por ato ilícito (arts. 186 e 187), causar dano a outrem, fica obrigado a repará-lo.
>
> Por seu turno, o art. 186 conceitua o ato ilícito, e o art. 187 vai além conceituando o exercício indevido de um direito.
>
> Art. 186. Aquele que, por ação ou omissão voluntária, negligência ou imprudência, violar direito e causar dano a outrem, ainda que exclusivamente moral, comete ato ilícito.
>
> Art. 187. Também comete ato ilícito o titular de um direito que, ao exercê-lo, excede manifestamente os limites impostos pelo seu fim econômico ou social, pela boa-fé ou pelos bons costumes.

A reparação do dano deve ser total, de maneira a não só ressarcir a vítima do ato ilícito, mas também de alcançar o efeito pedagógico de educar o autor do ato.

Raimundo Simão de Melo explica como se posicionava a hermenêutica jurídica no que dizia respeito à responsabilização civil:

> Por muito tempo o direito ignorou a possibilidade de se responsabilizar o autor do dano decorrente

---

[*] Pós-Doutora em Direito do Trabalho pela Universidade de Castilla-La Mancha com bolsa de pesquisa da CAPES. Doutora em Direito do Trabalho e da Seguridade Social pela USP – Universidade de São Paulo. Mestre em Direito do Trabalho pela Pontifícia Universidade Católica de Minas Gerais. Graduada em Direito pela PUC/MG. Professora de Direito do Trabalho do Mestrado e da Graduação. Membro eleita do Colegiado do Programa de Pós-Graduação em Direito da PUC/MG. Professora da Faculdade Estácio de Sá. Pesquisadora. Autora de livros e artigos.

[**] Doutora e Mestre em Direito do Trabalho pela PUC Minas. Professora de Direito e Processo do Trabalho da Graduação e Pós-graduação *latu sensu* da PUC Minas. Advogada.

[1] PALMEIRA SOBRINHO, Zéo. *Revista LTr*, vol. 75, 10 out. 2011.

da perda de alguém obter uma oportunidade de chances ou de evitar um prejuízo, argumentando que aquilo que não aconteceu não pode nunca ser objeto de certeza, a propiciar uma reparação. Igualmente à postura da doutrina, os tribunais costumavam exigir, por parte da vítima que alegava a perda de uma chance, prova inequívoca de que, não fora a ocorrência do fato, teria conseguido o resultado que se diz interrompido[2].

Anteriormente à entrada em vigor do Código Civil de 2002, prevalecia, na vigência do regramento de 1916, uma previsão restrita acerca da abrangência da tutela da responsabilidade civil.[3]

Mas o Direito lançou um novo olhar sobre a álea dos contratos, encampando-a e passando a considerá-la no momento de aplicação das normas relativas à reparação de danos, absorvendo assim a indenização pela perda de uma chance. As reais e sérias chances obstadas devem ser reparadas, quando comprovado o nexo de causalidade entre o ato do ofensor e a oportunidade perdida pela vítima.

Nesse sentido, a realidade passou a demonstrar e a trazer à tona outras possibilidades, como a de um ato ilícito ou injusto praticado por alguém acabar por privar outrem de uma chance, fazendo-o perder a oportunidade de se obter uma vantagem ou de evitar um prejuízo.

O art. 402 do Código Civil tratou de explicitar a indenização pela perda de uma chance, a teor do que prevê a cláusula geral de responsabilidade disposta no art. 5º, V, da Constituição Federal. Assim:

> Art. 402. Salvo as exceções expressamente previstas em lei, as perdas e danos devidas ao credor abrangem, além do que ele efetivamente perdeu, o que razoavelmente deixou de lucrar.

Também, o art. 949 do referido Código Civil, reconhece o direito ao recebimento de indenização nas demais hipóteses de dano, de forma abrangente:

> Art. 949. No caso de lesão ou outra ofensa à saúde, o ofensor indenizará o ofendido das despesas do tratamento e dos lucros cessantes até ao fim da convalescença, além de algum outro prejuízo que o ofendido prove haver sofrido.

A evolução da legislação sobre responsabilidade civil, que se absteve de prever especificamente os danos suscetíveis de reparação, propicia, atualmente, a aplicação deste instituto de forma mais ampla e global, para diversas lesões sofridas a fim de tutelar os interesses relevantes da vítima. Nesse sentido:

> É a chamada erosão dos filtros tradicionais da responsabilidade civil, que por meio da relativização desses elementos, caracteriza a responsabilidade em tantas hipóteses que até então estavam sem proteção da dogmática existente, principalmente a responsabilidade civil pela perda de uma chance.[4]

Atualmente, diante das novas situações desafiadoras da releitura do instituto da responsabilidade civil, vem também os Tribunais absorvendo a possibilidade de reparação de quem perdeu uma chance que possuía de ganhar uma vantagem ou de evitar um prejuízo, diante de um dano definitivo que poderia ter sido evitado não fosse a conduta de outrem. Em tais casos, uma concepção literal da legislação vigente e dos pressupostos da responsabilidade civil não daria conta de reparar o dano em prol da vítima"[5].

Assim, mesmo aquele prejuízo que não poderia ser objeto de certeza, posto que dentro da esfera das possibilidades, passou a ser tutelado pelo Direito, ao ampliar a hipótese de responsabilização do autor de um ato ilícito ou injusto que levasse alguém a perder uma chance.

Segundo Sérgio Savi[6], a indenização pela perda de uma chance surgiu através da jurisprudência da Corte de Cassação Francesa, que firmou entendimento no sentido de que o dano poderia ocorrer não pelo resultado final ou pela perda da própria vantagem esperada, mas também pela perda da possibilidade de se alcançar a vantagem. A tese

---

(2) MELO, Raimundo Simão de. *Direito ambiental do trabalho e a saúde do trabalhador*: responsabilidades legais, dano material, dano moral, dano estético, indenização pela perda de uma chance, prescrição. 4. ed. São Paulo: LTr, 2010. p. 425.

(3) Art. 159 (Cód. Civil 1916): "Aquele que, por ação ou omissão voluntária, negligência, ou imprudência, violar direito, ou causar prejuízo a outrem, fica obrigado a reparar o dano. A verificação da culpa e a avaliação da responsabilidade regulam-se pelo disposto neste Código, arts. 1.518 a 1.532 e 1.537 a 1.553." Art. 1.538 (Cód. Civil 1916): "No caso de ferimento ou outra ofensa à saúde, o ofensor indenizará o ofendido das despesas do tratamento e dos lucros cessantes até o fim da convalescença, além de lhe pagar a importância da multa no grau médio da pena criminal correspondente (Redação dada pelo Decreto do Poder Legislativo n. 3.725, de 15.1.1919). § 1º Esta soma será duplicada, se do ferimento resultar aleijão ou deformidade. § 2º Se o ofendido, aleijado ou deformado, for mulher solteira ou viúva, ainda capaz de casar, a indenização consistirá em dotá-la, segundo as posses do ofensor, as circunstâncias do ofendido e a gravidade do defeito."

(4) SILVA, Cássia Bertassone da. Responsabilidade civil pela perda de uma chance no Direito do Trabalho. *Revista Síntese Trabalhista e Previdenciária*, n. 277, p. 13, jul. 2012.

(5) VIEGAS, Cláudia Mara de Almeida Rabelo; SILVA, Carlos Brandão Ildefonso; RABELO, Cesar Leandro de Almeida. A reparação civil pela perda de uma chance nas relações jurídicas civis e do trabalho. *Âmbito Jurídico*, Rio Grande, XIV, n. 95, dez. 2011. Disponível em: <http://www.ambito-juridico.com.br/site/index.php?n_link=revista_artigos_leitura&artigo_id=10769>. Acesso em: abr. 2013.

(6) SAVI, Sérgio. *Responsabilidade civil por perda de uma chance*. São Paulo: Atlas, 2009. p. 3.

surgiu inicialmente em querelas envolvendo a atividade medica, sendo que a Corte de Cassação passou a condenar pela perda da chance do paciente sobreviver.

Nos estudos de Rafael Peteffi da Silva, o caso mais remoto narrado sobre a teoria da perda de uma chance é datada do século XIX, também através da Corte de Cassação Francesa, especificamente em 17 de julho de 1889, quando esta indenizou "um demandante pela atuação culposa do auxiliar da justiça, que, por mau procedimento, obliterou todas as suas possibilidades de lograr êxito na demanda"[7].

O primeiro caso relatado no Direito Italiano interessa ao presente estudo de maneira peculiar, pois se tratou da perda de uma chance relacionada a uma oportunidade de emprego. Este caso é datado de 1983 e ocorreu na Corte de Cassação Italiana. A demanda envolvia o processo de seleção de motoristas e, após o início do recrutamento, a empresa impediu que alguns dos participantes realizassem as provas de direção e de cultura elementar, mesmo tendo se submetido a todos os exames médicos como os demais candidatos. O juiz de primeiro grau entendeu devido o direito dos autores de realizarem as provas, condenando a empresa ao pagamento de indenização pelo atraso no processo de recrutamento. A decisão foi reformada pelo Tribunal de Roma, que entendeu que a perda da chance não seria objeto de indenização, em razão de sua realização hipotética, ou seja, não se tratava de uma mera possibilidade. Mas a Corte de Cassação reformou a decisão do Tribuna de Roma, esclarecendo que o que se indenizava não era a não ocorrência do resultado favorável, mas sim a perda da possibilidade de os autores conseguirem êxito no processo seletivo, caso não tivessem sido obstados de concluí-lo.

A perda de uma chance é algo mais sublime do que a demonstração inequívoca de um resultado danoso consequência de um ato ilícito ou injusto.

Se considerarmos que a chance é "um processo que oportuniza à determinada pessoa a obtenção, no futuro, de algo que lhe seja proveitoso"[8], a perda da chance, então, é a interrupção ou eliminação dessa possibilidade, ou seja a oportunidade de se alcançar a vantagem foi frustrada, porque ela não mais ocorrerá.

Sergio Cavalieri elucida que a chance perdida para ser reparável deve caracterizar um prejuízo material ou imaterial resultante de um ato ou um fato consumado, não podendo este ser hipotético ou eventual. E continua:

---

(7) SILVA, Rafael Peteffi. *Responsabilidade civil pela perda de uma chance*. São Paulo: Atlas, 2006. p. 10.

(8) AFONSO NETO, José. A responsabilidade civil: a teoria da perda de uma chance. *Revista do CAAP*, p. 349, jan./jun. 2009.

Em outras palavras, é preciso verificar em cada caso se o resultado favorável seria razoável ou se não passaria de mera possibilidade aleatória. A vantagem esperada pelo lesado não pode consistir numa mera eventualidade, suposição ou desejo, do contrário estar-se-ia premiando os oportunismos, e não reparando as oportunidades perdidas[9].

Sérgio Savi[10] defende que a indenização será devida quando comprovado no caso concreto uma probabilidade real de no mínimo 50% de êxito. Explicita também a necessidade de existência de elevada proporção de certeza a doutrina de Hector Iribarne:

La otra postura considera indemnizables las chances cuyo coeficiente de certidumbre no sea muy débil, pues em tal caso desecha la reparación. Se indemnizarán entonces las que representem tal coeficiente de certidumbre elevado en grado suficiente.[11]

No entanto o prejuízo pode ser compreendido como um resultado danoso, indesejado. Desse modo, a perda da possibilidade de evitar um prejuízo seria a frustração da oportunidade de evitá-lo, situação em que o prejuízo ocorrerá.

3. O paradigmático caso brasileiro do Show do Milhão

No Brasil o caso mais emblemático a respeito da aplicação da Teoria da Perda de uma chance se deu em decorrência do Programa Show do Milhão, do canal SBT do empresário Silvio Santos.

A questão chegou no âmbito dos Tribunais Superiores, obtendo destaque nacional e foi relatado no julgamento do RESP n. 788.458/BA, realizado pela 4ª Turma do STJ, em 8.11.2005, ficando conhecido como "O Caso do Show do Milhão".

RECURSO ESPECIAL. INDENIZAÇÃO. IMPROPRIEDADE DE PERGUNTA FORMULADA EM PROGRAMA DE TELEVISÃO. PERDA DA OPORTUNIDADE.

1. O questionamento, em programa de perguntas e respostas, pela televisão, sem viabilidade lógica, uma vez que a Constituição Federal não indica percentual relativo às terras reservadas aos índios, acarreta, como decidido pelas instâncias ordinárias, a impossibilidade da prestação por culpa do devedor, impondo o dever de ressarcir o participante pelo que razoavelmente haja deixado de lucrar, pela perda da oportunidade. 2. Recurso conhecido e, em parte, provido.[12]

---

(9) CAVALIERE FILHO, Sérgio. *Programa de responsabilidade civil*. 9. ed., rev. e atual. São Paulo: Atlas, 2010. p. 77.

(10) SAVI, Sérgio. *Responsabilidade civil por perda de uma chance*. 2. ed. São Paulo: Atlas, 2009. p. 61.

(11) IRIBARNE, Hector. *De los daños a la persona*. Buenos Aires: Sociedad Anônima Editora, Comercial, Industria, Financeira, 1995. p. 133.

(12) REsp n. 788459/BA, rel. Min. Fernando Gonçalves, 4ª Turma, julgado em 8.11.2005, DJ 13.3.2006, p. 334

A partir deste paradigmático caso, algumas considerações puderam ser desenvolvidas e a Teoria da Perda de uma Chance passou a ser tratada mais de perto pela esfera trabalhista, que começou a vislumbrar sua aplicação nas relações de trabalho.

Assim, para que seja configurada a perda de uma chance, a conduta do agente deve ser culposa (ou não, nas hipóteses de responsabilidade objetiva), conduta esta que pode implicar em uma ação ou omissão, tal como ordena a teoria geral da responsabilidade civil. Nos ensinamentos de Fernando Noronha, a perda de uma chance:

> [...] caracteriza um dano, que será reparável quando estiverem reunidos os demais pressupostos da responsabilidade civil; em especial, será exigida culpa do agente quando a hipótese for de responsabilidade subjetiva e prescindir-se-á dela quando a responsabilidade for objetiva.[13]

Deve-se comprovar a existência de um dano e o nexo causal entre este e a conduta do agente.

O grande diferencial na perda de uma chance diz respeito exatamente ao dano. Este não pode, definitivamente, se configurar como danos emergentes ou lucros cessantes, sob pena de se confundir com o instituto da responsabilidade civil.

O dano deve ser verificado sob a roupagem da perda da possibilidade de obtenção de uma situação jurídica mais favorável ou da perda da possibilidade de se evitar um prejuízo. E mais, a chance perdida ou prejuízo não evitado devem ser sérios e reais.

Ou seja, caso a ação ou omissão do agente gere danos emergentes ou inviabilize o ganho de vantagem determinada ou determinável, não se estará diante da perda de uma chance, mas diante de um dano típico, que desafia a responsabilização civil geral.

No caso do show do milhão, o juiz de primeiro grau, entendeu que a pergunta, sem uma resposta possível, fez com que a participante do programa perdesse a chance de ganhar um milhão. Mas ao fixar a condenação, ordenou o pagamento do "um milhão" para a candidata, como se fosse certa a vitória dela no programa, caso houvesse uma resposta correta. Dessa forma, o juiz de primeiro grau confundiu a perda de uma chance de ganhar o milhão com a perda da vantagem integral, ou seja, o um milhão.

Este foi, inclusive, o fundamento para a reforma da decisão do show do milhão na instância superior. A argumentação foi justamente no sentido de que se a pergunta comportava quatro possibilidades de respostas, caso houvesse uma resposta correta, a candidata teria 25% de chance de acertar e, assim, fixou a condenação em duzentos e cinquenta mil reais.

Nesse caso, a condenação responsabilizou o agente pelo ato que fez com que a candidata perdesse a chance de obter uma vantagem, na proporção de suas chances de êxito.

4. Natureza jurídica da indenização pela perda de uma chance: posições doutrinárias

O enquadramento da natureza jurídica da indenização pela perda de uma chance não apresenta uniformidade na doutrina.

Conforme expõe Glenda Gonçalves Gondim, em razão da admissão da indenização por dano material e moral, oriundos do mesmo fato, consoante dispõe a Súmula n. 37 do STJ, é possível entender pela lesão patrimonial e moral advinda de uma chance. Ainda, será extrapatrimonial ou patrimonial, conforme a verificação do resultado final (almejado ou que se pretendia obstar). "Assim, se o dano era extrapatrimonial, extrapatrimonial será a chance e se patrimonial, assim também será a reparação pela chance."[14]

No que se refere ao dano patrimonial, é necessário distinguir se a chance será reparada como dano emergente ou lucros cessantes.

Como a perda de uma chance guarda forte relação com a interrupção de um resultado final que poderia ter sido alcançado, sua reparação pode ser caracterizada como lucros cessantes, o que destoa da doutrina italiana.[15] Assim:

> A teoria da perda de uma chance (*perde d'une chance*) guarda certa relação com o lucro cessante uma vez que a doutrina francesa, onde a teoria teve origem na década de 60 do século passado, dela se utiliza nos casos em que o ato ilícito tira da vítima a oportunidade de obter uma situação futura melhor.[16]

Sérgio Savi, mencionando Bocchiola, destaca que, conforme posicionamento majoritário italiano e, também, francês, a reparação da chance está ligada à reparação por danos emergentes e "... não por lucro cessante ou dano moral."[17]

---

(13) NORONHA, Fernando. *Direito das obrigações*. 3. ed. São Paulo: Saraiva, 2010. p. 670.

(14) GONDIM, Glenda Gonçalves. A teoria da perda de uma chance: breves considerações sobre a sua aplicação nas demandas trabalhistas. *Revista Trabalhista de Direito e Processo*, ano 8, n. 32, out./nov./dez. 2009, p. 128.

(15) Idem.

(16) CAVALIERI FILHO, Sergio. *Programa de responsabilidade civil*. 9. ed. São Paulo: Atlas, 2010. p.77.

(17) SAVI, Sérgio. *Responsabilidade civil por perda de uma chance*. 2. ed. São Paulo: Atlas, 2009. p. 53.

Nesse sentido, Cavalieri Filho destaca a ideia defendida por Sérgio Savi, fundado no entendimento de Adriano De Cupis. Conclui que a perda de uma chance deve ser considerada em nosso ordenamento jurídico como uma subespécie de dano emergente. Para tanto, a chance deve ser considerada uma espécie de propriedade anterior do sujeito que sofre a lesão e que, ao alocar a perda de uma chance no conceito de dano emergente, elimina-se o problema da certeza do dano, uma vez que, ao contrário de se pretender reparar o prejuízo decorrente da perda do resultado útil esperado, indeniza-se a perda da chance de obter o resultado útil esperado. A indenização não é concedida pela vantagem perdida, mas em razão da perda da possibilidade de conseguir a referida vantagem. É, pois, estabelecida uma distinção entre o resultado perdido e a chance de alcançá-lo. Dessa forma, a indenização pela perda de uma chance não se afasta da regra de certeza do dano, pois a possibilidade perdida, propriamente dita, era efetivamente existente. Perdida a chance, o dano é, portanto, certo.[18]

Porém, há forte corrente doutrinária que acertadamente entende que o dano pela perda de uma chance constitui uma espécie intermediária de dano, que transita entre o dano emergente e o lucro cessante. Trata-se, pois, de um terceiro gênero de indenização. Raimundo Simão de Melo esclarece:

> Se a perda de uma chance for enquadrada como dano emergente ou lucro cessante, terá o autor da ação que comprovar de forma inequívoca que, não fosse a existência do ato danoso, o resultado teria se consumado, com a obtenção da chance pretendida, o que é impossível. Ora, se a vitória não pode ser provada e confirmada, o mesmo ocorre em relação ao insucesso da obtenção do resultado esperado. (...) Assim, o enquadramento desse dano não cabe exatamente no dano emergente nem nos lucros cessantes, ante a probabilidade e não certeza de obtenção do resultado aguardado. Entendo que se trata de uma terceira espécie intermediária de dano, entre o dano emergente e o lucro cessante.[19]

O fundamento desta terceira corrente consiste exatamente na aferição da responsabilidade do resultado esperado. A incerteza repousa sobre o fato danoso em si; a probabilidade refere-se ao próprio evento. Nesse sentido:

> [...] a indenização deve corresponder à própria chance, que o juiz apreciará *in concreto*, e não ao lucro ou perda que dela era objeto, uma vez que o que falhou foi a chance, cuja natureza é sempre problemática na sua realização.

Ressalta-se que o dano gerado pela perda de uma chance não se configura dano moral. Neste, ocorre agressão extrapatrimonial, aos direitos de personalidade, o que não se verifica no caso da chance, em que há frustração de uma probabilidade séria e real. O dano moral pode, pois, ser utilizado como elemento para balizar a reparação da chance, majorando ou reduzindo o valor do montante indenizatório.

5. Responsabilização pela perda de uma chance nas relações de emprego

As regras que disciplinam a responsabilidade civil, inclusive a ampliação dos danos reparáveis, incluindo a teoria da perda de uma chance, são aplicáveis ao Direito do Trabalho, em caráter subsidiário, conforme prevê o art. 8º, parágrafo único da CLT.[20]

O ramo jurídico trabalhista possui fundamental intento democrático e inclusivo no sistema socioeconômico capitalista, visando desmercantilizar a força de trabalho e restringir o livre império das forças de mercado na regência da oferta e da administração do trabalho humano.[21] Seus institutos, características, funções e princípios admitidos, em especial, o da dignidade da pessoa humana, o valor social do trabalho e a livre iniciativa, assim como o princípio basilar da proteção, compatibilizam-se com a teoria da perda de uma chance. Esta teoria pode contribuir para atenuar os conflitos entre capital e trabalho, ao permitir a reparação das oportunidades perdidas pelas partes envolvidas numa relação de emprego, além de contribuir para promover de uma sociedade mais justa e democrática.

Conforme elucida Raimundo Simão de Melo a teoria da responsabilidade pela perda de uma chance possui campo fértil de aplicação nas relações de trabalho, em especial nos casos de doenças e acidentes de trabalho. E exemplifica:

> Imagine-se a situação de um trabalhador que, em perfeitas condições de higidez física e psíquica, na busca de melhoria profissional, está se preparando e ao mesmo tempo prestando concurso público, mas, em razão de um evento acidentário, perde a oportunidade de concluir um certame de que está

---

(18) CAVALIERI FILHO, Sergio, *op. cit.*, p. 80.

(19) MELO, Raimundo Simão. Indenização pela perda de uma chance. *Revista LTr*, v. 71, n. 4, p. 439, abr. 2007.

(20) Art. 8º CLT: As autoridades administrativas e a Justiça do Trabalho, na falta de disposições legais ou contratuais, decidirão, conforme o caso, pela jurisprudência, por analogia, por equidade e outros princípios e normas gerais de direito, principalmente do direito de trabalho, e, ainda, de acordo com os usos e costumes, o direto comparado, mas sempre de maneira que nenhum interesse de classe ou particular prevaleça sobre o interesse público. Parágrafo único. O direto comum será fonte subsidiária do direito do trabalho, naquilo em que não for incompatível com os princípios fundamentais deste.

(21) DELGADO, Mauricio Godinho. *Curso de Direito do Trabalho*. 12. ed. São Paulo: LTr, 2013. p. 54.

participando, quando, para conseguir o seu desiderato, precisava apenas de submeter à última das fases eliminatórias do concurso.[22]

Conforme destaca o autor, a citada hipótese não ilustra um caso de lucro cessante, tampouco de dano emergente, pois o trabalhador ainda não havia completado todos os requisitos para ser investido em nova função, não tendo garantida sua aprovação e posse.

Em outra hipótese, expõe:

> Outra hipótese pode ocorrer em relação ao funcionário que, conforme as normas internas da empresa, estava prestes a obter uma promoção, a qual não se concretizou por conta de perseguições e de assédio moral praticados pelo chefe do mesmo. A pessoa assediada pode ter sido demitida ou pedido demissão do emprego porque não suportou o assédio. Nesse caso, há possibilidade de se discutir o pagamento de indenização pela perda de oportunidade de obtenção da promoção, que poderia ser efetivada não fosse aquele injusto dano contra ele assacado.[23]

O tema ainda desafia posicionamentos divergentes na seara juslaborativa, por ora confundindo os institutos da responsabilidade civil geral com a perda de uma chance, como pode-se destacar das ementas abaixo. A primeira conceitua a perda de uma chance mas não a distingue do dano comum, enquanto a segunda ressalta bem a distinção.

> PERDA DE UMA CHANCE — DANOS MATERIAIS E MORAIS. A perda de uma chance, conquanto venha sendo admitida como nova modalidade de dano, comporta, para sua reparação, o preenchimento dos mesmos **requisitos** de qualquer dano indenizável. É necessária a coexistência, em regra, de um ato ilícito, um erro de conduta ou abuso de direito do agente, além do prejuízo suportado pelo trabalhador e do nexo de causalidade entre a conduta injurídica do primeiro e o dano experimentado pelo último (art. 7º, inciso XXVIII, da Constituição da República e art. 186 do Código Civil de 2002). Preenchidos todos os requisitos, impõe-se a reparação do dano.[24]

> DANO MORAL. INDENIZAÇÃO PELA PERDA DE UMA CHANCE. A indenização pela perda de uma chance ou de uma oportunidade vem sendo entendida pela doutrina como um *tertium genus* na teoria da responsabilidade civil. Constitui o ressarcimento pela privação da chance de se obter um lucro ou de se evitar um determinado prejuízo.[25]

Nas causas envolvendo acidente de trabalho, a teoria da perda de uma chance possui grande aplicação. No caso abaixo, o TRT da 4ª Região manteve a condenação da empresa reclamada no pagamento de pensão à reclamante, vítima de acidente de trabalho, cujo vínculo laborativo foi mantido. Tal indenização foi deferida cumulativamente ao salário da obreira, uma vez que foi constatada que a perda de sua capacidade laborativa reduziu as oportunidades de galgar melhores condições de trabalho e salário na mesma empresa ou oportunidades distintas. Eis o acórdão:

> ACIDENTE DE TRABALHO. RESPONSABILIDADE CIVIL. PENSÃO MENSAL VITALÍCIA. COMPENSAÇÕES. IDADE LIMITE. 1. Demonstrado que a reclamada não ofereceu treinamento adequado ao reclamante e deixou de instalar equipamentos de proteção na serra circular que o feriu, resta configurada sua culpa e responsabilidade pelos danos materiais e morais resultantes do acidente de trabalho; 2. Mesmo que o trabalhador mantenha-se no emprego sem redução de salário, ou obtenha outro posto de trabalho com remuneração idêntica, é certo que a perda parcial da capacidade laborativa reduz suas chances de buscar melhores condições e remuneração na mesma empresa ou no mercado de trabalho. Por isso, a indenização sob a forma de pensão não é compensável com as quantias pagas em retribuição ao trabalho; 3. Verificada a redução da capacidade laboral de forma permanente, é devido o deferimento da pensão mensal de modo vitalício, sobretudo quando se considera que tal medida resguarda o trabalhador de perder a pensão justamente na velhice, quando ela se torna ainda mais necessária. Recurso da reclamada a que se nega provimento.[26]

A Justiça do Trabalho vem sendo frequentemente desafiada a analisar casos envolvendo a aplicação da Teoria da Perda de uma chance, normalmente envolvendo tratativas pré-contratuais, processos seletivos de emprego e questões atinentes a critérios de promoção empresariais.

Sobre o tema, o seguinte precedente do TST expressa:

> I – Recurso de revista da reclamada. 1. Incompetência da Justiça do Trabalho. (...) 3. Teoria da chance perdida. Probabilidade séria e real de auferir vantagem. Subtração abrupta da oportunidade de obter ganho futuro. Intensa sensação de perda. Enquadramento na modalidade de dano moral. Possibilidade. 3.1. A dinâmica da sociedade moderna, a despeito de promover integração e crescimento, imprescinde de mecanismo capaz de atuar tanto na prevenção de lesões, quanto na restauração integral de prejuízos já consumados. 3.2. O impulso dessa estrutura contemporânea, ao fomentar o aparecimento de novos danos à pessoa, promove a edificação de diferentes propostas de reparação, dentre elas: a teoria da perda da oportunidade de obter vantagem certa e determinada (-perte d'une chance-), sob a perspectiva da ação ou omissão responsável pela interrupção do curso natural do processo, antes, portanto, da realização de seu objeto. 3.3. Sobreleva notar que somente a chance séria e real,

---

(22) MELO, Raimundo Simão de. Indenização pela perda de uma chance. *Revista LTr*, v. 71, n. 4, p. 441, abr. 2007.

(23) MELO, Raimundo Simão de, *op. cit.*, p. 441.

(24) TRT-3, 00002-2011-157-03-00-2-RO, Oitava Turma; rel. Juiz convocado Carlos Roberto Barbosa, DEJT de 27.4.2012.

(25) TRT-1, 0017100-96.2008.5.01.040, rel. Marcos Cavalcante, DOERJ de 12.8.2010.

(26) TRT-4, 00007-2006-721-04-00-1 RO; relatora: Ana Rosa Pereira Z. Sagrilo. Julgamento: 23.4.2009.

aqui compreendida como a probabilidade de auferir ganho futuro, é que admite a configuração dessa espécie de dano, pois, do contrário, ter-se-ia o ressarcimento indiscriminado de esperanças aleatórias ou hipotéticas. 3.4. Nesse contexto, não se admite a reparação da perda da própria vantagem, mas do prejuízo decorrente da subtração da chance de obter o resultado esperado, realidade que repercute, inclusive, no valor da indenização. 3.5. A presença dos requisitos que dão alento à configuração da responsabilidade pela perda da chance recomenda a apreciação da causa, sob o enfoque de prejuízos materiais ou imateriais. Recurso de revista não conhecido. [...][27]

Na fase pré-contratual, a teoria também é aplicável na seara trabalhista. A seguir, um caso em que após aprovação na seleção curricular promovida pela reclamada, que envolvia diversos testes, o reclamante foi contratado para trabalhar na função de motorista. Porém, às vésperas de iniciar suas atividades, foi informado que o contrato de trabalho anotado em sua CTPS havia sido cancelado. Diante da séria e real expectativa de assumir o novo posto de trabalho, o obreiro se desligou de relação de emprego anterior, estando desempregado em razão de tal situação. Segue acórdão:

> RESPONSABILIDADE PRÉ-CONTRATUAL. INDENIZAÇÃO PELA PERDA DE UMA CHANCE. DANO MORAL. Demonstrada a existência de clara promessa de emprego por parte da reclamada, em razão da participação do autor de processo seletivo prévio e de exame admissional, cuja contratação restou frustrada pela conduta ilícita praticada pela reclamada, em afronta ao princípio da boa-fé objetiva que norteia também a fase pré-contratual, à luz do art. 422 do Código Civil, e em claro prejuízo ao reclamante, resta devida a indenização pleiteada pelo autor.[28]

O que se observa, no entanto, como alertado nas linhas pretéritas, é que muito se confunde ainda a perda da chance com a perda da vantagem em si, no momento de arbitrar o valor da condenação. A aferição do dano e definição do montante indenizatório, em muitos casos, mostra-se tarefa difícil para o magistrado, que não deve confundir uma mera e hipotética chance com uma séria e verdadeira probabilidade de êxito do resultado esperado. Indispensável, pois, a utilização do princípio da razoabilidade, uma vez que a mensuração da chance perdida deverá necessariamente ser menor que a vantagem esperada. Por isso:

> A reparação da perda de uma chance não pode repousar na certeza de que a chance seria realizada e que a vantagem perdida resultaria em prejuízo. Trabalha-se no campo das probabilidades. Nessa linha, consagrou o o Código Civil (art. 402), o princípio da razoabilidade, caracterizando, no caso, o lucro cessante como aquilo que razoavelmente a vítima deixou de lucrar, o que se aplica a essa terceira espécie de dano, que para aquilatá-lo deve o juiz agir com bom-senso, segundo um juízo de aplicabilidade, embasado nas experiências normais da vida e em circunstâncias especiais do caso concreto. A probabilidade deve ser séria e objetiva em relação ao futuro da vítima, em face da diminuição do benefício patrimonial legitimamente esperado.

No caso abaixo, o empregado foi aprovado em processo seletivo interno, mas foi impedido de ocupar o cargo de maior destaque na empresa e, consequentemente, de perceber maior salário, em razão de ter sido dispensado por justa causa, cuja ocorrência não restou comprovada nos autos, configurando-se o ato de dispensa da empregadora como ilícito.

O juízo entendeu que o ato ilícito da dispensa por justa causa não comprovada retirou a chance de êxito profissional do empregado, que foi aprovado no processo seletivo interno, razão pela qual condenou a empresa ao pagamento das verbas rescisórias com base no salário que o empregado perceberia caso tivesse ocupado o cargo superior.

> E assim se estabelece essa reparação material, considerando que o provável (e o provável, como exposto, consiste no elemento certeza), era que o reclamante fosse guindado ao cargo de supervisor (porque vencedor de todas as etapas do processo de seleção e até comunicado dessa sua esperada promoção), com salário mensal de R$ 1.090,00, não se tendo a certeza, por outro lado (elemento incerto), que permaneceria nesse cargo por este ou aquele período de tempo. Trabalhando, pois, nesta linha de considerações, tem-se que, **a chance real e séria perdida consiste, então, no valor de seu salário para fins de rescisão contratual, e nada mais do que isto** (salário por certo período, por exemplo), considerando, nesta seara, nosso ordenamento jurídico.[29]

Poder-se-ia questionar se realmente se tratou de um caso que desafiasse a aplicação confiável da Teoria da perda de um chance. A indagação é no sentido de que o ato ilícito, combinado à aprovação no processo seletivo se trataria de um dano emergente propriamente dito e não da perda de uma chance. A vantagem era certa, o empregado havia logrado êxito na seleção interna e teve seu direito efetivamente obstado pelo dispensa. O Poder Judiciário foi acionado para que o candidato obtivesse a indenização da vantagem perdida.

---

(27) RR: 93100-69.2003.5.07.0006, relator Ministro: Alberto Luiz Bresciani de Fontan Pereira, Data de Julgamento: 5.9.2012, 3ª Turma, Data de Publicação: 14.9.2012.

(28) TRT 4ª Região; 0000729-59.2011.5.04.0016 RO; Juiz convocado João Batista de Matos Danda (relator); Data de Julgamento: 25.10.2012.

(29) TRT-3, 01533-2007-112-03-00-5-RO, 7ª Turma, rel. Des. Emerson José Alves Lage, julgamento em 25.9.2008, DJMG de 2.10.2008.

No entanto, no caso seguinte, parece mais crível a hipótese de aplicação da teoria da perda de uma chance. O empregado foi impedido de participar de um processo seletivo em que poderia ter a chance de ser aprovado. Ou seja, não há a concessão da vantagem propriamente dita, mas em razão de um ato ilícito, ele teve as chances de participar ceifadas. Participando do processo seletivo, ele poderia lograr a vantagem ou não, o que insere o caso na esfera das possibilidades, critério determinante para aplicação da referida teoria.

> INDENIZAÇÃO POR DANOS MATERIAIS - PERDA DE UMA CHANCE. Demonstrado que a exclusão do reclamante de processo seletivo para emprego decorreu única e exclusivamente da ausência de baixa na CTPS pela antiga empregadora, inegável o enquadramento da conduta da ré no conceito de ato ilícito constante do art. 186 do CC/02, qual seja, a "ação ou omissão voluntária, negligência ou imprudência", por meio da qual se viola direito de outrem, causando-lhe dano. Sendo assim, há de se imputar à reclamada a responsabilidade por tal chance perdida, uma vez estarem presentes os pressupostos comuns da responsabilidade civil e os específicos requisitos dessa espécie de responsabilização (a probabilidade séria e concreta de efetivação do resultado esperado e a verificação da perda de uma chance).[30]

No caso em tela, o candidato a emprego teve prejudicada sua oportunidade de participar do processo seletivo em razão de ato ilícito da antiga empregadora, que não procedeu à baixa em sua CTPS. Pela análise dos termos do processo não resta claro se houve a retenção da CTPS por parte da ex-empregadora ou se esta se recusou a registrar o término do contrato de trabalho. Mas não obstante a ocorrência de uma ou outra hipótese, configura-se ato ilícito obstativo da participação do empregado no processo seletivo. Caso participasse, teria a chance de ser aprovado para o novo emprego, mas apenas uma chance, justamente a chance que ele perdeu.

Lado outro, com especial prestígio ao princípio da boa fé contratual e, considerando a bilateralidade do contrato de emprego, acreditamos ser devida a indenização nas hipóteses em que o causador do dano é o empregado. Porém, em tais hipóteses, torna-se ainda mais relevante a adequação da teoria da perda de uma chance às especificidades do ramo justrabalhista, em que o empregado é hipossuficiente em relação ao empregador. Por isso, imperioso destacar o princípio da assunção dos riscos, que exprime a característica da alteridade, inerente à figura do empregador. Esta parte da relação empregatícia, potencialmente mais forte, deve assumir os riscos pelos custos e resultados do trabalho prestado pelo obreiro, além de se responsabilizar pela sorte de seu próprio empreendimento, sendo vedado distribuir reais prejuízos ou perdas aos empregados. A regra da assunção dos riscos pelo empregador direciona para a vedação de descontos nos salários do empregado, limitados às hipóteses autorizativas previstas no art. 462 da CLT[31], conferindo considerável intangibilidade ao salário recebido pelo empregado.[32]

Por fim, resta destacar que uma vez comprovada a hipótese de sério e real dano causado pelo empregado ao seu empregador e sendo cabível a indenização pela perda de uma chance, caberá ao magistrado trabalhista atentar-se à regra prevista no art. 477, § 5º da CLT, o que atende às especificidades do Direito do Trabalho, além de corresponder à justiça social. Por isso, o grau de probabilidade, que determina o valor da indenização, deve se compatibilizar aos ditames imperativos do ramo justrabalhista.

Jorge Cavalcanti Boucinhas Filho menciona julgado do TRT da 23ª Região[33] que indeferiu pedido de indenização

---

(30) TRT-3, 00628-2011-028-03-00-5-RO, 1ª Turma, rel. Juiz convocado Paulo Mauricio R. Pires, julgamento em 14.5.2012, DEJT de 17.5.2012.

(31) Art. 462 – Ao empregador é vedado efetuar qualquer desconto nos salários do empregado, salvo quando este resultar de adiantamentos, de dispositivos de lei ou de contrato coletivo. § 1º Em caso de dano causado pelo empregado, o desconto será lícito, desde de que esta possibilidade tenha sido acordada ou na ocorrência de dolo do empregado. § 2º É vedado à empresa que mantiver armazém para venda de mercadorias aos empregados ou serviços destinados a proporcionar-lhes prestações in natura exercer qualquer coação ou induzimento no sentido de que os empregados se utilizem do armazém ou dos serviços. § 3º Sempre que não for possível o acesso dos empregados a armazéns ou serviços não mantidos pela empresa, é lícito à autoridade competente determinar a adoção de medidas adequadas, visando a que as mercadorias sejam vendidas e os serviços prestados a preços razoáveis, sem intuito de lucro e sempre em benefícios dos empregados. § 4º Observado o disposto neste Capítulo, é vedado às empresas limitar, por qualquer forma, a liberdade dos empregados de dispor do seu salário.

(32) DELGADO, Mauricio Godinho, op. cit, p. 404.

(33) "[...]. INDENIZAÇÃO PELA PERDA DE UMA CHANCE. CONTRATO DE EXPERIÊNCIA. A reparação civil pela perda de uma chance é devida quando provados os seguintes requisitos: conduta (ação ou omissão); dano, caracterizado pela perda da oportunidade de obter uma vantagem ou de evitar um prejuízo; e nexo de causalidade entre a conduta e o dano. No caso dos autos, o mencionado dano não se verificou, muito embora o Obreiro tenha se submetido a concorrido concurso público, porquanto houve apenas a extinção do contrato de experiência, que atendeu uma de suas finalidades, qual seja, avaliar as aptidões do Reclamante. Como o Obreiro, por sua própria culpa, não atendeu às expectativas patronais, por óbvio, não tem qualquer direito à reparação civil no particular. Apelo obreiro improvido. APELO OBREIRO. DANO MORAL. DISPENSA ILEGAL. INOCORRÊNCIA. Não se vislumbra no particular qualquer ilegalidade na dispensa do Autor a ensejar dano moral, na medida em que o Réu apenas exerceu o seu direito potestativo, assegurado por lei, de dispensar o Demandante, após o seu insucesso no procedimento avaliatório do período de experiência, o que fez sem praticar qualquer ato ofensivo à

por perda de uma chance formulado por empregado que após ser aprovado em disputado concurso público, foi dispensado por não ter sido aprovado na avaliação feita durante seu contrato de experiência. Entendeu-se que no caso houve apenas extinção do contrato de experiência, cuja finalidade também abrange avaliação das aptidões do empregado. Assim, o réu apenas exerceu seu direito potestativo de dispensar o demandante, após o seu insucesso no procedimento avaliatório do período de experiência.[34]

6. Considerações finais

A responsabilidade civil pela perda de uma chance encontra campo fértil de aplicação na seara trabalhista. A ampliação da abrangência do dano reparável para reparar a chance perdida nas relações de trabalho deve sempre atender aos princípios, regras e institutos aplicáveis ao ramo justrabalhista. Assim, doutrina e jurisprudência não mais questionam a difusão da reparabilidade da chance perdida.

Atendendo às regras da teoria geral da responsabilidade civil, é necessário que sejam verificados os requisitos da reparação. Nesse sentido, são afastadas as hipóteses de meras expectativas incertas ou com baixa probabilidade de êxito, assim como os danos eventuais ou hipotéticos. Trata-se de uma chance real e séria, que pode se referir à frustração tanto de uma oportunidade de obtenção de vantagem, quanto da oportunidade de se obstar um dano.

São diversas as hipóteses de aplicação da indenização da perda de uma chance no Direito do Trabalho, desde a fase pré-contratual, até as hipóteses de doenças e acidentes do trabalho; perda da oportunidade de participar do processo seletivo em razão de ato ilícito da antiga empregadora; prejuízo do obreiro ao obter uma promoção, não concretizada em razão de perseguições e de assédio moral praticados pelo superior hierárquico; impedimento de ocupar cargo de maior destaque na empresa e, consequentemente, de perceber maior salário, em razão de ter sido dispensado por justa causa, cuja ocorrência não foi comprovada; dentre outras. A fim de proteger a boa fé contratual, o direto à indenização também deve ocorrer quando o empregado cometer ato danoso ao seu empregador, nos moldes aqui tratados.

A natureza jurídica da indenização pela perda de uma chance, porém, é bastante controversa, sendo tratada ora como lucro cessante, ora como dano emergente ou mesmo como uma terceira hipótese, intermediária. Verificamos que por diversas vezes, tal consideração é feita de forma indevida pelos nossos tribunais. Ainda assim, deverá o magistrado valer-se da razoabilidade para aplicar um montante indenizatório proporcional, conforme um juízo de probabilidade na análise minuciosa do caso concreto.

7. Referências bibliográficas

AFONSO NETO, José. A responsabilidade civil: a teoria da perda de uma chance. *Revista do CAAP*, jan./jun. 2009.

BOUCINHAS FILHO, Jorge Cavalcanti. Aplicação da teoria da responsabilidade civil por perda de uma chance às relações de trabalho. *Revista Justiça do Trabalho*, ano 27, n. 318, jun. 2010.

CAVALIERI FILHO, Sergio. *Programa de responsabilidade civil*. 9. ed. São Paulo: Atlas. 2010.

DELGADO, Mauricio Godinho. *Curso de Direito do Trabalho*. 12. ed. São Paulo: LTr, 2013.

GONDIM, Glenda Gonçalves. A teoria da perda de uma chance: breves considerações sobre a sua aplicação nas demandas trabalhistas. *Revista Trabalhista de Direito e Processo*, ano 8, n. 32. out./nov./dez. 2009.

IRIBARNE, Hector. *De los danõs a la persona*. Buenos Aires: Sociedad Anônima Editora, Comercial, Industria, Financeira, 1995.

MELO, Raimundo Simão de. *Direito ambiental do trabalho e a saúde do trabalhador:* responsabilidades legais, dano material, dano moral, dano estético, indenização pela perda de uma chance, prescrição. 4. ed. São Paulo: LTr, 2010.

MELO, Raimundo Simão de. Indenização pela perda de uma chance. *Revista LTr*, v. 71, n. 4, abr. 2007.

SILVA, Cássia Bertassone da. Responsabilidade civil pela perda de uma chance no Direito do Trabalho. *Revista Síntese Trabalhista e Previdenciária*, n. 277, jul. 2012.

NORONHA, Fernando. *Direito das obrigações*. 3. ed. São Paulo: Saraiva. 2010. p. 670.

SAVI, Sérgio. *Responsabilidade civil por perda de uma chance*. São Paulo: Atlas, 2009.

SILVA, Rafael Peteffi. *Responsabilidade civil pela perda de uma chance*. São Paulo: Atlas, 2006.

VIEGAS, Cláudia Mara de Almeida Rabelo; SILVA, Carlos Brandão Ildefonso; RABELO, Cesar Leandro de Almeida. A reparação civil pela perda de uma chance nas relações jurídicas civis e do trabalho. *Âmbito Jurídico*, Rio Grande, XIV, n. 95, dez 2011. Disponível em: < http://www.ambito-juridico.com.br/site/index.php?n_link=revista_artigos_leitura&artigo_id=10769>. Acesso em: abr. 2013.

PALMEIRA SOBRINHO, Zéu. *Revista LTr*, vol. 75, 10 out. 2011.

---

moral do trabalhador, não merecendo reforma a r. sentença que indeferiu o pedido de condenação do Demandado ao pagamento de indenização por danos morais. Recurso Ordinário do Autor ao qual se nega provimento. APELO PATRONAL. RECONVENÇÃO. DANO MORAL. PESSOA JURÍDICA. A assertiva, realizada intra autos, não é capaz de afetar a credibilidade da instituição bancária, a sua imagem, o seu bom nome, e a sua probidade comercial, pois certamente não há qualquer repercussão do referido ato perante a sociedade. O reconhecimento de eventual dano à moral da pessoa jurídica, diz respeito a sua posição e atributos perante o público, que no caso não restou afetada, não se podendo falar em abalo de sua reputação, como pretende o Reconvinte. Recurso não provido." (TRT 23. RO - 01196.2007.001.23.00-5. Relator: Luiz Alcântara. Julgado em: 4.6.2008, publicação em: 6.6.2008)

(34) BOUCINHAS FILHO, Jorge Cavalcanti. Aplicação da teoria da responsabilidade civil por perda de uma chance às relações de trabalho. *Revista Justiça do Trabalho*, ano 27, n. 318, p. 32, jun. 2010.

CAPÍTULO 10

A (In)Efetividade do Direito Fundamental à Reparação por Danos Injustos no Plano do Direito do Trabalho

Luiz Otávio Linhares Renault(*) e *Ariete Pontes de Oliveira*(**)

> *Só a plena efectivação dos direitos fundamentais permitirá alcançar os valores da igualdade, da justiça e da liberdade, que, embora proclamados pelos textos constitucionais, ainda tão distantes se encontram, na verdade, de uma plena concretização.* (ABRANTES, 2005. p. 20)

1. Introdução

A efetividade dos direitos fundamentais, seja no plano vertical ou horizontal, de forma direta e imediata, é condizente com a nova organização de Estado, que se afirma Estado Democrático de Direito, numa perspectiva solidarista. Assim, não há mais como se reconhecer uma leitura individualista do Direito, que pressupunha a igualdade e a liberdade das pessoas no plano formal.

A nova ordem jurídica, democrática e solidarista, elegeu a pessoa humana como fundamento do Estado Democrático de Direito, e o alcance da promoção da pessoa humana, depende necessariamente da efetividade dos direitos fundamentais, ou seja, forçoso se faz a recepção dos direitos fundamentais no plano da concretude, para assim, se alcançar a igualdade e a liberdade da pessoa.

No plano juslaboral, a efetividade dos direitos fundamentais se apresenta duplamente, pois exige que a materialidade dos direitos fundamentais ocorra em relação à pessoa do indivíduo e também em relação à pessoa do trabalhador.

Nesta perspectiva, propõe-se a interpretação do direito fundamental à reparação integral por prática de danos injustos em desfavor do trabalhador.

Para se alcançar o objetivo proposto, que é a revisitação do direito fundamental da reparação integral no plano juslaboral, deve-se reconhecer nova hermenêutica de interpretação ao dever de reparar, que deve ser teorizado a partir dos princípios da dignidade humana, da solidariedade e da reparação integral. Nesta nova perspectiva, o dever de reparar desloca a sua função, outrora de punição do ofensor, à renovada função de reparar integralmente a vítima do dano injusto. Portanto, o Direito deve, por meio da reparação, restabelecer a harmonia social desrespeitada quando da prática do dano injusto, buscando a efetividade do direito à reparação na forma integral.

Visando a atingir o seu objetivo, a pesquisa pautou-se pelo estudo da teoria geral dos direitos fundamentais, de modo a alcançar a sua historicidade a partir de suas dimensões, o seu conceito, e a construção das teorias de sua efetividade direta e imediata às relações privadas. No segundo momento, pautou-se pelo estudo dos direitos fundamentais no plano da reparação por danos injustos na esfera juslaboral, abordando a quantificação do dano moral, a legitimidade para arguição de dano moral em ricochete, a construção teórica da perda de uma chance e, por fim, a necessária extensão do dano existencial.

2. Teoria geral dos direito fundamentais

O estudo dos direitos fundamentais exige a compreensão da sua historicidade e dimensões, a sua conceituação, bem como a discussão acerca de sua efetividade.

2.1. Historicidade

A historicidade dos direitos fundamentais traz como consequência o reconhecimento da construção destes direitos, em prol da emancipação da pessoa humana. Ou seja, "os direitos fundamentais não são um dado, mas um construído."[1]

A construção dos direitos fundamentais em distintas dimensões tem por fim assegurar, a partir da perspectiva de interdependência destes direitos, a efetivação da dignidade da pessoa humana.

Neste sentido, a exposição observará a construção histórica dos direitos fundamentais a partir da perspectiva das suas dimensões. Prefere-se o termo dimensões, uma

---

(*) Professor dos cursos de graduação e de pós-graduação, mestrado e doutorado, da Pontifícia Universidade Católica de Minas Gerais, com admissão por concurso externo. Desembargador do TRT, 3ª Região.

(**) Doutoranda em Direito do Trabalho pela Pontifícia Universidade Católica de Minas Gerais. Mestre em Direito do Trabalho pela Pontifícia Universidade Católica de Minas Gerais. Professora do Ensino Superior. Advogada.

---

(1) ROMITA, Arion Sayão. *Direitos fundamentais nas relações de trabalho*. 2. ed. São Paulo: LTr, 2007. p. 75.

vez que o termo gerações pode acarretar a ideia de que, com o passar dos tempos, uma geração venha substituir a outra geração, e isso de fato não ocorre, pois os direitos fundamentais revelam-se interdependentes em qualquer das dimensões que venham se revelar.

A primeira dimensão dos direitos fundamentais reconhece os direitos da liberdade. O reconhecimento dos direitos das liberdades é reflexo das Revoluções Liberais ocorridas nos séculos XVII e XVIII, como reação ao poder arbitrário das monarquias. Sua inspiração ideológica é o individualismo jurídico e o liberalismo político.[2]

Tratou-se de garantir ao indivíduo burguês, emergente das Revoluções Liberais, o exercício de sua liberdade política e patrimonial sem interferência do Estado, no sentido de se constituírem enquanto direitos de defesa em desfavor do Estado, mas também de garantir que estas liberdades fossem garantidas pelo Estado. Por outras palavras, os direitos de primeira dimensão não representavam apenas a omissão do Estado, mas também a sua ação para protegê-los. Neste contexto valorativo, passou-se a entender os direitos fundamentais como direitos subjetivos de defesa contra o Estado.

No plano das codificações oitocentistas, a positivação dos direitos civis retratava o individualismo próprio desta época. A ordem jurídica, positivada, caracteriza-se, segundo Facchini Neto, pela completude, clareza legislativa e pela coerência do sistema.[3]

Neste período histórico não há que se falar em efetividade dos direitos fundamentais, uma vez que a ordem jurídica liberal garantiu a todos a igualdade, a liberdade e a autonomia, não cabendo ao Estado intervir nas relações privadas de modo a impor condutas substantivas. Os direitos da liberdade (civil e política) valorizam o homem em sua liberdade abstrata.

O reconhecimento dos direitos fundamentais de segunda dimensão ocorre no início do século XX, por meio das Constituições sociais mexicana de 1917 e a alemã de 1919. Os direitos de segunda dimensão têm por fim a justiça social, pela superação da leitura da igualdade formal, propondo, então, a igualdade no plano material. São os denominados direitos sociais.

São os direitos pertinentes à teia de relações sociais formada pela pessoa no meio em que atua, como trabalhador, como membro de comunidades, como participante de coletividades sem as quais não poderia desenvolver suas potencialidades nem usufruir os bens econômicos, sociais e culturais que aspira.[4]

Os direitos sociais e os direitos individuais, de primeira geração, se interpenetram, e se complementam, no sentido de que a afirmação e a efetividade dos direitos sociais garantem o exercício dos direitos das liberdades. Assim, "a liberdade só começa quando a satisfação das necessidades elementares permite que o homem tenha outras preocupações além da simples sobrevivência."[5]

Os direitos sociais exigem atuação positiva do Estado, a fim de efetivar o princípio da igualdade material. Neste sentido, a liberdade é percebida no plano da concretude, no reconhecimento da materialidade mínima de direitos para garantir a existência digna da pessoa. A efetividade dos direitos sociais é própria do Estado de Bem Estar Social — EBES.

A Declaração Universal dos Direitos Humanos (DUDH) — de 1948 reconhece os direitos sociais em seus arts. XXVII a XXVIII. Para buscar a efetividade destes direitos a Organização das Nações Unidas (ONU) em 1966, aprovou o Pacto Internacional dos Direitos Econômicos, Sociais e Culturais (PIDESC), ratificado pelo Brasil pelo Decreto n. 591, de 6 de julho de 1992.

Já a terceira dimensão dos direitos fundamentais foi reconhecida na segunda metade do século XX, remetendo à releitura do Direito e do seu objeto de tutela, superando toda leitura individualista até então conferida. Os direitos de terceira dimensão caracterizam-se pelo reconhecimento de direitos transindividuais, que superam o indivíduo isolado, considerando-o inserido em uma coletividade, tendo, portanto, direitos metaindividuais. São direitos de terceira dimensão, por exemplo, o direito ao desenvolvimento, à paz, ao meio ambiente.

Assim, trata-se de direitos que têm por objetivo a defesa e a proteção do gênero humano, de titularidade coletiva, por isso a releitura conferida ao Direito, que supera o individualismo próprio do período oitocentista, passando a conferir uma leitura solidarista aos institutos jurídicos.

A multiplicação dos direitos fundamentais alcança ainda, no plano da teoria, a discussão de outras dimensões, a saber, a quarta, a quinta e a sexta dimensões de direitos fundamentais. Segundo Arion Sayão Romita[6], a quarta dimensão refere-se aos direitos de manipulação genética,

---

(2) ROMITA, Arion Sayão, *op. cit.*, p. 93.
(3) RENAULT, Luiz Otávio Linhares; FABIANO, Isabela Márcia de Alcântara. Eficácia horizontal dos direitos fundamentais nas relações de emprego – alguma verdade. In *Revista do TST*, Brasília, v. 77, n. 4, p. 208, out./dez. 2011.

(4) ROMITA, Arion Sayão, *op. cit.*, p. 95.
(5) *Ibidem*, p. 99.
(6) *Ibidem*, p. 93.

relacionada com a biotecnologia e bioengenharia como, por exemplo, a cópia de seres humanos; a quinta dimensão refere-se aos direitos da realidade virtual e a sexta refere-se aos direitos emergentes da globalização, como o direito à democracia, à informação e ao pluralismo.

Neste sentido, pode-ser-ia apontar que o Brasil reconhece os direitos de sexta dimensão em seu preâmbulo? Ou ainda, no art. 1º, *caput* da CF/88; art. 14, I, II e III da CF/88[7]; ao tratar do orçamento participativo?

Quanto a estas três últimas dimensões de direitos fundamentais a observação é que a doutrina ainda é hesitosa em estabelecer o seu reconhecimento.

2.2. Conceito

A conceituação dos direitos fundamentais tem como fundamento o reconhecimento de seu verdadeiro pressuposto que é a dignidade da pessoa humana, em razão do valor absoluto da pessoa humana, ocupante do vértice dos valores consagrados por qualquer ordenamento jurídico.[8]

Neste sentido,

> a consagração, a garantia, a promoção e o respeito efetivos dos direitos fundamentais **constituem o mínimo ético** que deve ser acatado por toda a sociedade e todo direito **que desejem apresentar-se como uma sociedade e um direitos justos.** [9](grifos nossos)

O reconhecimento absoluto da pessoa humana nos ordenamentos jurídicos impõe o reconhecimento de que a dignidade da pessoa humana encerra valor heurístico e exerce função hermenêutica. O valor heurístico se revela na influência das edições de normas legislativas e nas decisões judiciais que devem observar a dignidade da pessoa humana. No plano da hermenêutica, a dignidade da pessoa humana irradia-se por todo ordenamento jurídico.[10]

Em assim sendo, pode-se entender que os direitos fundamentais são direitos positivados nas Constituições para assegurar os valores reputados como essenciais à promoção da dignidade humana. "Consubstanciam o eixo central dos valores constitucionais".[11]

Portanto, há de se reconhecer, pelo princípio da dignidade humana, valor fundante do Estado Democrático de Direito, que os direitos fundamentais interiorizam-se em todas as relações jurídicas, viabilizando a coerência do ordenamento, de modo a assegurar que os valores éticos e princípios democráticos valham em todos os âmbitos sociais e relativamente a todas as pessoas.[12]

Ou ainda, ao se reconhecer os direitos fundamentais o sistema jurídico caracteriza-se como sistema de valores, cujo fundamento último é a dignidade da pessoa humana.[13]

Portanto: "Esses direitos [direitos fundamentais] tornam possível o desenvolvimento integral da pessoa no exercício real e efectivo da sua liberdade, a conversão da liberdade abstrata numa autodeterminação, **que se expressa em direitos concretos** [...]"[14] (grifos acrescidos)

Por fim, caber observar que, em um Estado Democrático de Direito, os direitos fundamentais não devem ser considerados no plano do individualismo, porém no plano da solidariedade, considerando-se que a pessoa está inserida em uma coletividade e que por ela se torna, também, responsável. Assim, os direitos fundamentais não são absolutos.

2.3. Efetividade dos direitos fundamentais: plano vertical e horizontal

A discussão da efetividade dos direitos fundamentais supera a concepção estática própria do Estado Liberal e a perspectiva dos direitos fundamentais de primeira dimensão percebidos enquanto direitos subjetivos de defesa do cidadão perante o Estado. O Estado Democrático de Direito e a interdependência dos direitos fundamentais exigem, em prol da afirmação da pessoa humana, a efetivação dos direitos fundamentais assegurados, ou seja, a sua

---

(7) "PREÂMBULO: Nós, representantes do povo brasileiro, reunidos em Assembleia Nacional Constituinte para instituir um Estado Democrático, destinado a assegurar o exercício dos direitos sociais e individuais, a liberdade, a segurança, o bem-estar, o desenvolvimento, a igualdade e a justiça como valores supremos de uma sociedade fraterna, pluralista e sem preconceitos, fundada na harmonia social e comprometida, na ordem interna e internacional, com a solução pacífica das controvérsias, promulgamos, sob a proteção de Deus, a seguinte CONSTITUIÇÃO DA REPÚBLICA FEDERATIVA DO BRASIL."

"Art. 1º A República Federativa do Brasil, formada pela união indissolúvel dos Estados e Municípios e do Distrito Federal, constitui-se em Estado Democrático de Direito e tem como fundamentos:

"Art. 14. A soberania popular será exercida pelo sufrágio universal e pelo voto direto e secreto, com valor igual para todos, e, nos termos da lei, mediante:

I – plebiscito;

II – referendo;

III – iniciativa popular."

(8) ROMITA, Arion Sayão, *op. cit.*, p. 140.

(9) *Ibidem*, p. 140.

(10) *Ibidem.*, p. 143-144.

(11) RENAULT, Luiz Otávio Linhares; FABIANO, Isabela Márcia de Alcântara. *Op. cit.*, p.210.

(12) ABRANTES, José João. *Contrato de trabalho e direitos fundamentais*. Coimbra: Almedina, 2005. p. 15.

(13) *Ibidem*, p. 15-16.

(14) *Ibidem*, p. 15.

concretude. Assim, os direitos fundamentais deixam de ter expressão apenas subjetiva, passando a uma dimensão objetiva, representando a expressão de "[...] uma ordem axiológica de um sistema de valores, em que assenta a unidade do ordenamento e cujo valor fundamental é, em última instância, a dignidade da pessoa humana."[15]

Desta forma, é possível constatar a imbricação entre a noção de Constituição como ordem de valores, dimensão objetiva dos direitos fundamentais e os efeitos jurídicos por eles produzidos.[16]

Quanto à admissibilidade da efetividade no plano horizontal, defende Andréa Presas Rocha[17] a sua justificativa:

> A um, porque tais direitos, como princípios e valores que são, não podem deixar de aplicar-se em toda ordem jurídica e, portanto, também nas áreas de direito privado (princípio da unidade do ordenamento jurídico), e, a dois, pela necessidade de proteção dos particulares não apenas perante o Estado, mas também, por intermédio do Estado, perante outros particulares [...]

Portanto, a imbricação entre a ordem valorativa constitucional e os direitos fundamentais impõe a tutela da pessoa humana em sua plenitude, em sua existência digna e, para tanto, exige-se a efetivação concreta dos direitos fundamentais.

E mais, o § 1º, do art. 5º da CF/88, dispondo que "as normas definidoras dos direitos e garantias fundamentais têm aplicação imediata", não restringiu a efetividade das normas de direitos fundamentais apenas ao plano vertical, e assim, deve-se entender que em todas as relações, sejam elas de poder ou não, deve se fazer incidir diretamente os direitos fundamentais sob pena de desrespeito à disposição constitucional.

Neste sentido, pode-se afirmar, segundo Luigi Ferrajoli[18] que o sistema brasileiro, via normativa constitucional, tem um projeto garantista de efetividade dos direitos fundamentais.

---

(15) *Ibidem*, p. 16.
(16) PEREIRA, Jane Reis Gonçalves. Apontamentos sobre a aplicação das normas de Direito fundamental nas relações jurídicas entre particulares. In BARROSO, Luís Roberto (Org.). *A nova interpretação constitucional*: ponderação, direitos fundamentais e relações privadas. 3. ed. Rio de Janeiro: Renovar, 2008. p. 155.
(17) ROCHA, Andréa Presas. A efetividade dos direitos de cidadania nas relações de emprego: em defesa de uma eficácia direta. In ALMEIDA, Renato Rua de Almeida (Coord.); CALVO, Adriana; ROCHA, Andrea Presas (Orgs.). *Direitos fundamentais aplicados ao Direito do Trabalho*. São Paulo: LTr, 2010. p. 32.
(18) FERRAJOLI, Luigi. *Derechos y garantias*. La ley del más débil. Madri: Trotta, 2010. p.110.

2.3.1. A efetividade funcional dos direitos fundamentais nas relações privadas

Em outra perspectiva, pode-se falar em efetividade funcional dos direitos fundamentais nas relações privadas sob o fundamento da existência de relação jurídica privada qualificada como vertical, desigual ou de sujeição.[19]

Segundo Foucault não só o Estado é capaz de expressar poder, mas também o poder pode ser expressado no âmbito da sociedade, exercido horizontalmente pelos próprios sujeitos nas instituições disciplinares, como as relações familiares, de emprego e de ensino, por exemplo. O poder representaria assim, relação de desigualdade em que a liberdade da pessoa fica limitada.[20]

Neste sentido, a fim de resguardar os níveis máximos de autonomia e de dignidade das pessoas, tem-se a dimensão funcional dos direitos fundamentais.

A relação de emprego, dentre os seus elementos fático-jurídicos, pressupõe a subordinação do empregado ao empregador, estabelecendo limites à liberdade do sujeito trabalhador. Trata-se de relação social de poder, em que o empregador, por meio do poder empregatício, tende, potencialmente, a ameaçar os direitos fundamentais do trabalhador. Sob essa ótica, permite-se a incidência direta dos direitos fundamentais em prol da dignidade do sujeito trabalhador.

Enfim, seja pela teoria da efetividade direta, numa dimensão objetiva dos direitos fundamentais, seja pela teoria da dimensão funcional dos direitos fundamentais, estes direitos têm aplicabilidade nas relações privadas brasileiras, em especial as juslaborais.

2.4. *Vinculação dos particulares aos direitos fundamentais*

Estabelecida a efetividade das normas de direitos fundamentais às relações privadas, cabe a discussão em torno da vinculação destas normas aos particulares, visando-se, com esse entendimento, a efetividade horizontal dos direitos fundamentais em forma e grau de incidência perante os particulares.

2.4.1. Vinculação dos particulares aos Direitos Fundamentais

A efetividade dos direitos fundamentais às relações privadas importa discutir em que forma e grau caberá a sua incidência.

No plano juslaboral, por exemplo, caberia indagar "se uma empresa pode celebrar contratos de trabalho com

---

(19) PEREIRA, Jane Reis Gonçalves, *op. cit.*, p. 146.
(20) *Ibidem.*, p. 146-148.

cláusula pela quais os trabalhadores renunciem a exercer atividade partidária ou a sindicalizar" ou ainda, "se uma empresa pode celebrar contrato de trabalho em que conste cláusula de celibato do empregado, ou ainda, que o obrigue a não ter filhos durante a vigência do contrato ou por prazo certo, sob pena de demissão por justa causa."[21]

Pelo que se vê, não somente o Estado ameaça os direitos fundamentais dos indivíduos, mas estes também, em suas relações privadas são capazes de ameaçar os direitos fundamentais.

Para Jane Reis Gonçalves Pereira[22] o problema da efetividade dos direitos fundamentais nas relações privadas é que ambas as partes são titulares de direitos e deveres, que se limitam e condicionam mutuamente.

Entendendo pela aplicabilidade dos direitos fundamentais às relações privadas, vale dizer, pela sua admissibilidade, avultam duas teorias acerca da forma e grau de incidência: a) teoria da efetividade mediata dos direitos fundamentais e b) teoria da efetividade imediata dos direitos fundamentais.

a) Efetividade indireta ou mediata dos direitos fundamentais na relação entre particulares

A teoria da efetividade mediata reconhece os efeitos irradiantes dos direitos fundamentais na ordem jurídica, incluindo as relações entre particulares. No entanto, defende que a dimensão objetiva e valorativa dos direitos fundamentais não acarreta a incidência direta nas relações privadas, implicando a necessidade de sua observação pelo Estado, seja no processo de elaboração legislativa, seja na interpretação do Direito Privado, pelo judiciário. "Há sempre a necessidade de que um órgão estatal — este sim, destinatário direto das normas que reconhecem os direitos — atue como mediador da aplicação dos direitos fundamentais no âmbito privado" [23]

Ao discorrer acerca da efetividade mediata dos direitos fundamentais às relações privadas, Daniel Sarmento[24] aponta que "Competiria ao legislador proteger os direitos fundamentais na esfera privada, mas sem descurar-se da tutela da autonomia da vontade." Portanto, caberia ao Legislativo fazer a ponderação entre os valores constitucionais e a consciência social de cada época. Continua o autor:

Ao Judiciário sobraria o papel de preencher as cláusulas indeterminadas criadas pelo legislador, levando em consideração os direitos fundamentais, bem como rejeitar, por inconstitucionalidade, a aplicação das normas privadas incompatíveis com tais direitos [...] Apenas em casos excepcionais, de lacuna do ordenamento privado, e de inexistência de cláusula geral ou de conceito indeterminado que possa ser preenchido em harmonia com os valores constitucionais, é que se permitiria ao juiz a aplicação direta dos direitos fundamentais nas relações privadas, independentemente da mediação do legislador[25].

Portanto, a incidência dos direitos fundamentais às relações privadas, pela teoria da efetividade mediata, ocorre no momento em que o legislador concretiza os comandos constitucionais ou quando o juiz interpreta o direito privado sob a perspectiva dos direitos fundamentais, ou seja, a incidência ocorre por meio da mediação. Trata-se de reconhecer a Constituição como ordem de valores, que se irradia sobre a legislação infraconstitucional e também sobre a interpretação do Direito.

Historicamente, a teoria da efetividade mediata foi aplicada pela Corte Constitucional alemã em 1950, no caso Lüth. O objeto da discussão, em relação privada, foi o boicote organizado por *Lüth*, então presidente do Clube de Imprensa de Hamburgo, em desfavor de um filme dirigido por *Veith Harlan,* de passado nazista. A produtora e a distribuidora do filme insurgiram-se contra a posição de *Lüth*, e em instância inicial se viram vencedoras, sob o argumento de quem causa dano a outrem, de forma injustificada, ofendendo os bons costumes, deve reparar – art. 826 do Código Civil alemão. *Lüth* interpôs queixa constitucional para o Tribunal Constitucional, que acolheu o recurso, entendendo que as cláusulas gerais de direito privado, como "bons costumes", devem ser interpretadas em consonância com a ordem de valores dos direitos fundamentais.[26]

Para esta teoria, imediatos dos direitos fundamentais é negada por colocar em risco a autonomia privada dos indivíduos, o que descaracterizaria o Direito Privado.

b) Efetividade imediata dos direitos fundamentais na relação entre particulares

A princípio, observa-se que também a efetividade imediata dos direitos fundamentais aos particulares no plano horizontal é fundamentada na dimensão objetiva dos direitos fundamentais. Conforme observado por José João Abrantes[27], os direitos fundamentais retratam

---

(21) *Ibidem,* p. 138-139.
(22) *Ibidem,* p. 142.
(23) *Ibidem,* p.160.
(24) SARMENTO, Daniel. A vinculação dos particulares aos direitos fundamentais no direito comparado e no Brasil. In: BARROSO, Luís Roberto (Org.). *A nova interpretação constitucional:* ponderação, direitos fundamentais e relações privadas. 3. ed. Rio de Janeiro: Renovar, 2008. p. 213.

(25) *Ibidem,* p. 214.
(26) *Ibidem,* p. 215.
(27) ABRANTES, José João, *op. cit.*

uma ordem axiológica de valores que se irradiam por toda a ordem jurídica em prol da dignidade da pessoa humana, incluindo então as relações privadas.

A teoria da efetividade direta dos direitos fundamentais foi defendida por *Hans Carl Nipperdey*, a partir dos anos 1950 do século passado na Alemanha. O jurista defendeu que, além de direitos fundamentais, que vinculam diretamente o Estado, há outros, que pela sua natureza, podem ser invocados diretamente nas relações privadas, revestindo-se de oponibilidade *erga omnnes*. *Nipperdey* justifica a sua afirmação com base na constatação de que os perigos, que espreitam os direitos fundamentais no mundo contemporâneo, não provêm apenas do Estado, mas também dos poderes sociais e de terceiros em geral."[28]

Assim, pela unidade do ordenamento jurídico não é possível admitir que o Direito Privado fique à margem da incidência direta dos direitos fundamentais, não sendo possível subsistir em uma sociedade uma dupla ética, "[...] que vede certos comportamentos aos poderes públicos, porque atentatórios aos direitos fundamentais, mas os aceite quando praticados por personagens privados."[29]

No sentido de justificar os efeitos imediatos dos direitos fundamentais às relações privadas pode-se observar que:

> Uma democracia plena requer uma tal irradiação dos direitos fundamentais, uma vez que também nas relações privadas pode haver ameaças contra a dignidade humana, designadamente por parte de poderes económicos e sociais de facto, por vezes até mais perigosos do que o próprio Estado.[30]

Assim, a efetividade dos direitos fundamentais assegura condições necessárias à democracia e ao seu bom funcionamento.[31]

Ponderam Luiz Otávio Linhares Renault e Isabela Márcia de Alcântara Fabiano que a efetividade imediata no plano horizonte é " [...] indispensável para proteger os indivíduos de seus semelhantes".[32]

Continuam os autores: "[...] antes de desempenharem qualquer modalidade de atividade, os indivíduos são pessoas humanas, cujo mínimo existencial há de ser assegurado [...]", o que se perfaz por meio da efetividade direta dos direitos fundamentais.

Aponta Daniel Sarmento[33], que o Tribunal Federal do Trabalho alemão já adotou esta teoria na solução de conflitos juslaborais. Em 1957, reconheceu com base nos preceitos constitucionais, a invalidade de cláusula contratual que previa a extinção contratual de trabalho de enfermeiras em um Hospital Privado, caso estas viessem a engravidar. Em outra decisão, em 1989, garantiu, por meio de preceitos constitucionais, a liberdade de um químico que se negou a participar de pesquisa conduzida pela empresa de medicamentos que o empregava, ligada ao desenvolvimento de medicamento que, em caso de guerra nuclear, ajudaria os militares a combater as náuseas.

Por fim, cabe observar que esta teoria não nega a necessidade de ponderação dos direitos fundamentais e a autonomia da vontade, tratando-se de buscar a harmonização caso a caso.

2.4.2. A efetividade dos direitos fundamentais no cenário brasileiro: posição do Supremo Tribunal Federal

A doutrina brasileira que propõe o estudo da efetividade dos direitos fundamentais às relações privadas tende, em sua maioria, a reconhecer os efeitos direitos e imediatos dos direitos fundamentais a essas relações. [34]

No entanto, no plano jurisprudencial, ocorre um fenômeno, que segundo Daniel Sarmento[35], é de certa forma curiosa. Os Tribunais brasileiros têm recepcionado a teoria da efetividade direta e imediata dos direitos fundamentais às relações privadas, sem, contudo, fazer o enfrentamento das condições e limites para esta aplicação.

Quanto à aplicabilidade direta dos direitos fundamentais às relações privadas, o STF se posiciona no sentido da incidência direta, mas, em primeiro momento, este posicionamento se deu de forma indireta, para, só então, em segundo momento, passar ao enfrentamento direto da temática.

Nas decisões proferidas nos julgamentos do Recurso Extraordinário n. 160.222[36], do Recurso Extraordinário n.

---

(28) SARMENTO, Daniel, *op. cit.*, p. 220.

(29) *Ibidem*, p. 219.

(30) ABRANTES, José João, *op. cit.*, p. 15.

(31) SARMENTO, Daniel; GOMES, Fábio Rodrigues. A eficácia dos direitos fundamentais nas relações entre particulares: o caso das relações de trabalho. *Revista do TST*, Brasília, v. 77, n. 4, p. 72, out./dez. 2011.

(32) RENAULT, Luiz Otávio Linhares; FABIANO, Isabela Márcia de Alcântara, *op. cit.*, p. 221.

(33) SARMENTO, Daniel, *op. cit.*, p. 221.

(34) Neste sentido Ingo Wolfgang Sarlet, Carlos Roberto Siqueira Castro, Gustavo Tepedino, Gilmar Mendes e outros. (SARMENTO, Daniel, *op. cit.*, p. 257-260).

(35) SARMENTO, Daniel, *op. cit.*, p. 260.

(36) O objeto do RE envolveu a discussão em torno do direito à privacidade e intimidade das empregadas da empresa *De Millus S.A*, submetendo-lhes a prática de revista íntima para impedir o furto de produtos. No caso, a efetividade dos direitos fundamentais não foi analisada em razão da prescrição. No julgamento o Ministro Pertence manifestou-se contrário à conduta da empresa, que alegando autonomia privada violava os direitos à intimidade e privacidade das empregadas. A manifestação do STF se deu em

158.215-4/RS[37] e do Recurso Extraordinário n. 161.243-6/DF[38], o STF manifestou-se pela efetividade direta dos direitos fundamentais às relações privadas, sem, no entanto, enfrentar diretamente o tema.

Este posicionamento modifica-se com o Recurso Extraordinário n. 201.819-8, ocorrido em 2005. Tratou-se de discutir a efetividade do direito à ampla defesa e ao contraditório, em caso de exclusão de um associado da União Brasileira de Compositores — UCB.

> SOCIEDADE CIVIL SEM FINS LUCRATIVOS. UNIÃO BRASILEIRA DE COMPOSITORES. EXCLUSÃO DE SÓCIO SEM GARANTIA DA AMPLA DEFESA E DO CONTRADITÓRIO. EFICÁCIA DOS DIREITOS FUNDAMENTAIS NAS RELAÇÕES PRIVADAS. RECURSO DESPROVIDO. I. EFICÁCIA DOS DIREITOS FUNDAMENTAIS NAS RELAÇÕES PRIVADAS. As violações a direitos fundamentais não ocorrem somente no âmbito das relações entre o cidadão e o Estado, mas igualmente nas relações travadas entre pessoas físicas e jurídicas de direito privado. **Assim, os direitos fundamentais assegurados pela Constituição vinculam diretamente não apenas os poderes públicos, estando direcionados também à proteção dos particulares em face dos poderes privados.** II. OS PRINCÍPIOS CONSTITUCIONAIS COMO LIMITES À AUTONOMIA PRIVADA DAS ASSOCIAÇÕES. A ordem jurídico-constitucional brasileira não conferiu a qualquer associação civil a possibilidade de agir à revelia dos princípios inscritos nas leis e, em especial, dos postulados que têm por fundamento direto o próprio texto da Constituição da República, notadamente em tema de proteção às liberdades e garantias fundamentais. O espaço de autonomia privada garantido pela Constituição às associações não está imune à incidência dos princípios constitucionais que asseguram o respeito aos direitos fundamentais de seus associados. **A autonomia privada, que encontra claras limitações de ordem jurídica, não pode ser exercida em detrimento ou com desrespeito aos direitos e garantias de terceiros, especialmente aqueles positivados em sede constitucional, pois a autonomia da vontade não confere aos particulares, no domínio de sua incidência e atuação, o poder de transgredir ou de ignorar as restrições postas e definidas pela própria Constituição, cuja eficácia e força normativa também se impõem, aos particulares, no âmbito de suas relações privadas, em tema de liberdades fundamentais. [...].**[39]

Em seu voto, a Ministra Ellen Gracie entendeu que as associações privadas têm autonomia para se organizarem e estabelecerem suas normas de relacionamento entre os sócios. Em uma palavra, a Ministra entendeu pela autonomia privada da UCB.

O Ministro Gilmar Mendes, que pediu vista dos autos, também entendeu tratar-se de caso típico de efetividade de direitos fundamentais às relações privadas, posicionando-se, após tecer considerações sobre a efetividade dos direitos fundamentais às relações privadas, no sentido de garantir a efetividade direta dos direitos fundamentais, garantindo, em sede das relações privadas, a prevalência da ampla defesa e do contraditório. O Ministro acentuou que, pelos REs ns. 160.222, 158.215-4/RS e 161.243-6/DF, o STF já "possui histórico identificável de uma jurisdição constitucional voltada para a aplicação desses direitos às relações privadas".

O Ministro Joaquim Barbosa votou pela aplicabilidade dos direitos fundamentais às relações privadas, sem, entretanto, se posicionar em relação ao grau de incidência, se direta ou indiretamente. Sublinhou o Ministro que "em algumas áreas, a incidência dos direitos fundamentais às relações entre particulares decorre de imposição explícita da própria Constituição Federal." Apontou, como exemplo da incidência direta, a observância das normas de ordem social trabalhista.

O Ministro Carlos Velloso, manifestou-se no sentido de acompanhar a Ministra Ellen Gracie.

O desempate coube ao Ministro Celso de Mello, que votou pela efetividade direta dos direitos fundamentais às relações privadas.

Percebe-se, portanto, que o STF tem posicionamento, ainda que implícito, de cabimento da efetividade direta dos direitos fundamentais às relações privadas.

2.5. Efetividade dos direitos fundamentais nas relações de emprego

A luta pela efetividade dos direitos fundamentais às relações privadas juslaborais justifica-se por dois motivos: a) pelo sujeito contratante vulnerável, o trabalhador, detentor de direitos individuais; b) pela necessidade de efetividade dos direitos sociais juslaborais garantidos ao sujeito trabalhador. Neste sentido, a efetividade dos

---

1995. (SARMENTO, Daniel; GOMES, Fábio Rodrigues, op. cit., p. 76.)

(37) O RE discutiu a validade de cláusula contratual de cooperativa que permitia a exclusão de membros dos seus quadros sem ampla defesa e contraditório, ou seja, discutia-se, no plano privado, a efetividade dos direitos fundamentais. Entendeu-se, pela necessidade da ampla defesa e contraditório. A manifestação do STF ocorreu em 1996. (SARMENTO, Daniel; GOMES, Fábio Rodrigues, op. cit., p. 76-77).

(38) Também em 1996, tem este RE, cujo objeto de discussão envolvia a efetividade da igualdade entre trabalhadores. Neste caso, empregado da *AIR France* discutiu a igualdade dos direitos trabalhistas assegurados no estatuto da empresa, que a princípio só beneficiava empregados franceses. O STF entendeu por aplicar a igualdade de direitos entre os empregados.

(39) RE N. 201819/RJ – RIO DE JANEIRO. RECURSO EXTRAORDINÁRIO. Relator(a): Min. ELLEN GRACIE. Relator(a) p/ Acórdão: Min. GILMAR MENDES. Julgamento: 11.10.2005. Órgão Julgador: Segunda Turma. (grifos acrescidos)

direitos fundamentais conforma-se, duplamente, às diretrizes constitucionais de promoção à dignidade da pessoa humana.

Cabe observar, ainda, que o contrato de trabalho é campo fértil de desrespeito aos direitos fundamentais, em razão da desigualdade havida entre as partes. E ainda, em tempos de precarização das relações de emprego, deve-se, por meio da resistência, própria do Direito do Trabalho, buscar instrumentos que viabilizem a progressividade deste Direito, que também, tem natureza de Direitos Humanos.

Por fim, observa José João Abrantes[40] que "na relação laboral, a eficácia dos direitos fundamentais surge como absolutamente 'natural'". Argumenta o autor que, "a distribuição desigual de poder econômico e social entre trabalhador e empregador e a diferente posição que ocupam na relação de trabalho representam riscos potenciais para a liberdade e os direitos dos primeiros."

Assim, em respeito à dignidade da pessoa humana, cabe ao Direito do Trabalho, sustentar nova hermenêutica de efetividade imediata dos direitos fundamentais às relações privadas, a fim de garantir a promoção do cidadão-trabalhador.

Conforme pondera Arion Sayão Romita[41], "é o reconhecimento dos direitos fundamentais no âmbito das relações de trabalho subordinado que permite aos fracos voltar as armas do Direito contra aqueles que usam o Direito para explorá-los e assim participar do progresso material da sociedade."

Cabe ao Direito do Trabalho, que surgiu das reações às explorações perpetradas pelo capital, reafirmar a sua reação de tutela à pessoa humana por meio da efetividade dos direitos fundamentais, garantindo, assim, a progressividade de sua tutela.

3. Efetividade dos direitos fundamentais nas relações de emprego e o direito à reparação por danos injustos

A relação de emprego tem natureza de negócio jurídico sinalagmático, no qual o empregado coloca à disposição do empregador a sua força de trabalho, cabendo, por sua vez, ao empregador o pagamento do salário. Obviamente que as obrigações de ambas as partes envolvidas nesta espécie de relação jurídica não se resumem a esse *facere e dare* — vão muito além, por força da efetividade dos direitos fundamentais, de modo a assegurar a promoção da pessoa do trabalhador.

Assim, "o trabalhador compromete sua própria pessoa no cumprimento das obrigações contratuais", de modo a afetar os seus interesses profissionais como os pessoais e existenciais.[42]

Cabe registrar que a relação de emprego enseja a efetividade dos direitos fundamentais em dupla perspectiva, do sujeito enquanto pessoa e também do sujeito enquanto trabalhador. Portanto, "o empregado reúne a dupla qualidade de titular de direitos fundamentais que lhe assistem como cidadão e de titular de direitos fundamentais aplicáveis estritamente no âmbito da relação de emprego."[43]

Considerar a efetividade dos direitos fundamentais de forma direta às relações de emprego pressupõe que a pessoa do trabalhador seja considerada em sua integridade, tanto no plano das relações profissionais, quanto nas relações pessoais.

Daí as indagações: a) será que, no plano juslaboral, há plena efetividade dos direitos fundamentais? b) ou ainda mais se deve avançar?

Em razão da necessidade de estabelecer limites à pesquisa, propõe-se a análise da efetividade dos direitos fundamentais limitada à temática da reparação por danos injustos ocorridos na relação de emprego, e nesta perspectiva, serão analisados: a) o dano moral no ambiente juslaboral; b) o dano moral em ricochete; c) a perda de uma chance; d) o dano existencial.

Para tanto, deve-se considerar que no plano do ordenamento jurídico brasileiro, o constituinte de 1988 assegurou a dignidade da pessoa humana como fundamento do Estado Democrático de Direito — art. 1º, III da Constituição da República — CF/88; além de estabelecer como objetivo do Estado Democrático de Direito a obtenção de uma sociedade justa, igualitária e solidária — art. 3º da CF/88. Assegurou, ainda, os direitos fundamentais, tornando possível o exercício real e efetivo das liberdades humanas, convertendo a liberdade abstrata em autodeterminação que se expressa em direitos concretos.[44]

Pondera Antônio Álvares da Silva[45] que "ao especificar, no Capítulo I, "os princípios fundamentais", o constituinte teve em mente salientar **a causa ideológica que serviria de fundamento a todo o ideário constitucional** que a seguir se estabelecia." (grifos nossos)

Deste modo, os reflexos desta mudança metodológica do Direito atingem o instituto da responsabilidade civil,

---

(40) ABRANTES, José João, *op. cit.*, p. 17.
(41) ROMITA, Arion Sayão, *op. cit.*, p. 195.
(42) *Ibidem*, p. 190.
(43) *Ibidem*, p. 187.
(44) ABRANTES, José João, *op. cit.*, p. 15.
(45) SILVA, Antônio Álvares da. *Greve no serviço público depois da decisão do STF*. São Paulo: LTr, 2008. p. 15.

que deve ser teorizado a partir dos princípios da dignidade humana, da solidariedade e da reparação integral. Trata-se de nova hermenêutica, que eleva a pessoa humana ao centro do sistema jurídico, cujos direitos fundamentais devem ser efetivados. Dentre esses direitos destaca-se o restabelecimento da ordem patrimonial ou extrapatrimonial, desorientada pela prática de dano injusto.

Nesta nova perspectiva, o dever de reparar desloca a sua função, outrora de punição do ofensor, à renovada função de reparar a vítima do dano injusto. O Direito deve, por meio da reparação, restabelecer a harmonia social desrespeitada quando da prática do dano injusto e a efetivação dos direitos fundamentais exige que seja realizada a reparação de forma integral.

3.1. O dano moral no ambiente juslaboral e a (in)efetividade do direito fundamental à reparação por dano injusto

No Brasil a primeira decisão a contemplar a reparação por dano moral foi da lavra do Ministro Aliomar Baleeiro, em 1966, que assim se expressou:

> [...] o homem normal, que constitui família, não obedece apenas ao princípio fisiológico, que o lar e os filhos proporcionam ao longo da vida e até pela impressão que se perpetua neles... Se o responsável pelo homicídio lhe frustra a expectativa e a satisfação atual, deve reparação, ainda que seja a indenização de tudo quanto despenderam para um fim ilícito malogrado pelo dolo ou culpa do ofensor. Perderam, no mínimo, tudo quanto investiram na criação e educação dos filhos, e que se converteu em frustração pela culpa do réu.[46]

A decisão não se manifestou de forma expressa ao dano moral, mas tinha por objeto a reparação por danos causados aos pais pela morte de um filho.

A recepção da reparação por danos morais no Brasil ocorre com a CF/88, ao dispor no art. 5º, V, que prevê que "é assegurado o direito de resposta, proporcional ao agravo, além da indenização por dano material, moral ou à imagem".

No entanto, alguns problemas perpassam o instituto, a saber: a) conceituação do dano moral; b) prova do dano moral; c) funcionalização do dano moral: função compensatória? punitiva?; d) quantificação do dano moral; e) não fundamentação das decisões de quantificação por dano moral, tendo como consequência o cerceamento do recurso; f) legitimidade para o pedido de reparação.[47]

No plano do Direito do Trabalho, todos os problemas acima se fazem presentes, e a jurisprudência, no que tange à fixação do valor da indenização, em geral, tem caminhado no sentido de que estabelecer uma quantificação módica.

Há casos em que a fundamentação do *quantum* a ser fixado a título de danos morais, assim se estabelece no plano do TST:

> Não há na legislação pátria delineamento do *quantum* a ser fixado a título de dano pleiteado.
>
> Caberá ao juiz fixá-lo, equitativamente, sem se afastar da máxima cautela e sopesando todo o conjunto probatório constante dos autos.
>
> A lacuna legislativa na seara laboral quanto aos critérios para fixação leva o julgador a lançar **mão do princípio da razoabilidade,** cujo corolário é o princípio da proporcionalidade, pelo qual se estabelece a relação de **equivalência entre a gravidade da lesão e o valor monetário da indenização imposta, de modo que possa propiciar a certeza de que o ato ofensor não fique impune, e servir de desestímulo a práticas inadequadas aos parâmetros da lei.**
>
> De todo modo, é oportuno registrar que a jurisprudência desta Corte vem se direcionando no sentido de rever o valor fixado nas instâncias ordinárias a título de indenização apenas para reprimir valores estratosféricos ou excessivamente módicos, o que não se verifica na hipótese, já que o valor arbitrado à indenização foi de R$15.000,00.[48]

No mesmo sentido, tem-se posicionado o TRT 3ª Região:

> A fixação da indenização por danos morais deve atentar **para o grau de culpa do ofensor, a gravidade do dano sofrido, o caráter pedagógico da medida e o equilíbrio entre a vedação do enriquecimento indevido e a capacidade econômica do causador do dano,** devendo o julgador pautar-se pelo princípio da razoabilidade e proporcionalidade em relação às condições financeiras da empresa e da vítima. (TRT 3ª Região. 16. 0000205-89.2014.5.03.0176 RO. Rel. Des. Sebastião Geraldo de Oliveira. Julg. 27.6.2014) (grifos nossos)

Percebe-se, pois, na linha do TST e também do TRT 3ª Região, que o arbitramento do *quantum* reparatório dos danos morais deve observar: a) a gravidade da ofensa perpetrada; b) o poder econômico do ofensor; c) a punição ao ofensor no momento da quantificação, que não enriqueça a vítima do dano moral e observe os princípios da proporcionalidade e da razoabilidade.

---

(46) MORAES, Maria Celina Bodin de. *Danos à pessoa humana*: uma leitura civil-constitucional dos danos morais. Rio de Janeiro: Renovar, 2003. p. 149.

(47) Idem.

(48) TST – AIRR – 50640-15.2004.5.09.0091 Data de Julgamento: 7.4.2010, relator Ministro: Mauricio Godinho Delgado, 6ª Turma, Data de Publicação: DEJT 14.5.2010. (grifos acrescidos)

Quando a reparação por danos morais é quantificada em valor "excessivamente módico", configura-se flagrante desrespeito e inefetividade aos direitos fundamentais, em especial, ao direito fundamental à integral reparação pelo dano sofrido.

3.2. O dano moral em ricochete no ambiente juslaboral e a (in)efetividade do direito fundamental à reparação por dano injusto

O dano em ricochete, também denominado de dano de indireto, ocorre quando a vítima é atingida de forma indireta ou reflexa, daí a nomenclatura. Trata-se de buscar a reparação em nome próprio, em razão dos efeitos indiretos causados pelo ofensor do dano.

Em regra, as pessoas atingidas indiretamente são aquelas que mantinham ou mantêm relação afetiva com a vítima direta. Assim, por exemplo, dano advindo de acidente com consequente tetraplegia, atinge indiretamente, os pais, a esposa, os filhos da vítima direta[49]. Neste sentido, não há que se falar em dependência econômica da vítima indireta em relação á vítima direta, para que perquira a legitimidade para propositura da reparação civil. Esta interpretação restaria inadequada diante da teoria dos direitos fundamentais, da efetividade imediata às relações privadas.

Quanto a legitimidade para propositura da reparação por danos em ricochete vem se posicionando o TST:

> [...]. RECURSO DE REVISTA. INDENIZAÇÃO POR DANOS MORAIS DECORRENTE DO ÓBITO DO FILHO VITIMADO POR ACIDENTE DO TRABALHO. DIREITO PERSONALÍSSIMO DOS GENITORES, DESVINCULADO DA EXISTÊNCIA DE OUTRAS PESSOAS DO ROL FAMILIAR QUE TAMBÉM SOFRERAM COM A FALTA DO TRABALHADOR, AINDA QUE JÁ INDENIZADOS POR ESTA JUSTIÇA ESPECIALIZADA EM OUTRA LIDE. VIOLAÇÃO À COISA JULGADA NÃO VERIFICADA. O dano moral é caracterizado pela ofensa ou constrangimento que foi produzido à pessoa mediante ato ou prática que alcança seus direitos personalíssimos (CF, art. 5º, X), ou seja, tudo aquilo que causa dor psicológica ou física injustamente provocada. Em se tratando de dano moral em sua intimidade psíquica - falecimento de uma pessoa ligada por laços afetivos, por exemplo -, o sofrimento é presumido pela circunstância, não se cogitando da necessidade de comprovação da dor, aflição, etc. De par com tudo isso, o falecimento de um filho vitimado em face de acidente de trabalho gerou para os genitores — os Reclamantes -, sem dúvida, abalo de ordem psicológica, social e familiar, que necessita de reparação, nos termos dos arts. 1º, III, e 5º, X, da CF — dignidade da pessoa humana e direito da personalidade, respectivamente. [...].[50]

E no mesmo sentido:

> RECURSO DE REVISTA. INDENIZAÇÃO POR DANOS MORAIS. ACIDENTE DE TRABALHO. ÓBITO. DIREITO PERSONALÍSSIMO QUE NÃO INTEGRA O PATRIMÔNIO DO DE CUJUS. INDENES OS ART. 1.823 E 943 DO CÓDIGO CIVIL DE 2002. O dano moral que se pleiteia na hipótese vertente é direito personalíssimo. Não se trata, portanto, de direito patrimonial que integra a cadeia sucessória. Com efeito, a mãe do de cujus não age na condição de sucessora, mas sim na circunstância de quem suporta a dor pela perda do ente querido, no caso, um filho. [...] Nesse sentido é o magistério de Sebastião Geraldo de Oliveira: -Na hipótese, os familiares, dependentes ou os que se sentirem de algum modo lesados poderão intentar ação jure proprio, para obter a reparação do dano moral. Não agirão na condição de sucessores da vítima, mas como autores, em nome próprio, buscando a indenização cabível.- (In Indenizações por acidente do trabalho ou doença ocupacional, Editora LTr, 5. edição, pág. 281). [...].[51]

A análise restritiva de afetividade, repercute diretamente na fundamentalidade do direito a reparação, veja-se a decisão:

> DANO MORAL INDIRETO, REFLEXO OU POR RICOCHETE. LEGITIMIDADE. INTEGRANTES DO NÚCLEO FAMILIAR RESTRITO. **O dano moral indireto, reflexo ou por ricochete ocorre quando a pessoa sofre lesão a um direito personalíssimo causado por dano relativo a outra pessoa, com quem mantinha estreitos laços afetivos.** A identificação dos legitimados à postulação de indenização pelo dano moral por ricochete depende muito das especificidades do caso concreto, entendendo-se, conforme doutrina majoritária, haver legitimidade presumida apenas quanto aos integrantes **do núcleo familiar restrito** (pessoas que mantenham convivência mais íntima com a vítima e que, em regra, morem sob um mesmo teto, sem que necessariamente mantenham ligação de parentesco ou afinidade, tais como esposa, companheira e filhos ou enteados). No caso, as irmãs da vítima, que não residiam sob o mesmo teto do 'de cujus', nem sequer na mesma cidade, não podem ser consideradas parte do círculo mais íntimo do acidentado, o qual era casado e possuía filhos em tenra idade, razão pela qual não fazem jus à indenização pretendida. Sentença mantida.[52]

---

(49) Trata-se da decisão proferida pelo STJ – REsp n. 876.448 – entendendo que os familiares da vítima de bala perdida, que resultou em tetraplegia, são vítimas indiretas de dano moral.

(50) RR-AIRR-51840-46.2008.5.09.0017, relator Ministro: Mauricio Godinho Delgado, Data de Julgamento: 19.10.2011, 6ª Turma, Data de Publicação: 28.10.2011.

(51) (RR-120700-49.2006.5.10.0015, Relator Ministro: Horácio Raymundo de Senna Pires, Data de Julgamento: 8.6.2011, 3ª Turma, Data de Publicação: 17.6.2011.

(52) Decisão confirmada em AIRR – 727-14.2012.5.09.0017 – Data de Julgamento: 23.4.2014, relator Ministro: Márcio Eurico Vitral Amaro, 8ª Turma, Data de Publicação: DEJT 25.4.2014. (grifos nossos)

3.3. A perda de uma chance no ambiente juslaboral e a (in)efetividade do direito fundamental à reparação por dano injusto

A perda de uma chance surge dentro do novo contexto que cerca o dever de reparar. Cabe observar que a constelação bipolar tradicional dano patrimonial/dano moral sofreu um *Big Bang*. Houve expansão dos conceitos de danos a serem reparados e por consequência a problemática de se arguir a autonomização destas "novas" espécies de danos reparáveis.[53]

A perda de uma chance "se exprime pela possibilidade de condenação pela reparação daquele que retirou de outrem uma oportunidade de obter uma vantagem ou de evitar um prejuízo". [54]

No plano juslaboral, a perda de uma chance tem sido apreciada pelos Tribunais, cercada de dúvidas, principalmente em relação a sua natureza jurídica. A jurisprudência vacila no reconhecimento da autonomia do instituto. Decisões há que a enquadram como dano material, sob a forma de lucro cessante ou de dano emergente[55]; ao passo que outras decisões há que a enquadram como dano moral. Há, ainda, outra vertente que prega a autonomia do instituto[56], entendendo tratar-se, dentro do dano material, de outra espécie que não o dano emergente e o lucro cessante. Do ponto de vista doutrinário[57], há aqueles que entendem que a perda de uma chance é um problema de nexo causal. No entanto, seja qual for o caminho a ser trilhado, o problema deve ser enfrentado com um viés dogmático-pragmático, sob pena de inefetividade do direito fundamental à reparação integral.

---

(53) GUEDES, Gisela Sampaio da Cruz. Lucros cessantes: do bom-senso ao postulado normativo da razoabildade. *Revista dos Tribunais*, São Paulo, p. 36, 2001.

(54) TEODORO, Maria Cecília Máximo; TEIXEIRA, Érica Fernandes. Responsabilidade civil pela perda de uma chance no Direito do Trabalho. In: ALVARENGA, Rúbia Zanotelli; TEIXEIRA, Érica Fernandes (Orgs.). *Novidades em Direito e Processo do Trabalho*: estudos em homenagem aos 70 anos da CLT. São Paulo: LTr, 2013. p. 195.

(55) Neste sentido, observa-se BRASIL. TRT 20ª Região, Processo n. 0000402-72.2012.5.20.0004, relator: Desemb. João Bosco Santana de Moraes. [s.d.]

(56) Neste sentido, observa-se BRASIL. TRT 3ª Região, 3ª Turma, processo n. 00136-2013-149-03-00-0 RO; Data de Publicação: 10.2.2014; relator: Luiz Otavio Linhares Renault; revisor: Cesar Machado; Divulgação: 7.2.2014. DEJT. Página 49.

(57) GUEDES, Gisela Sampaio da Cruz, *op. cit*. MULHOLLAND, Caitlin Sampaio. *A responsabilidade civil por presunção de causalidade*. Rio de Janeiro: GZ, 2010.

3.4. O dano existencial no ambiente juslaboral e a (in)efetividade do direito fundamental à reparação por dano injusto

Discorrer sobre o dano existencial importa em reconhecer que os sistemas jurídicos têm garantindo a efetividade dos direitos fundamentais, em especial, da reparação aos danos injustos praticados em desfavor da pessoa humana. Neste sentido pondera Carlos Fernández Sessarego[58] que

> [...] reconforta observar como en nuestros días, a nivel jurídico, se há revalorizado al ser humano y, por ende, se han fortalecido y afinado sus técnicas de tutela cuando las consecuencias del daño son de carácter no patrimonial o estrictamente personal.

Os danos existenciais são reconhecidos a partir da expansão qualitativa dos danos passíveis de reparação. "De fato, o reconhecimento da necessidade de tutela dos interesses existenciais atinentes à pessoa humana [...] passam a ser considerados dignos de proteção, [...][exigindo] o repensar da estrutura individualista e eminentemente patrimonial da ações de reparação."[59]

O dano existencial, entendido como afetação à existência digna da pessoa em razão da frustração da realização de suas atividades cotidianas ou, ainda, daquelas que esperava exercer, pode ocorrer por distintas razões, não sendo possível enumerar as possibilidades, pela natureza aberta da tutela à pessoa humana.

O Direito do Trabalho, agudamente humanista e iluminista, expansionista e vanguardista, em razão do sujeito objeto de sua tutela — o empregado, preocupado com a afirmação e a promoção da dignidade da pessoa humana, viabilizados por meio da efetivação dos direitos fundamentais, é campo especial de estudo do direito existencial.

O reconhecimento do dano existencial trabalhista ainda é incipiente, destacando-se que, em alguns Tribunais, a matéria ainda não chegou à segunda instância.[60]

Contudo, casos há em que o reconhecimento do dano existencial gerou o direito à indenização por danos morais, tudo levando a crer que os pedidos não foram deduzidos de forma correta, vale dizer, sem a devida identificação e caracterização do dano existencial.

---

(58) SESSAREGO, Carlos Fernández. El daño al projecto de vida. In: *Derecho PUC, revista de la Facultad de Derecho de la Pontificia Universidad Católica*, n. 50, Lima, dic. 1996.

(59) SCHREIBER, Anderson. *Novos paradigmas da responsabilidade civil*. 5. ed. São Paulo: Atlas, 2013. p. 85.

(60) Em pesquisa junto ao TRT-20. Disponível em: <www.trt20.jus.br>, não foi localizada nenhuma arguição de dano existencial.

Neste sentido, tem-se os posicionamentos do TRT da 15ª Região[61], TRT 1ª Região[62], TRT 2ª Região[63], TRT 3ª Região[64] e TRT 17ª[65] Região.

Em decisão proferida pelo TRT 15ª Região, a relatora reconheceu o conceito de dano existencial, mas ao final decidiu que a reparação tinha a natureza de dano moral. Neste sentido:

> A violação ao direito social ao lazer, configura o chamado dano existencial, ou dano à existência da pessoa, *"que consiste na violação de qualquer um dos direitos fundamentais da pessoa, tutelados pela Constituição Federal, que causa uma alteração danosa no modo de ser do indivíduo ou nas atividades por ele executadas com vistas ao projeto de vida pessoal, prescindindo de qualquer repercussão financeira ou econômica que o fato da lesão possa decorrer"* (Amaro Alves de Almeida Neto, citado pelo I. Ministro do C. TST, Hugo Carlos Scheuermann, nos autos do Processo RR n. 727-76.2011.5.15.0002, publicado no DEJT em 28.6.2003). Assim, defiro uma indenização a título de danos morais ao reclamante, no importe de R$ 2.000,00 (dois mil reais). Tal quantia é razoável e proporcional, eis que foi levado em consideração, *"in casu"*, diversos fatores, dentre eles: a gravidade dos fatos apurados; a remuneração do reclamante (R$ 772,30); o período de vínculo empregatício (aproximadamente 11 meses); o caráter pedagógico da medida; a capacidade financeira das partes envolvidas, e o cuidado para se evitar o enriquecimento sem causa de qualquer das partes.[66]

Em decisão proferida pelo TRT 3ª Região, situação semelhante é identificada, provavelmente pela forma como o pedido foi deduzido. Veja-se:

> O reclamante entende ser credor de indenização por danos morais, em razão das más condições de trabalho experimentadas na reclamada. Alega que, graças a exigência de cumprimento de longas jornadas, sofreu dano existencial. [...] No caso em tela, o labor em regime de sobrejornada habitualmente exigido do autor não inviabilizava a fruição de descanso lazer e convívio social, de forma a ensejar dano moral/existencial.[67]

O reconhecimento do dano existencial, na maioria dos casos, tem ocorrido em razão do reconhecimento de jornadas excessivas que acarretam como efeito a lesão ao direito à liberdade do trabalhador de se autodeterminar, impedindo seu convívio com a família, vedando-lhe a realização de atividades voltadas para o lazer, para a saúde e para a cultura, e afetando o direito fundamental da liberdade, necessário ao convívio social. No entanto, em outras situações, como em casos de acidente de trabalho, que eventualmente possam gerar incapacidades, e por consequência, afetar a existência da pessoa, o dano existencial não tem sido suscitado, deixando tema tão importante de vir à baila das discussões. Mesmo na incidência de assédio moral, que tenha como consequência a reclusão da pessoa à residência, não se tem arguido o dano existencial.

Deve-se observar que "o dano existencial materializa-se como uma renúncia involuntária às atividades cotidianas de qualquer gênero, em comprometimento das próprias esferas de desenvolvimento pessoal."[68] Assim, inúmeras podem ser as situações causadoras do dano existencial, não havendo justificativas para restringir a incidência do dano existencial às jornadas excessivas.

É importante, por exemplo, reconhecer o dano existencial em situações em que o trabalhador é submetido a condições análogas à de escravos.

Merece destaque a decisão da lavra do Desembargador João Paulo Lucena, do TRT 4ª Região, que identificou e apontou alguns traços do dano existencial, contrastando-o com o dano moral.

Eis pequeno e substancioso excerto do acórdão:

> O dano moral decorre de lesão à intimidade psíquica e moral do trabalhador no contexto do emprego, configurando agressão que acarreta o dever de indenizar por aquele que lhe deu causa.
>
> Já o dano existencial é uma subespécie de lesão aos bens imateriais do indivíduo [...], que com o dano moral não se confunde, decorrendo de um prejuízo causado à própria existência da pessoa, à subtração do seu tempo livre e frustração de projetos de vida, independendo da natureza, singeleza ou grandeza que estes venham a ter.
>
> Configura o dano existencial o impedimento do trabalhador de usufruir o seu tempo e a sua vida da forma que melhor lhe aprouver em função de um ilícito cometido pelo empregador, qual seja a violação do ordenamento jurídico laboral e do princípio da boa-fé objetiva no contrato de emprego, atentando contra os direitos subjetivos do empregado de ter cumprido o pacto laboral dentro dos limites da lei e do avençado entre as partes. É o direito ao ócio, ao fazer ou ao não fazer, a conviver socialmente ou a estar só ou, de outra banda, a praticar aquilo que, a seu exclusivo e subjetivo juízo, melhor proveito, satisfação, bem-estar e felicidade lhe traga, independente da natureza ou de qualquer juízo de valor. No caso de que tratam os autos, é o direito do trabalhador ao

---

(61) Decisão N. 077301/2013-PATR; PROCESSO N. 0001391-25.2012.5.15.0002 - RO.

(62) 00003194820105010071 - RO.

(63) ACÓRDÃO N.: 20131164036; ACÓRDÃO N.: 20130948467; ACÓRDÃO N.: 20131121760.

(64) 1. _0000607-50.2013.5.03.0098 RO; 2. 0001038-66.2013.5.03.0007 ED; 4. _0000167-74.2013.5.03.0059 RO; 8. 0000124-58.2013.5.03.0150 RO

(65) 0037900-96.2012.5.17.0131 – RO.

(66) Decisão N. 077301/2013-PATR. Recurso Ordinário Relator(a): ERODITE RIBEIRO DOS SANTOS DE BIASI). (grifos acrescidos)

(67) (1. _0000607-50.2013.5.03.0098 RO)

(68) SOARES, Flaviana Rampazzo. *Responsabilidade civil por dano existencial*. Porto Alegre: Livraria do Advogado, 2009. p. 46.

livre usufruir da sua vida fora dos limites e das obrigações da relação de emprego, muito especialmente aqueles relativos à extensão da jornada laboral.[69]

Conclui o Desembargador que:

> Desta forma, o dano existencial subjacente à relação de emprego afronta os direitos fundamentais do trabalhador ao obstaculizar a sua plena integração à sociedade, à família e ao usufruto do seu descanso, podendo decorrer da não observância de diversos fatores por parte do empregador.

No que tange ao dano existencial, os intérpretes do Direito do Trabalho avançarão, pouco a pouco, passos seguros, em suas interpretações e em seus estudos a respeito de temática tão importante, a fim de efetivar, sob esse prisma, a tutela da dignidade da pessoa humana, como valor e como princípio fundamental do nosso ordenamento jurídico. Como defendido por Gadamer, a interpretação jurídica deve ser situada em seu tempo, vale dizer, deve ser contextualizada presente e historicamente. Neste sentido, para a efetivação da tutela integral à pessoa humana, assegurada a sua liberdade de autodeterminar-se, o Direito do Trabalho, cedo ou tarde, caminhará em direção ao reconhecimento da autonomia do dano existencial.

4. Notas conclusivas

A dignidade da pessoa humana é fundamento do Estado Democrático de Direito, e para se alcançar a dignidade da pessoa humana, a CF/88 assegurou expressamente distintos direitos fundamentais.

Por sua vez, a promoção da pessoa humana será alcançada por intermédio da efetivação dos direitos fundamentais, seja no plano da eficácia vertical ou no plano horizontal na forma direta e imediata.

No plano das relações juslaborais, a efetivação dos direitos fundamentais apresenta-se em dupla perspectiva; em primeiro lugar, de promoção à pessoa, vale dizer, ao indivíduo; em segundo, de promoção do trabalhador.

Entretanto, há a necessidade de interpretação progressista do direito fundamental à reparação integral trabalhador para: 1) garantir a reparação integral à reparação por danos morais; 2) permitir interpretação extensiva dos sujeitos vítimas do dano moral em ricochete; 3) fomentar melhor sustentação teórica do instituto perda de uma chance e por fim; 4) viabilizar a aplicação mais extensiva do instituto dano existencial.

Por fim, cabe observar que, em tempos de políticas neoliberais de reestruturação produtiva, que impõem modificações socioeconômicas e culturais, a eficácia dos direitos fundamentais às relações privadas exige nova interpretação, no sentido de resistir à relativização do Direito do Trabalho, mostrando-se ativo e resistente, emoldurando e confirmando toda a sua história de proteção e de afirmação da defesa dos direitos essenciais à dignidade humana, da parte hipossuficiente na relação de emprego.

5. Referências bibliográficas

ABRANTES, José João. *Contrato de Trabalho e Direitos Fundamentais*. Coimbra: Almedina, 2005.

ALMEIDA, Cleber Lúcio de. Aula ministrada no dia 19 de março de 2013 no Programa de Pós Graduação em Direito da PUC/MG, Área de concentração: Direito Privado, Linha de pesquisa: Direito do Trabalho, Modernidade e Democracia.

AMARAL, Júlio Ricardo de Paula. Os direitos fundamentais e a constitucionalização do Direito do Trabalho. *Revista do TRT – 9ª Região*, Curitiba, ano 35, n. 65, jul./dez. 2010.

BARROSO, Luís Roberto. Fundamentos teóricos e filosóficos do novo Direito Constitucional brasileiro: pós-modernidade, teoria crítica e pós-positivismo. In: _____ (Org.). *A nova interpretação constitucional:* ponderação, direitos fundamentais e relações privadas. 3. ed. Rio de Janeiro: Renovar, 2009.

BRASIL. Supremo Tribunal Federal. Disponível em: <www.stf.jus.br>.

_____. Superior Tribunal do Trabalho. Disponível em: <www.tst.gov.br>.

_____. Tribunal Regional do Trabalho 1ª Região. Disponível em: <www.trt1.jus.br>.

_____. Tribunal Regional do Trabalho 2ª Região. Disponível em: <www.trt2.jus.br>.

_____. Tribunal Regional do Trabalho 3ª Região. Disponível em: <www.trt3.jus.br>.

_____. Tribunal Regional do Trabalho 4ª Região. Disponível em: <www.trt4.jus.br>.

_____. Tribunal Regional do Trabalho 15ª Região. Disponível em: <www.trt15.jus.br>.

_____. Tribunal Regional do Trabalho 17ª Região. Disponível em: <www.trt17.jus.br>.

_____. Tribunal Regional do Trabalho 20ª Região. Disponível em: <www.trt20.jus.br>.

CASTRO, Carlos Roberto Siqueira. Extensão dos Direitos e Deveres fundamentais às relações privadas. *Revista da EMERJ*, v. 6, n. 23, 2003.

COUTINHO FILHO, Gabriel Lopes. Limites aos limites dos direitos fundamentais. In: ALMEIDA, Renato Rua de Almeida (Coord.); CALVO, Adriana; ROCHA, Andrea Presas (Orgs.). *Direitos fundamentais aplicados ao Direito do Trabalho*. São Paulo: LTr, 2010.

DELGADO, Mauricio Godinho. Constituição da República, Estado Democrático de Direito e Direito do Trabalho. *Revista de Direito do Trabalho*, ano 38, n. 147, jul./set. 2012.

DERBLI, Felipe. *O princípio da proibição do retrocesso social na Constituição de 1988*. Rio de Janeiro: Renovar, 2007.

FERRAJOLI, Luigi. *Derechos y garantias*. La ley del más débil. Madri: Trotta, 2010.

---

(69) 0026300-12.2009.5.04.0401 – RO. Relator: Fernando Luiz de Moura Cassal, TRT 4ª Região. Julgamento em 27.3.2014. (grifos acrescidos)

GUEDES, Gisela Sampaio da Cruz. *Lucros Cessantes:* do bom-senso ao postulado normativo da razoabildade. *Revista dos Tribunais,* São Paulo, 2011.

LIMA, Leonardo Tibo Barbosa. *O contrato de trabalho e a eficácia horizontal dos direitos fundamentais.* Teoria e aportes jurisprudenciais. Roteiro de apresentação em Seminário da disciplina Tópicos em Direito Individual do Trabalho, ministrada pelo Prof. Dr. RENAULT, Luiz Otávio Linhares no Programa de Pós Graduação em Direito da PUC/MG, Área de concentração: Direito Privado, Linha de pesquisa: Direito do Trabalho, Modernidade e Democracia. Seminário realizado no dia 1º de abril de 2013.

MORAES, Maria Celina Bodin de. Risco, Solidariedade e responsabilidade objetiva. In: *RT/FAsc. Civil,* ano 95, v. 854, dez. 2006, p. 11-37.

_____. *Danos à pessoa humana:* uma leitura civil-constitucional dos danos morais. Rio de Janeiro: Renovar, 2003.

MULHOLLAND, Caitlin Sampaio. *A responsabilidade civil por presunção de causalidade.* Rio de Janeiro: GZ, 2010.

OLIVEIRA, Ariete Pontes de; SILVA, Débora Caroline Pereira da. A aplicação da responsabilidade civil pela perda de uma chance no direito do trabalho: discussões sobre a busca pela natureza jurídica do instituto. Artigo a ser publicado no Anais do III CONGRESSO DE DIREITO MATERIAL E PROCESSUAL DO TRABALHO E I CONGRESSO LATINOAMERICANO DE DIREITO MATERIAL E PROCESSUAL DO TRABALHO. Belo Horizonte, 2014.

OLIVEIRA, Sebastião Geraldo. *Indenizações por acidente do trabalho ou doença ocupacional.* 3. ed. São Paulo: LTr, 2007.

PEREIRA, Jane Reis Gonçalves. Apontamentos sobre a aplicação das normas de Direito fundamental nas relações jurídicas entre particulares. In: BARROSO, Luís Roberto (Org.). *A nova interpretação constitucional:* ponderação, direitos fundamentais e relações privadas. 3. ed. Rio de Janeiro: Renovar, 2008.

RENAULT, Luiz Otávio Linhares; FABIANO, Isabela Márcia de Alcântara. Eficácia horizontal dos direitos fundamentais nas relações de emprego — alguma verdade. In: *Revista do TST,* Brasília, v. 77, n. 4, out./dez. 2011.

REPOLÊS, Maria Fernanda Salcedo. A identidade do sujeito constitucional no Brasil: uma visita aos pressupostos histórico-teoréticos na passagem do império para República, da perspectiva da forma de atuação do guardião máximo da Constituição. Conpedi/Campos dos Goytacazes, jun/2007. Disponível em: <http://www.conpedi.org.br/manaus/arquivos/anais/campos/maria_fernanda_salcedo_repoles-1.pdf>.

ROCHA, Andréa Presas. A efetividade dos direitos de cidadania nas relações de emprego: em defesa de uma eficácia direta. In: ALMEIDA, Renato Rua de Almeida (Coord.); CALVO, Adriana; ROCHA, Andrea Presas (Orgs.). *Direitos fundamentais aplicados ao Direito do Trabalho.* São Paulo: LTr, 2010.

ROMITA, Arion Sayão. *Direitos fundamentais nas relações de trabalho.* 2. ed. São Paulo: LTr, 2007.

SARMENTO, Daniel. A vinculação dos particulares aos direitos fundamentais no direito comparado e no Brasil. In: BARROSO, Luís Roberto (Org.). *A nova interpretação constitucional:* ponderação, direitos fundamentais e relações privadas. 3. ed. Rio de Janeiro: Renovar, 2008.

_____; GOMES, Fábio Rodrigues. A eficácia dos direitos fundamentais nas relações entre particulares:o caso das relações de trabalho. *Revista do TST,* Brasília, v. 77, n. 4, out./dez. 2011.

SESSAREGO, Carlos Fernández. El daño al projecto de vida. *Derecho PUC, Revista de la Facultad de Derecho de la Pontificia Universidad Católica,* n. 50, Lima, dic. 1996.

SCHREIBER, Anderson. *Novos paradigmas da responsabilidade civil.* 5. ed. São Paulo: Atlas, 2013.

SILVA, Antônio Álvares da. *Greve no serviço público depois da decisão do STF.* São Paulo: LTr, 2008.

SOARES, Flaviana Rampazzo. *Responsabilidade civil por dano existencial.* Porto Alegre: Livraria do Advogado, 2009.

TEODORO, Maria Cecília Máximo; TEIXEIRA, Érica Fernandes. Responsabilidade civil pela perda de uma chance no Direito do Trabalho. In: ALVARENGA, Rúbia Zanotelli; TEIXEIRA, Érica Fernandes (Orgs.). *Novidades em Direito e Processo do Trabalho:* estudos em homenagem aos 70 anos da CLT. São Paulo: LTr, 2013.

Capítulo 11

Equiparação da Licença-Paternidade à Licença-Maternidade

Maria Cecília Máximo Teodoro[*] *e Miriam Parreiras de Souza*[**]

1. Introdução

O crescimento da população feminina no mercado de trabalho brasileiro foi uma das mais marcantes transformações sociais ocorridas no país nas últimas décadas. A presença das mulheres no mercado de trabalho brasileiro é cada vez mais intensa e diversificada e não mostra nenhuma tendência a retroceder, apesar das sucessivas crises econômicas que tem assolado o país a partir dos anos 1980.

Essa realidade, contudo, não significa que as mulheres têm alcançado as mesmas condições de trabalho que os homens. Diferenças salariais, ocupação de cargos inferiores e discriminações de várias espécies são alguns exemplos do tratamento diferenciado que é destinado às mulheres no mercado de trabalho.

Segundo pesquisa realizada pelo Instituto Brasileiro de Geografia e Estatística[1], o rendimento médio da mulher brasileira equivale a 72,3% da renda média dos homens, ou seja, o salário das mulheres permanece 28% inferior aos dos homens. Mesmo nas ocupações em que é exigida a formação superior, a diferença salarial mostra-se elevada entre homens e mulheres.

O motivo dessa diferença é o objeto deste artigo. Pretende-se demonstrar nesse estudo que um dos principais fatores que impede a melhoria das condições de trabalho da mulher é o fato da mulher engravidar.

A distinção mais marcante entre o homem e a mulher, sem dúvida é a gravidez, uma vez que somente a mulher possui uma fase da vida que é destinada exclusivamente aos cuidados maternos e não ao seu trabalho. Por outro lado, o homem não possui tal característica, pois mesmo quando é presenteado pela paternidade, afasta-se do trabalho somente por cinco dias e logo está de volta à disposição de seu empregador.

O Direito do Trabalho, por sua vez, passou por diversas modificações nas últimas décadas no tocante à proteção ao trabalho da mulher. E dentre essas mudanças, vários estudos concluíram que normas excessivamente protetivas à mulher, quando não fundamentadas nas características especiais do ser feminino, geram um efeito contrário daquele esperado pelo legislador, ocasionando um afastamento da mulher do mercado de trabalho e a degradação das suas condições trabalhistas.

Prova disso é que a Lei n. 7.855/89 revogou expressamente os arts. 379 e 380, da CLT que proibiam, na redação original, o trabalho da mulher em período noturno. O mesmo ocorreu com a Lei n. 10.244/01 que revogou o art. 376, da CLT para permitir o trabalho em jornada extraordinária para a mulher.

Nesse contexto, é importante observar o instituto da licença-maternidade. Inobstante seja de caráter eminentemente protetivo, que busca assegurar a dignidade da mulher no período gravídico-puerperal, atualmente tal direito tem se tornado um obstáculo para o acesso feminino ao mercado de trabalho. Isso porque o homem, quando se torna pai, goza de uma licença em período extremamente inferior ao da mulher, tornando-se com isso, detentor de maior privilégio para entrar e permanecer no mercado de trabalho.

Nesse artigo será demonstrado que as diferenças hoje existentes nas condições de trabalho da mulher, na maioria das vezes, estão pautadas no fato de a mulher ser detentora de garantias que não são igualmente asseguradas aos homens.

Para isso serão abordados fundamentos jurídicos relacionados ao acesso da mulher no mercado de trabalho, muito embora seja reconhecida a importância do estudo de outros elementos relacionados às questões raciais e de gênero que permeiam o tema.

2. A atual situação da mulher no mercado de trabalho

A posição da mulher perante a sociedade passou por muitas modificações ao longo da história. No tocante ao mercado de trabalho e as normas que lhe são aplicáveis, as alterações foram ainda mais significativas.

(*) Pós-Doutora em Direito do Trabalho pela Universidad Castilla La-Mancha, com bolsa de pesquisa da Capes. Doutora em Direito do Trabalho e da Seguridade Social pela USP. Mestre em Direito do Trabalho pela PUC/MG; Professora do Mestrado e da Graduação da PUC/MG.

(**) Mestre em Direito do Trabalho pela PUC/MG. Professora da Graduação da PUC/MG. Advogada.

(1) IBGE. Salário das Mulheres permanece 28% inferior aos dos homens nos últimos três anos. 2012. Disponível em: <http://saladeimprensa.ibge.gov.br/noticias?view=noticia&id=1&busca=1&idnoticia=2096>. Acesso em: 16 set. 2013.

Na antiguidade, a mulher era vista tão somente como procriadora e devia total obediência aos homens, tinha que se submeter unicamente à vida doméstica, criando e cuidando dos filhos. Logo após, na Idade Média, passou a ser considerada como uma aprendiz. No entanto, mesmo sendo vista como um ser inferior começa a exercer com exclusividade determinados ofícios, como fiandeira e tecedeira de seda[2]. Nesse mesmo período, a agricultura pesa sobre os ombros das mulheres, ao lados dos trabalhos de tapeçaria, ouriversaria e vestuário[3].

Com a Revolução Industrial, a mão de obra feminina, sem qualquer espécie de proteção, estava sujeita a toda sorte de exploração. A mulher cumpria longas jornadas de trabalho e recebia baixa remuneração. O processo de industrialização vivido pelo mundo europeu no século XIX caracterizou-se pela exploração do trabalho das chamadas "meias-forças", que era o trabalho da mulher e do menor, porque menos dispendiosas e mais dóceis[4]. É nesta seara que começam a surgir na Inglaterra, França e Alemanha, as primeiras legislações protecionistas em relação ao trabalho da mulher.

Além disso, o trabalho da mulher foi uma das primeiras matérias a constituir objeto de regulamentação pelos organismos internacionais e seu escopo foi uniformizar os custos operacionais, visando a evitar uma concorrência injusta no mercado internacional[5].

No Brasil, a primeira Constituição Federal que versou sobre o tema, foi a promulgada em 1937, que proibia o trabalho da mulher em indústrias insalubres (art. 137, k), além de assegurar assistência médica e higiênica à gestante, prevendo um repouso antes e depois do parto, sem prejuízo do salário (art. 137, l).

A Carta Constitucional de 1946, por sua vez, além dos elementos já dispostos na Constituição anterior, veio acrescentar a proibição da diferença salarial por motivo de sexo (art. 157, II), vedando o trabalho da mulher em indústrias insalubres (art. 157, IX); ao direito da gestante, foi acrescentado o descanso antes e depois do parto, sem prejuízo do emprego, além do já estabelecido em relação ao salário (art. 157, X). Previa ainda a previdência em favor da maternidade (art. 157, XVI)[6].

A Constituição Federal de 1967 foi além, proibindo a diferença de salários, bem como de critérios de admissão por motivo de sexo (art. 158, III). Manteve vedado o trabalho da mulher em indústrias insalubres (art. 158, X), assegurava o descanso remunerado à gestante, antes e depois do parto, sem prejuízo do emprego e do salário (art. 158, XI). Continuava a assegurar a previdência social, visando a proteção à maternidade (art. 158, XVI). Esta nova Constituição, contudo, acrescentou a mulher o direito de aposentadoria aos 30 anos de trabalho, com salário integral (art. 158, XX).[7]

A Carta Constitucional de 1988 inseriu em seu bojo diversos princípios protetivos à mulher, segundo os quais a legislação infraconstitucional deve guardar compatibilidade. Nesse sentido, o art. 3º, IV, da Constituição da República deixa claro que entre os seus objetivos está o de promover o bem de todos, sem preconceitos e sem discriminações. Além disso, no art. 5º é assegurada a igualdade entre homens e mulheres em direitos e obrigações, nos termos da Constituição.

A ressalva do art. 5º quanto ao princípio da igualdade ser exercido nos termos da Constituição, indica claramente sua mitigação, pois muito embora seja assegurado o paralelismo entre homens e mulheres, não é possível deixar de admitir diferenças biológicas evidentes entre eles. Apesar de juridicamente iguais, homens e mulheres são fisiológica e psicologicamente desiguais, por essa razão podem ser tratados de modo desigual sem que isso implique, segundo a vontade do constituinte originário, uma violência à isonomia, mas sim um tratamento desigual com o foco corretivo de desigualdade[8].

Ainda na Constituição de 1988, o art. 7º, XXX, é mais específico no tocante ao princípio da igualdade material entre homens e mulheres, destacando a necessidade ser garantida a igualdade de funções e os mesmos critérios de admissão e de salário para eles.

Diante de tais disposições é possível afirmar que no Brasil existe um sistema normativo que busca proteger a mulher no mercado de trabalho, evitando desigualdades e discriminações em razão do sexo. Todavia, algumas das garantias legais conferidas às mulheres produzem efeitos contrários daqueles esperados. Isso porque não bastassem os preconceitos sociais, por vezes, as mulheres encontram obstáculos legais que as impedem de ter acesso ao mercado de trabalho ou que, por vezes, acabam produzindo uma discriminação inversa.

---

(2) PANUZZIO, Daniele; NASCIMENTO, Grasiele Augusta Ferreira. *Proteção ao trabalho da mulher no limiar do século XXI – o direito e a ética na sociedade contemporânea*. São Paulo: Alínea, 2006. p. 163-164.

(3) BARROS, Alice Monteiro de. *Curso de Direito do Trabalho*. 7. ed. São Paulo: LTr, 2011. p. 854,

(4) Idem.

(5) Ibidem, p. 855.

(6) QUADROS, Grazielle de Matos. A discriminação do trabalho da mulher no Brasil. Disponível em: <http://www3.pucrs.br/pucrs/files/uni/poa/direito/graduacao/tcc/tcc2/trabalhos2011_2/grazielle_quadros.pdf>. Acesso em: 10 set. 2013.

(7) Idem.

(8) MARTINEZ, Luciano. *Curso de Direito do Trabalho*. 3. ed. São Paulo: Saraiva, 2012. p. 629.

Toda norma que visa proteger a mulher, sem se atentar especificamente para as diferenças que ela possui em relação ao homem, acaba por gerar um efeito discriminatório, não desejado. Exemplo disso são as disposições da CLT que excluíam a mulher do trabalho noturno, em condições insalubres, perigosas e penosas, que foram revogadas pela Lei n. 7.855/89. No mesmo viés, o art. 376, da CLT, proibia o trabalho extraordinário da mulher, salvo força maior, que também foi revogado pela Lei n. 10.244/01.

Todos esses dispositivos legais, ao tentar proteger as condições de trabalho da mulher, acabavam por restringir seu acesso ao mercado de trabalho, uma vez que o empregador não tinha interesse na contratação de uma mão de obra limitada. Assim, ao mesmo tempo em que a mulher significa uma força de trabalho dócil, mais fácil de ser domesticada, perante o empregador ela se traduz em uma trabalhadora cheia de limitações, que não vai atender as expectativas de lucro da empresa.

O homem, por outro lado, não possui tais limitações. Sendo assim, seu acesso ao mercado de trabalho é facilitado em comparação ao da mulher. Ora, o empregador certamente terá preferência na mão de obra masculina, que não possui qualquer limitação quanto às atividades desenvolvidas e ao horário de trabalho. Dessa forma, a revogação dos dispositivos celetistas que proibiam o trabalho da mulher em determinadas condições foi acertada.

No entanto, ainda persiste no ordenamento jurídico brasileiro os institutos da licença-maternidade e licença-paternidade que, por sua desigualdade de lapso temporal, geram o mesmo efeito discriminatório em relação à mulher no tocante à diferença salarial e ao seu acesso ao mercado de trabalho.

Recentes pesquisas comprovam que a participação da mulher no mercado de trabalho tem sido crescente nos últimos anos. Os registros da Relação Anual de Informações Sociais (RAIS) do Ministério do Trabalho e Emprego apontam que o nível de emprego com carteira assinada para as mulheres cresceu 5,93% em 2011, em relação ao ano anterior[9].

No entanto, esse crescimento das mulheres no mercado de trabalho não vem acompanhado de políticas antidiscriminatórias em razão do gênero. Por essa razão, as pesquisas atuais também apontam que a diferença salarial entre homens e mulheres é contínua em todas as espécies de trabalho, mesmo naquelas em que é exigida a formação superior.

O Instituto Brasileiro de Geografia e Estatística (IBGE)[10] revelou em março de 2012 que o rendimento médio da mulher brasileira equivale a 72,3% da renda média dos homens, ou seja, o salário das mulheres permanece 28% inferior aos dos homens.

Por outro lado, a ocupação da mulher no mercado de trabalho e a sua qualificação não é tão distinta da dos homens. A mesma pesquisa do IBGE demonstrou que apesar de as mulheres terem mais escolaridade, a diferença salarial em relação aos homens segue estável desde o ano de 2009. Os gráficos a seguir comprovam as distinções apontadas.

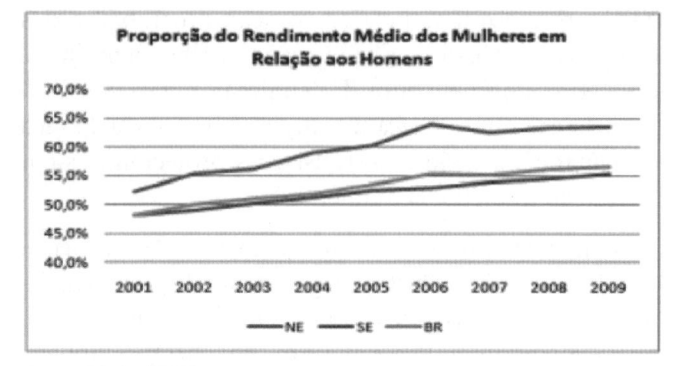

Fonte: PNAD/IBGE

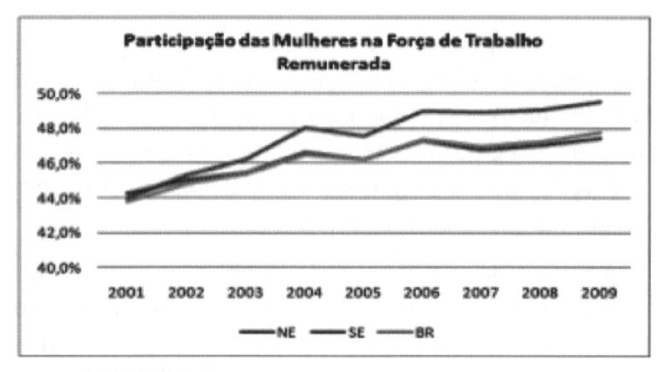

Fonte: PNAD/IBGE

As diferenças salariais por gênero podem alcançar até 40% e apresentam-se como uma característica persistente da economia brasileira, e não podem ser explicadas por diferenças de gênero, nem de produtividade, nem de qualificação.

Então, de fato, a maior parte do diferencial parece ser devida ao pagamento desigual a homens e mulheres com idênticas características observáveis que trabalham na mesma ocupação.

---

(9) RAIS. Registros de emprego com carteira assinada cresceu 5,93% em um ano. 2013. Disponível em: <http://portal.mte.gov.br/imprensa/cresce-a-participacao-da-mulher-no-mercado-de-trabalho/palavrachave/mercado-de-trabalho-rais-mulheres-crescimento-das-mulheres.htm>. Acesso em: 16 set. 2013.

(10) IBGE. Salário das Mulheres permanece 28% inferior aos dos homens nos últimos três anos. 2012. Disponível em: <http://saladeimprensa.ibge.gov.br/noticias?view=noticia&id=1&busca=1&idnoticia=2096>. Acesso em: 16 set. 2013.

3. A legislação simbólica que regulamenta o trabalho da mulher

Diante da hipótese abordada quanto à diferenciação de tratamento conferido à mulher no mercado de trabalho, gerando uma patente discriminação quanto ao nível salarial e as ocupações, necessário se faz investigar qual é o problema que legitima essa prática.

Conforme acima abordado, ao longo dos anos, o legislador preocupou-se em editar normas que dessem à mulher uma proteção especial, tentando com isso garantir a sua dignidade e a igualdade com o homem.

Ocorre que tais normas nem sempre geram o efeito esperado, sendo certo que por diversas vezes acabam por produzir efeitos deletérios, por afastar a mulher do mercado de trabalho e não assegurar a ela a dignidade esperada.

Diante disso, uma quantidade considerável de leis acaba por desempenhar funções sociais latentes em contradição com sua eficácia normativo-jurídica, ou seja, em oposição ao seu sentido jurídico manifesto.

Nesse viés, o doutrinador alemão Harald Kindermann, desenvolveu o que chamou de legislação simbólica, segundo a qual ocorre uma hipertrofia da função simbólica da norma em detrimento da concretização normativa do respectivo texto legal.

A doutrina de Kindermann é tratada no Brasil por Marcelo Neves[11] e é perfeitamente aplicável ao tema ora abordado neste artigo.

De acordo com Kindermann, a função simbólica de uma legislação está presente "quando o legislador se restringe a formular uma pretensão de produzir normas, sem tomar qualquer providência no sentido de criar os pressupostos para a eficácia, apesar de estar em condições de criá-los", ou quando a "produção de textos cuja referência manifesta à realidade é normativo-jurídica, mas que serve, primária e hipertroficamente, a finalidades políticas de caráter não especificamente normativo-jurídico"[12].

Kindermann propôs um modelo tricotômico para a identificação da legislação simbólica. Segundo ele, essa legislação pode ser utilizada para confirmar valores sociais, demonstrar a capacidade de ação do Estado e adiar a solução de conflitos sociais através de compromissos dilatórios[13].

Outro filósofo alemão que trabalha a questão da legislação simbólica é Michael Foucault, ao desenvolver sua teoria sobre a biopolítica.

Segundo Foucault, a legislação simbólica não possui normatividade, ou seja, a capacidade de se fazer valer, uma vez que ela reflete tão somente uma forma de exercício dos mecanismos de poder, através da criação de discursos de verdade.

> Temos que produzir a verdade como, afinal de contas, temos de produzir riquezas. E, de outro lado, somos igualmente submetidos à verdade, no sentido de que a verdade é a norma; é o discurso verdadeiro que, ao menos em parte, decide; ele veicula, ele próprio propulsa efeitos de poder[14].

Com isso, a produção de discursos de verdade é contínua, e o papel que a norma desenvolve nesse contexto é significativo nos dias atuais.

A crença na norma, a ideia de que o que a lei diz é uma verdade em si mesma, é um pensamento de senso comum que permeia cotidianamente a sociedade moderna. Esse potencial que se traduz em um discurso de verdade contido na norma é a essência da força indutora que utiliza a legislação simbólica[15].

Arcelo e Gontijo[16], analisando a teoria de Foucault, afirmam que as normas simbólicas servem à violação de direitos fundamentais justamente porque produzem o efeito de declarar que esses direitos existem e devem ser reconhecidos. Contudo, apesar de declaradas, as normas simbólicas se caracterizam pela baixa normatividade.

No caso do trabalho da mulher, atualmente o instituto jurídico que mais tem cumprido essa função simbólica refere-se à licença-maternidade, quando em comparação com a licença-paternidade.

Nesse sentido, o art. 7º, XVIII, da Constituição da República de 1988 assegura à mulher o direito a licença-maternidade

---

(11) NEVES, Marcelo. *A constitucionalização simbólica*. São Paulo: Martins Fontes, 2007. p. 50.

(12) KINDERMANN, Harald apud NEVES, Marcelo. *A constitucionalização simbólica*. São Paulo: Martins Fontes, 2007. p. 32.

(13) LOPES, Fernanda Ravazzano Azevedo. *O conceito não revelado e as funções não declaradas da ressocialização: a resposta garantista à manipulação da linguagem*. 2009. 244fls. (Dissertação de Mestrado em Direito). Universidade Federal da Bahia. Programa de Pós-Graduação em Direito Público, Bahia, 2009. p. 76. Disponível em: <http://www.bibliotecadigital.ufba.br/tde_arquivos/17/TDE-2010-05-24T064553Z-1652/Publico/FRavazzano%20seg.pdf>. Acesso em: 14 dez. 2012.

(14) FOUCAULT, Michel. *Em defesa da Sociedade*. São Paulo: Martins Fontes, 2005. p. 29.

(15) SILVA JÚNIOR. Arnaldo. *A legislação aparente na construção de uma constitucionalização simbólica*. Disponível em: <http://www.ribeirosilva.com.br/content/pdf/1410201171346.pdf>. Acesso em: 30 jan. 2013.

(16) ARCELO, Adalberto Antônio Batista; GONTIJO, Lucas de Alvarenga. *A biopolítica nos Estados Democráticos de Direito: a reprodução da subcidadania sob a égide da constitucionalização simbólica*. Belo Horizonte, 2011. p. 10.

com a duração de cento e vinte e dias. No inciso XIX, do mesmo artigo, a licença-paternidade é assegurada ao homem, mas seu período deve ser fixado por lei infraconstitucional. Buscando dar efetividade à referida norma, o art. 10, § 1º, dos Atos das Disposições Constitucionais Transitórios (ADCT) fixa o prazo da licença-paternidade em cinco dias, até que a lei venha regulamentar o disposto no texto constitucional.

Diante desse cenário, a mulher tende a sofrer muito mais discriminação no tocante ao seu acesso ao mercado de trabalho e também quanto às condições de trabalho em geral.

Veja-se que com essa disparidade, voltamos ao mesmo problema antes enfrentado com a proibição do trabalho da mulher em período noturno e em atividades insalubres e perigosas.

Com os períodos da licença tão destoantes, a norma que deveria assegurar a proteção a mulher no período gravídico-puerperal, acaba por discriminá-la, considerando que tal disparidade faz com que os empregadores também prefiram a contratação do sexo masculino e assegure-lhes maior proteção durante o contrato de trabalho, para não correrem o risco de contratar mulheres.

Isso explica o fato de o nível salarial das mulheres ser muito inferior ao dos homens. Ora, o empregador prefere pagar salários mais elevados aos homens, uma vez que eles não se afastam do trabalho pelo período de cento e vinte dias, obrigando o empregador a contratar um substituto. A mulher, por sua vez, ainda que ocupe a mesma posição e tenha a mesma qualificação que o homem, no período gestacional significa um prejuízo para o empregador.

Embora o benefício da licença-maternidade seja oferecido pela previdência social, o trabalho da mulher se torna mais dispendioso para o empregador, porque durante o período da licença, este terá de contratar um substituto e arcar com seus custos, ou se reorganizar internamente para suprir a falta da trabalhadora.

Dessa forma, essa norma visa tão somente confirmar valores sociais e acaba por diferenciar os grupos sociais, no caso, homens e mulheres, dando-lhes diferentes valores. Por essa razão, adéqua-se totalmente ao conceito de legislação simbólica tratada por Kindermann.

4. A equiparação do período das licenças--maternidade e paternidade

Estando comprovado que períodos de licença distintos para homens e mulheres geram a discriminação da mulher no mercado de trabalho, necessário se faz uma nova interpretação sobre o tema, a fim de adequar a norma à função para a qual foi criada, garantindo sua eficácia normativo-jurídica.

Inicialmente, convém ressaltar que, ao estabelecer as licenças maternidade e paternidade, a Constituição visa proteger não somente a figura dos trabalhadores, mas principalmente a criança que está sendo gerada, permitindo que seus pais, trabalhadores, tenham tempo para dedicar aos cuidados básicos nos seus primeiros meses de vida.

Prova disso é que o salário maternidade, que é a remuneração recebida pela mulher no período da licença, é pago pela Previdência Social não somente para a segurada empregada, mas também outros tipos de seguradas do Regime Geral de Previdência, conforme disposto no art. 71, da Lei n. 8.213/91, uma vez que não somente a empregada deve ser protegida, mas precipuamente o nascituro.

Ressalte-se, ainda, que a Previdência Social possui caráter contributivo e solidário, sendo certo que homens e mulheres contribuem para o INSS em igualdade de condições, não existindo diferenças de alíquotas em razão do gênero. Dessa feita, a concessão da licença-paternidade em igualdade à licença-maternidade já possui uma fonte de custeio, que são as contribuições realizadas pelos homens em razão da atividade laborativa exercida.

Além disso, com a diferença temporal das licenças, ocorre uma forte tendência e um incentivo para que as mulheres reduzam o seu emprego e assumam a grande maioria das responsabilidades nos cuidados infantis. Por outro lado, os homens são privados da oportunidade de participar ativamente nos cuidados com seus filhos.

Não se ignora que, de fato, a mulher possui mais necessidade de repouso após o parto, uma vez que o seu corpo sofre profundas mudanças com o período gestacional, o que não acontece com o homem. Contudo, esse fato também justifica a imprescindibilidade da presença masculina para ajudar nos cuidados com o filho, possibilitando uma melhor recuperação da mulher.

Ademais, nos casos de adoção pela união homoafetiva, morte pós-parto ou invalidez da mãe é muito provável que o homem cumpra o papel de cuidador da criança. Por tais razões, hodiernamente se afirma que o benefício das licenças é destinado ao menor e não aos trabalhadores.

Nesse sentido, os arts. 226 e 277, da Constituição de 1988 estabelecem que a família, base da sociedade, tem especial proteção do Estado e que a responsabilidade pela vida da criança, do adolescente e do jovem é da família, da sociedade e do Estado.

A família na sociedade contemporânea apresenta uma nova conformação. As relações de gênero avançaram; a mulher entrou ativamente no mercado de trabalho e o homem já não é mais o único provedor do lar. Por essa razão, o homem participa ativamente nos cuidados com o filho.

Mas, com um período de licença-paternidade tão pequeno, o homem fica privado dessa participação ativa no seio familiar, o que infringe o disposto no texto constitucional sobre a proteção a família.

A jurisprudência tem caminhado no sentido de garantir ao homem o direito à licença-paternidade pelo mesmo período da licença-maternidade, mas isso só tem ocorrido em caso de óbito ou invalidez da mãe ou na hipótese de adoção pela união homoafetiva.

Nesse sentido, a juíza da 6ª vara Federal do Distrito Federal concedeu, em liminar, a um servidor da Polícia Federal, cuja mulher faleceu por complicações durante o parto, o direito à licença-maternidade. No mesmo viés, a Segunda Turma Recursal do Paraná concedeu o direito ao salário maternidade pago pelo INSS a um trabalhador, em razão da morte da esposa grávida de sete meses, fazendo-se necessária uma cirurgia de emergência e o nascimento prematuro da criança[17].

No Congresso Nacional tramita o Projeto de Emenda Constitucional n. 5.473/2012, apresentado em 25 de abril de 2013 do Deputado Federal Henrique Oliveira, que propõe a concessão de licença-paternidade nos moldes da licença-maternidade aos pais de recém-nascidos em face do óbito da mãe da criança ou em face de sua invalidez temporária ou permanente.

Todavia, a necessidade de equiparação das licenças não pode se restringir aos casos em que a mulher está impossibilitada de cuidar do filho. Mesmo quando a mulher é saudável a presença masculina na família é imprescindível nesse momento tão delicado da vida.

Mas acima de tudo isso, o que importa ao Direito do Trabalho é que ocorra a efetiva igualdade entre homens e mulheres, cessando a discriminação de gênero nas relações trabalhistas. No tocante ao tema ora abordado, essa igualdade só será alcançada com a equiparação das licenças maternidade e paternidade.

Em razão do princípio constitucional da isonomia, deve ser assegurado a homens e mulheres o mesmo tratamento. Contudo, com a licença-maternidade em período distinto da licença-paternidade, a mulher torna-se mão de obra mais cara para o mercado, dificultando o seu acesso ao mercado de trabalho e prejudicando as suas condições laborativas.

Certamente essa prática confronta com os mais basilares princípios e objetivos do Direito do Trabalho, razão pela qual é necessária uma mudança de foco da proteção ao trabalho da mulher para a promoção da igualdade de gênero no mundo do trabalho. Essa igualdade traduz-se tanto na igualdade de oportunidades no mercado de trabalho quanto no compartilhamento de cuidados e responsabilidades com a criança.

5. A interpretação conforme a Constituição

Diante desse simbolismo do texto constitucional que rege o trabalho da mulher, é necessário realizar uma interpretação constitucional que afaste esse caráter da norma e dê efetividade aos direitos fundamentais, enquanto não se produz uma alteração no texto constitucional.

Inicialmente, convém destacar que a Constituição é composta por normas que possuem várias peculiaridades. Para ser realizada uma interpretação constitucional eficaz, primeiramente é necessário conhecê-las.

As normas constitucionais possuem superioridade jurídica no ordenamento positivado de um Estado. É essa superioridade que confere o caráter paradigmático e subordinante de todo o ordenamento, de sorte que nenhum ato jurídico pode subsistir validamente no âmbito do Estado se contraviér seu sentido[18].

A Constituição contém, ainda, uma força normativa que estimula e coordena as relações entre os cidadãos e o Estado, e dentre eles. Ela possui, por si só, eficácia jurídica, conforme atesta de modo expressivo a moderna doutrina da hermenêutica constitucional, cujas teses são reiteradamente adotadas pela jurisprudência[19].

Contudo, essa eficácia das normas constitucionais não se produz sem a cooperação da vontade humana. Desse modo, os operadores do Direito devem caminhar de forma a alcançar cada vez mais a concretização dos direitos fundamentais, conforme proposto por Konrad Hesse já

---

(17) MASCARO, Sônia. *O direito do pai viúvo à licença-maternidade*. 2012. Disponível em: <http://www.amaurimascaronascimento.com.br/index.php?option=com_content&view=article&id=433:o-direito-do-pai-viuvo-a-licenca-maternidade&catid=93:doutrina&Itemid=248>. Acesso em: 10 set. 2013.

(18) BARROSO. Luís Roberto. *Interpretação e aplicação da Constituição:* fundamentos de uma dogmática constitucional transformadora. 6. ed. rev. atual. e amp. São Paulo: Saraiva, 2004. p. 107.

(19) TEODORO, Maria Cecília Máximo; DOMINGUES, Gustavo Magalhães de Paula Gonçalves. Adicionais de Insalubridade e periculosidade: base de cálculo, cumulatividade e efeitos preventivos e pedagógicos. In: *XX ENCONTRO NACIONAL DO CONPEDI.* 2011, Belo Horizonte: Anais do Recurso Eletrônico do XX Encontro Nacional do Conpedi. Florianópolis: Fundação Boiteaux, 2011, p. 3.270.

nos idos de 1959 e destacado, na doutrina pátria, por Paulo Bonavides[20].

Hesse leciona que a interpretação constitucional tem significado decisivo para a consolidação e preservação da força normativa da Constituição. Para ele, a interpretação adequada é aquela que consegue concretizar o sentido da norma em face de um fato concreto[21].

Por tal razão, a interpretação constitucional deve sempre buscar a concretização da norma, o que não pode ser alcançado tão somente no tradicional método da subsunção lógica ou na construção conceitual[22].

Atualmente, além dos tradicionais métodos de interpretação constitucional — gramatical, sistemático e histórico — a moderna doutrina tem apontados alguns princípios que auxiliam o intérprete nessa árdua missão de encontrar o verdadeiro sentido da norma e aplicá-la ao caso concreto de forma a alcançar a justiça almejada.

Um desses princípios, que auxilia muito na análise do trabalho da mulher é o princípio da interpretação conforme a Constituição.

Por esse princípio prega-se que quando existirem interpretações plausíveis e alternativas para um texto legal, que permita compatibilizá-lo com a Constituição, tal norma não deve ser declarada inconstitucional. "Cuida-se da escolha de uma linha de interpretação de uma norma legal, em meio a outras que o texto comportaria."[23]

Contudo, esse princípio possui vários desdobramentos que vão além de seu conceito originário. Um deles é que é necessário buscar uma interpretação que não seja a que decorra da leitura mais óbvia do dispositivo e, ainda, é de sua natureza excluir a interpretação que contravenha à Constituição.

Luís Roberto Barroso[24] extrai quatro elementos que decorrem do princípio da interpretação conforme a Constituição, quais sejam:

a) Trata-se da escolha de uma interpretação da norma legal que a mantenha em harmonia com a Constituição, em meio a outras possibilidades interpretativas que o texto admite.

b) Essa interpretação busca encontrar um sentido possível para a norma, que não é o que ressalta de forma mais evidente do texto legal.

c) Procede-se a uma exclusão expressa de outras interpretações possíveis, que conduziriam a resultado contrastante com a Constituição.

d) Consequentemente, a interpretação conforme a Constituição torna-se um meio de controle de constitucionalidade pelo qual se declara legítima uma determinada leitura da norma.

e) Nesse mesmo sentido, Jorge Miranda ressalta que:

> A interpretação conforme a Constituição não consiste tanto em escolher entre vários sentidos possíveis e normais de qualquer preceito, o que seja mais conforme com a Constituição, quanto em discernir *no limite* — na fronteira da inconstitucionalidade — um sentido que, conquanto não aparente ou não decorrente de outros elementos de interpretação, é o sentido *necessário* e que se torna *possível* por virtude da forma conformadora da Lei Fundamental.[25]

No entanto, esse esforço interpretativo para preservar a lei em face da Constituição encontra limites, pois não é possível ao intérprete torcer o sentido das palavras nem adulterar a clara intenção do legislador, ou seja, para salvar a lei, não é admissível uma interpretação *contra legem*.[26]

No caso do trabalho da mulher, esse tipo de interpretação é muito aplicável. Quando o legislador constituinte deixa de estabelecer no texto constitucional o período da licença-paternidade, delegando essa função à norma infraconstitucional, certamente tal parâmetro deve ser fixado levando-se em conta os demais institutos e princípios constitucionais aplicáveis ao Direito do Trabalho.

Diante dessa interpretação constitucional, deve ser descartado qualquer sentido atribuível à norma que a torna incompatível com o próprio texto constitucional. Ora, permitir que seja fixado um período para a licença-paternidade inferior àquele assegurado à mulher na licença-maternidade

---

(20) TEODORO, Maria Cecília; DOMINGUES, Gustavo Magalhães de Paula Gonçalves. *Op. cit.*, p. 3.270.

(21) SOUZA, Josafá Jorge de. *A força normativa da Constituição - Konrad Hesse* (resenha). 2005. p. 1. Disponível em: <http://www.viajus.com.br/viajus.php?pagina=artigos&id=350&idAreaSel=16&seArt=yes>. Acesso em: 14 dez. 2012.

(22) TEODORO, Maria Cecília Máximo; DOMINGUES, Gustavo Magalhães de Paula Gonçalves. Adicionais de Insalubridade e periculosidade: base de cálculo, cumulatividade e efeitos preventivos e pedagógicos. In: *XX ENCONTRO NACIONAL DO CONPEDI*. 20.2011, Belo Horizonte: Anais do Recurso Eletrônico... Florianópolis: Fundação Boiteaux, 2011. p. 3.270.

(23) BARROSO. Luís Roberto. *Interpretação e aplicação da Constituição: fundamentos de uma dogmática constitucional transformadora.* 6. ed. rev. atual. e amp. São Paulo: Saraiva, 2004. p. 189.

(24) Idem.

(25) MIRANDA, Jorge. *Manual de Direito Constitucional.* 2. ed. Coimbra: Coimbra Editora, 1983. p. 233.

(26) BARROSO. Luís Roberto. *Interpretação e aplicação da Constituição: fundamentos de uma dogmática constitucional transformadora.* 6. ed. rev. atual. e amp. São Paulo: Saraiva, 2004. p. 192.

é totalmente destoante dos princípios constitucionais que regem a relação de emprego, notadamente o princípio da isonomia.

Por outro lado, considerando que a igualdade de gênero é um direito humano fundamental assegurado constitucionalmente, a interpretação da norma que estabelece um período diferenciado da licença-paternidade colocando a mulher em situação de desvantagem no mercado de trabalho, também encontra óbice no princípio da interpretação conforme a constituição por ferir uma das suas bases.

Assim, a única interpretação que atende aos objetivos do legislador constituinte é a que assegura ao homem o direito à percepção da licença-paternidade em condição de igualdade com a mulher, garantindo-lhe o mesmo direito de participação nos cuidados com os filhos e na vida familiar.

6. O tema no direito comparado: licença--maternidade, licença-paternidade e licença-parental

No Direito Comparado, o tema das licenças concedidas aos pais em razão do nascimento do filho possui conformações diversas, existindo o instituto da licença-parental, além das licenças maternidade e paternidade.

A licença-parental é uma licença relativamente longa concedida ao pai ou à mãe para cuidar do filho após o período da licença-maternidade ou licença-paternidade. As disposições relativas à licença-parental variam consideravelmente de país a país, pois refletem preocupações mais amplas dentro da sociedade, como preocupações relativas ao desenvolvimento infantil, à taxa de fecundidade, à oferta de mão de obra, à igualdade de gênero e à distribuição da renda[27].

Os países europeus avançados adotam a licença-parental e dão suporte aos pais de duas maneiras: através da concessão de licença com estabilidade ou com a concessão de apoio financeiro durante o período da licença. Além disso, a licença pode proteger os dois pais ou apenas um deles.

A Center of Economic and Politic Research analisou a licença-parental em 21 países e constatou que a Finlândia, a Noruega, a Suécia e a Grécia apresentam sistemas de alto desempenho, através da adoção de cinco práticas: o período de licença remunerada é generoso com quotas não transferíveis para cada um dos pais. Além disso, existe a cobertura universal combinada com restrições de elegibilidade simples e estruturas de financiamento que distribuem o custo entre vários empregadores e há, também, uma flexibilidade de programação da licença[28].

Em alguns países, como França e Alemanha, existe um período mínimo que deve ser gozado por cada um dos pais, a título de licença-maternidade e paternidade e um período restante que pode ser de livre escolha entre o casal sobre qual deles usufruirá do afastamento ao trabalho para se dedicar aos cuidados com os filhos, que seria a licença-parental. Na França, o casal possui um período conjunto de 21,8 semanas de licença, sendo que a mulher deve gozar, no mínimo, dezesseis semanas e o homem, no mínimo, duas semanas. O restante do período pode ser ajustado livremente pelo casal. Todos esses períodos são remunerados[29].

Em Portugal, após o nascimento do filho ou filha, a mãe e o pai têm direito a licença-parental inicial de 120 ou 150 dias consecutivos, cujo usufruto pode ser partilhado após o parto. A mãe pode gozar da licença até 30 dias iniciais da licença-parental antes do parto. É obrigatório o gozo, por parte da mãe, de seis semanas de licença a seguir ao parto. Em caso de internamento hospitalar da mãe ou da criança durante o período de licença, este período é suspenso pelo tempo de duração do internamento. No caso de o pai usufruir da licença-parental em pelo menos 30 dias, o subsídio a receber é mais elevado e a duração da licença pode, se os pais assim quiserem, ser aumentada em 30 dias, perfazendo 180 dias.

Além disso, é obrigatório o gozo pelo pai de uma licença-parental de 10 dias úteis, seguidos ou intercalados, nos trinta dias seguintes ao nascimento do filho/a, cinco dos quais gozados de modo consecutivos imediatamente após o parto. Após o gozo da licença prevista, o pai tem ainda direito a 10 dias úteis de licença, seguidos ou intercalados, desde que gozados em simultâneo com o gozo da licença-parental por parte da mãe.

A legislação portuguesa criou também a licença-parental ampliada, em que qualquer um dos progenitores pode gozar mais três meses de licença, num total de seis, subsidiado pela proteção social, correspondendo a 25% da remuneração bruta, o que permite na prática que ambos os progenitores se dediquem ao cuidado da criança nos seus doze primeiros meses de vida.

Os resultados das pesquisas são melhores demonstrados nos gráficos a seguir.

---

(27) Organização Internacional do Trabalho (OIT). *Notas da OIT: Trabalho e Família*. Disponível em: <http://www.oitbrasil.org.br/sites/default/files/topic/gender/pub/br_nota_6_700_726.pdf>. Acesso em: 19 set. 2013.

(28) *Idem*.

(29) OIT – Organização Internacional do Trabalho. Notas da OIT: Trabalho e Família. Disponível em: <http://www.oitbrasil.org.br/sites/default/files/topic/gender/pub/br_nota_6_700_726.pdf>. Acesso em: 19 set. 2013.

TABLE 1
Minimum and Maximum Parental Leave Allotments, in Weeks of FTE Paid Leave

Country	Couples' FTE Paid Leave	Mothers' FTE Paid Leave		Fathers' FTE Paid Leave	
		Minimum	Maximum	Minimum	Maximum
Australia	0.0	0.0	0.0	0.0	0.0
Austria	16.0	16.0	16.0	0.0	0.0
Belgium	18.0	13.9	13.9	4.1	4.1
Canada	27.5	9.4	27.5	0.0	18.2
Denmark	19.6	9.0	18.6	1.0	10.6
Finland	31.7	11.7	29.0	2.7	21.3
France	21.8	16.0	19.8	2.0	5.8
Germany	46.7	14.0	42.0	4.7	28.0
Greece	34.1	17.0	33.5	0.6	17.1
Ireland	20.8	20.8	20.8	0.0	0.0
Italy	25.1	17.3	25.1	0.0	7.8
Japan	26.0	8.4	26.0	0.0	17.6
Netherlands	16.4	16.0	16.0	0.4	0.4
New Zealand	14.0	0.0	14.0	0.0	14.0
Norway	44.0	9.0	38.0	6.0	35.0
Portugal	18.0	6.0	17.0	1.0	14.0
Spain	18.0	16.0	16.0	2.0	2.0
Sweden	46.9	6.9	40.0	6.9	40.0
Switzerland	11.2	11.2	11.2	0.0	0.0
United Kingdom	13.0	12.6	12.6	0.4	0.4
United States	0.0	0.0	0.0	0.0	0.0

Note: The first column is the sum of various combinations of leave taken by the two parents. In countries where the total entitlement is affected by the distribution between parents, we have assumed the shortest entitlement. For Finland and Portugal, the sum of mother's minimum and father's maximum is greater than the couple's total FTE paid leave. In Finland, if fathers take the last two weeks of parental leave, they receive two additional weeks, raising their total FTE paid leave from 31.7 weeks to 33.0 weeks. Similarly, in Portugal, if the fathers take two weeks of parental leave, that leave is paid (although it is unpaid if mothers take it). Thus, if fathers take their maximum FTE paid leave, it raises the total FTE paid leave from 18 weeks to 20 weeks.
Source: Authors' analysis and Ray (2008).

FIGURE 1
Total and FTE Paid Parental Leave for Two-Parent Families

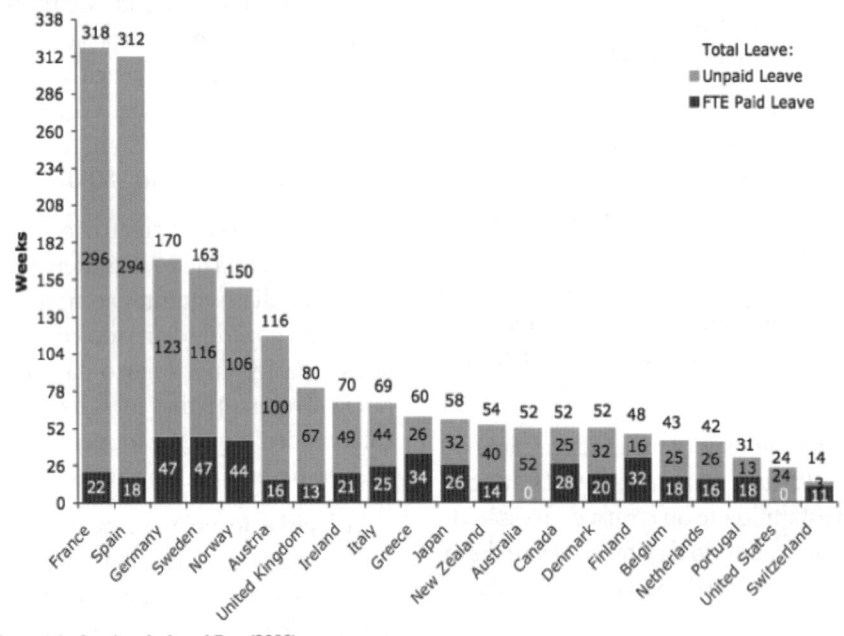

Source: Authors' analysis and Ray (2008).

No Brasil, inobstante ainda não exista a figura da licença-parental — o que seria desejável — através da concessão igualitária das licenças maternidade e paternidade é possível diminuir a desigualdade de gênero atualmente. Além disso, com a equiparação das licenças ocorrerá um reconhecimento dos homens como sujeitos de direitos no exercício das responsabilidades familiares e na possibilidade de conciliar trabalho e família. Por outro lado, será assegurado à mulher o livre acesso ao mercado de trabalho e melhores condições no decorrer do pacto laboral, o que atende aos objetivos do Direito do Trabalho e do Estado Democrático de Direito.

Ressalte-se, ainda, que a diversidade de arranjos familiares hoje existentes na sociedade brasileira, não permite que somente a mulher seja destinatária de um direito decorrente do nascimento do filho, sendo imprescindível o reconhecimento da importância da paternidade e do seu exercício como um direito dos homens.

7. Conclusão

A igualdade de gênero, além de ser um princípio constitucional, é um objetivo perseguido pelos operadores do Direito desde os seus primórdios.

Homens e mulheres possuem distinções físicas e psicológicas que são inquestionáveis. Por essa razão, em alguns momentos, a própria lei assegura a eles direitos distintos, a fim de atender as suas especificidades, em atenção ao princípio da igualdade sob o enfoque material.

Todavia, a mulher sempre foi o indivíduo mais prejudicado nessa relação, uma vez que ela é o ser mais frágil, que possui menos força física e é a única com capacidade para engravidar. Em razão dessa suposta fragilidade, o legislador se preocupou em estabelecer um sistema normativo especialmente aplicável a mulher, buscando assegurar-lhe um livre acesso ao mercado e melhores condições de trabalho.

Ocorre que tais normas protetivas acabaram por gerar um efeito contrário e inesperado. Uma vez que a mulher se torna destinatária de proteções legais que não são conferidas ao homem, ela se torna uma mão de obra mais cara e menos interessante para o empregador. Com isso, a discriminação contra a mulher se inicia no acesso ao mercado de trabalho e se estende durante todo o pacto laboral.

Ainda que a mulher possua a mesma qualificação profissional que o homem e ocupe o mesmo posto de trabalho, recentes pesquisas demonstram que ela ainda recebe salário bem inferior. Tal fato demonstra que a presença feminina no mercado de trabalho não é bem aceita pelos empregadores.

Com o fito de diminuir tais desigualdades, recentes legislações alteraram o texto celetista excluindo algumas proteções conferidas à mulher, tais como a proibição do trabalho em período noturno, em atividades insalubres, perigosas e em jornada extraordinária. Contudo, uma grande discrepância ainda persiste no ordenamento jurídico brasileiro no tocante ao trabalho da mulher, que a torna muito prejudicada no mercado, que é o período da licença-maternidade ser tão superior ao da licença-paternidade.

Quando é assegurado à mulher o direito ao afastamento do serviço por cento e vinte dias para cuidar do seu filho e, por outro lado, o homem é destinatário do mesmo direito pelo período ínfimo de cinco dias, legitima-se uma discriminação no mercado de trabalho contra a mulher.

A partir disso, ela se torna uma mão de obra mais cara para o empregador, razão pela qual seu acesso ao mercado de trabalho torna-se mais difícil e, quando é alcançado, seu salário tem que ser mais baixo para compensar os gastos com o substituto no período da licença-maternidade.

No Direito Comparado, além das licenças maternidade e paternidade, existe a figura da licença-parental, que é um período a mais de licença, que pode ser remunerado ou não, onde os pais decidem qual deles ficará com os cuidados dos filhos naquele período. Além disso, diversos países contam com períodos mínimos e máximos de licença-maternidade e paternidade, oportunizando aos pais a escolha por qual deles ficará com a criança nos primeiros meses de vida.

No Brasil, além de não existir a licença-parental, somente a mulher possui uma licença por um período considerável para cuidar do filho, sendo que o homem não possui a mesma garantia, uma vez que a sua licença é por período tão ínfimo que não o permite participar ativamente da vida familiar.

Adotando-se uma interpretação conforme a constituição, pautada nos princípios da isonomia e nos objetivos do Estado Democrático de Direito Brasileiro, necessário se faz um novo olhar sobre os institutos da licença-maternidade e paternidade, equiparando os prazos de duração, a fim de se alcançar a igualdade de gênero, tão cara ao Direito do Trabalho, dignificando o trabalho da mulher.

8. Referências bibliográficas

ARCELO, Adalberto Antônio Batista; GONTIJO, Lucas de Alvarenga. *A biopolítica nos Estados Democráticos de Direito*: a reprodução da subcidadania sob a égide da constitucionalização simbólica. Belo Horizonte, 2011.

BARROS, Alice Monteiro de. *Curso de Direito do Trabalho*. 7. ed. São Paulo: LTr, 2011.

BARROSO. Luís Roberto. *Interpretação e aplicação da Constituição*: fundamentos de uma dogmática constitucional transformadora. 6. ed. rev. atual. e amp. São Paulo: Saraiva, 2004.

IBGE. *Salário das Mulheres permanece 28% inferior aos dos homens nos últimos três anos.* 2012. Disponível em: <http://saladeimprensa.ibge.gov.br/noticias?view=noticia&id=1&busca=1&idnoticia=2096>. Acesso em: 16 set. 2013.

FOUCAULT, Michel. *Em defesa da sociedade.* São Paulo: Martins Fontes, 2005.

LOPES, Fernanda Ravazzano Azevedo. *O conceito não revelado e as funções não declaradas da ressocialização*: a resposta garantista à manipulação da linguagem. 2009. 244fls. (Dissertação de Mestrado em Direito). Universidade Federal da Bahia. Programa de Pós-Graduação em Direito Público, Bahia, 2009. p. 76. Disponível em: <http://www.bibliotecadigital.ufba.br/tde_arquivos/17/TDE-2010-05-24T064553Z-1652/Publico/FRavazzano%20seg.pdf>. Acesso em: 10 set. 2013.

MARTINEZ, Luciano. *Curso de Direito do Trabalho*. 3. ed. São Paulo: Saraiva, 2012.

NEVES, Marcelo. *A constitucionalização simbólica*. São Paulo: Martins Fontes, 2007.

MIRANDA, Jorge. *Manual de direito constitucional*. 2. ed. Coimbra: Coimbra Editora, 1983.

MASCARO, Sônia. *O direito do pai viúvo à licença-maternidade*. 2012. Disponível em: <http://www.amaurimascaronascimento.com.br/index.php?option=com_content&view=article&id=433:o-direito-do-pai-viuvo-a-licenca-maternidade&catid=93:doutrina&Itemid=248>. Acesso em: 10 set. 2013.

Organização Internacional do Trabalho (OIT). *Notas da OIT*: Trabalho e Família. Disponível em: <http://www.oitbrasil.org.br/sites/default/files/topic/gender/pub/br_nota_6_700_726.pdf>. Acesso em: 19 set. 2013.

PANUZZIO, Daniele; NASCIMENTO, Grasiele Augusta Ferreira. *Proteção ao trabalho da mulher no limiar do século XXI* – O direito e a ética na sociedade contemporânea. São Paulo: Alínea, 2006.

QUADROS, Grazielle de Matos. *A discriminação do trabalho da mulher no Brasil*. Disponível em: <http://www3.pucrs.br/pucrs/files/uni/poa/direito/graduacao/tcc/tcc2/trabalhos2011_2/grazielle_quadros.pdf>. Acesso em: 10 set. 2013.

RAIS. *Registros de emprego com carteira assinada cresceu 5,93% em um ano*. 2013. Disponível em: <http://portal.mte.gov.br/imprensa/cresce-a-participacao-da-mulher-no-mercado-de-trabalho/palavrachave/mercado-de-trabalho-rais-mulheres-crescimento-das-mulheres.htm>. Acesso em: 16 set. 2013.

SILVA JÚNIOR. Arnaldo. *A legislação aparente na construção de uma constitucionalização simbólica*. Disponível em: <http://www.ribeirosilva.com.br/content/pdf/1410201171346.pdf>. Acesso em: 30 ago. 2013.

SOUZA, Josafá Jorge de. *A força normativa da Constituição – Konrad Hesse* (resenha). 2005, p. 1. Disponível em: <http://www.viajus.com.br/viajus. php?pagina=artigos&id=350&idAreaSel=16&seArt=yes>. Acesso em: 30 ago. 2013.

CAPÍTULO 12

Licenças-Maternidade, Paternidade e Parental: Direito Voltado à Proteção da Família, à Dignidade da Pessoa Humana e como Instrumento de Igualdade no Trabalho

Dayse Coelho de Almeida[(*)]

1. Introdução

A licença-maternidade é um direito consolidado na grande maioria dos sistemas jurídico-democráticos. O reconhecimento formal deste direito, através da incorporação no sistema normativo, favoreceu o direito da entidade familiar à convivência e ao respeito à dignidade do nascituro. Em decorrência dos citados aspectos, a licença-paternidade também se afigura como direito familiar nos mesmos moldes da licença materna. E, ainda, a licença-parental, como um direito comum aos pais, é voltado à proteção da dignidade familiar e à garantia da convivência e bem-estar do nascituro.

No Brasil, em especial, há uma desigualdade entre a licença materna e a paterna e, não há no ordenamento jurídico a licença-parental. A análise destes institutos jurídicos, sua equivalência e compatibilidade com o sistema jurídico-constitucional brasileiro são balizas que favorecem um avanço no campo dos direitos sociais.

2. Proteção constitucional à família/entidade familiar: licença-maternidade e paternidade como direitos dirigidos à família

Os direitos fundamentais, núcleo da Constituição Federal de 1988 (CF/88), ocupam uma posição jurídica diferenciada no sistema jurídico, condição para o exercício de outros direitos, representando a constitucionalização dos direitos humanos[(1)]. Estas características dotam tais direitos de proteção especial constitucional[(2)] — a condição de cláusulas pétreas, não sendo permitida alteração *in pejus* (*ex vi* art. 60, § 4º, IV, CF/88).

É característica dos direitos fundamentais a eficácia ou aplicabilidade imediata por força constitucional[(3)]. Esta eficácia é compreendida em dois planos[(4)]: o vertical, ou seja, aplicabilidade, dos direitos fundamentais, nas relações entre o Estado e particulares; e no horizontal que implica a incidência ou aplicabilidade dos direitos fundamentais nas relações jurídicas entre particulares[(5)]. Esta última incidência ou aplicabilidade dos direitos fundamentais, a horizontal, tem profundos reflexos na seara trabalhista, pois esta contém direitos fundamentais e trava relações jurídicas entre particulares, especialmente no art. 7º da Constituição, embora o Direito do Trabalho tenha sido contemplado ao longo do texto constitucional.

Neste sentido, "há direitos fundamentais previstos na Constituição Federal que são diretamente dirigidos aos particulares, como ocorre com a maioria dos direitos trabalhistas previstos em seu art. 7º"[(6)]. Inclusive, a Corte Interamericana de Direitos Humanos no item 5 da

---

(*) Doutoranda em Direito pela Pontifícia Universidade Católica de Minas Gerais (PUC/MG). Mestre em Direito pela Pontifícia Universidade Católica de Minas Gerais (PUC/MG). Especialista em Direito Público pela PUC/MG e em Direito e Processo do Trabalho pela UCAM/RJ. Advogada. Consultora jurídica e docente universitária.

(1) PESSOA, Flávia Moreira Guimarães. Direito fundamental de proteção à maternidade e ampliação da licença-gestante. *Revista Âmbito Jurídico*, Rio Grande, XI, n. 59, nov. 2008. Disponível em: <http://www.ambito-juridico.com.br/site/index.php?n_link=revista_artigos_leitura&artigo_id=5240>. Acesso em: 25 mar. 2014.

(2) ALMEIDA, Dayse Coelho de. *Acesso à justiça e o jus postulandi das próprias partes no Direito do Trabalho. Alcance da justiça ou quimera jurídica?* São Paulo: Letras Jurídicas, 2012. p. 72-86.

(3) Art. 5º, § 1º da Constituição Federal: "As normas definidoras dos direitos e garantias fundamentais têm aplicação imediata".

(4) GEMIGNANI, Daniel; GEMIGNANI, Maria Aparecida Asta. A eficácia dos direitos fundamentais nas relações de trabalho. *Revista do Tribunal Regional do Trabalho da 3ª Região*, Belo Horizonte, v. 50, n. 80, p. 21-39, jul./dez. 2009.

(5) RAMALHO, Maria do Rosário Palma. *Direito do Trabalho*. Parte I. Dogmática geral. Lisboa: Almedina, 2005. p. 145-162.

(6) SABINO, João Filipe Moreira Lacerda. Os direitos fundamentais nas relações de trabalho. In: PIOVESAN, Flávia; CARVALHO, Luciana Paula Vaz de (Coords.). *Direitos Humanos e Direito do Trabalho*. São Paulo: Atlas, 2010. p. 68. Ainda, o Supremo Tribunal Federal pronunciou-se sobre o assunto no Recurso Extraordinário n. 201.819-8/RJ, 2ª turma, Min. rel. Gilmar Ferreira Mendes.

Opinião Consultiva n. 18 de 17 de setembro de 2003[7] contempla o mesmo raciocínio sobre a aplicabilidade imediata dos direitos fundamentais nas relações privadas. Este posicionamento, muito além de meramente teórico, consubstancia-se na mais contemporânea compreensão dos direitos fundamentais[8]. Com base neste entendimento, posiciona-se o jurista Daniel Sarmento: "[...] é possível concluir que, mesmo sem entrar na discussão das teses jurídicas sobre a forma de vinculação dos particulares aos direitos fundamentais, a jurisprudência brasileira[9] vem aplicando diretamente os direitos individuais consagrados na Constituição na resolução de litígios privados".[10]

O conteúdo do art. 7º da Constituição da República de 1988, portanto, é de matiz fundamental, de forma que aplicá-lo às relações privadas é consequência da sua natureza jurídica. Neste prisma, as licenças maternidade e paternidade, albergadas no art. 7º, incisos XVIII e XIX da CF/88, ostentam o *status* de direito fundamental, protegidas pela condição de cláusula pétrea.[11]

A interpretação do art. 7º da CF/88 deve ser feita de modo harmônico e sistematizado com as demais normas constitucionais, e, em especial, com atenção ao comando do *caput* do artigo, que expressamente aduz "São direitos dos trabalhadores urbanos e rurais, *além de outros que visem à melhoria de sua condição social*" (grifo nosso).

É vontade expressa do legislador originário que outros dispositivos sobrevenham ao texto constitucional para que ampliem/melhorem a condição social do trabalhador, como também a incorporação ao texto constitucional toda e qualquer melhoria advinda do plano infraconstitucional. Trata-se, a previsão do *caput* — melhoria da condição social, acepção trabalhista do conceito de dignidade da pessoa humana[12]. "O sistema jurídico se estrutura no plano constitucional como suporte sistemático e aberto, orientado teleologicamente pela dignidade do ser humano"[13], que é início e fim de toda produção jurídica.

Atualmente, as licenças maternidade e paternidade encontram-se previstas no art. 7º, XVIII e XIX e no art. 10, § 1º do Ato das Disposições Constitucionais Transitórias da Constituição Federal. E, em sede infraconstitucional, há previsões na CLT nos art. 392 e ss. e art. 473, III e em legislação previdenciária. A última alteração legislativa adveio da Lei n. 12.873/2013 que modificou a redação dos dispositivos celetistas, incorporando aos mesmos os avanços jurisprudenciais sobre o tema, em especial a licença nos casos de guarda e adoção.

Sobre a matéria, ainda, há duas importantes Propostas de Emenda Constitucional (PEC) tramitando nas casas legislativas, PECs ns. 30/07 e 515/10. A PEC n. 30/07 versa sobre a ampliação da licença-maternidade para 180 (cento e oitenta) dias e a PEC n. 515/10 trata da proibição de dispensa sem justa causa, por 7 (sete) meses, no período após o parto ou adoção[14]. Causa-nos espécie que o legislador seja instado a alterar a Constituição, pois em sede de direitos fundamentais o texto constitucional é o patamar inicial civilizatório.[15]

A inovação legal destinada a ampliar e/ou ratificar a incidência ou efeito do direito fundamental pode ser feita via infraconstitucional[16], sem qualquer prejuízo à integridade do texto constitucional. Assim, entendemos que as duas alterações objeto das citadas PECs poderiam ser feitas por lei federal (competência privativa da União para legislar em matéria trabalhista e, também, em seguridade social, *ex vi* art. 22, I e XXIII da CR/1988[17]).

A dignidade da pessoa humana do trabalhador é o objetivo nuclear do Direito do Trabalho. "Somente com a valorização do ser humano, enquanto ser que sobrevive,

---

(7) *Op. cit.*, p. 74.

(8) Citamos, a título de exemplo: RE n. 158.215-RS, rel. Min. Marco Aurélio, DJ de 7.6.1996; RE n. 160.222-RJ, rel. Min. Sepúlveda Pertence, DJ de 1º.9.1995; RE n. 161.243-DF, rel. Min. Carlos Velloso, DJ de 19.12.1997; ADI n. 2.054-DF, rel. Min. Ilmar Galvão, DJ de 17.10.2003.

(9) Informativo n. 405 do Supremo Tribunal Federal. *Supremo Tribunal Federal*. Disponível em: <http://www.stf.jus.br/arquivo/informativo/documento/informativo405.htm>. Acesso em: 14 abr. 2014.

(10) SARMENTO, Daniel. *Direitos fundamentais e relações privadas*. Rio de Janeiro: Lumen Juris, 2004. p. 297.

(11) MANSUETI, Hugo Roberto. La constitucionalización de los derechos laborales y su significado actual. In: ZAINAGUI, Domingos Sávio (Coord.). *Revista de Direito do Trabalho – RDT*, São paulo, RT, ano 38, n. 148, p. 41-82, out./dez. 2012.

(12) DELGADO, Mauricio Godinho. *Curso de Direito do Trabalho*. 13. ed. São Paulo: LTr, 2014. p. 195 e ss.

(13) DELGADO, Gabriela Neves; DELGADO, Mauricio Godinho. *Constituição da República e direitos fundamentais*. Dignidade da pessoa humana, justiça social e Direito do Trabalho. São Paulo: LTr, 2012. p. 28.

(14) LEITÃO, Thaís. Ministra defende PEC que amplia licença-maternidade para todas as trabalhadoras. Agência Brasil. Disponível em: <http://memoria.ebc.com.br/agenciabrasil/noticia/2013-03-05/ministra-defende-pec-que-amplia-licenca-maternidade-para--todas-trabalhadoras>. Acesso em: 25 mar. 2014.

(15) DELGADO, Gabriela Neves; DELGADO, Maurício Godinho. *Constituição da República e direitos fundamentais*. Dignidade da pessoa humana, justiça social e Direito do Trabalho. São Paulo: LTr, 2012. p. 53.

(16) *Op. cit.*, p. 47.

(17) Art. 22 da Constituição Federal. Compete privativamente à União legislar sobre: I – direito civil, comercial, penal, processual, eleitoral, agrário, marítimo, aeronáutico, espacial e do trabalho; [...] XXIII – seguridade social.

trabalha e interage com outros e com respeito de suas diferenças pelo Direito, pela Sociedade e pelo próprio Estado, será possível apreender a dignidade do trabalhador"[18]. Sobre a dignidade da pessoa humana, Flávia Piovesan assim a conceitua:

> Sustenta-se que é no princípio da dignidade humana que a ordem jurídica encontra seu próprio sentido, sendo seu ponto de partida e ponto de chegada para a hermenêutica constitucional contemporânea. Consagra-se, assim a dignidade humana como verdadeiro superprincípio a orientar tanto o direito internacional como direito interno[19].

As licenças maternidade e paternidade são direitos fundamentais/humanos exercidos pela mãe e pelo pai[20], respectivamente, mas que também se constituem em garantias ou direitos fundamentais do cidadão-filho[21]. Portanto, tratam-se as licenças de normas protetivas à família, base da sociedade, que goza de proteção especial do Estado, na forma do art. 226 da CF/88. Como consequência lógica, este direito pode ser invocado por qualquer membro da família, pois o art. 226, § 4º alberga o conceito de entidade familiar, no qual os laços sanguíneos e afetivos manifestam-se, juridicamente, em sede de direitos.

A licença-maternidade, paternidade ou até mesmo a parental, por conseguinte, são instrumentos jurídicos voltados à proteção da família, destinados a garantir sua continuidade, unidade, solidariedade e co-participação.

3. A licença-maternidade e paternidade devem ser iguais? Devemos abolir as licenças destinadas ao pai ou à mãe e substituí-las por uma licença única, parental, a ser repartida entre os pais ou entidade familiar de forma igualitária?

Homens e mulheres são iguais em direitos e obrigações, uma vez que todos estão submetidos à mesma lei, gozam dos mesmos direitos e sujeições a ela inerentes. Este é paradigma liberal da igualdade formal.

Entretanto, a igualdade meramente formal distorce a própria ideia de isonomia e também de igualdade[22]. Há caracteres distintivos entre as pessoas considerados relevantes para o Direito, denominados fatores de discrímen, porque representam justificativas de um tratamento jurídico diferenciado.

Em relação ao assunto tratado, a mulher diferencia-se em decorrência do critério biológico, pois cabe-lhe a gestação, o parto e a amamentação. Apesar de o homem participar da família e ser-lhe fundamental, ofertando suporte emocional (e, muitas vezes, financeiro), sua condição masculina o exclui das alterações físico-hormonais próprias da gestação e parto, além da impossibilidade da amamentação por ser, o homem, desprovido de glândulas mamárias aptas à produção de leite.

As condições gestacional e parturiente e, em momento seguido, de amamentação, são fatores de discrímen[23] suficientes para que seja a mulher a destinatária de uma licença, em específico, destinada a perpassar por estes momentos. O entendimento contrário é prejudicial ao nascituro e ofensivo ao seu direito fundamental à vida e ao desenvolvimento físico, intelectual e emocional.

Há, entretanto, uma questão de suma relevância que precisa ficar clara. O fato de a mulher ter direito a uma licença pela condição gestacional, de parto e amamentação é motivo para que ela seja destinatária deste direito em detrimento das pessoas que não perpassam pela mesma situação (os cidadãos de qualquer gênero — homens ou mulheres — que não estejam grávidos, parturientes ou amamentando).

A condição de gestante, parturiente ou de aleitamento não é fator de discrímen relativo à participação familiar, uma vez que a condição física ou de saúde é indiferente para a composição da família. Nas relações familiares todos estão em condições de horizontalidade, ausente hierarquia de qualquer natureza[24], possuindo os mesmos direitos e obrigações.

A família/entidade familiar trata-se de uma relação jurídica com direitos e obrigações recíprocos, pautados pela corresponsabilidade e pela solidariedade. Diante disto, não há fator de discrímen entre homens e mulheres na condição de partícipes da família/entidade familiar.

Assim sendo, não há o que justifique a redução ou inexistência de direito para o homem. Este é sujeito do

---

(18) GAMBA, Juliane Caravieri Martins. Dignidade do trabalhador e políticas públicas: perspectivas no âmbito do estado ético. In: PIOVESAN, Flávia; CARVALHO, Luciana Paula Vaz de (Coords.). *Direitos Humanos e Direito do Trabalho*. São Paulo: Atlas, 2010. p. 32.

(19) PIOVESAN, Flávia. *Direitos humanos e o direito internacional*. 7. ed. São Paulo: Saraiva, 2006. p. 29.

(20) Aqui alargamos o conceito para entidade familiar, pois entendemos que além de constituir expressão de igualdade material e de dignidade da pessoa humana, o texto constitucional faz expressa referência a este termo.

(21) Este posicionamento funda-se na interpretação sistemática dos dispositivos constitucionais: art. 7º, XXV; art. 203, I e II.

(22) MELLO, Celso Antônio Bandeira de. *O conteúdo jurídico do princípio da igualdade*. 18. ed. São Paulo: Malheiros, 2011. p. 29.

(23) *Ibidem*, p. 37.

(24) A exemplo dos filhos adotivos e da recente admissão/reconhecimento jurídico das uniões homoafetivas.

direito e também da obrigação de corresponsabilidade e solidariedade familiar[25]. Como elucida Paulo Lôbo:

> A Constituição e o direito de família brasileiros são integrados pela onipresença desses dois princípios fundamentais e estruturantes: a dignidade da pessoa humana e a solidariedade. A solidariedade e a dignidade da pessoa humana são os hemisférios indissociáveis do núcleo essencial irredutível da organização social, política e cultural e do ordenamento jurídico brasileiros. De um lado, *o valor da pessoa humana enquanto tal, e os deveres de todos para com sua realização existencial, nomeadamente do grupo familiar; de outro lado, os deveres de cada pessoa humana com as demais, na construção harmônica de suas dignidades*[26]. (Grifos nossos).

Neste jaez não há diferenciação apta a configurar como fator de discrímen nas relações familiares, sendo a desigualdade de tratamento dentro da família injustificada sob o ponto de vista dos princípios da igualdade, da dignidade da pessoa humana e da solidariedade familiar.

Certamente, há um contexto histórico brasileiro desfavorável quando o assunto é discriminação da mulher. A questão de gênero, do ponto de vista histórico, sempre representou prejuízo da mulher trabalhadora no mercado de trabalho[27]. A título de curiosidade "[...] houve legislação que autorizava às mulheres o percebimento de 10% a menos de salários que os homens (Dec. n. 2.548/1940)".[28]

O contexto histórico-discriminatório da mulher no mercado de trabalho é muito antigo[29]. Internacionalmente, a discriminação começou a ser combatida pela Organização Internacional do Trabalho (OIT) por meio da Convenção n. 100, ratificada pelo Brasil em 1957, que versava pela igualdade de remuneração. Em relação à maternidade, a Convenção n. 103/1966, promulgada no Brasil pelo Dec. n. 58.820 de 1966, estabelece que "toda mulher à qual se aplica a presente convenção tem o direito, mediante exibição de um atestado médico que indica a data provável de seu parto, a uma licença-maternidade" e, ainda, "A duração desta licença será de doze semanas, no mínimo".

Trata-se, por conseguinte, o direito à licença-maternidade de um direito humano. O direito de reproduzir, direito fundamental e da personalidade[30], é elemento e componente da dignidade da pessoa humana, de modo que no panorama hodierno:

> [...] o direito reprodutivo não se limita à simples proteção da reprodução. Ele vai além, defendendo um conjunto de direitos individuais e sociais que devem interagir em busca do pleno exercício da sexualidade e reprodução humana. Essa nova concepção tem como ponto de partida uma perspectiva de igualdade e equidade nas relações pessoais e sociais e uma ampliação das obrigações do Estado na promoção, efetivação e implementação desses direitos[31].

Os fatores biológico e reprodutivo alçam a mulher à condição de desigual no mercado de trabalho. Sabidamente, a mulher em situação gestacional, parturiente e de amamentação carece de medidas jurídicas específicas, sob pena de romper-se o paradigma de igualdade material.

A importância da amamentação exclusiva até os 6 (seis) meses de idade tem sido pesquisada e defendida em todo o mundo. As pesquisas indicam a imprescindibilidade da amamentação e os prejuízos à saúde e desenvolvimento das crianças que não podem ter acesso ao leite materno. Cristian Aedo, em estudo publicado na Revista Chilena de Pediatria, trata da importância e caráter multifacetado da amamentação[32]:

> *La lactancia materna es la forma de alimentación que contribuye con mayor efectividad al desarrollo físico e intelectual y psico-social del niño, proporcionándole*

---

(25) SCHELEDER, Adriana Fasolo Pilati; TAGLIARI, Renata Holzbach Tagliari. O princípio da solidariedade, a teoria humanista e os direitos humanos fundamentais como meios de valorização do afeto quando do estabelecimento de vínculos de filiação. *ANAIS DO XVII CONGRESSO NACIONAL DO CONPEDI*, Brasília – DF, Nov. 2008. Disponível em: <http://www.conpedi.org.br/manaus/arquivos/anais/brasilia/01_521.pdf>. Acesso em: 3 abr. 2014.

(26) LÔBO, Paulo. Princípio da solidariedade familiar. *Jus Navigandi*, Teresina, ano 18, n. 3.759, 16 out. 2013. Disponível em: <http://jus.com.br/artigos/25364>. Acesso em: 5 abr. 2014.

(27) Sobre o assunto recomendamos a obra de BARROS, Alice Monteiro de. *A mulher e o direito do trabalho*. São Paulo: LTr, 1995.

(28) GÓIS, Luiz Marcelo F. de. Discriminação nas relações de trabalho. In: PIOVESAN, Flávia; CARVALHO, Luciana Paula Vaz de (Coords.). *Direitos Humanos e Direito do Trabalho*. São Paulo: Atlas, 2010. p. 148.

(29) Sobre o assunto recomendamos a obra de CANTELLI, Paula. *O trabalho feminino no divã*. São Paulo: LTr, 2007.

(30) SOUZA, Allan Rocha de; CASTRO, Raul Murad Ribeiro de; ALMEIDA JÚNIOR, Vitor de Azevedo. Reprodução Assistida, autonomia privada e personalidade: a questão dos embriões. *ANAIS DO CONGRESSO NACIONAL DO CONPEDI*. Disponível em: <http://www.conpedi.org.br/manaus/arquivos/anais/salvador/allan_rocha_de_souza.pdf>. Acesso em: 16 abr. 2014.

(31) VENTURA, Miriam. Direitos reprodutivos no Brasil. *Fundo de População das Nações Unidas (UNFPA)*. Fev. 2004, p. 19. Disponível em: <http://www.unfpa.org.br/Arquivos/direitos_reprodutivos.pdf>. Acesso em: 29 mar. 2014.

(32) AEDO, Cristian. Evaluación econômica de la prolongación del postnatal. *Revista Chilena de Pedriaria*, vol. 78, suplemento 1 (10-50), Santiago, out. 2007. Disponível em: <http://www.scielo.cl/scielo.php?script=sci_arttext&pid=S0370-41062007000600003>. Acesso em: 1º abr. 2014.

nutrientes en calidad y cantidad adecuadas para el crecimiento y desarrollo de sus órganos, especialmente el sistema nervioso. [...] Se ha observado que los niños amamantados son más activos, presentan un mejor desarrollo psicomotor y mejor capacidad de aprendizaje. Diversos estudios han observado un mayor coeficiente intelectual (CI) en niños que fueron amamantados comparados con los alimentados con fórmulas lácteas[33].

A amamentação fornece elementos nutricionais e imunológicos que são determinantes para o correto desenvolvimento físico e intelectivo do nascituro, inclusive o leite materno modifica-se conforme o amadurecimento da criança, fornecendo-lhe, em cada uma das etapas, o necessário à sua plena evolução[34]. Inicialmente há o colostro para que o recém-nascido possa adaptar-se à vida fora do útero e fornecer-lhe condições imunológicas para que sua continuidade com saúde e até mesmo o prosseguimento da vida sejam mais prováveis.

No entanto, reafirmar a importância da licença-maternidade e a necessidade de recuperação da mulher pelo parto e a indispensabilidade da amamentação não significam, e nem podem implicar entendimento que a paternidade não possua importância ou tenha relevância secundária nas relações familiares. A família/entidade familiar é composta por pessoas que exercem o dever de solidariedade recíprocos e em relação ao nascituro.

As políticas públicas são fundamentais para que a família, cuja proteção especial é garantida na Constituição, possa desenvolver-se de modo digno e que seus membros sejam dotados do direito à dignidade, pois

> À medida que aumenta nosso conhecimento sobre a importância das experiências na primeira infância, aumenta nosso ímpeto em favor do desenvolvimento de políticas, programas e serviços mais responsivos, para dar apoio a todos os pais e promover uma integração mais saudável entre o trabalho e a vida familiar. Políticas de licença-maternidade, de licença-parental e de benefícios são apenas um dos componentes de um conjunto de políticas e apoios públicos e dos locais de trabalho que podem ajudar os pais a reconciliar as demandas concorrentes do trabalho e da vida familiar depois do nascimento ou da adoção de uma criança[35].

Os membros da entidade familiar são indispensáveis ao nascituro, em aspectos diferentes e complementares. O contato com o nascituro nos primeiros momentos de vida reforça os laços afetivos e propiciam a segurança necessária ao seu pleno desenvolvimento. Ademais, a presença paterna é indispensável para o auxílio e cooperação nos cuidados com o nascituro e para a pronta recuperação da mãe. A participação do pai na composição da família e no exercício do dever de cooperação familiar também é direito fundamental protegido pelas mesmas normas alhures declinadas.

Participar do desenvolvimento inicial do nascituro é direito/dever fundamental dos membros da entidade familiar e, consubstancia-se em direito fundamental do nascituro desfrutar desta participação efetiva. Historicamente, a licença-paternidade na Constituição de 1988 foi

> [...] produto de uma Assembléia Nacional, requerida por tanto tempo pela sociedade e que teve como motivadora a necessidade e a urgência, entre outras coisas, de conquistas sociais, teria de atentar à integração crescente do pai, numa família igualitária. Não mais o machismo, o autoritarismo masculino, na célula social básica, mas a corresponsabilidade, que iria do sustento à repartição de encargos e à distribuição de competências, fazendo homem e mulher copartícipes solidários, numa hierarquia igualitária, que, se queria, viesse a ser a nova realidade social, econômica, política e cultural da família contemporânea[36].

Certamente, os atuais 5 (cinco) dias de licença-paternidade não conferem efetividade ao direito fundamental do pai e do nascituro à convivência no primeiro ciclo de

---

(33) O aleitamento materno é a forma de alimentação que contribui mais efetivamente para o desenvolvimento físico, intelectual e psicossocial da criança, propiciando-lhe nutrientes em qualidade e quantidade adequados para o crescimento e desenvolvimento dos órgãos, em especial o sistema nervoso. [...] Foi constatado que as crianças amamentadas são mais ativas, apresentam um melhor desenvolvimento psicomotor e melhor capacidade de aprendizagem. Diversos estudos constataram um (QI) maior nas crianças que foram amamentadas se comparadas às crianças que foram alimentadas com fórmulas lácteas.

(34) AEDO, Cristian. Evaluación econômica de la prolongación del postnatal. *Revista Chilena de Pediatria*, vol. 78, suplemento 1 (10-50), Santiago, out. 2007. Disponível em: <http://www.scielo.cl/scielo.php?script=sci_arttext&pid=S0370-41062007000600003>. Acesso em: 1º abr. 2014

(35) LERO, Donna S. Pesquisas sobre políticas de licença-parental e implicações no desenvolvimento da criança para formuladores de políticas e provedores de serviços. In: Tremblay RE, Boivin M, Peters RDeV, eds. *Enciclopédia sobre o Desenvolvimento na Primeira Infância* [on-line]. Montreal, Quebec: Centre of Excellence for Early Childhood Development e Strategic Knowledge Cluster on Early Child Development; 2012:1-10. Disponível em: <http://www.enciclopedia-crianca.com/documents/LeroPRTxp1.pdf>. Acesso em: 28 mar. 2014.

(36) CHIARELLI, Carlos Alberto Gomes; GRAZZIOTIN, Marcelo Rugeri. *Trabalho na Constituição*. Direito individual com jurisprudência e Direito Comparado. 2. ed. São Paulo, 2012. p. 220.

vida e constituem ofensa ao princípio da igualdade nas relações familiares e ao dever de solidariedade.

Ademais, o fato de a licença destinada ao pai ser, em número de dias, inferior à destinada a mulher/mãe também fragiliza a mulher no mercado de trabalho, pois torna-a menos atraente às contratações trabalhistas.

Decerto, se a licença fosse igualada[37], o tempo de afastamento da mulher não seria considerado um fator de discriminação nas relações de trabalho, uma vez que o homem trabalhador que tivesse filho(s) afastar-se-ia do mesmo modo.

O argumento de que a igualdade de licenças é inviável economicamente não encontra sustentação fática em decorrência de o sistema previdenciário ser contributivo[38]. Homem e mulher contribuem da mesma forma, no mesmo percentual. Se a contribuição previdenciária sustenta as licenças, a licença-paternidade não só pode ser igualada à maternidade como há receita suficiente para que o Estado possa adimplir esta obrigação social.

A licença-parental é um direito inerente à condição de cidadão[39] do trabalhador brasileiro, na medida em que concretiza direitos humanos[40]. As normas internacionais sobre o tema são indiscutivelmente relevantes para a compreensão do mesmo, principalmente as previsões contidas nas convenções e recomendações da Organização Internacional do Trabalho (OIT). Dentre as diretrizes da OIT, destacamos a Recomendação n. 165/1981 à qual reputa a homens e mulheres trabalhadores e por outros membros da família a responsabilidade pelos filhos.

Além do citado, também há o art. XXIII da Declaração Universal dos Direitos do Homem de 1948, o qual preconiza que haverá "outros meios de proteção social". Este conteúdo aberto dos direitos humanos[41] contempla a licença-parental na medida em que garante cidadania e dignidade aos trabalhadores. Esta ideia é complementada pelo art. XXIV que preconiza "toda pessoa tem direito a um padrão de vida capaz de assegurar a si *e a sua família* saúde e bem-estar" (grifos nossos).

A licença-parental, além de uma medida de igualdade de gênero[42], consubstancia-se no reconhecimento de que a procriação é um evento jurídico de corresponsabilidade, incidindo sobre toda a família/entidade familiar os direitos e obrigações pertinentes aos cuidados e diligências necessários à manutenção da vida, integridade e bem-estar do nascituro. Ademais, a procriação representa a continuidade da nossa espécie, da constituição de um povo nacional e garantia de desenvolvimento do país.

4. As licenças-maternidade, paternidade e parental no Direito Comparado

A multiplicidade de ciências que dialogam com a ciência jurídica e os aspectos multifacetados que marcam a contemporaneidade, aliados à própria complexidade humana, são desafios ao Direito.

O sistema normativo positivado nem sempre oferta aos juristas alternativas viáveis à satisfação dos crescentes problemas de efetividade, de concretude do direito e à ideia de satisfatividade social do Direito contemporâneo.

O emaranhado de normas postas, bem como as lacunas naturalmente existentes no mesmo, muitas vezes não respondem aos anseios sociais e não satisfazem a função de solucionar conflitos à qual se propõem.

O Direito Comparado[43], neste contexto, surge como uma alternativa viável de busca de ideias novas, de aproveitamento de experiências jurídicas diversas e provenientes de culturas diferentes, com valores diversos. Desta forma,

---

(37) Defendemos que a licença deva ser de 180 (cento e oitenta) dias, justamente pelo critério da amamentação até os seis meses ser mais favorável ao desenvolvimento da criança.

(38) "O sistema de previdência social público brasileiro se caracteriza como contributivo, quanto ao custeio, e de repartição, quanto à forma de utilização de seus recursos, definindo, assim, seu aspecto de solidariedade. Diferente do sistema de Previdência Privada que se caracteriza como um sistema de capitalização". VAZ, Levi Rodrigues. O princípio do equilíbrio financeiro e atuarial no sistema previdenciário brasileiro. *Revista Direitos Fundamentais & Democracia*, vol. 6, 2009. Disponível em: <http://www.revistaeletronicardfd.unibrasil.com.br/>. Acesso em: 3 abr. 2014.

(39) "Cidadania, por sua vez, é a titularidade de diversificado e importante rol de direitos políticos, sociais, econômicos e culturais atribuída à pessoa humana no contexto do Estado e da sociedade civil". DELGADO, Gabriela Neves; DELGADO, Maurício Godinho. *Constituição da República e Direitos Fundamentais*. Dignidade da pessoa humana, Justiça Social e Direito do Trabalho. São Paulo: LTr, 2012. p. 91.

(40) FLORES, Joaquín Herrera. *Teoria crítica dos Direitos Fundamentais*. Os direitos humanos como produtos culturais. Rio de Janeiro: Lumen Juris, 2009. p. 49 e ss.

(41) PIOVESAN, Flávia. *Direitos Humanos e Justiça Internacional*. 2. ed. São Paulo: Saraiva, 2011. p. 37-38.

(42) "[...] A motivação para uma política de licença-parental foi tanto a preocupação com o bem-estar da criança quanto o interesse em apoiar a igualdade de gênero". KAMERMAN Sheila B. Políticas de licença-maternidade, licença-paternidade e licença-parental: impactos potenciais sobre a criança e sua família. Rev ed. In: Tremblay RE, Boivin M, Peters RDeV, eds. *Enciclopédia sobre o Desenvolvimento na Primeira Infância* [on-line]. Montreal, Quebec: Centre of Excellence for Early Childhood Development e Strategic Knowledge Cluster on Early Child Development; 2012:1-4. Disponível em: <http://www.enciclopedia-crianca.com/documents/KamermanPRTxp1-Licenca.pdf>. Acesso em: 28 mar. 2014.

(43) PESSOA, Flávia Moreira Guimarães. *Manual de metodologia do trabalho científico*: como fazer pesquisa em Direito Comparado. Aracaju: Evocati, 2009. p. 28.

é claro que as contribuições e as possibilidades são inesgotáveis, posto infinita a criatividade humana.

A riqueza de ideias, de conceitos e de experiências desta pluralidade de sistemas e famílias jurídicas gerará reflexos no raciocínio jurídico e na própria visão hermenêutica, amadurecendo os juristas para que o nosso Direito evolua a passos largos, sempre com vistas à satisfação de nossos princípios constitucionais e dos axiomas próprios.

Não pretendemos esmiuçar todos os sistemas jurídicos e aprofundar nas motivações e fundamentos pelos quais, cada um dos países, perpassou até a produção das normas relativas à licenças. A ideia é apenas demonstrar, *an passant*, algumas soluções que os sistemas alienígenas positivaram como licença-maternidade, paternidade e parental.

Nas Américas[44], constata-se de que não há licença-parental nos países como Argentina, Chile, Costa Rica, México, Peru. Em destaque a Costa Rica, México e Peru que não possuem sequer licença-paternidade. A maior licença-maternidade encontrada nas Américas é a do Chile, com 126 (cento e vinte e seis) dias. Na Ásia e Pacífico, estudadas Austrália, Japão e Nova Zelândia, há licença-parental de pelo menos 365 (trezentos e sessenta e cinco dias), mas o único país em que o sistema de seguridade custeia isto é o Japão, além que não há licença-paternidade no Japão e Nova Zelândia.

A licença-parental[45], em Portugal, é regulada pela Lei n. 7 de 12 de fevereiro de 2009. Neste instrumento jurídico o direito lusitano reconhece que a maternidade e paternidade são valores sociais e que os trabalhadores têm direito à proteção social e estatal quando da formação familiar[46]. A aludida legislação prevê[47] a licença-parental inicial, a licença-parental exclusiva da mãe, a possibilidade de gozo de qualquer dos pais na impossibilidade do exercício de direito de um deles e a licença exclusiva do pai. O direito à licença, no direito lusitano, encontra-se protegido por uma proteção à despedida, que a condiciona a um parecer prévio, emitido em 30 dias, exarado pela Comissão para a Igualdade no Trabalho e no Emprego (CITE).

Assim, no Direito Português, a licença-parental inicial é destinada a qualquer dos pais e varia entre 120 (cento e vinte) a 180 (cento e oitenta) dias consecutivos. Se o nascimento for de gêmeos, aumenta 30 (trinta) dias para cada um. A mãe tem direito a gozar de 30 (trinta) dias de licença antes do parto (facultativa) e 6 (seis) semanas após o parto (obrigatória). O sistema de licença português ainda possui a previsão de licença complementar. Esta modalidade de licença destina-se a contemplar a necessidade de assistência a filho ou a criança adotada até 6 (seis) anos e pode durar até 3 (três) meses, inclusive com direito a redução de jornada por três meses ou ausências intercaladas no trabalho conforme disposto em convenção coletiva de trabalho.

Passemos, então, a abordar a licença-maternidade, paternidade e parental em países europeus[48].

A licença na Alemanha dura 6 semanas antes do parto e 8 semanas depois do nascimento. Se a criança for prematura ou gêmeos a licença se estende por 4 semanas. A pessoa responsável pelos cuidados da criança pode se licenciar até o quarto aniversário do filho, podendo haver trabalho em tempo parcial ou compatilhar alternadamente a licença entre mãe e pai. O sistema de seguridade social que em geral custeia o benefício. Não pode a mulher grávida ou amamentando prestar horas extras, gozando de no mínimo 2 intervalos de 30 minutos durante a jornada de trabalho.

O sistema belga prevê a licença-maternidade de 15 semanas, sete semanas anteriores ao parto e 8 semanas após o parto. A licença-paternidade é de 3 dias, dentro dos 12 dias que sucedem ao nascimento. Há ainda a possibilidade dos pais interromperem os contratos de trabalho por no máximo 60 meses durantes o contrato de trabalho, cada interrupção pode durar no máximo 12 meses. O sistema securitário é o responsável financeiramente pelas licenças, devendo o destinatário das mesmas ter contribuído os 6 meses anteriores ao parto. Não podem as grávidas e em estágio de alimemtação fazer horas extras e prestar trabalho noturno.

A Dinamarca adota o sistema de licença-parental, a licença-maternidade a licença-paternidade. A licença-maternidade

---

(44) AEDO, Cristian. Evaluación econômica de la prolongación del postnatal. *Revista Chilena de Pedriaria*, vol. 78, suplemento 1 (10-50), Santiago, out. 2007. Disponível em: <http://www.scielo.cl/scielo.php?script=sci_arttext&pid=S0370-41062007000600003>. Acesso em: 1º abr. 2014.

(45) CASTRO, Eduarda Maria. *Licença-parental*. 17 no. 2011. Disponível em: <http://revolucionarparaflexibilizar.blogspot.com.br/2011/06/licenca-parental.html>. Acesso em: 1º abr. 2014.

(46) Art. 33 da Lei n. 7/2009: Parentalidade. 1 — A maternidade e a paternidade constituem valores sociais eminentes. 2 — Os trabalhadores têm direito à protecção da sociedade e do Estado na realização da sua insubstituível acção em relação ao exercício da parentalidade.

(47) Art. 39 da Lei n. 7/2009: Modalidades de licença-parental. A licença-parental compreende as seguintes modalidades: a) Licença-parental inicial; b) Licença-parental inicial exclusiva da mãe; c) Licença-parental inicial a gozar pelo pai por impossibilidade da mãe; d) Licença-parental exclusiva do pai.

(48) A fonte das informações sobre os países europeus que se guem foram extraídas de AEDO, Cristian. Evaluación econômica de la prolongación del postnatal. *Revista Chilena de Pedriaria*, vol. 78, suplemento 1 (10-50), Santiago, out. 2007. Disponível em: <http://www.scielo.cl/scielo.php?script=sci_arttext&pid=S0370-41062007000600003>. Acesso em: 1º abr. 2014.

estende-se a 4 semanas antes do parto e a 14 semanas posteriores ao mesmo, sendo que obrigatoriamente ficará licenciada 2 semanas antes do parto. A licença-paternidade ocorre por acordo prévio com o empregador, dentro das 14 semanas posteriores ao parto. A licença-parental é de 28 semanas, respeitadas e descontadas a licença-maternidade, ou seja, as 10 semanas restantes podem ser usufruídas por qualquer dos pais. O sistema de seguridade financia as licenças.

A Finlândia[49] é o único país em que a licença é única, parental, destinada a qualquer dos pais ou ambos. São 9 (nove) meses de licença-parental.

Observa-se, na análise geral, que em poucos países a licença ultrapassa 120 (cento e vinte) dias e de que predominam no mundo os afastamentos remunerados pelo Estado, sistemas de seguridade social similares ao Instituto Nacional de Seguridade Social (INSS) brasileiro. De igual forma, constata-se que as licenças destinadas exclusivamente aos homens são raras e de duração curta.

Ressalte-se, entretanto, que o fato de possuir a licença ou ter direito a ela, nem sempre, significa que a mulher, o homem ou os pais irão usufruí-lo. Em Portugal[50], a título ilustrativo, o homem tem direito a 10 (dez) dias de licença em decorrência do nascimento de filho. Porém, há indicadores de que um quarto dos pais não usufruem de tal licença, contrariando a lei e retornando de imediato ao trabalho. E, neste País há uma multa para o empregador que varia entre 2 (dois) e 61 (sessenta e um) mil euros, caso obstacularize o exercício deste direito.

Trata-se de questão de que deve, antes de qualquer medida precipitada, ser discutida de modo democrático e estudados os meios de não só criar legislação, mas instrumentos que efetivamente viabilizem o cumprimento.

5. Conclusão

A construção da cidadania e dos direitos humanos constituem-se em árdua tarefa em tempos de capitalismo exacerbado. Afirmar a predominância na dignidade em relações assimétricas e pautadas em razões econômicas é um desafio de envergadura. "Os direitos humanos refletem um construído axiológico, a partir de um espaço simbólico de luta e ação social"[51].

As ideias neste trabalho contidas e defendidas talvez representem um próximo passo em direção à uma concepção mais ampla de dignidade da pessoa humana aplicada à família. Neste sentido, tal como defendido por Hannah Arendt, "os direitos humanos não são um dado, mas um construído, uma invenção humana, em constante processo de construção e reconstrução"[52]. Este conteúdo de historicidade dos direitos humanos e, de certa forma, um protagonismo na criação e reconhecimento de direitos fundamentais.

A licença-parental, hoje tratada como vanguarda, representa um direito humano e fundamental para que o trabalhador (independentemente do gênero) alcance a dignidade humana e a valorização social do trabalho preconizados pela Constituição Federal de1988 .

6. Referências bibliográficas

AEDO, Cristian. Evaluación económica de la prolongación del postnatal. *Revista Chilena de Pediatria*, vol. 78, suplemento 1, Santiago, out. 2007, p. 10-50. Disponível em: <http://www.scielo.cl/scielo.php?script=sci_arttext&pid=S0370-41062007000600003>. Acesso em: 1º abr. 2014.

ALMEIDA, Dayse Coelho de. *Acesso à justiça e o jus postulandi das próprias partes no Direito do Trabalho*. Alcance da justiça ou quimera jurídica? São Paulo: Letras Jurídicas, 2012.

BARROS, Alice Monteiro de. *A mulher e o Direito do Trabalho*. São Paulo: LTr, 1995.

CANTELLI, Paula. *O trabalho feminino no divã*. São Paulo: LTr, 2007.

CASTRO, Eduarda Maria. *Licença-parental*. 17 nov. 2011. Disponível em: <http://revolucionarparaflexibilizar.blogspot.com.br/2011/06/licenca-parental.html>. Acesso em: 1º abr. 2014.

CHIARELLI, Carlos Alberto Gomes; GRAZZIOTIN, Marcelo Rugeri. *Trabalho na Constituição*. Direito individual com jurisprudência e Direito Comparado. 2. ed. São Paulo, 2012.

DELGADO, Gabriela Neves; DELGADO, Mauricio Godinho. *Constituição da República e Direitos Fundamentais*. Dignidade da pessoa humana, Justiça Social e Direito do Trabalho. São Paulo: LTr, 2012.

DELGADO, Mauricio Godinho. *Curso de Direito do Trabalho*. 13. ed. São Paulo: LTr, 2014.

FLORES, Joaquín Herrera. *Teoria crítica dos direitos fundamentais*. Os direitos humanos como produtos culturais. Rio de Janeiro: Lumen Juris, 2009.

---

(49) ZANFELICI, Tatiane Oliveira. Atenção à primeira infância Finlandesa e Brasileira: alternativas de atendimento, atendimentos alternativos. *Psicologia Escolar e Educacional*, v. 3, n. 2, Campinas, jul./dez. 2009. Disponível em: <http://www.scielo.br/scielo.php?pid=S1413-85572009000200009&script=sci_arttext>. Acesso em: 29 mar. 2014.

(50) Natalidade: um quarto dos homens prescinde de licença-parental obrigatória. *Site Barrigas de Amor* (Portugal). Disponível em: <http://barrigasdeamor.iol.pt/natalidade-um-quarto-dos--homens-prescinde-de-licenca-parental-obrigatoria/>. Acesso em: 26 mar. 2014.

(51) PIOVESAN, Flávia. Direito do Trabalho e a proteção dos Direitos Sociais nos planos internacional e constitucional. In: PIOVESAN, Flávia; CARVALHO, Luciana Paula Vaz de (Coord.). *Direitos Humanos e Direito do Trabalho*. São Paulo: Atlas, 2010, p. 4.

(52) ARENTE, Hanna *apud* PIOVESAN, Flávia. Direito do Trabalho e a proteção dos Direitos Sociais nos planos Internacional e Constitucional. In: PIOVESAN, Flávia; CARVALHO, Luciana Paula Vaz de (Coord.). *Direitos Humanos e Direito do Trabalho*. São Paulo: Atlas, 2010, p. 4.

GAMBA, Juliane Caravieri Martins. Dignidade do trabalhador e políticas públicas: perspectivas no âmbito do estado ético. In: PIOVESAN, Flávia; CARVALHO, Luciana Paula Vaz de (Coords.). *Direitos Humanos e Direito do Trabalho*. São Paulo: Atlas, 2010.

GEMIGNANI, Daniel; GEMIGNANI, Maria Aparecida Asta. A eficácia dos direitos fundamentais nas relações de trabalho. *Revista do Tribunal Regional do Trabalho da 3ª Região*, Belo Horizonte, v. 50, n. 80, p. 21-39, jul./dez.2009.

GÓIS, Luiz Marcelo F. de. Discriminação nas relações de trabalho. In: PIOVESAN, Flávia; CARVALHO, Luciana Paula Vaz de (Coords.). *Direitos Humanos e Direito do Trabalho*. São Paulo: Atlas, 2010.

Informativo n. 405 do Supremo Tribunal Federal. *Supremo Tribunal Federal*. Disponível em: <http://www.stf.jus.br/arquivo/informativo/documento/informativo405.htm>. Acesso em: 14 abr. 2014.

JOHNSON, Timothy R. B.; VAHRATIAN, Anjel. Maternity leave benefits in the United States: Today´s economic climate underlines deficiencies. *Birth Issues in perinatal care*. Volume 36, issue 3, September 2009, p. 177-179. Disponível em: <http://bvsalud.org/portal/resource/pt/mdl-11584797>. Acessos em: 1º abr. 2014.

KAMERMAN, Sheila B. Políticas de licença-maternidade, licença-paternidade e licença-parental: impactos potenciais sobre a criança e sua família. Rev ed. In: Tremblay RE, Boivin M, Peters RDeV, eds. *Enciclopédia sobre o desenvolvimento na primeira infância [on-line]*. Montreal, Quebec: Centre of Excellence for Early Childhood Development e Strategic Knowledge Cluster on Early Child Development; 2012:1-4. Disponível em: <http://www.enciclopedia-crianca.com/documents/KamermanPRTxp1-Licenca.pdf>. Acesso em: 28 mar. 2014.

LEITÃO, Thaís. Ministra defende PEC que amplia licença-maternidade para todas as trabalhadoras. Agência Brasil. Disponível em: <http://memoria.ebc.com.br/agenciabrasil/noticia/2013-03-05/ministra-defende-pec-que-amplia-licenca-maternidade-para-todas-trabalhadoras>. Acesso em: 25 mar. 2014.

LERO, Donna S. Pesquisas sobre políticas de licença-parental e implicações no desenvolvimento da criança para formuladores de políticas e provedores de serviços. In: Tremblay RE, Boivin M, Peters RDeV, eds. *Enciclopédia sobre o desenvolvimento na primeira infância [on-line]*. Montreal, Quebec: Centre of Excellence for Early Childhood Development e Strategic Knowledge Cluster on Early Child Development; 2012:1-10. Disponível em: <http://www.enciclopedia-crianca.com/documents/LeroPRTxp1.pdf>. Acesso em: 28 mar. 2014.

Licença-parental – Síntese. Tremblay RE, Boivin M, Peters RDeV, eds. *Enciclopédia sobre o desenvolvimento na primeira infância [on-line]*. Montreal, Quebec: Centre of Excellence for Early Childhood Development e Strategic Knowledge Cluster on Early Child Development; 2012:i-iii. Disponível em: <http://www.enciclopedia-crianca.com/documents/sintese-licenca_parental.pdf>. Acesso em: 1º abr. 2014.

LÔBO, Paulo. Princípio da solidariedade familiar. *Jus Navigandi*, Teresina, ano 18, n. 3759, 16 out. 2013. Disponível em: <http://jus.com.br/artigos/25364>. Acesso em: 5 abr. 2014.

MANSUETI, Hugo Roberto. La constitucionalización de los derechos laborales y su significado actual. In: ZAINAGUI, Domingos Sávio (Coord.). *Revista de Direito do Trabalho – RDT*, São Paulo, RT, ano 38, n. 148, p. 51-82, out./dez. 2012.

MELLO, Celso Antônio Bandeira de. *O conteúdo jurídico do princípio da igualdade*. 18. ed. São Paulo: Malheiros, 2011.

Natalidade: um quarto dos homens prescinde de licença-parental obrigatória. *Barrigas de Amor* (Portugal). Disponível em: <http://barrigasdeamor.iol.pt/natalidade-um-quarto-dos-homens-prescinde-de-licenca-parental-obrigatoria/>. Acesso em: 1º abr. 2014.

NOVELLI, Ana Lúcia Romero; BURITY, Antônio Carlos. Pesquisa de opinião pública nacional - DataSenado. Prorrogação da licença-maternidade. Secretaria Especial de Comunicação Social. Disponível em: <http://www.senado.gov.br/noticias/datasenado/pdf/datasenado/DataSenado-Pesquisa-Licenca-Maternidade.pdf>. Acesso em: 26 mar. 2014.

PESSOA, Flávia Moreira Guimarães. Direito fundamental de proteção à maternidade e ampliação da licença-gestante. *Revista Âmbito Jurídico*, Rio Grande, XI, n. 59, nov. 2008. Disponível em: <http://www.ambito-juridico.com.br/site/index.php?n_link=revista_artigos_leitura&artigo_id=5240>. Acesso em: 25 mar. 2014.

PINHEIRO, Luana; GALIZA, Marcelo; FONTOURA, Natália. Novos arranjos familiares, velhas convenções sociais de gênero: licença-parental como política pública para lidar com estas tensões. *Revista de Estudos Feministas*, Florianópolis, 17(3): 312, p. 851-959, set./dez. 2009.

PESSOA, Flávia Moreira Guimarães. *Manual de metodologia do trabalho científico*: como fazer pesquisa em Direito Comparado. Aracaju: Evocati, 2009.

PIOVESAN, Flávia. *Direitos Humanos e Justiça Internacional*. 2. ed. São Paulo: Saraiva, 2011.

_____. Direito do Trabalho e a proteção dos Direitos Sociais nos planos Internacional e Constitucional. In: PIOVESAN, Flávia; CARVALHO, Luciana Paula Vaz de (Coords.). *Direitos Humanos e Direito do Trabalho*. São Paulo: Atlas, 2010.

SARMENTO, Daniel. *Direitos Fundamentais e relações privadas*. Rio de Janeiro: Lumen Juris, 2004.

RAMALHO, Maria do Rosário Palma. *Direito do Trabalho*. Parte I. Dogmática Geral. Lisboa: Almedina, 2005.

_____. *Direitos humanos e o direito internacional*. 7. ed. São Paulo: Saraiva, 2006.

ROSSIN-SLATER, Maya; RUHM, Christopher; WALDFOGEL, Jane. The effects of California´s paid family leave program on mothers leave-taking and subsequent labor market outcomes. *National Institutes of health — US National Library of Medicine*. Disponível em: <http://www.ncbi.nlm.nih.gov/pmc/articles/PMC3701456/?tool=pubmed>. Acesso em: 1º abr. 2014.

SABINO, João Filipe Moreira Lacerda. Os direitos fundamentais nas relações de trabalho. In: PIOVESAN, Flávia; CARVALHO, Luciana Paula Vaz de (Coords.). *Direitos Humanos e Direito do Trabalho*. São Paulo: Atlas, 2010.

SENADO FEDERAL. Disponível em: <http://senado.justica.inf.br/noticia/2006/06/valadares-propoe-transformacao-licenca-maternidade-parental>. Acesso em: 27 mar. 2014.

SCHELEDER, Adriana Fasolo Pilati; TAGLIARI, Renata Holzbach Tagliari. O princípio da solidariedade, a teoria humanista e os direitos humanos fundamentais como meios de valorização do afeto quando do estabelecimento de vínculos de filiação. *ANAIS DO XVII CONGRESSO NACIONAL DO CONPEDI*, Brasília – DF, nov. 2008. Disponível em: <http://www.conpedi.org.br/manaus/arquivos/anais/brasilia/01_521.pdf>. Acesso em: 3 abr. 2014.

SOUZA, Allan Rocha de; CASTRO, Raul Murad Ribeiro de; ALMEIDA JÚNIOR, Vitor de Azevedo. Reprodução Assistida, autonomia privada e personalidade: a questão dos embriões. *ANAIS DO CONGRESSO NACIONAL DO CONPEDI*. Disponível em: <http://www.conpedi.org.br/manaus/arquivos/anais/salvador/allan_rocha_de_souza.pdf>. Acesso em: 16 abr. 2014.

VAZ, Levi Rodrigues. O princípio do equilíbrio financeiro e atuarial no sistema previdenciário brasileiro. *Revista Direitos Fundamentais & Democracia*, v. 6, 2009. Disponível em: <http://www.revistaeletronicardfd.unibrasil.com.br/>. Acesso em: 3 abr. 2014.

VENTURA, Miriam. *Direitos reprodutivos no Brasil*. Fundo de População das Nações Unidas (UNFPA). Fev. 2004. Disponível em: <http://www.unfpa.org.br/Arquivos/direitos_reprodutivos.pdf>. Acesso em: 29 mar. 2014.

ZANFELICI, Tatiane Oliveira. Atenção à primeira infância finlandesa e brasileira: alternativas de atendimento, atendimentos alternativos. *Psicologia Escolar e Educacional*, vol. 3, n. 2, Campinas, jul./dez. 2009. Disponível em: <http://www.scielo.br/scielo.php?pid=S1413-85572009000200009&script=sci_arttext>. Acesso em: 29 mar. 2014.

CAPÍTULO 13

A Equiparação da Licença-Paternidade à Licença-Maternidade: uma Necessidade Social e Legal para Igualdade de Gêneros

André Filippe Loureiro e Silva[*]

1. Considerações iniciais

As licenças maternidade e paternidade estão inseridas na CF/88, em seu art. 7º, dentro do rol dos direitos sociais, respectivamente nos incisos XVIII e XIX, com prazo de 120 dias para a primeira enquanto a segunda seria tratada em lei.

Passados mais de 20 anos da CF/88, a lei que regulamenta a licença-paternidade ainda não foi criada, sendo aplicado o prazo de 5 dias previsto no art. 10 § 1º do Ato das Disposições Constitucionais Transitórias (ADCT).

Como se verifica, por simples cálculos matemáticos, a atual licença-maternidade é 24 vezes maior do que a paternidade. Tal diferenciação além de prejudicar uma inserção maior da mulher no mercado de trabalho, com direitos e remuneração iguais aos dos homens, não se coaduna mais com a realidade da sociedade e se distancia dos princípios constitucionais de dignidade da pessoa humana e de proteção à família.

A CF/88 demonstrou uma atenção especial à entidade familiar sendo que em seu art. 226 determina expressamente que "[...] a família, base da sociedade, tem especial proteção do Estado". Em ato contínuo o art. 227 garante proteção especial à criança, ao adolescente e ao jovem estando entre os seus direitos à convivência familiar e comunitária. Finalmente no art. 229 é contemplado o dever de ambos os pais assistir, criar e educar os filhos menores.

A elevação do princípio da dignidade humana ao patamar de fundamento do Estado Democrático de Direito certamente conferiu uma nova reformulação ao conceito de família, sendo que não mais se reconhece como estrutura familiar apenas àquela correspondente a concepção tradicional e sacralizada relacionada à consanguinidade e ao matrimônio. A família agora é vista sob a ótica da afetividade, nas palavras de Maria Berenice Dias "[...] existe uma nova concepção de família, formada por laços afetivos de carinho e de amor"[1].

A finalidade precípua da licença é propiciar os cuidados físicos iniciais, bem como estabelecer um vínculo afetivo entre pais e filhos, seja em razão do nascimento de uma criança ou da necessidade de acomodação do adotado à sua nova família[2].

As licenças são, portanto, um direito fundamental da família e, especialmente, dos filhos, não se vinculando com características de seus genitores. O objetivo primordial do afastamento é assegurar ao filho todos os cuidados necessários para seu completo desenvolvimento biológico e psíquico.

Esta interpretação também pode ser realizada a partir da análise do art. 227 da CF/88, bem como do Estatuto da Criança e do Adolescente (ECA) — Lei n. 8.069, de 13 de julho de 1990 — que em seus artigos prevê a necessidade da proteção integral da criança e do adolescente "[...] assegurando-se-lhes, por lei ou por outros meios, todas as oportunidades e facilidades, a fim de lhes facultar o desenvolvimento físico, mental, moral, espiritual e social, em condições de liberdade e de dignidade"[3].

Logo considerando o novo conceito de família, a proteção integral da criança e do adolescente e o princípio basilar da dignidade da pessoa humana é necessário realizar uma nova interpretação, conforme a Constituição, dos institutos da licença-maternidade e paternidade.

(*) Mestrando em Direito Privado, linha de pesquisa Direito do Trabalho, Modernidade e Democracia, pela PUC/MINAS. Especialista em Direito e Processo do Trabalho pela mesma instituição. Bolsista de mestrado do CNPq.

(1) DIAS. Berenice. *Manual de Direito das Famílias*. 5. ed. São Paulo: Revista dos Tribunais, 2009. p. 52-53.

(2) KLOSS, Larissa Renata. *Prorrogação da licença-maternidade:* favorável a quem? Disponível em: <http://www.trt9.jus.br/internet_base/arquivo_download.do?evento=Baixar&idArquivoAnexadoPlc=1719989>. Acesso em: 30 jun. 2014.

(3) BRASIL. *Lei n. 8.069, de 13 de julho de 1990*. Dispõe sobre o Estatuto da Criança e do Adolescente e dá outras providências. Disponível em: <http://www.planalto.gov.br/ccivil_03/leis/l8069.htm>. Acesso em: 30 jun. 2014.

2. Previsão legal

Antes de adentrar nos fundamentos para a equiparação das licenças e nas consequências que seriam geradas no ordenamento jurídico e na sociedade é necessário situar ambos os institutos histórica e juridicamente.

2.1. Da licença-maternidade

A Constituição de 1988 garante a licença-maternidade no art. 7º, inciso XVIII, estabelecendo como direito da trabalhadora urbana ou rural a licença à gestante, sem prejuízo do emprego e do salário, com duração de cento e vinte dias.

O custeio do benefício é realizado pelo Instituto Nacional Seguridade Social (INSS), no entanto, após a Emenda constitucional n. 20, houve discussão a respeito do valor que seria devido pelo órgão previdenciário, ao passo que esta alteração legislativa em seu art. 14 determina o limite máximo de R$ 1.200 (mil e duzentos reais) para o pagamento dos benefícios previdenciários.

Referida limitação teve grandes efeitos nas esferas trabalhista e previdenciária, visto que o empregador se recusava a recolher valor superior ao previsto e o INSS negava tal interpretação alegando que o empregador deveria pagar integralmente o salário da funcionária, porém o valor custeado pelo órgão previdenciário seria o determinado na Emenda.

Esse impasse claramente prejudicava as trabalhadoras que recebessem um salário superior ao teto estipulado, vez que quanto maior fosse seu salário maior seriam os encargos repassados para o empregador, gerando assim uma discriminação e cerceio do acesso das mulheres ao mercado de trabalho.

Diante da situação e clara violação aos ditames constitucionais de igualdade, foi ajuizada, pelo Partido Socialista Brasileiro (PSB), a Ação Direta de Inconstitucionalidade 1946, cuja decisão que garantiu o direito às gestantes ao recebimento do valor integral de seu salário custeado pelo INSS:

> DIREITO CONSTITUCIONAL, PREVIDENCIÁRIO E PROCESSUAL CIVIL. LICENÇA-GESTANTE. SALÁRIO. LIMITAÇÃO. AÇÃO DIRETA DE INCONSTITUCIONALIDADE DO ART. 14 DA EMENDA CONSTITUCIONAL N. 20, DE 15.12.1998. ALEGAÇÃO DE VIOLAÇÃO AO DISPOSTO NOS ARTS. 3º, IV, 5º, I, 7º, XVIII, E 60, § 4º, IV, DA CONSTITUIÇÃO FEDERAL. 1. O legislador brasileiro, a partir de 1932 e mais claramente desde 1974, vem tratando o problema da proteção à gestante, cada vez menos como um encargo trabalhista (do empregador) e cada vez mais como de natureza previdenciária. Essa orientação foi mantida mesmo após a Constituição de 5.10.1988, cujo art. 6º determina: a proteção à maternidade deve ser realizada "na forma desta Constituição", ou seja, nos termos previstos em seu art. 7º, XVIII: "licença à gestante, sem prejuízo do emprego e do salário, com a duração de cento e vinte dias". 2. Diante desse quadro histórico, não é de se presumir que o legislador constituinte derivado, na Emenda n. 20/98, mais precisamente em seu art. 14, haja pretendido a revogação, ainda que implícita, do art. 7º, XVIII, da Constituição Federal originária. Se esse tivesse sido o objetivo da norma constitucional derivada, por certo a EC n. 20/98 conteria referência expressa a respeito. E, à falta de norma constitucional derivada, revogadora do art. 7º, XVIII, a pura e simples aplicação do art. 14 da EC n. 20/98, de modo a torná-la insubsistente, implicará um retrocesso histórico, em matéria social-previdenciária, que não se pode presumir desejado. 3. Na verdade, se se entender que a Previdência Social, doravante, responderá apenas por R$ 1.200,00 (hum mil e duzentos reais) por mês, durante a licença da gestante, e que o empregador responderá, sozinho, pelo restante, ficará sobremaneira, facilitada e estimulada a opção deste pelo trabalhador masculino, ao invés da mulher trabalhadora. Estará, então, propiciada a discriminação que a Constituição buscou combater, quando proibiu diferença de salários, de exercício de funções e de critérios de admissão, por motivo de sexo (art. 7º, inc. XXX, da CF/88), proibição, que, em substância, é um desdobramento do princípio da igualdade de direitos, entre homens e mulheres, previsto no inciso I do art. 5º da Constituição Federal. Estará, ainda, conclamado o empregador a oferecer à mulher trabalhadora, quaisquer que sejam suas aptidões, salário nunca superior a R$ 1.200,00, para não ter de responder pela diferença. Não é crível que o constituinte derivado, de 1998, tenha chegado a esse ponto, na chamada Reforma da Previdência Social, desatento a tais consequências. Ao menos não é de se presumir que o tenha feito, sem o dizer expressamente, assumindo a grave responsabilidade. 4. A convicção firmada, por ocasião do deferimento da Medida Cautelar, com adesão de todos os demais Ministros, ficou agora, ao ensejo deste julgamento de mérito, reforçada substancialmente no parecer da Procuradoria Geral da República. 5. Reiteradas as considerações feitas nos votos, então proferidos, e nessa manifestação do Ministério Público federal, a Ação Direta de Inconstitucionalidade é julgada procedente, em parte, para se dar, ao art. 14 da Emenda Constitucional n. 20, de 15.12.1998, interpretação conforme à Constituição, excluindo-se sua aplicação ao salário da licença gestante, a que se refere o art. 7º, inciso XVIII, da Constituição Federal. 6. Plenário. Decisão unânime[4].

A licença-maternidade, via de regra, é de 120 dias, no entanto, é necessário fazer menção a Lei n. 11.770/2008 que dispõe sobre o Programa Empresa Cidadã destinado àquelas empresas que desejam permitir a prorrogação da licença-maternidade por mais sessenta dias.

---

[4] BRASIL. Supremo Tribunal Federal. Ação Direta de Inconstitucionalidade 1946. Relator: Sydney Sanches. Data de Julgamento: 3.4.2003, Tribunal Pleno, Data de Publicação: DJ 16.5.2003. Disponível em: <http://www.stf.jus.br/portal/jurisprudencia/listarJurisprudencia.asp?s1=%28ADI%24%2ESCLA%2E+E+1946%2ENUME%2E%29+OU+%28ADI%2EACMS%2E+ADJ2+1946%2EACMS%2E%29&base=baseAcordaos&url=http://tinyurl.com/cj9aodk>. Acesso em: 30 jun. 2014.

Para fazer jus à prorrogação da licença-maternidade é necessário preencher alguns requisitos: a) adesão da empresa ao Programa Empresa-Cidadã (art. 1º, § 1º) ou opção da Administração Pública direta, indireta e fundacional em instituir programa com os mesmos fins (art. 2º); b) requerimento da empregada até o final do primeiro mês após o parto ou adoção (art. 1º, § 1º); c) não realização de atividade remunerada ou manutenção da criança em creche durante o período de prorrogação (art. 4º).

O custeio dos 60 dias de prorrogação será arcado integralmente pelo empregador, porém a pessoa jurídica, tributada com base no lucro real, que integrará o referido programa poderá deduzir do imposto de renda o valor pago.

Note-se, entretanto, que não existe realmente um direito à prorrogação da licença-maternidade, vez que a lei não impõe forma alguma de obrigatoriedade da medida sendo apenas uma opção fornecida. Dados da Receita Federal mostraram que, até o dia 13 de fevereiro de 2012, 15.735 organizações haviam aderido ao programa. Este número corresponde a menos de 10% do total de empresas que têm a chance de fazer esta opção (MARCUCCI, 2014).

É importante destacar que além dos casos de empregadas gestantes, a licença-maternidade também é concedida para as adotantes, conforme previsão do Art. 392-A da Consolidação das Leis do Trabalho (CLT), incluído pela Lei n. 10.421/2002.

Inicialmente, o prazo de duração do benefício para as adotantes era diferenciado conforme a idade da criança adotada - crianças de até 1 ano correspondiam ao período total de 120 dias; entre 1 e 4 anos, o período de 60 dias e por último a adoção de crianças entre 4 e 8 anos garantia apenas 30 dias de licença — esses prazos foram uniformizados pelo art. 8º da Lei n. 12.010/2009, a Lei de Adoção, que revogou a distinção existente, garantindo a licença integral de 120 dias, independente da idade da criança.

Verifica-se assim que o direito à licença-maternidade não se encontra condicionada a critérios biológicos, como gestação ou amamentação, conforme alguns poderiam concluir por meio de uma análise superficial do instituto. A licença-maternidade está vinculada ao aspecto afetivo, de acolhimento e cuidados com a criança, com a formação e desenvolvimento da família em si.

Em relação à gestante existe ainda previsão legal no art. 10, II, "b", do ADCT e no art. 391-A da CLT, contra a dispensa arbitrária, desde a confirmação da gravidez até cinco meses após o parto.

Referida estabilidade visa além de garantir a manutenção do trabalho da mulher, que devido à sua gestação pode ter seu rendimento no trabalho diminuído, a proteger a própria maternidade e a criança, vez que nos primeiros meses de vida certamente a criança necessita de maiores cuidados e atenção.

2.2. Da licença-paternidade

A licença-paternidade é um direito assegurado ao pai em virtude do nascimento de seu filho e possui previsão no art. 7º, XIX da CF/88 c/c o § 1º do art. 10 do ADCT.

De acordo com o texto da Carta Magna a duração da licença seria fixada em lei, no entanto, mais de 20 anos após a sua promulgação ainda não existe lei específica tratando sobre o tema. Diante da inércia do legislativo até esse tempo vigora o prazo previsto na ADCT de 5 dias.

A CLT em seu art. 473, III, apesar de não usar o termo licença-paternidade, autoriza a ausência de um dia, no decorrer da primeira semana, sem prejuízo do salário, em caso de nascimento de filho.

Como se verifica o prazo da CLT é menor do que o previsto constitucionalmente, logo há entendimento de que este absorveu aquele. Neste sentido Mauricio Godinho defende que: "[...] o mais largo prazo constitucional obviamente absorveu o mais curto prazo do art. 473, CLT, já que se fundam na mesma motivação"[5].

Não obstante o entendimento acima exposto, há divergência doutrinária sobre o tema, sendo também defendido que ambos os prazos deveriam coexistir, visto que possuem destinações diversas. A finalidade da licença-paternidade, prevista constitucionalmente, seria para permitir ao pai o acompanhamento da mulher e do filho recém-nascido nos primeiros dias, enquanto a ausência de um dia, autorizada pela CLT, seria para o registro do filho[6].

No tocante ao tema, fato histórico e de grande relevância é que a própria tramitação e aprovação da licença-paternidade pela Assembleia Nacional Constituinte de 1988 foi conturbada, consoante notícia veiculada na *Folha de S. Paulo* no dia 26 de fevereiro de 1988, sob o título "Licença-paternidade passa após lagrimas de Alceni":

> Sob clima de emoção, o plenário do Congresso constituinte aprovou ontem a emenda do deputado Alceni Guerra (PFL-PR) que cria a licença-paternidade de oito dias. Atualmente, o pai tem direito a apenas um dia de folga no trabalho, na semana do nascimento do filho, para o registro civil. A emenda de Alceni sempre foi alvo de brincadeiras, desde a fase das subcomissões do Congresso constituinte, mas ele reverteu a tendência do plenário, chegando a chorar no

---

(5) DELGADO, Mauricio Godinho. *Curso de Direito do Trabalho*. 10. ed. São Paulo: LTr, 2011. p. 1.018.

(6) BASTOS, Celso Ribeiro. *Hermenêutica e interpretação constitucional*. 3. ed. São Paulo: Celso Bastos, 2002. p. 691.

final de seu discurso. Assim que a emenda foi anunciada, após a aprovação da licença de 120 dias para as gestantes, diversos parlamentares começaram a rir e bater palmas. Diante desta reação, o presidente do Congresso constituinte, Ulysses Guimarães, disse, rindo, que a emenda nem precisava ser defendida (antes de cada votação há discursos a favor e contra), porque era evidente a aceitação do plenário. Em seguida, Ulysses, numa atitude rara, contou uma anedota do humorista Chico Anysio, segundo a qual "o dia do pai é precisamente nove meses antes do dia da mãe". Alceni subiu à tribuna e disse que estava "evidentemente amargurado com as chacota e os risos". Contou que o líder do PMDB no Congresso constituinte, Mário Covas (PMDBSP), deu uma gargalhada quando ele (Alceni) lhe pediu apoio à proposta. Houve silencio absoluto e Alceni começou então a defender sua proposta[7].

Considerado um dos temas mais polêmicos do capítulo dos Direitos Sociais, a licença-paternidade foi mantida no texto constitucional por 410 votos a favor, três pela rejeição e duas abstenções[8].

Após a promulgação da Constituição de 1988, o Jornal do Brasil também publicou notícia sobre a aprovação da licença-paternidade mencionando o discurso de Alceni Guerra, cujo trecho segue:

> [...] Ao relatar o dificílimo parto e as dificuldades de recuperação de sua mulher, Ângela Alceni, que é médico pediatra, arrancou lágrimas de muitos parlamentares. Ninguém acreditava na vitória da proposta, e houve um susto quando ela passou. Vieram as chacotas, mas a ideia pegou. O próprio Ulysses Guimarães que, antes da votação da emenda de Alceni, havia feito uma brincadeira de mau gosto, da qual se retrataria, comentou com a mulher do deputado: "Seu marido é fogo, não se pode brincar com ele"[9].

Ressalta-se que a licença-paternidade foi fixada em 1988 com base no pensamento da época de que a função desempenhada pelo pai era a de mero ajudante da mãe, que ainda possuiria o papel primordial de responsável pela criação dos filhos. A licença seria para que o pai pudesse prestar o apoio necessário à mãe durante a recuperação do parto e não para ajudar com os cuidados da criança.

No entanto, tal mentalidade não pode subsistir nos tempos atuais, sendo que a letra do art. 7º, XIX da CF/88, e do art. 10, § 1º, do ADCT, inalteradas desde sua elaboração, encontram-se em descompasso com o paradigma da paternidade socioafetiva e do dever constitucional de ambos os pais de assistir, criar e educar os filhos.

2.3. Alterações legislativas – Lei n. 12.873/13

Recentemente foi sancionada a Lei n. 12.873, de 24 de outubro de 2013, que modificou a redação do art. 392-A da CLT e criou os arts. 392-B e 392-C, além de alterar a redação do art. 71-A da Lei n. 8.213/1991 e criar os arts. 71-B e 71-C da mesma lei.

Em relação à seara trabalhista, a legislação trouxe importantes alterações quanto ao direito à licença dos pais adotantes. Com a inclusão do § 5º, no art. 392-A, criou-se a possibilidade de fruição da licença-maternidade por casais homoafetivos, vez que o referido parágrafo prevê que "[...] a adoção ou guarda judicial conjunta ensejará a concessão de licença-maternidade a apenas um dos adotantes ou guardiães empregado ou empregada"[10].

Com a inclusão do art. 392-C também passou a ser tutelada a hipótese da adoção exclusiva por homens. O empregado que adotar ou obter a guarda terá direito à licença-maternidade nos moldes daquela concedida às mulheres, sendo, portanto, uma clara ratificação dos princípios de proteção à infância e valorização da paternidade e do direito do homem em formar vínculos com seu filho.

Por fim, ainda no ramo trabalhista, foi regulamentada a fruição da licença-maternidade ao pai no caso de falecimento da genitora. Em virtude da inclusão do art. 392-B, o cônjuge ou companheiro sobrevivente, fará jus à fruição da licença-maternidade integralmente ou do tempo restante dela, desde que o filho não venha a óbito tampouco seja abandonado.

A nova Lei também alterou o pagamento do salário maternidade, previsto na lei previdenciária, concedendo nova redação ao art. 71-A da Lei n. 8.213/1991, determinando que o salário maternidade seja devido ao segurado (e não tão somente à segurada) que adotar ou obtiver a guarda.

Assim, da mesma forma que as mulheres, os homens que adotam ou obtém a guarda de criança, terão direito ao benefício previdenciário. Dada a expressa previsão do § 1º do art. 71-A, não há dúvidas que o custeio será encargo da Previdência Social.

Destaca-se que, o encargo trazido pela ampliação do benefício não poderia se tornar ônus do empregador, sob

---

(7) LICENÇA-PATERNIDADE PASSA após as lagrimas de Alceni. *Folha de S. Paulo*. São Paulo, 26 fev. 1988. Disponível em: <http://www2.senado.gov.br/bdsf/item/id/124451>. Acesso em: 30 jun. 2014.

(8) LICENÇA - PATERNIDADE É confirmada. *O Globo*. Rio de Janeiro, 11 ago. 1988. Disponível em: <http://www2.senado.gov.br/bdsf/item/id/106058>. Acesso em: 30 jun. 2014.

(9) LICENÇA-PATERNIDADE TERÁ prazo provisório de 5 dias. *Jornal do Brasil*. Rio de Janeiro, 11 ago. 1988. Disponível em <http://www2.senado.gov.br/bdsf/item/id/106182>. Acesso em: 30 jun. 2014.

(10) BRASIL. Lei n. 12.873, de 24 de outubro de 2013. Altera as Leis ns. 8.212, de 24 de julho de 1991, e 8.213, e 24 de julho de 1991, o Decreto-lei n. 5.452, de 1º de maio de 1942 – Consolidação das Leis do Trabalho e outros. Disponível em: <http://www.planalto.gov.br/ccivil_03/_Ato2011-2014/2013/Lei/L12873.htm>. Acesso em: 30 jun. 2014.

pena de ser tido como empecilho para novas adoções e obtenções de guarda.

O § 2º do art. 71-A é claro ao prever que não será deferido mais de um benefício previdenciário oriundo do mesmo processo de guarda ou adoção. Assim apesar dos avanços a licença somente pode ser usufruída integralmente por um dos pais mantendo ainda a divisão desproporcional de tarefas entre os pares.

Finalmente, com a inclusão do art. 71-B é assegurado ao cônjuge ou companheiro a percepção do salário maternidade em casos de falecimento da genitora, tal norma também se aplica aos casos de adoção e guarda, conforme a determinação do § 3º do referido artigo.

Em todos os casos de afastamento para fruição de licença-maternidade é necessário o afastamento laboral, conforme se verifica no art. 71-C. Com esta nova lei verifica-se claramente que para o pleno exercício do direito às licenças é necessário também o recebimento de benefício previdenciário.

A alteração legislativa mostra uma nova e crescente preocupação estatal com o fortalecimento das relações familiares. Ressalta-se que, apesar de não existir uma mudança na nomenclatura, a licença-maternidade foi em vários casos estendidas para os pais, mais uma vez reforçando a noção de que a licença é para o fortalecimento dos laços afetivos entre os pais e os seus filhos, não se tratando de uma mera questão biológica.

2.4. Projetos de lei que visam a alterar a licença-paternidade

Atualmente, existem vários projetos em tramitação para a ampliação da licença-paternidade, mas a ideia de que o homem deve assumir, de maneira plena e igualitária com a mulher, a responsabilidade pelo cuidado de seus filhos ainda não é comum no País[11].

Dentre vários projetos é possível citar alguns como o Projeto de Lei n. 3.935/2008, da senadora Patrícia Saboya do Partido Democrático Trabalhista de Ceará (PDT-CE), que pretende ampliar a licença-paternidade para 15 dias, inclusive em casos de adoção, acrescentando alíneas ao já existente art. 473 da CLT.

Interessante deste projeto é que além de ampliar a licença-paternidade ainda existe a previsão da cumulação desta com o prazo de um dia previsto no art. 473, III da CLT; cria ainda a figura da estabilidade, mediante dispensa imotivada, de 30 dias após o término da licença-paternidade, bem como regula o prazo de seu gozo caso coincida com as férias do empregado.

Há também o Projeto de Lei n. 4.853/2009, do deputado Urzeni Rocha do Partido da Social Democracia Brasileira de Roraima (PSDB/RR), que estende a licença-paternidade para 30 dias, e, ao contrário do projeto anteriormente mencionado, este apenas altera o já disposto no art. 473, III da CLT, sem realizar qualquer outra mudança no texto legal.

Ponto que merece destaque no projeto do Deputado Urzeni Rocha é sua exposição de motivos segundo a qual a licença-paternidade é um "[...] importante direito social que está primordialmente voltado para a criança, mas que contribui para a melhoria de toda a estrutura familiar"[12].

Estes são apenas dois de vários projetos atualmente tramitando no Congresso Nacional que visam regulamentar, ainda que tardiamente, o previsto no art. 7º, XIX da CF/88.

É interessante apontar que nenhum desses projetos de lei determina que o benefício aos pais seja pago nos termos da licença-maternidade, ou seja, pelo INSS, ainda mantendo o encargo para os empregadores. Tal peculiaridade certamente deve dificultar a aprovação de qualquer iniciativa de ampliar a licença-paternidade.

Além dos projetos que pretendem regular a licença-paternidade, existem alguns que visam a criar a figura da estabilidade provisória de emprego para o pai, caso seja este a única fonte de renda da família. Como exemplo de tal iniciativa pode-se mencionar a Proposta de Emenda a Constituição (PEC) n. 114/07, o Projeto de Lei do Senado n. 454/08 e o Projeto de Lei da Câmara n. 3.829/97, sendo que atualmente os dois primeiros encontram-se arquivados.

Estas iniciativas demonstram um interesse de alguns políticos em alterar o panorama atual da licença-paternidade, no entanto, todos os referidos projetos esbarram em obstáculos burocráticos para sua efetivação.

Apesar disso é possível verificar algumas iniciativas de empresas privadas, por meio de instrumentos coletivos ou contratos individuais, em ampliar tal benefício. Como exemplo podemos mencionar o escritório de advocacia

---

(11) THOME, Candy Florencio. *A licença-paternidade como desdobramento da igualdade de gênero*. Um estudo comparativo entre Brasil e Espanha. Disponível em: <http://www.trt3.jus.br/escola/download/revista/rev_80/candy_florencio_thome.pdf>. Acesso em: 30 jun. 2014.

(12) BRASIL. *Projeto de Lei n. 4.853/2009*. Altera o inciso III do art. 473 da Consolidação das Leis do Trabalho (CLT), aprovada pelo Decreto-lei n. 5.452, de 1º de maio de 1943, para dispor sobre a licença-paternidade. Disponível em: <http://www.camara.gov.br/proposicoesWeb/fichadetramitacao?idProposicao=426491>. Acesso em: 30 jun. 2014.

Souza, Schneider, Pugliese e Sztokfisz Advogados, que desde o inicio do ano de 2014, ampliou a licença-paternidade de seus funcionários para 30 dias[13].

3. Licença-parental: uma alternativa do direito estrangeiro

Além da figura da licença-maternidade e da paternidade existe ainda a licença-parental, presente amplamente no direito estrangeiro, apesar de ainda estranha ao ordenamento jurídico pátrio.

A licença-parental nada mais é do que uma licença concedida após o período da licença-paternidade e/ou maternidade, sendo que qualquer um dos pais poderá ser beneficiado. A regulamentação específica deste instituto depende de cada país, no entanto, de um modo mais amplo, é possível citar a Diretiva n. 2010/18 do Conselho da União Europeia que aplica o acordo-quadro sobre a licença-parental.

Inicialmente é importante conceituar as Diretivas que são "[...] normas obrigatórias comunitárias, produzidas pelo Conselho, vinculando todos os Estados-membros, mas os deixando livres para estabelecer o meio ou a forma de alcançar a meta estabelecida" [14].

Referida Diretiva tem como o intuito definir "[...] requisitos mínimos em matéria de licença-parental, enquanto meio importante de conciliar responsabilidades profissionais e familiares e promover a igualdade de oportunidades e tratamento entre homens e mulheres"[15].

Dentre outros direitos como modalidade de aplicação do benefício, prazos de validade, retorno ao trabalho e vedação de discriminação há determinação, em sua segunda cláusula, que a licença-parental é concedida aos trabalhadores de ambos os sexos:

> [...] pelo nascimento ou pela adopção de um filho, para dele poderem cuidar até uma determinada idade que poderá ir até aos oito anos, a definir pelos Estados-Membros e/ou pelos parceiros sociais. 2. A licença é concedida por um período mínimo de quatro meses e, no intuito de promover a igualdade de oportunidades e tratamento entre homens e mulheres, deve, em princípio, ser concedida numa base não transferível. Para incentivar uma maior igualdade entre ambos os progenitores no gozo da licença, pelo menos um dos quatro meses não pode ser transferido. As modalidades de aplicação do período não transferível são definidas a nível nacional, mediante legislação e/ou convenções colectivas, tendo em conta as disposições existentes nos Estados-Membros em matéria de licença[16].

Apenas a título de exemplificação, na Dinamarca, a licença é de seis meses para as mães e os dois meses seguintes são para o pai, com remuneração de 60%. Na Alemanha, são quatorze meses de licença-parental, com a possibilidade de licença-maternidade de até um ano, sendo dois meses de licença-paternidade. Na Suécia a licença-parental pode ser dividida entre pais e mães, totalizando 13 meses, desse total, dois meses são garantidos exclusivamente aos pais[17].

Em relação à Suécia reportagem veiculada no *The New York Times* demonstrou os efeitos práticos que a instituição da licença estendida para o pai, ainda em 1995, gerou na sociedade:

> Empresas passaram a esperar que seus empregados usem a licença, sem distinção de sexo, e a não penalizar os pais em momento de promoção. Os salários das mulheres foram beneficiados e a mudança no papel dos pais tem sido responsabilizada pela queda nas taxas de divórcio e no aumento da guarda conjunta dos filhos.
>
> No possivelmente mais notável exemplo de engenharia social, uma nova definição de masculinidade está surgindo. "Muitos homens já não querem ser identificados apenas por seus trabalhos", disse Bengt Westerberg, que como vice-primeiro-ministro gradualmente implementou a licença-paternidade de um mês em 1995. "Muitas mulheres agora esperam que seus maridos tirem pelo menos algum tempo para os filhos"[18].

Segundo nota da OIT sobre o Trabalho e Família a licença-parental é uma ferramenta importante para a alteração dos padrões comportamentais de homens e mulheres em

---

(13) PAULINO, Raquel. Escritório de advocacia amplia benefício para um mês e abre debate sobre qual a duração ideal do afastamento oferecido aos homens logo após o nascimento do filho. Disponível em: <http://delas.ig.com.br/filhos/2014-02-06/licenca-paternidade--cinco-dias-sao-suficientes.html>. Acesso em: 30 jun. 2014.

(14) GOMES, Ana Virgínia Moreira; BERTOLIN, Patrícia Tuma Martins. O significado da declaração de princípios e direitos fundamentais dos trabalhadores na posição da OIT como a organização internacional capaz de garantir um conteúdo laboral no processo de globalização. *Revista de Direito do Trabalho*, RT, ano 31, n. 119, p. 23, jul./set. 2005.

(15) UNIÃO EUROPEIA. Diretiva n. 2.010/18 do Conselho da União Europeia. Disponível em: <http://eur-lex.europa.eu/LexUriServ/LexUriServ.do?uri=OJ:L:2010:068:0013:0020:pt:PDF>. Acesso em: 30 jun. 2014.

(16) Idem.

(17) DEUS, Rosana Sousa de. Licença-parental: para além da licença–maternidade. Disponível em: <http://www.cut.org.br/ponto-de-vista/artigos/4840/licenca-parental-para-alem-da-licenca-maternidade>. Acesso em: 30 jun. 2014.

(18) BENNHOLD. Katrin. Lei da paternidade redesenha masculinidade na Suécia. Disponível em: <http://ultimosegundo.ig.com.br/mundo/nyt/lei-da-paternidade-redesenha-masculinidade-na-suecia/n1237669225752.html>. Acesso em: 30 jun. 2014.

relação à distribuição do trabalho. Fomenta, ainda, o debate em torno do reconhecimento dos homens como sujeitos de direitos quanto ao pleno exercício da paternidade, bem como de sua importância e de seu papel no nascimento dos filhos[19].

Nos países em que a licença-parental se encontra em vigor verificamos que nem sempre há a garantia integral da remuneração, sendo que em alguns Estados quanto mais tempo se afasta do serviço menos se recebe em contrapartida.

Cabe ressaltar que apesar de se alterar o patamar remuneratório há outros auxílios prestados pelo governo, como subsídios e auxílio creche, o que garante a efetividade da licença-parental. Isso posto, mesmo sem a remuneração integral os pais conseguiriam manter inalterado seu padrão de vida após o nascimento ou adoção de uma criança.

Para além da licença-parental, é possível verificar uma mudança de mentalidade das grandes empresas, fomentada pela preocupação de manter seus funcionários, principalmente no tocante ao planejamento familiar e cuidados com os filhos:

> A pesquisa "Melhores Empresas para Trabalhar", realizada anualmente em 44 países, aponta como tendência ir além do desafio de equiparar os benefícios trabalhistas entre homens e mulheres. As novas famílias, em especial as que contam com filhos adotivos, têm demandado uma nova postura dos gestores. A Microsoft (Estados Unidos), por exemplo, coloca à disposição dos funcionários, advogados especialistas em processos de adoção. A Alston & Bird (Estados Unidos) concede licença-paternidade por três meses para o pai-funcionário que for responsável direto pelos cuidados com a criança. A Nycomed (Canadá) possui um programa de "adoção reembolsada" que consiste no custeio dos trâmites da adoção legal em até US$ 15 mil. A Edward Jones (Canadá) oferece US$ 5 mil para assistência da criança adotada por funcionários. A Google (Estados Unidos) oferece a pais e mães, naturais ou adotivos, sete semanas de licença e mais 12 adicionais para as mães-funcionárias[20].

No Brasil ainda não se nota qualquer movimento com o intuito de se instituir a licença-parental, porém por meio da equiparação entre as licenças paternidade e maternidade poderia ser atingido um efeito similar ao encontrado nos países europeus, com a eventual diminuição da desigualdade entre os gêneros tanto na esfera trabalhista quanto na social.

4. Da possibilidade de igualar a licença paternidade com a maternidade

A Carta Magna consagrou a igualdade entre os sexos no art. 3º, IV e no art. 5º, I. Há também no art. 7º a previsão da garantia para os empregados do direito à proteção do mercado de trabalho da mulher (art. 7º, XX) e o direito à proibição de qualquer discriminação quanto ao salário e critérios de admissão (art. 7º, XXX).

Ademais, conforme já explicitado, a CF/88 garantiu proteção especial à família, sendo dever de ambos os pais a guarda e cuidados para com seus filhos. Considerando essas premissas, não restam dúvidas acerca da importância e da necessidade da equiparação temporal das licenças, a fim de possibilitar a formação e o crescimento da criança cuja proteção também é contemplada constitucionalmente.

4.1. Igualdade entre os sexos — uma questão trabalhista e social

A presença do pai nos primeiros meses de vida da criança é de grande importância. Não há dúvidas de que a amamentação é primordial para criança, contudo, o dever dos pais vai muito além, não podendo tal critério biológico obstar a equiparação das licenças.

Ademais, há a necessidade de se quebrar o paradigma existente de que os cuidados para com a criança são exclusivos da mãe, enquanto o pai assumiria o papel de provedor.

Na justificativa do Projeto de Lei n. 4.853/2009, a socióloga e pesquisadora Sandra Unbehaum destaca que a importância do pai na vida do filho é a mesma da mãe. Ela ainda argumenta que na nossa cultura os homens não são ensinados a cuidar, desde pequenos eles são criados para uma vida exterior, enquanto as meninas ficariam em casa, cuidando da família[21].

As instituições familiares ao longo dos anos se modificaram, superando a visão tradicionalista e ligada apenas à questão biológica. É certo que a responsabilidade para com os filhos, por força do disposto no texto constitucional, incube a pais e mães em igual paridade.

---

(19) ORGANIZAÇÃO INTERNACIONAL DO TRABALHO. Notas da OIT: trabalho e família 6. Disponível em: <http://www.oit.org.br/sites/default/files/topic/gender/doc/br_nota_6_700.pdf>. Acesso em: 30 jun. 2014b.

(20) JÚNIOR, José Tolovi. Licença-paternidade: novo contexto corporativo. Disponível em: <http://www.revistapetcenter.com.br/materia_interativa_licenca_paternidade.php>. Acesso em: 30 jun. 2014.

(21) UNBEHAUM apud BRASIL. Projeto de Lei n. 4.853/2009. Altera o inciso III do art. 473 da Consolidação das Leis do Trabalho (CLT), aprovada pelo Decreto-lei n. 5.452, de 1º de maio de 1943, para dispor sobre a licença-paternidade. Disponível em: <http://www.camara.gov.br/proposicoesWeb/fichadetramitacao?idProposicao=426491>. Acesso em: 30 jun. 2014.

No mundo moderno, o equilíbrio entre o trabalho e as responsabilidades familiares constitui um grande desafio a ser confrontado. Trabalho e família são duas realidades regidas por lógicas aparentemente confrontantes, a pública e a privada, mas que, no entanto, são afetadas mutuamente. As pessoas precisam trabalhar para gerar renda e, simultaneamente, cuidar da família e desempenhar tarefas domésticas não remuneradas em seus lares. Essa questão afeta particularmente as mulheres, o que gera uma situação de desvantagem ao adentrar mercado de trabalho. Assim, a questão do equilíbrio entre trabalho e família é intrínseca para a igualdade de gênero[22].

Apesar de as grandes conquistas alcançadas pelas mulheres, ainda subsiste a visão que elas possuem uma predestinação à vida familiar e doméstica, sendo que ainda é comum escutar o termo "dupla jornada" ao se referir principalmente à mulher trabalhadora.

Sem dúvida a equiparação da licença-paternidade à licença-maternidade ajudaria a quebrar este paradigma, de maneira que a mulher passaria a adentrar cada vez mais no mundo do trabalho (público) e o homem seria inserido mais ativamente no espaço familiar (privado).

Nas palavras de Taysa Silva Santos:

> O que as mulheres, e mais precisamente as feministas, reivindicam é o deslocamento do homem para a esfera privada, no sentido de haver uma igualdade de gênero, para que a esfera privada deixe de ser "atribuição privativa da mulher". É preciso desconstruir essa ideia de resignação, mulher não foi feita para servir. Todavia, há resistência masculina, em grande parte, no que se refere à realização do trabalho doméstico, pois não aceitam a desestabilização da sua hegemonia patriarcal, tendo em vista que muitos consideram a divisão do trabalho doméstico uma afronta, como se fosse ferir sua masculinidade [furto das construções sociais] [23].

É certo que, dada a esta visão, a mão de obra feminina passa a ser vista como um possível problema, vez que, se tivesse que escolher entre o trabalho e a família, muito possivelmente escolheria a segunda opção. Em sentido inverso o homem teria mais vínculos com o trabalho, com a vida pública, daí um dos motivos de ser a mão de obra masculina mais atraente ao empregador e com salários superiores à feminina.

Em virtude de as mulheres, geralmente, dedicarem-se mais aos filhos e à vida familiar foi preconcebida uma ideia de que a mulher deveria ter filhos e cuidar da família. É falsa a noção de que o maior sonho de toda mulher é ser mãe e que a ausência de filhos a tornaria incompleta[24].

O fundamento para essa ideia estaria na noção de que toda mulher naturalmente possui um instinto maternal, uma tendência de cuidar de sua prole, porém o chamado instinto maternal está longe de ser instintivo, na verdade é uma construção histórica e social, dado cultural, que pouco ou nada se difere do instinto paternal[25]. Neste sentido tanto o pai quanto a mãe poderiam educar e cuidar de seus filhos igualmente.

Para a sociedade, se a maternidade é destino, a paternidade seria apenas uma escolha. No entanto, verifica-se que até entre as pessoas que defendem a existência de uma vocação maternal natural, muitos afirmam que não são apenas as mães capazes de senti-lo, mas também os pais e até terceiros. Assim sendo questiona-se o porquê de não se chamar este impulso simplesmente de amor[26].

Ao preservar tal entendimento da predisposição da mulher, o pai simplesmente é relegado para segundo plano na relação familiar sendo cultivada a noção de separação de espaços entre os gêneros. Inclusive, deve ser salientado que não são incomuns casos onde homens desenvolvem sem nenhum embaraço o papel de pai e mãe, demonstrando claramente que o instinto maternal ou paternal é fruto social.

Essa necessidade de reformular o papel tanto do homem quanto da mulher na sociedade não é novidade no cenário mundial, muito menos no ordenamento jurídico brasileiro. Em 18 de dezembro de 1979 foi aprovada pela Assmbleia Geral das Nações Unidas, por meio da Resolução n. 34/180, a Convenção sobre a Eliminação de Todas as Formas de Discriminação contra a mulher.

O referido documento foi ratificado pelo Brasil no dia 1º de fevereiro de 1984, e dispõe que:

---

(22) ORGANIZAÇÃO INTERNACIONAL DO TRABALHO. Equilíbrio entre Trabalho e Família. Disponível em: <http://www.oitbrasil.org.br/content/equil%C3%ADbrio-entre-trabalho-e--fam%C3%ADlia>. Acesso em: 30 jun. 2014.

(23) SANTOS, Taysa Silva. A condição feminina: dupla jornada de trabalho. Disponível em: <http://www.cress-mg.org.br/arquivos/simposio/A%20CONDI%C3%87%C3%83O%20FEMININA%20DUPLA%20JORNADA%20DE%20TRABALHO.pdf>. Acesso em: 30 jun. 2014.

(24) THOME, Candy Florencio. A licença-paternidade como desdobramento da igualdade de gênero. Um estudo comparativo entre Brasil e Espanha. Disponível em: <http://www.trt3.jus.br/escola/download/revista/rev_80/candy_flarencio_thome.pdf>. Acesso em: 30 jun. 2014.

(25) Idem.

(26) BADINTER apud THOME, Candy Florencio. A licença-paternidade como desdobramento da igualdade de gênero. Um estudo comparativo entre Brasil e Espanha. Disponível em: <http://www.trt3.jus.br/escola/download/revista/rev_80/candy_flarencio_thome.pdf>. Acesso em: 30 jun. 2014.

Convencidos de que a participação máxima da mulher, em igualdade de condições com o homem, em todos os campos, é indispensável para o desenvolvimento pleno e completo de um país, para o bem-estar do mundo e para a causa da paz.

Tendo presente a grande contribuição da mulher ao bem-estar da família e ao desenvolvimento da sociedade, até agora não plenamente reconhecida, a importância social da maternidade e a função dos pais na família e na educação dos filhos, e conscientes de que o papel da mulher na procriação não deve ser causa de discriminação, mas sim que a educação dos filhos exige a responsabilidade compartilhada entre homens e mulheres e a sociedade como um conjunto.

Reconhecendo que para alcançar a plena igualdade entre o homem e a mulher é necessário modificar o papel tradicional tanto do homem, como da mulher na sociedade e na família[27].

Até 24 de novembro de 2004, a Convenção já contava com 179 Estados partes. Apesar da ampla adesão dos Estados foi verificado um grande número de reservas formuladas quanto a algumas cláusulas, principalmente em relação ao que diz respeito à igualdade entre homens e mulheres na família. Tais reservas foram justificadas com base na ordem religiosa, cultural e legal [28].

Isso reforça a noção da existência de uma dicotomia entre os espaços público e privado, sendo que, em diversas sociedades, o espaço da mulher estaria restrito ao privado, referente à família e ao lar. É necessário uma mudança de mentalidade, uma quebra de paradigmas, garantindo maior espaço ao homem na esfera privada e em contrapartida a mulher obteria mais vez na seara pública.

O abismo temporal entre as licenças reforça ainda mais a segregação de espaço público e privado entre homem e mulher, visto que muitas vezes gera um sentimento de exclusão do homem na dinâmica familiar. Nas palavras da Psicóloga do espaço Equilibrium Spa da Mente e especialista em terapia cognitiva-comportamental e em psicologia positiva, Renata Castro:

> "Cinco dias é muito pouco para a construção do vínculo afetivo. A mulher começa a ser mãe no momento em que descobre que está grávida, mas o homem só sente a paternidade de fato quando o bebê nasce. Ao voltar ao trabalho e deixar a mulher e o bebê em casa em tão pouco tempo, precisa interromper esse processo, e nasce a sensação de exclusão[29].

Certo é que para garantir uma equidade de gêneros, "[...] ao homem deve ser dado tanto a obrigação como o direito de participar de forma mais ativa do cuidado de seus filhos"[30].

4.2. Fonte de custeio da licença-paternidade

Nos moldes atuais, a licença-paternidade é custeada pelo empregador, sendo que nenhum dos projetos de lei que visam a ampliar tal benefício alterou este ônus para o INSS.

Da mesma maneira para a efetividade da licença-paternidade ampliada deve ser também estendido o direito ao salário maternidade (ou criado o salário paternidade), vez que somente com seu patamar salarial resguardado o pai poderia realmente contribuir para com os cuidados de seu filho.

Em relação ao custeio, cabe ressaltar, que a Previdência Social possui caráter contributivo e solidário, sendo que homens e mulheres contribuem igualitariamente para o INSS, não existindo nenhuma diferença de alíquotas com base no critério de sexo. Logo da mesma maneira que as mulheres possuem garantia de remuneração integral durante o período de licença-maternidade, deve também o homem ter tal direito com a equiparação de sua licença à licença concedida às mulheres [31].

Referente à fonte de custeio pode-se mencionar a Ação Civil Pública n. 5019632-23.2011.404.7200/SC, interposta pelo Ministério Público Federal, que objetivou a declaração da inconstitucionalidade do art. 71-A da Lei 8.213/1991, quando o referido dispositivo determinava valores diferentes para a adoção de acordo com a idade da criança.

Na decisão proferida em primeira instância, o Juiz Marcelo Krás Borges em sua fundamentação assevera que:

> [...] a regra da falta de custeio ou da reserva do possível não é aplicável no caso concreto, já que está em jogo o direito

---

(27) ASSEMBLEIA GERAL DAS NAÇÕES UNIDAS. Convenção sobre a eliminação de todas as formas de discriminação contra a mulher. Adotada em 18 de dezembro de 1979. Disponível em: <http://www.pge.sp.gov.br/centrodeestudos/bibliotecavirtual/instrumentos/discrimulher.htm>. Acesso em: 30 jun. 2014.

(28) SANTOS, Taysa Silva. A condição feminina: dupla jornada de trabalho. Disponível em: <http://www.cress-mg.org.br/arquivos/simposio/A%20CONDI%C3%87%C3%83O%20FEMININA%20DUPLA%20JORNADA%20DE%20TRABALHO.pdf>. Acesso em: 30 jun. 2014.

(29) CASTRO apud PAULINO, Raquel. Escritório de advocacia amplia benefício para um mês e abre debate sobre qual a duração ideal do afastamento oferecido aos homens logo após o nascimento do filho. Disponível em: <http://delas.ig.com.br/filhos/2014-02-06/licenca-paternidade-cinco-dias-sao-suficientes.html>. Acesso em: 30 jun. 2014.

(30) THOME, Candy Florencio. A licença-paternidade como desdobramento da igualdade de gênero. Um estudo comparativo entre Brasil e Espanha. Disponível em: <http://www.trt3.jus.br/escola/download/revista/rev_80/candy_flarencio_thome.pdf>. Acesso em: 30 jun. 2014.

(31) TEODORO, Maria Cecilia Máximo; SOUZA. Miriam Parreiras de. *Equiparação da licença-paternidade à licença-maternidade*. Belo Horizonte, 2014. No prelo.

à dignidade humana. Tal caso poderia ser comparado ao já julgado pelo Supremo Tribunal Federal, em que se obrigou o Município de São Paulo a fornecer creches para todas as crianças menores de cinco anos de idade. Mesmo que não haja previsão orçamentária para tanto, é o Princípio da Dignidade Humana que está em jogo, não podendo se alegar o Princípio da Reserva do Possível para se inibir ou desestimular a educação e adoção de crianças em estado de desamparo. [...] os interesses da criança devem ser preservados e não devem ser limitados por questões orçamentárias. [...] os custos com que o INSS arcará com tal benefício são ínfimos, se compararmos aos benefícios com a educação que terão as crianças adotadas, as quais necessitam de um período de adaptação. Somente o contato constante com os pais nos primeiros meses de adoção é que permitirá que a adoção tenha êxito. Sem tal estímulo, o INSS estaria a estimular a desagregação familiar, prejudicando justamente aquelas crianças que precisam de mais tempo e dedicação dos pais, até porque uma adoção não é uma situação simples de acolhimento e adaptação. As relações humanas são complexas e difíceis, não podendo se resumir a números da Previdência. Não pode o Estado se pautar em números e orçamento para decidir quando se trata do Princípio da Dignidade Humana[32].

Verifica-se, portanto que o Judiciário já se posiciona no sentido da efetivação do princípio da dignidade da pessoa humana ao compreender que o custeio da licença-paternidade, caso equiparada à licença-maternidade, deverá ser arcada pelo INSS.

5. Conclusão

Por todo exposto é nítido que não deve ser mantida a desproporcionalidade entre o período da licença-maternidade — de 120 dias, podendo alcançar 180 dias — e o período da licença-paternidade — de 5 dias.

Resta claro que o legislador ao diferenciar o tempo de licença para pais e mães não adota critérios cientificamente ponderados, visto que não há de que se falar em um maior "instinto" materno ou paterno, tratando-se de um critério meramente social.

Os contornos familiares e o conceito de família se alteraram amplamente ao longo dos anos, até mesmo os ditames para a adoção eram diferentes dos regramentos atuais. Logo é necessário realizar uma releitura do texto da Constituição de 1988 com base nos paradigmas atuais de família afetiva.

Também se faz necessário revisar a noção de maternidade, não podendo mais vincular a mulher primordialmente com a vida privada, lar e família; é preciso promover uma redistribuição de tarefas para aliviar a sobrecarga imposta às mães trabalhadoras, bem como a discriminação que tal encargo gera no mercado de trabalho.

É cediço que o período da duração da licença-maternidade não objetiva apenas a recuperação do desgaste físico ocasionado pelo parto ou o aleitamento materno — se assim o fosse não teria sido equiparada à licença-maternidade de 120 dias para as adotantes — mas sim aproximar e estreitar os laços familiares, não podendo tal direito ser negado aos homens.

Toda criança conforme disposição expressa do art. 19 do Estatuto da Criança e do Adolescente possui o direito de ser criada no seio familiar. Esse cuidado nos primeiros meses de vida é importantíssimo como forma de criação dos laços do recém-nascido com o mundo exterior. Registre-se, ainda, que ambos os genitores são responsáveis pela concretização do direito fundamental à proteção da infância.

No direito estrangeiro, notadamente na Suécia, encontram-se exemplos de como a licença-parental alterou o conceito de família na sociedade. A equiparação da licença-paternidade à maternidade geraria efeitos similares no Brasil, ademais não há de se falar em empecilhos legais para tal equiparação, vez que tal feito pode ser atingido com a criação da lei prevista no art. 7º, XIX da CF/88, bem como já existe a fonte de custeio correspondente.

A equiparação dos dois institutos se faz necessária em respeito aos ditames constitucionais de proteção especial à família, de igualdade entre gêneros e da dignidade da pessoa humana, além do que garantiria uma maior inserção da mulher no mercado de trabalho em condições de paridade com os homens.

6. Referências bibliográficas

ASSEMBLEIA GERAL DAS NAÇÕES UNIDAS. Convenção sobre a eliminação de todas as formas de discriminação contra a mulher. Adotada em 18 de dezembro de 1979. Disponível em: <http://www.pge.sp.gov.br/centrodeestudos/bibliotecavirtual/instrumentos/discrimulher.htm>. Acesso em: 30 jun. 2014.

BADINTER *apud* THOME, Candy Florencio. A licença-paternidade como desdobramento da igualdade de gênero. Um estudo comparativo entre Brasil e Espanha. Disponível em: <http://www.trt3.jus.br/escola/download/revista/rev_80/candy_flarencio_thome.pdf>. Acesso em: 30 jun. 2014.

BARROS, Alice Monteiro. *Curso de Direito do Trabalho*. 7. ed. São Paulo: LTr, 2011.

BASTOS, Celso Ribeiro. *Hermenêutica e interpretação constitucional*. 3.ed. São Paulo: Celso Bastos, 2002.

BENNHOLD. Katrin. *Lei da paternidade redesenha masculinidade na Suécia*. Disponível em: <http://ultimosegundo.ig.com.br/mundo/nyt/lei-da-paternidade-redesenha-masculinidade-na-suecia/n1237669225752.html>. Acesso em: 30 jun. 2014.

---

(32) FLORIANOPOLIS. Ação Civil Pública n. 5019632-23.2011.404.7200/SC. Disponível em: <http://www.abimaq.org.br/Arquivos/Html/CJTA/Downloads%20Consultoria%20Juridica%20Trabalhista/Senten%C3%A7a%20ACP%20-%20INSS.pdf>. Acesso em: 30 jun. 2014.

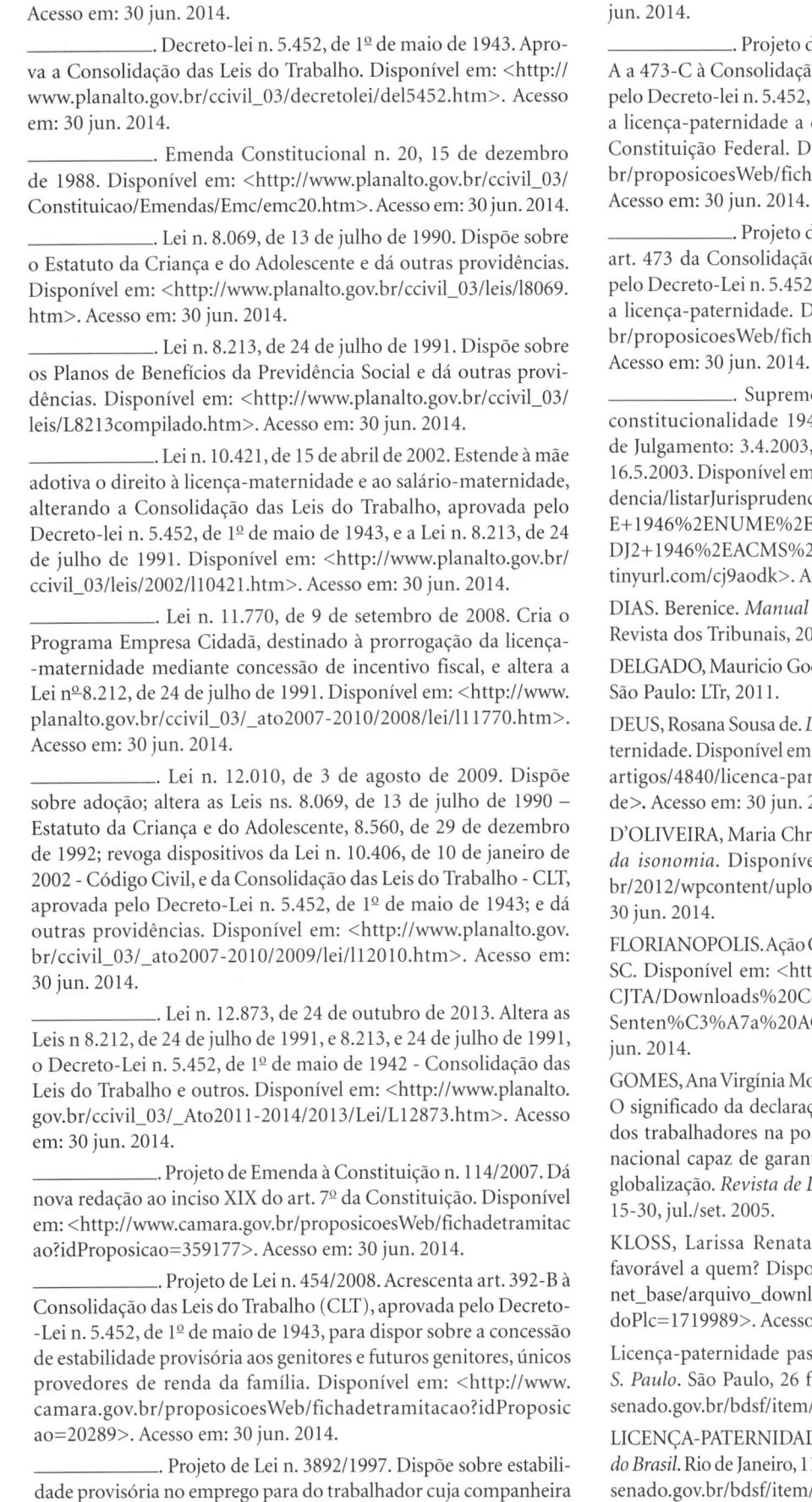

BRASIL. Constituição (1988). Disponível em: <http://www.planalto.gov.br/ccivil_03/constituicao/constituicaocompilado.htm>. Acesso em: 30 jun. 2014.

_____. Decreto-lei n. 5.452, de 1º de maio de 1943. Aprova a Consolidação das Leis do Trabalho. Disponível em: <http://www.planalto.gov.br/ccivil_03/decretolei/del5452.htm>. Acesso em: 30 jun. 2014.

_____. Emenda Constitucional n. 20, 15 de dezembro de 1988. Disponível em: <http://www.planalto.gov.br/ccivil_03/Constituicao/Emendas/Emc/emc20.htm>. Acesso em: 30 jun. 2014.

_____. Lei n. 8.069, de 13 de julho de 1990. Dispõe sobre o Estatuto da Criança e do Adolescente e dá outras providências. Disponível em: <http://www.planalto.gov.br/ccivil_03/leis/l8069.htm>. Acesso em: 30 jun. 2014.

_____. Lei n. 8.213, de 24 de julho de 1991. Dispõe sobre os Planos de Benefícios da Previdência Social e dá outras providências. Disponível em: <http://www.planalto.gov.br/ccivil_03/leis/L8213compilado.htm>. Acesso em: 30 jun. 2014.

_____. Lei n. 10.421, de 15 de abril de 2002. Estende à mãe adotiva o direito à licença-maternidade e ao salário-maternidade, alterando a Consolidação das Leis do Trabalho, aprovada pelo Decreto-lei n. 5.452, de 1º de maio de 1943, e a Lei n. 8.213, de 24 de julho de 1991. Disponível em: <http://www.planalto.gov.br/ccivil_03/leis/2002/l10421.htm>. Acesso em: 30 jun. 2014.

_____. Lei n. 11.770, de 9 de setembro de 2008. Cria o Programa Empresa Cidadã, destinado à prorrogação da licença-maternidade mediante concessão de incentivo fiscal, e altera a Lei nº 8.212, de 24 de julho de 1991. Disponível em: <http://www.planalto.gov.br/ccivil_03/_ato2007-2010/2008/lei/l11770.htm>. Acesso em: 30 jun. 2014.

_____. Lei n. 12.010, de 3 de agosto de 2009. Dispõe sobre adoção; altera as Leis ns. 8.069, de 13 de julho de 1990 – Estatuto da Criança e do Adolescente, 8.560, de 29 de dezembro de 1992; revoga dispositivos da Lei n. 10.406, de 10 de janeiro de 2002 - Código Civil, e da Consolidação das Leis do Trabalho - CLT, aprovada pelo Decreto-Lei n. 5.452, de 1º de maio de 1943; e dá outras providências. Disponível em: <http://www.planalto.gov.br/ccivil_03/_ato2007-2010/2009/lei/l12010.htm>. Acesso em: 30 jun. 2014.

_____. Lei n. 12.873, de 24 de outubro de 2013. Altera as Leis n 8.212, de 24 de julho de 1991, e 8.213, e 24 de julho de 1991, o Decreto-Lei n. 5.452, de 1º de maio de 1942 - Consolidação das Leis do Trabalho e outros. Disponível em: <http://www.planalto.gov.br/ccivil_03/_Ato2011-2014/2013/Lei/L12873.htm>. Acesso em: 30 jun. 2014.

_____. Projeto de Emenda à Constituição n. 114/2007. Dá nova redação ao inciso XIX do art. 7º da Constituição. Disponível em: <http://www.camara.gov.br/proposicoesWeb/fichadetramitacao?idProposicao=359177>. Acesso em: 30 jun. 2014.

_____. Projeto de Lei n. 454/2008. Acrescenta art. 392-B à Consolidação das Leis do Trabalho (CLT), aprovada pelo Decreto-Lei n. 5.452, de 1º de maio de 1943, para dispor sobre a concessão de estabilidade provisória aos genitores e futuros genitores, únicos provedores de renda da família. Disponível em: <http://www.camara.gov.br/proposicoesWeb/fichadetramitacao?idProposicao=20289>. Acesso em: 30 jun. 2014.

_____. Projeto de Lei n. 3892/1997. Dispõe sobre estabilidade provisória no emprego para do trabalhador cuja companheira esteja grávida. Disponível em: <http://www.senado.gov.br/atividade/Materia/detalhes.asp?p_cod_mate=88451>. Acesso em: 30 jun. 2014.

_____. Projeto de Lei n. 3.935/2008. Acrescenta arts. 473-A a 473-C à Consolidação das Leis do Trabalho — CLT, aprovada pelo Decreto-lei n. 5.452, de 1º de maio de 1943, para regulamentar a licença-paternidade a que se refere o inciso XIX do art. 7º da Constituição Federal. Disponível em: <http://www.camara.gov.br/proposicoesWeb/fichadetramitacao?idProposicao=408349>. Acesso em: 30 jun. 2014.

_____. Projeto de Lei n. 4.853/2009. Altera o inciso III do art. 473 da Consolidação das Leis do Trabalho (CLT), aprovada pelo Decreto-Lei n. 5.452, de 1º de maio de 1943, para dispor sobre a licença-paternidade. Disponível em: <http://www.camara.gov.br/proposicoesWeb/fichadetramitacao?idProposicao=426491>. Acesso em: 30 jun. 2014.

_____. Supremo Tribunal Federal. Ação Direta de Inconstitucionalidade 1946. Relator: SYDNEY SANCHES. Data de Julgamento: 3.4.2003, Tribunal Pleno, Data de Publicação: DJ 16.5.2003. Disponível em: <http://www.stf.jus.br/portal/jurisprudencia/listarJurisprudencia.asp?s1=%28ADI%24%2ESCLA%2E+E+1946%2ENUME%2E%29+OU+%28ADI%2EACMS%2E+ADJ2+1946%2EACMS%2E%29&base=baseAcordaos&url=http://tinyurl.com/cj9aodk>. Acesso em: 30 jun. 2014.

DIAS. Berenice. *Manual de Direito das Famílias*. 5. ed. São Paulo: Revista dos Tribunais, 2009.

DELGADO, Mauricio Godinho. *Curso de Direito do Trabalho*. 10. ed. São Paulo: LTr, 2011.

DEUS, Rosana Sousa de. *Licença-parental*: para além da licença–maternidade. Disponível em: <http://www.cut.org.br/ponto-de-vista/artigos/4840/licenca-parental-para-alem-da-licenca-maternidade>. Acesso em: 30 jun. 2014.

D'OLIVEIRA, Maria Christina Barreiros. *Breve análise do princípio da isonomia*. Disponível em: <http://institutoprocessus.com.br/2012/wpcontent/uploads/2011/12/3_edicao1.pdf>. Acesso em: 30 jun. 2014.

FLORIANOPOLIS. Ação Civil Pública n. 5019632-23.2011.404.7200/SC. Disponível em: <http://www.abimaq.org.br/Arquivos/Html/CJTA/Downloads%20Consultoria%20Juridica%20Trabalhista/Senten%C3%A7a%20ACP%20-%20INSS.pdf>. Acesso em: 30 jun. 2014.

GOMES, Ana Virgínia Moreira; BERTOLIN, Patrícia Tuma Martins. O significado da declaração de princípios e direitos fundamentais dos trabalhadores na posição da OIT como a organização internacional capaz de garantir um conteúdo laboral no processo de globalização. *Revista de Direito do Trabalho*, RT, ano 31, n. 119, p. 15-30, jul./set. 2005.

KLOSS, Larissa Renata. *Prorrogação da licença-maternidade*: favorável a quem? Disponível em: <http://www.trt9.jus.br/internet_base/arquivo_download.do?evento=Baixar&idArquivoAnexadoPlc=1719989>. Acesso em: 30 jun. 2014.

Licença-paternidade passa após as lagrimas de Alceni. *Folha de S. Paulo*. São Paulo, 26 fev. 1988. Disponível em: <http://www2.senado.gov.br/bdsf/item/id/124451>. Acesso em: 30 jun. 2014.

LICENÇA-PATERNIDADE TERÁ prazo provisório de 5 dias. *Jornal do Brasil*. Rio de Janeiro, 11 ago. 1988. Disponível em: <http://www2.senado.gov.br/bdsf/item/id/106182>. Acesso em: 30 jun. 2014.

MACIEL, Eliane C. B. de Almeida. *A Igualdade entre os sexos na Constituição de 1988*. Disponível em: <http://www2.senado.leg.br/bdsf/bitstream/handle/id/159/10.pdf?sequence=4>. Acesso em: 30 jun. 2014.

MARCUCCI, Cíntia. *Menos de 10% aderem ao Empresa Cidadã*. Disponível em: <http://revistacrescer.globo.com/Revista/Crescer/0,,EMI294845-10586,00-MENOS+DE+ADEREM+AO+EMPRESA+CIDADA.html>. Acesso em: 30 jun. 2014.

MENDES. Moacyr Pereira. A proteção integral da criança e do adolescente: novidade utópica ou realidade esquecida? In: *Âmbito Jurídico*, Rio Grande, X, n. 46, out. 2007. Disponível em: <http://www.ambito-juridico.com.br/site/index.php?artigo_id=2257&n_link=revista_artigos_leitura>. Acesso em: 30 jun. 2014.

NORONHA, Maressa Maelly Soares; PARRON, Stênio Ferreira. *A evolução do conceito de família*. Disponível em: <http://www.finan.com.br/pitagoras/downloads/numero3/a-evolucao-do-conceito.pdf>. Acesso em: 30 jun. 2014.

Licença-paternidade é confirmada. *O Globo*. Rio de Janeiro, 11 ago. 1988. Disponível em: <http://www2.senado.gov.br/bdsf/item/id/106058>. Acesso em: 30 jun. 2014.

OLIVEIRA, Adriana Vidal de. ALMEIDA, Rafaela Miotto de. *Análise do instituto da licença-parental como Mecanismo de promoção da equidade de gênero no Mercado de trabalho*. Disponível em: <http://www.puc-rio.br/pibic/relatorio_resumo2013/resumos_pdf/ccs/DIR/JUR-2444_Rafaela%20Miotto%20de%20Almeida.pdf>. Acesso em: 30 jun. 2014.

ORGANIZAÇÃO INTERNACIONAL DO TRABALHO. *Equilíbrio entre trabalho e família*. Disponível em: <http://www.oitbrasil.org.br/content/equil%C3%ADbrio-entre-trabalho-e-fam%C3%ADlia>. Acesso em: 30 jun. 2014.

_____. *Notas da OIT*: trabalho e família 6. Disponível em: <http://www.oit.org.br/sites/default/files/topic/gender/doc/br_nota_6_700.pdf>. Acesso em: 30 jun. 2014.

PAULINO, Raquel. *Escritório de advocacia amplia benefício para um mês e abre debate sobre qual a duração ideal do afastamento oferecido aos homens logo após o nascimento do filho*. Disponível em: <www.delas.ig.com.br/filhos/2014-02-06/licenca-paternidade-cinco-dias-sao-suficientes.html>. Acesso em: 30 jun. 2014.

PROBST, Elisiana Renata. *A evolução da mulher no mercado de trabalho*. Instituto Catarinense de Pós-Graduação. Disponível em: <http://www.posuniasselvi.com.br/artigos/rev02-05.pdf>. Acesso em: 30 jun. 2014.

SANTO, Iane Garcia do Espirito. Convenção sobre a eliminação de todas as formas de discriminação contra a mulher. *Âmbito Jurídico*, Rio Grande, IX, n. 35, dez. 2006. Disponível em: <http://www.ambito-juridico.com.br/site/index.php?n_link=revista_artigos_leitura&artigo_id=1521>. Acesso em: 10 jul. 2014.

SANTOS, Taysa Silva. *A condição feminina*: dupla jornada de trabalho. Disponível em: <http://www.cress-mg.org.br/arquivos/simposio/A%20CONDI%C3%87%C3%83O%20FEMININA%20DUPLA%20JORNADA%20DE%20TRABALHO.pdf>. Acesso em: 30 jun. 2014.

SILVA, Gabriel Ferreira Zanotta. A estabilidade de emprego paterna. *Âmbito Jurídico*, Rio Grande, XIII, n. 74, fev. 2010. Disponível em: <http://www.ambito-juridico.com.br/site/index.php?n_link=revista_artigos_leitura&artigo_id=7265>. Acesso em: 30 jun. 2014.

TEODORO, Maria Cecilia Máximo; SOUZA. Miriam Parreiras de. *Equiparação da licença-paternidade à licença-maternidade*. Belo Horizonte, 2014. No prelo.

THOME, Candy Florencio. *A licença-paternidade como desdobramento da igualdade de gênero*. Um estudo comparativo entre Brasil e Espanha. Disponível em: <http://www.trt3.jus.br/escola/download/revista/rev_80/candy_flarencio_thome.pdf>. Acesso em: 30 jun. 2014.

TOLOVI JÚNIOR, José. *Licença-paternidade*: novo contexto corporativo. Disponível em: <http://www.revistapetcenter.com.br/materia_interativa_licenca_paternidade.php>. Acesso em: 30 jun. 2014.

UNIÃO EUROPEIA. *Diretiva n. 2.010/18 do Conselho da União Europeia*. Disponível em: <http://eur-lex.europa.eu/LexUriServ/LexUriServ.do?uri=OJ:L:2010:068:0013:0020:pt:PDF>. Acesso em: 30 jun. 2014.

CAPÍTULO 14

O Trabalhador Idoso na Contemporaneidade: pela Superação dos Preconceitos e em Busca da Efetividade do Direito Fundamental à Vida Digna

Débora Caroline Pereira da Silva[*]

1. Introdução

Com o passar dos anos e o consequente desenvolvimento das sociedades, por meio de novas tecnologias que permitiram maior qualidade de vida às pessoas, a população, em parâmetros mundiais, envelheceu. E este processo de envelhecimento tem se baseado em condições muito melhores que outrora, o que nos leva a investigar se o idoso de hoje é diferente física e psicologicamente comparado a tempos remotos.

Em razão disto, passa-se a questionar o perfil do idoso dos tempos atuais: quem é ele? O que almeja? Quais são seus desejos, anseios, sonhos, medos e expectativas? E, também, transcendendo os questionamentos de ordem pessoal, refletirmos: como a legislação trata atualmente o idoso? O Direito tem acompanhado as mudanças de feição do idoso? As políticas públicas incluem, efetivamente, o idoso no corpo social? A população é educada a receber, com respeito, consideração e igualdade o idoso na sociedade? O mercado de trabalho está aberto ao idoso? E como ele é recebido no ambiente laboral?

São muitos os questionamentos referentes à tratativa do idoso na contemporaneidade, e objetiva-se neste estudo esclarecer alguns pontos relevantes sobre este sujeito de direitos e deveres, em especial no tocante à sua inserção e participação nas relações e no mercado de trabalho, situando-o neste âmbito como trabalhador produtivo, diante do novo perfil de terceira idade que se construiu no decorrer dos séculos XX e XXI no mundo inteiro.

Discutir-se-á, inclusive, o papel do trabalho para o idoso, como meio capaz de (re)atribuir-lhe dignidade, identidade pessoal e social, respeito, igualdade de oportunidades, independência financeira, autonomia como sujeito, bem como ilustrar a importância do trabalho do idoso para o mercado e para a economia em geral.

Passa-se, então, às discussões.

2. O idoso na contemporaneidade

Precipuamente, é mister destacar que o tratamento do idoso hoje é bastante distinto do que se estabelecia décadas atrás. Com o aumento gradativo da expectativa de vida, mudou-se, igualmente, a forma de perceber e resguardar os direitos do sujeito idoso. Isso porque

> [...] a concepção de idoso pode variar de época para época, de sociedade para sociedade. Nas sociedades primitivas, era considerado idoso aquele que chegasse aos 40 (quarenta) anos. No século passado, o indivíduo que possuísse mais de 60 (sessenta) anos. Hoje, a expectativa de vida dos indivíduos vem aumentando significativamente e, na prática, os indivíduos de 60 (sessenta) anos estão em plena atividade.[1]

A respeito disto, o Instituto Brasileiro de Geografia e Estatística (IBGE) realizou pesquisa em 2012, publicada no *Diário Oficial da União* em 2 de dezembro de 2013, concluindo que a expectativa de vida do brasileiro aumentou de 74,1 anos em 2011 para 74,6 no ano seguinte. Em comparação, em 2002 a expectativa de vida era de 71 anos; em 1991, de 66,9; em 1980, de 62,5; em 1970, de 52,7; em1960, de 48,0 e em 1950, de 43 anos.[2]

Veja-se que o idoso de hoje não possui mais o mesmo perfil de idoso dos anos 60. Mudaram-se as expectativas; a forma de viver; os tipos de trabalho; os hábitos alimentares; a forma de ver a vida e do querer interagir com ela; as condições de saneamento básico; evoluíram os tratamentos médicos e farmacológicos; novas tecnologias foram criadas e desenvolvidas. Mudanças estas que remodulam, diretamente, os sujeitos que compõem o corpo social.

---

[*] Advogada. Aluna de disciplina isolada do Mestrado em Direito do Trabalho da PUC/Minas. Autora de artigos científicos sobre Direito do Trabalho, Direito Civil, Biodireito e Bioética publicados em obras coletivas e em eventos nacionais e internacionais de pesquisa.

[1] DINIZ, Fernanda Paula. *A interpretação constitucional dos direitos dos idosos no Código Civil*. Dissertação (Mestrado em Direito Privado). 184f. Belo Horizonte. Pontifícia Universidade Católica de Minas Gerais. 2007, p. 12.

[2] IBGE. Censo demográfico de 1950-2000. Disponível em: <http://www.ibge.gov.br/home/estatistica/populacao/censo2000/tendencias_demograficas/comentarios.pdf>. Acesso em: 22 jul. 2014.

Sendo assim, atendo a questão ao Brasil, o art. 1º da Lei n. 10.741/2003 (Estatuto do Idoso), define ser idosa toda pessoa com idade igual ou superior a 60 (sessenta) anos. Nota-se, desta forma, que a legislação pátria adota como critério determinante e caracterizador da condição de idoso, o aspecto cronológico.

No entanto, diante dessas mudanças cruciais que ocorreram nas sociedades e que incorreram na construção de uma nova caracterização do idoso, atualmente, um sujeito com 60 anos de idade é um sujeito extremamente ativo, participante na vida em sociedade, na economia, no trabalho, na família.

A designação de sexagenário, em pleno século XXI, deixa de ser para o indivíduo considerado idoso um fardo ou a aproximação com a morte, como ocorria há alguns anos. Aos 60 anos, vive-se a melhor idade, levando em consideração toda a caminhada de experiência, de trabalho, de convívio familiar e social que se construiu com plenitude ao longo da vida.

A par disto, nota-se igualmente que

> [...] no Brasil, em decorrência da melhor saúde dos idosos e do desenvolvimento tecnológico, é cada vez menor o número de deficiências (seja mentais ou físicas) e maior o número de idosos vivendo sozinhos (o que traz repercussões importantes no Direito, como no Direito de Família). Todavia, ainda maior é o número de idosos integrados à família, em sua grande maioria auxiliando, economicamente, os demais membros. Destaca-se que essa participação dos idosos não se restringe às derivadas de suas pensões, aposentadorias ou afins. Esta contribuição vem crescendo em virtude da participação dos idosos no mercado de trabalho, que sofreu considerável aumento nas últimas décadas, nas mais diversas áreas.[3]

Desta forma, tem aumentado consideravelmente os índices de trabalhadores com mais de 60 anos de idade no mercado de trabalho, ora como forma de manterem-se ativos, produtivos, independentes, e, em decorrência, contribuírem para a economia do lar e do próprio país (por mais que indiretamente), ora por interesse "oculto" das próprias empresas, a saber, por exemplo, a diminuição dos custos finais, pois hoje é "cada vez mais alto o número de idosos que ocupam a posição de "office boys" em diversas empresas. Não são escolhidos em razão do seu valor, mas sim por serem beneficiários do transporte público gratuito e de possuírem prioridade em filas, como as de bancos"[4]. Muitas vezes uma estratégia empresarial, e nada mais (o que é lamentável, ressalte-se).

Contudo, por maior que seja a experiência do trabalhador idoso, e mesmo diante da ampla proteção jurídica que este sujeito possui, desde as previstas na Constituição de 1988 até todo o arcabouço infraconstitucional, inclusive as normas de tutela previstas pela CLT, o idoso enfrenta corriqueiramente discriminações em razão da idade no ambiente de trabalho.

3. A tutela jurídica ao trabalho do idoso

> O envelhecimento é um direito personalíssimo e a sua proteção um direito social (Estatuto do Idoso, art. 8º).

A CF/88 traz em seu art. 1º, III o fundamento da dignidade da pessoa humana. Nesta linha, carimba em seu art. 3º, inciso IV, como um dos objetivos fundamentais da República, a "promoção do bem de todos, sem preconceitos de origem, raça, sexo, cor, idade e quaisquer outras formas de discriminação".

De forma específica, observa-se que a CF/88 ampara a velhice digna e protegida, em seu art. 230, *in verbis*:

> Art. 230. A família, a sociedade e o Estado têm o dever de amparar as pessoas idosas, assegurando sua participação na comunidade, defendendo sua dignidade e bem-estar e garantindo-lhes o direito à vida.
>
> § 1º Os programas de amparo aos idosos serão executados preferencialmente em seus lares.
>
> § 2º Aos maiores de sessenta e cinco anos é garantida a gratuidade dos transportes coletivos urbanos.

Além desse artigo, que trouxe à baila a proteção constitucional dedicada às pessoas da terceira idade, a tutela aos idosos pode ser extraída também de outros dispositivos, tais como os de direito previdenciário[5] e os de direito assistencial[6].

Diante dessas apreciações, urge destacar que o dístico "Da Ordem Social", título VIII da Lei Maior, determina que o art. 230 seja interpretado como um direito social[7], assim compreendido como aqueles presentes no rol dos arts. 6º a 11, a saber: educação, saúde, trabalho, moradia, lazer, alimentação, segurança, dentre outros.

Frise-se neste ponto que os direitos sociais são aqueles de cunho fundamental ao homem, cuja observância torna-se obrigatória em um Estado Social de Direito, até porque sua finalidade precípua é buscar a melhoria de condições

---

(3) DINIZ, Fernanda Paula, *op. cit.*, p. 30-32.

(4) *Ibidem*, p. 45.

(5) Art. 201, I versa sobre a "cobertura dos eventos de doença, invalidez, morte e idade avançada".

(6) Art. 203, I, tutela a família, a maternidade, a infância, a adolescência e a *velhice*, e no inciso V, que trata da "garantia a um salário mínimo de benefício mensal [...] ao idoso que comprove não possuir meios de prover à própria manutenção [...]".

(7) TAVARES, André Ramos. *Curso de direito constitucional*. 6. ed. São Paulo: Saraiva, 2008.

de vida aos hipossuficientes, visando à concretização da igualdade social.(8)

No que tange, ainda, ao art. 230, o legislador atribui à família, à sociedade e também ao Estado, o dever de cuidar e amparar os idosos. Deve-se sustentar a sua participação dentro de uma comunidade que busque a dignidade e o lazer da população idosa, bem como lhes garantindo o direito à vida (incluindo à longevidade e ao envelhecimento dignos), à saúde, ao respeito do outro, à cidadania, à liberdade, à igualdade, sem prejuízo de outros direitos fundamentais ao ser humano.

Contudo, observa-se que por mais que esses direitos já estejam garantidos na Constituição, os mesmos são por diversas vezes violados, visto serem os indivíduos de terceira idade discriminados e abandonados pelos sujeitos que tem o dever legal de ampará-los.

Ademais, a CF/88 confere grande importância aos instrumentos legais de Direito Internacional do Trabalho que integram o sistema de leis brasileiro, tal como a Declaração Universal dos Direitos dos Homens, primeiro marco legal a reconhecer mundialmente os direitos dos idosos, que expõe em seu art. 25, dentre outros dispositivos, os universais direitos do indivíduo da terceira idade:

> Toda pessoa tem direito a um padrão de vida capaz de assegurar a si e a sua família saúde e bem-estar, inclusive alimentação, vestuário, habitação, cuidados médicos e os serviços sociais indispensáveis, e direito à segurança, em caso de desemprego, doença, invalidez, viuvez, velhice ou outros casos de perda dos meios de subsistência em circunstâncias fora do seu controle. (grifos próprios)(9)

Nesse cenário ainda, a Organização Internacional do Trabalho (OIT) possui função relevante para a garantia de direitos do trabalhador, pois "tem por missão promover oportunidades para que homens e mulheres possam ter acesso a um trabalho decente e produtivo, em condições de liberdade, equidade, segurança e dignidade"(10). Sendo assim, por força do art. 5º, § 3º da CF/88 (em c/c a EC n. 45/2004), seus instrumentos normativos, em especial tratados e convenções internacionais, têm *status* de norma constitucional, quando ratificados pelo Brasil, posto versarem sobre Direitos Humanos.

No que tange ao tema, destaca-se a Convenção n. 111 da OIT, ratificada em 1968 pelo Decreto Lei n. 62.150/1968, que trata sobre a proibição de atos discriminatórios de qualquer natureza em matéria de emprego e profissão que tenham o condão de distinguir, excluir ou alterar a igualdade de oportunidades em matéria de trabalho.

Em razão de situações discriminatórias de diversos matizes praticadas contra os idosos, o ordenamento jurídico infraconstitucional brasileiro passou a tutelar expressamente o trabalho do idoso, garantindo-lhe o direito de continuar trabalhando e em condições de dignidade tal qual como garantido a qualquer outro trabalhador. Assim, por menores que sejam as disposições específicas sobre o trabalho do idoso na CLT, este empregado tem resguardados os mesmos direitos previstos na consolidação trabalhista a um empregado jovem, observadas, porém, algumas peculiaridades.

Um bom exemplo encontra-se previsto no art. 134, § 2º da CLT, em que para menores de 18 e maiores de 50 anos de idade, "as férias serão concedidas de uma só vez". Observa-se, neste caso, que o legislador estipula a faixa etária de 50 anos, por mais que o sujeito com esta idade ainda não se enquadre na classificação de idoso apresentada pelo Estatuto especial. A consequência desta "proteção estendida" feita pela norma consolidadora, a nosso ver, é a estigmatização do empregado em razão da idade.

Compreende-se também certa atenção da CLT ao vedar aos maiores de 50 anos o trabalho no subsolo (art. 301), a fim de resguardá-los de possíveis acidentes e por vê-los como pessoas com saúde mais sensível que os trabalhadores mais jovens.

Nesta senda, cumpre mencionar o Projeto de Lei n. 6.685/2009 que, se aprovado e sancionado, incluirá na CLT normas específicas de proteção ao trabalho do idoso. As alterações seriam quanto à jornada de trabalho, à obrigatoriedade de acompanhamento médico e fixação de limites para o esforço físico nas atividades desempenhadas. Além disto, o projeto apresenta também estipulação de multa de trezentos a três mil reais ao empregador que vier a descumprir a lei.

Ressalta-se que a CLT proíbe qualquer forma de discriminação contra o idoso no ambiente laboral, vejamos:

> Art. 373-A. Ressalvadas as disposições legais destinadas a corrigir as distorções que afetam o acesso da mulher ao mercado de trabalho e certas especificidades estabelecidas nos acordos trabalhistas, é vedado:
>
> I – publicar ou fazer anúncio de emprego no qual haja referência ao sexo, **à idade**, à cor ou à situação familiar, salvo quando a natureza da atividade a ser exercida, pública e notoriamente, assim o exigir;
>
> II – recusar emprego, promoção ou motivar dispensa do trabalho em razão de sexo, **idade**, cor, situação familiar ou

---

(8) MORAES, Alexandre de. *Direito constitucional*. 23. ed. São Paulo: Atlas, 2008. p. 193.

(9) DECLARAÇÃO UNIVERSAL DOS DIREITOS DO HOMEM. Disponível em: <http://www.dhnet.org.br/direitos/deconu/textos/integra.htm>. Acesso em: 2 ago. 2014.

(10) Apresentação do site da OIT – escritório no Brasil. Disponível em: <http://www.oit.org.br/content/apresenta%C3%A7%C3%A3o>. Acesso em: 2 ago. 2014.

estado de gravidez, salvo quando a natureza da atividade seja notória e publicamente incompatível;

III – considerar o sexo, **a idade**, a cor ou situação familiar como variável

determinante para fins de remuneração, formação profissional e oportunidade de ascensão profissional;

[...]

V – impedir o acesso ou adotar critérios subjetivos para deferimento de inscrição e aprovação em concursos, em empresas privadas, em razão de sexo, **idade**, cor, situação familiar ou estado de gravidez; [...]. (grifos nossos)[11]

A par de todas estas normas, há ainda a Política Nacional do Idoso (Lei n. 8.842/1994) que contempla a proteção dos direitos à cidadania, ao respeito à diversidade etária, a não discriminação, à cultura, esporte, lazer, saúde, educação, previdência, trabalho, habitação e assistência social; o fornecimento de informações sobre o envelhecimento, participação, capacitação e atualização dos idosos.

A respeito, Anderson Ricardo Fernandes Freire[12] realiza a seguinte crítica:

As ações governamentais da Lei n. 8.842/94 são expressas de forma muito genérica, funcionando, na maioria das vezes, como normas programáticas, que apenas estabelecem uma orientação para a administração pública no que tange à adoção das medidas voltadas para as necessidades específicas aos cidadãos de 60 (sessenta) anos ou mais. Esta característica da Lei n. 8.842/94 resultou na previsão de direitos sem muita eficácia, uma vez que se o poder público não adotava medidas, a fim de concretizá-los, não havia como exigi-los. Além disso, o aludido diploma legal não prevê nenhum tipo de sanção para aqueles que violarem os direitos dessa parcela da população.

De outro giro, há de se destacarem as previsões constantes do Estatuto do Idoso, que trazem em seus artigos a definição de "idoso"; que lhes sejam garantidos os direitos fundamentais inerentes à pessoa humana; que sejam cumpridas as obrigações legais de tutela e que sejam respeitados pela família, pela sociedade e pelo Estado; determina a proteção física e mental do idoso, ao vedar qualquer modalidade de negligência, violação, discriminação e crueldade, dentre outros dispositivos acerca de proteção, prioridades e atenção ao idoso.

Nota-se que o Estatuto traz um texto específico para a proteção integral ao indivíduo da terceira idade. Aponta Patrícia Albino Galvão Pontes[13] que "no novo diploma legal, o idoso passa a ter direitos específicos e diferenciados em relação às demais pessoas, haja vista merecer da sociedade uma proteção especial em função da sua idade avançada".

Nesse entendimento, salutar os dizeres de Anderson Ricardo Fernandes Freire[14], pois

A partir da edição do estatuto, houve uma significativa mudança em relação à **efetivação dos direitos das pessoas idosas**, porquanto muitos destes foram consagrados mediante determinações específicas, acompanhadas de instrumentos jurídicos para se exigir a observância das normas, bem como de preceitos cominatórios de sanções para os infratores, inclusive no âmbito criminal. (grifos nossos).

Com isso, pode-se afirmar que o Estatuto do Idoso surgiu com o escopo primevo de atribuir efetividade às normas já existentes no ordenamento jurídico brasileiro, muito embora se saiba que ainda hoje, mais de uma década depois de seu sancionamento, que suas normas padecem, em muitos pontos, de efetividade.

Porém, mesmo diante dessa vasta proteção, os idosos ainda sofrem discriminações, independentemente de serem qualificados para o mercado de trabalho. São geralmente considerados "incapazes" e improdutivos para gerar lucros ao capital, para produzir mais-valia.

Uma das soluções mais eficazes para este problema seria a tentativa de uma séria mudança cultural e educacional voltada à sociedade e às empresas para que os direitos dos idosos não sejam violados. Nesse contexto, a Constituição de 1988 estipula a necessidade de que sejam adotadas políticas públicas[15] para a garantia e efetividade dos direitos dos idosos, insertos no rol dos direitos sociais.

Assim, o sistema das políticas públicas constitui uma ação estratégica para garantir a complementaridade da cadeia de atendimento às pessoas idosas, com vistas a um envelhecimento social seguro e digno. Dessa forma,

---

(11) BRASIL. Decreto-lei n. 5.452, de 1º de mais de 1943. Aprova a Consolidação das Leis do Trabalho. Disponível em: <http://www.planalto.gov.br/ccivil_03/Decreto-Lei/Del5452.htm>. Acesso em: 10 jul. 2014.

(12) FREIRE, Anderson Ricardo Fernandes. *Estatuto do idoso comentado*. Naide Maria Pinheiro (Org.). Campinas LZN, 2006. p. 294.

(13) PONTES, Patrícia Albino Galvão. *Estatuto do idoso comentado*. Naide Maria Pinheiro (Org.). Campinas: LZN, 2006. p. 16.

(14) FREIRE, Anderson Ricardo Fernandes, *op. cit*., p. 294.

(15) Entende-se como políticas públicas "O conjunto de ações coletivas voltadas para a garantia dos direitos sociais, configurando um compromisso público que visa a dar conta de determinada demanda, em diversas áreas; expressa ainda, a transformação daquilo que é do âmbito privado em ações coletivas no espaço público". (GUARESHI, Neuza et al. Problematizando as práticas psicológicas no modo de entender a violência. *Violência, gênero e políticas públicas*. Porto Alegre: Edipucrs, 2004. p. 180)

fora adotado no Brasil, desde 1988, o modelo de assistência social, compreendido no âmbito do direito social e à saúde. Portanto, resta claro que a instituição de programas sociais voltados à atenção dos idosos, além de ser medida essencial para a efetividade dos direitos destes cidadãos, possui também um rol bastante significativo no Brasil. Como observa Hélio Abreu Filho e Franciny B. Abreu Figueiredo e Silva[16]:

> As políticas sociais básicas são aquelas que envolvem necessidades humanas primárias, de sobrevivência, as quais devem ser estendidas a toda população. Nelas vamos encontrar: alimentação, educação, esporte, habitação, lazer, trabalho, transporte. Ao Estado compete tratá-las com prioridade absoluta, destinando-lhes recursos financeiros para sua execução. Daí a importância do "controle social" exercido pelos conselhos de idosos- acompanhar a execução das políticas públicas, verificando a existência da alocação de recurso na Lei de Diretrizes Orçamentárias (LDO), na Lei Orçamentária (LO) e no Plano Plurianual (PPA).

Por fim, as políticas públicas criadas para proteção ao trabalho do idoso derivam do Estado, que visa a cumprir a política de bem-estar social, a qual se fundamenta no princípio da solidariedade e nas normas que buscam proteger o idoso. Além de caráter político, possuem também conotação social e jurídica, pois estão previstas em lei, destacando o que deve ser observado pelo Estado a todo o tempo.

Desta feita, cabe à população em geral, por meio da fiscalização conjunta, buscar a efetividade dos direitos garantidos aos idosos, tais como: saúde, dignidade da vida e da velhice, respeito e oportunidade igualitária de trabalho, a fim de que os direitos fundamentais expressos na Constituição não sejam violados/esvaziados.

4. O idoso como trabalhador (im)produtivo

O avanço da tecnologia gerou grandes transformações no sistema capitalista, acarretando também sérias e consideráveis mudanças no mundo do trabalho e na formação e na percepção do indivíduo trabalhador como integrante do meio social e ser produtivo.

Por conseguinte, o trabalho também tem sofrido consideráveis mutações que interferem diretamente na caracterização do novo trabalhador. O capital necessita de celeridade, de novas tecnologias e muito mais de trabalho morto ao trabalho vivo para fazer-se multiplicar e aumentar os lucros.

Porém, para que estes fins sejam alcançados, o capitalismo adota métodos severos e perversos para ver seus lucros aumentados. Desconsidera a *pessoa* do trabalhador, mas valoriza a sua força de sobretrabalho, explorando-a ao máximo, pagando-se cada vez menos (pois o lucro só surge, pela lógica tradicional, desta forma)[17]. Precariza-se a relação de trabalho. Terceirizam-se os direitos. Valoriza-se a (inteligência da) máquina, "esquecendo" que a atribuição desta inteligência depende necessariamente do saber prévio do homem trabalhador, sem o qual o maquinário não atingiria, por si só, os fins que lhe são atribuídos.

Desta maneira, com a exacerbação da ideologia neoliberal, o capital passa a exigir trabalhadores mais flexíveis, práticos, rápidos e que possam atender aos reclamos de seus clientes da forma mais rápida e ágil possível.[18]

A respeito disto, Acácia Kuenzer[19] traz claramente a distinção e a mudança desses paradigmas no mundo do trabalho, quando reporta-se à pedagogia do taylorismo/fordismo que apregoava a necessidade do capital por trabalhadores cujas atribuições e tarefas fossem bastante delimitadas, assim cada um teria o seu papel e sua função no processo de produção. Havia, então, a separação entre funções intelectuais e manuais, dirigidas a sujeitos distintos, o que ilustra uma estrutura rígida e verticalizada de hierarquia.

Nesse contexto, a educação buscava estabelecer uma habilidade cognitiva de memorização nos trabalhadores, além de adotar a técnica do disciplinamento, já que servindo às necessidades capitalistas, tinha a função de "formar" profissionais capazes de executar tarefas repetitivas e sem grandes complexidades por longos períodos de tempo. Algo do tipo, "exército de formiguinhas": trabalho padronizado que exige a memorização dos passos e movimentos a serem executados, numa cadeia sem fim de trabalho alienado.

Ocorre que com o passar dos anos, alterou-se, dentre muitas outras coisas, também "a necessidade do disciplinamento de

---

(16) ABREU FILHO, Hélio (Org.). *Comentários ao Estatuto do Idoso*. Brasília: Secretaria Especial de Direitos Humanos, 2004. p. 96.

(17) ANTUNES, Ricardo. Trabalho e superluidade. LOMBARDI, José Claudinei; SAVIANI, Dermerval; SANFELICE, José Luís (Orgs.). *Capitalismo, trabalho e educação*. 2. ed. rev. Campinas: Autores Associados, HISTEDBR, 2004. p. 35-44.

(18) GENTILLI, Pablo. Três teses sobre a relação trabalho e educação em tempos neoliberais. LOMBARDI, José Claudinei; SAVIANI, Dermerval; SANFELICE, José Luís (Orgs.). *Capitalismo, trabalho e educação*. 2. ed. rev. Campinas: Autores Associados, HISTEDBR, 2004. p. 45-59.

(19) KUENZER, Acácia. Exclusão includente e inclusão excludente: a nova forma de dualidade estrutural enquanto objetivação das novas relações entre educação e trabalho. LOMBARDI, José Claudinei; SAVIANI, Dermerval; SANFELICE, José Luís (Orgs.). *Capitalismo, trabalho e educação*. 2. ed. rev. Campinas: Autores Associados, HISTEDBR, 2004. p. 77-95.

trabalhadores, acompanhada das novas exigências que o capital passou a solicitar à escola".[20]

No contexto recente passa a existir a demanda por trabalhadores detentores de conhecimentos e comportamentos cognitivos superiores, para que possam resolver problemas distintos, de complexidades variadas, com atuação criativa e rápida. A memorização, portanto, é relegada a segundo plano, priorizando-se, agora, a educação de um novo tipo de trabalhador, permitindo-se, por conseguinte, a execução e aprimoramento de uma nova pedagogia: a pedagogia das competências, herdando-se os princípios do toyotismo.

O que se requer agora é a formação de mão de obra com comportamentos flexíveis para que se adaptem às novas circunstâncias com maior eficiência e agilidade, quebrando-se a rigidez do sistema taylorista/fordista. Nesse cenário, as máquinas passam a trabalhar e alguns trabalhadores se encarregam apenas de permitir seu correto funcionamento.[21]

E nesta perspectiva, a educação para o trabalho visa, mais do que nunca, a formar o trabalhador capaz de atender às necessidades imediatas do capital e de executar tarefas específicas, de modo criativo, rápido e eficaz.

Embora tenha havido um *boom* na formação de trabalhadores jovens de nível técnico e superior nas últimas décadas para atender às novas exigências mercadológicas, há uma grande defasagem no preenchimento das vagas disponíveis no mercado de trabalho em razão da falta de experiência e/ou boa formação dos candidatos. Nesta lógica cruel do capitalismo, de excluir quem ainda pode ser muito produtivo, o idoso muitas vezes é retirado de cena - seja por questões de ordem física ou cronológica.

A respeito disto, no cenário dos direitos que devem ser garantidos às pessoas de terceira idade, o direito ao trabalho requer atenção especial, pois muitos idosos são aptos a continuarem desenvolvendo atividade laboral satisfatoriamente, mas ainda assim são excluídos do mercado de trabalho diante da cultura de serem trabalhadores improdutivos e descartáveis. Desta maneira, Pérola Melissa V. Braga[22] doutrina que

> No campo das relações trabalhistas temos alguns dos maiores problemas em relação à velhice, pois em se tratando de País com uma economia ainda não evoluída por completo, não existem postos de trabalho suficientes para todos aqueles que necessitam de emprego, fazendo com que os mais velhos sejam substituídos, com frequência, pelos mais jovens, com menos experiência, mas com expectativas de ganhos também menores. Esta falta de experiência é suprida pela automatização e o salário menor se converte em mais lucros para as empresas. Por este motivo, após os quarenta anos, é praticamente impossível encontrar recolocação profissional em casos de perda de emprego, levando muitas pessoas ao subemprego desde cedo, terminando-se por iniciar um processo de degradação emocional e financeira, que comprometerá toda a sua velhice.

Todavia, pode-se afirmar que o preconceito enraizado na sociedade de que o idoso é inútil e a aposentadoria finaliza a carreira profissional de uma pessoa, não faz mais qualquer sentido no contexto da sociedade contemporânea. Mesmo assim, percebe-se na prática o descumprimento frontal das normas constitucionais de proteção ao idoso toda vez que o emprego é negado ao trabalhador em razão de sua idade, por mais que tenha todas as condições de exercer bem a função.

Dispõe o art. 4º do Estatuto do Idoso que "nenhum idoso será objeto de qualquer tipo de negligência, discriminação, violência, crueldade ou opressão, e todo atentado aos seus direitos, por ação ou omissão, será punido na forma da lei". Porém, o que se vê na realidade do mercado de trabalho são preconceitos no sentido de que ser idoso é sinônimo "ser velho"; de algo que não serve mais a qualquer utilidade; algo que deve ser descartado, pois os tempos são outros e exige-se hoje agilidade e flexibilidade, características estas que o idoso (supostamente) não as possuem.

Acerca disto, claras são as ponderações de Maria Lúcia Cardoso de Magalhães[23]:

> No mundo da globalização e de seu subproduto, o neoliberalismo, a ética, os valores morais, a cultura, o pensamento, o trabalho, a criatura humana e tudo o mais subordinam-se às exigências da economia, sujeitam-se ao deus mercado, sistema em que o ser mais vulnerável, por sua fragilidade física, psicológica e social, é o idoso. Objeto de discriminação no trabalho e na sociedade, virtualmente indefeso, ele é massacrado pela crueldade e implacabilidade do modelo neoliberalista, que avalia o merecimento

---

(20) KUENZER, Acácia, *op. cit.*, p. 85.

(21) *Idem.*

(22) BRAGA, Pérola Melissa V. *Direitos do idoso de acordo com o Estatuto do Idoso.* São Paulo: Quartier Latin, 2005. p. 172-173.

(23) MAGALHÃES, Maria Lúcia Cardoso de. A discriminação do trabalhador idoso – responsabilidade social das empresas e do Estado. *Revista do Tribunal Regional do Trabalho da 3ª Região*, Belo Horizonte, v. 48, n. 78, p. 31-32, jul./dez. 2008. Disponível em: <http://www.trt3.jus.br/escola/download/revista/rev_78/maria_lucia_cardoso_magalhaes.pdf>. Acesso em: 22 jul. 2014.

das pessoas por seu grau de rentabilidade econômica, marginaliza e descarta tudo o que é incapaz de produzir lucro pecuniário. [...] O avanço tecnológico, o progresso científico e a globalização, que deveriam ser utilizados para poupar o trabalho humano, harmonizar e humanizar o mundo, emprestar conforto, acabar com o desemprego e a fome, melhorar o padrão de vida de todos, estão, na verdade, paradoxalmente, produzindo concentração de renda, desigualdades, conflitos, desemprego, pobreza, enfim, reduzindo tudo e todos a cifras, a meros valores econômicos, em evidente prejuízo, principalmente, aos idosos.

Assim, ressai a importância de não apenas o ordenamento jurídico fazer previsões que visem à proteção do idoso, mas principalmente de torná-las efetivas e de educar a população mais jovem a compreender que o idoso de hoje possui um novo perfil, altamente produtivo e ativo, capaz de agregar positivamente ao mercado de trabalho, treinando os jovens trabalhadores (sem conhecimentos práticos), com o escopo de formar o pessoal do futuro; de suprir as imediatas necessidades mercadológicas por mão de obra experiente e capacitada e, o principal para o capital, produzir mais-valia.

Entretanto, até poucos anos atrás, dizia-se que o futuro do Brasil dependeria diretamente dos jovens que começavam a lotar as salas de aula das universidades e escolas técnicas. Contudo, tal assertiva perde força nos dias atuais, pois o Brasil envelheceu, e a consequência deste envelhecimento pode ser constatada na postura mais ativa e participativa do idoso na sociedade e no mercado de trabalho, o que exige que repensemos o "tratamento reservado às pessoas com mais idade, de modo a lhes garantir o direito à alimentação, à saúde, à segurança, à moradia, à educação e, sobretudo, o direito ao trabalho, visto ser esse direito, sem dúvida, uma via na realização dos demais direitos sociais".[24]

Porém, quando a questão fática envolve o trabalho do idoso, tem-se em nosso País ainda hoje um retrato nítido de exclusão social e de discriminação desse tipo de mão de obra. E o pior é que esse quadro encontra-se agravado com a "evolução tecnológica e com a globalização da economia que têm acarretado para os trabalhadores, de um modo geral, exclusão no processo produtivo e o desemprego. O neoliberalismo, por sua vez, tem privilegiado a lógica exclusiva do mercado em detrimento do homem". A lógica, então, é que as novas tecnologias e os novos meios de comunicação em massa desenvolvidos ao longo dos séculos XX e XXI se voltam "inteiramente para o lucro enquanto a vida do homem é desvalorizada e a dignidade humana esquecida".[25] E com o idoso não é diferente: passa a ser excluído do mercado formal de trabalho nos tempos de capitalismo contemporâneo, por ter "perdido" a característica de trabalhador produtivo, preferindo-se a contratação de mão de obra mais jovem, mesmo que menos capacitada.

Ao corroborar com tais argumentos, Ricardo Antunes aponta a exclusão dos trabalhadores considerados idosos para o capital do mercado formal como uma das tendências do mundo do trabalho que vivemos hoje, em que posto excluídos, dificilmente conseguirão reinserir-se no mercado de trabalho, "somando-se, desse modo, aos contingentes do chamado trabalho informal, aos desempregados, aos 'trabalhos voluntários', etc".[26]

Logo, percebe-se que a discriminação sofrida pelos trabalhadores idosos deve ser combatida urgentemente por meio de políticas públicas e privadas (notadamente por programas sociais e educativos voltados à sociedade em geral e às empresas) e de efetivação de normas jurídicas para demonstrar e fazer-se conhecer o perfil do idoso do século XXI, e que não possui sinonímia com a designação de velho, como ocorria outrora.

Ainda, sugere-se como um dos diversos incentivos que podem ser oferecidos pelo Estado às empresas, a partir da contratação formal e regular de trabalhadores idosos em condições dignas e de acordo com toda a legislação pátria, a redução dos custos fiscais e a emissão de selos oficiais de empresa socialmente responsável, com vistas à valorização e efetividade dos direitos da terceira idade.

Portanto, ressalta-se que a mão de obra idosa (frise-se, capacitada e experiente) é capaz de suprir muitas das necessidades atuais do mercado de trabalho e contribuir, diretamente, para o aquecimento da economia do País e para a diminuição dos índices de adoecimento psicológico e depressivo da população da terceira idade, uma vez que "o trabalho faz o ser humano se sentir mais útil e numa sociedade utilitarista esse sentimento é muito importante para que cada um reconheça sua finalidade como ser humano. Com os idosos não é diferente".[27]

5. A inclusão social do idoso pelo trabalho

O idoso de hoje é mais jovem do que nunca! Quer extrair da vida tudo que ela pode lhe dar, com vontade, satisfação, alegria e vigor. E o trabalho, neste recente

---

(24) MAGALHÃES, Maria Lúcia Cardoso de, *op. cit.*, p. 32-33 e 36.

(25) *Idem.*

(26) ANTUNES, Ricardo. O caráter polissêmico e multifacetado do mundo do trabalho. *In*: *Revista de Educação, Saúde e Trabalho*, Rio de Janeiro, v. 1, n. 2, p. 232-233, 2003.

(27) MAGALHÃES, Maria Lúcia Cardoso de, *op. cit.*, p. 36.

contexto social e demográfico, tem grande peso para a caracterização da feição do idoso e para a aquisição de condições dignas de vida.

Do caráter punitivo, depreciativo e penitencial atribuído ao trabalho em remotos tempos, até os idos do século XV, o sentido do trabalho tomou distintos contornos ao longo da história, desde as concepções sociais e filosóficas até as políticas, em que o trabalho compreendia-se ora como o colocar em prática suas forças espirituais e corporais, com o escopo de alcançar um objetivo determinado, ora como um processo puramente humano, voltado a atribuir ao objeto produzido valor para o trabalhador e, principalmente, para o capital (a mais-valia).[28]

Nos tempos contemporâneos, porém, o trabalho perde essa característica de flagelo e toma para si a designação de atividade libertadora; integradora do trabalhador ao seio social; definidor e constituidor da identidade social e pessoal do indivíduo; forma de atribuir dignidade ao ser humano, no sentido mais amplo do termo.

O ser humano vive desde sempre em sociedade: "o ser humano é um ser gregário, ele só vai existir como identidade grupal e social nos diversos grupos a que pertence. Para Durkheim (2002), o indivíduo e a sociedade compõem uma inter-relação conjugada em harmonia constante, não existindo um sem o outro".[29]

Uma das formas de maior inclusão social existente ocorre por meio do trabalho. A socialização, portanto, é um processo que se constrói ao longo da vida, desde o nascimento, nos tenros e primeiros contatos no núcleo familiar, passando à fase da escolarização, até o ápice da inserção no trabalho e, adiante, sua reinserção neste núcleo relevante na vida de todo homem, já na maturidade da idade cronológica.

Com isso, pode-se afirmar que a construção da identidade do homem depende do reconhecimento alheio da importância do seu trabalho. Acerca disto, enfatiza-se que as ações sociais dependem muito mais do coletivo que do indivíduo isoladamente. Por conseguinte, a identidade no trabalho torna-se extremamente necessária e imprescindível para a construção do "eu" do trabalhador, por meio da atividade que realiza, bem como pela convivência com as pessoas com as quais mantém contato no trabalho.[30]

Isto é, o trabalho, como atividade, constitui-se como um elemento dito fundamental para a construção da identidade individual e coletiva do ser humano, atribuindo sentido à vida do trabalhador dentro e fora do ambiente de trabalho. Desse modo, o reconhecimento do trabalho é a "própria expressão da retribuição simbólica em termos de realização de si mesmo. O reconhecimento do sujeito se dá através do reconhecimento de seu trabalho e o sujeito se reapropria do julgamento de outro a respeito do produto do seu trabalho a fim de ter um retorno sobre si mesmo em termos de construção ou afirmação de sua identidade".[31]

Em vias oblíquas, o trabalho torna humano o ser social. Veja-se, assim, a relevância do trabalho para a percepção e construção do ser alguém na sociedade contemporânea. Nesta esteira, não há como negar que o trabalho possui um condão altamente necessário à reinserção ao meio social e à reconstrução da identidade pessoal e social do idoso excluído perversamente do mercado de trabalho em razão, pura e simplesmente, de sua idade.

O trabalho para o idoso o traz de volta à vida ao fazê-lo se sentir útil e dignificado. Por isso, estimular e adotar medidas públicas e privadas de incentivo às empresas para trazer de volta ao mercado de trabalho essa gama de trabalhadores produtivos, experientes e competentes, é uma das formas de tornar efetivos os direitos constitucionalmente garantidos aos idosos de não discriminação, de proteção efetiva, de acesso a um trabalho digno e à sua escolha.

Ademais, legalmente, o idoso não se encontra no rol das incapacidades do Código Civil de 2002. O simples fato de ter 60 anos ou mais, não o incapacita, por si só, para a prática dos atos da vida civil e para as atividades laborativas. "Dessa maneira, trabalhar, para o idoso aposentado, pode significar além de uma renda mais elevada, autonomia física e mental e maior integração social, fato que se aproxima à teoria social da atividade e da continuidade".[32]

Por fim, a questão em comento requer maior atenção e responsabilidade das empresas, da sociedade civil e do Estado, pois a população mundial está envelhecendo. O futuro do País está mais nas mãos de nossos idosos que nas mãos de nossos jovens, considerando o aumento relevante da população de idosos no Brasil. Exige-se que sejam instauradas políticas de atenção efetivas ao idoso do século XXI, atento às mudanças de mercado e às novas tecnologias de maneira a contribuir com sua força de

---

(28) AZEVEDO, Heliane Gomes de, *op. cit.*
(29) *Ibidem*, p. 41.
(30) *Idem*.
(31) ROSENFIELD, Cinara Lerrer. A identidade no trabalho em call centers: a identidade provisória. In: ANTUNES, Ricardo; BRAGA, Ruy (Orgs.). *Infoproletários*: degradação real do trabalho virtual. São Paulo: Boitempo, 2009. p. 171.
(32) TRIPPO, Karen Valadares; MEDRADO, Milena Alves. Envelhecimento populacional e mercado de trabalho para o idoso. *In: Revista Fisioscience*, p. 33, 2013. Disponível em: <http://revistas.unijorge.edu.br/fisioscience/pdf/2013_1_Artigo5.pdf>. Acesso em: 22 jul. 2014.

trabalho para a melhoria de sua própria vida e da comunidade em que se insere.

6. Conclusão

A compreensão manipulada acerca do fenômeno da globalização também repercutiu em um grande meio de discriminação e de exclusão quando o assunto é a terceira idade no mercado de trabalho.

Ao longo deste estudo, defendeu-se que o idoso, como qualquer outra pessoa, deve ser respeitado como ser humano, como cidadão e deve ter as mesmas oportunidades, em especial no que diz respeito à sua reinserção no mercado de trabalho, com possibilidades de disputar de maneira igualitária e sem discriminação, as vagas disponíveis para trabalho.

Contudo, e infelizmente, percebe-se que independentemente de existirem leis, há grande desrespeito aos direitos ligados e inerentes ao ser humano. Nota-se, então, que as violações aos direitos dos idosos estão mais ligadas a questões de senso comum, de preconceitos enraizados culturalmente na sociedade.

Continuar trabalhando é um direito tutelado pela CF/88 e que não termina com a chegada da idade estipulada por lei como determinante da condição de idoso.

O envelhecimento não pode ser visto como a fase de término da vida ativa, afinal, todos caminhamos ao envelhecimento, e isso é uma tendência mundial, diante da diminuição das taxas de natalidade e do aumento do número de idosos nas populações de diversos países do globo.

Todos os dias, acordamos mais "velhos".

O envelhecer do século XXI não significa mais padecer à inutilidade; não pode ser considerado sinônimo de improdutividade, de descartabilidade ou de qualquer outra situação neste sentido. O idoso de hoje em dia não possui há muito tempo os parâmetros e as características do idoso de décadas e séculos atrás.

Com isso, o Direito, o mercado empresarial e a sociedade devem se adaptar às novas realidades, superar preconceitos para a garantia da convivência harmônica e da efetividade comum dos direitos fundamentais da pessoa humana. No direito à velhice digna, o trabalho tem grande peso e contribuição para que o sujeito sinta-se valorizado, uma vez que a dignidade não possui apenas afeição material (de condições econômicas de suprir as necessidades da vida), mas, especialmente, tem caráter imaterial, em que o indivíduo sente-se intimamente digno de viver.

Sendo assim, o indivíduo que labora na terceira idade, mantém-se em vigor físico e intelectual. Sente-se valorizado, independente, útil e especialmente, produtivo, o que, ao final da cadeia, diminuirá os gastos de custeio inclusive para o Estado, pois reduzirão os índices de adoecimento da população idosa (depressão e outras doenças psicológicas; doenças relacionadas ao sedentarismo; etc.).

Entretanto, muitos empregadores ao tomarem a decisão de contratar um trabalhador idoso não fundamentam esta opção com base na situação do empregado ser apto a desenvolver atividades laborais e a contribuir para o aumento dos lucros da empresa.

O patronato vê o trabalhador idoso como redução direta dos custos financeiros finais. A visão empresarial se pauta principalmente no fato de uma pessoa acima de 65 anos não precisa de auxílio transporte para se locomover, podendo atuar como o "boy" do escritório, bem como, devido à dificuldade em conseguir um emprego na faixa etária em que se enquadra, submetendo-se, inclusive, à informalidade e/ou subemprego.

Além do mais, o Estatuto do Idoso se apresenta como um grande escudo legislativo. Ao defender o direito ao trabalho digno para o indivíduo da terceira idade, reúne e enfatiza os direitos dos idosos e as obrigações da família, da sociedade e do Estado perante eles.

Todavia, cabe também ao poder público conscientizar a sociedade por meio de políticas públicas consistentes que contemplem os idosos como pessoas capazes e aptas a continuarem trabalhando e importantes para suprir muitas das necessidades e das demandas mercadológicas, de maneira a contribuir diretamente para o crescimento econômico próprio, de sua família, das empresas e da economia do País.

7. Referências bibliográficas

ABREU FILHO, Hélio (Org.). *Comentários ao Estatuto do Idoso*. Brasília: Secretaria Especial de Direitos Humanos, 2004.

ANTUNES, Ricardo. O caráter polissêmico e multifacetado do mundo do trabalho. *Revista de Educação, Saúde e Trabalho*, Rio de Janeiro. v. 1, n. 2, p. 229-237, 2003.

_____. Trabalho e superfluidade. *In*: LOMBARDI, José Claudinei; SAVIANI, Dermerval; SANFELICE, José Luís (Orgs.). *Capitalismo, trabalho e educação*. 2. ed. rev. Campinas: Autores Associados, HISTEDBR, 2004.

AZEVEDO, Heliane Gomes de. *Inserção do idoso no mundo do trabalho*: um estudo em cooperativas de trabalho. Dissertação (Mestrado em Administração). 130f. Belo Horizonte. Faculdades Novos Horizontes, 2008.

BRAGA, Pérola Melissa V. *Direitos do idoso de acordo com o Estatuto do Idoso*. São Paulo: Quartier Latin, 2005.

BRASIL. Constituição da República Federativa do Brasil de 1988. Disponível em: <http://www.planalto.gov.br/ccivil_03/Constituicao/Constituicao.htm>. Acesso em: 10 jul. 2014.

_____. Decreto-Lei n. 5.452, de 1º de mais de 1943. Aprova a Consolidação das Leis do Trabalho. Disponível em: <http://www.

planalto.gov.br/ccivil_03/Decreto-Lei/Del5452.htm>. Acesso em: 10. jul. 2014.

_____. Lei n. 8.842, de 04 de janeiro de 1994. Disponível em: <http://www.planalto.gov.br/ccivil_03/leis/l8842.htm>. Acesso em: 2 ago. 2014.

_____. Decreto n. 62.150, de 19 de janeiro de 1968. Ratifica a Convenção n. 111 da OIT. Disponível em: <http://www.planalto.gov.br/ccivil_03/decreto/1950-1969/D62150.htm>. Acesso em: 2 ago. 2014.

DECLARAÇÃO UNIVERSAL DOS DIREITOS DO HOMEM. Disponível em: <http://www.dhnet.org.br/direitos/deconu/textos/integra.htm>. Acesso em: 2 ago. 2014.

DINIZ, Fernanda Paula. *A interpretação constitucional dos direitos dos idosos no Código Civil.* Dissertação (Mestrado em Direito Privado). 184f. Belo Horizonte. Pontifícia Universidade Católica de Minas Gerais. 2007.

FREIRE, Anderson Ricardo Fernandes. *Estatuto do Idoso comentado.* Naide Maria Pinheiro (Org.). Campinas: LZN, 2006.

GENTILLI, Pablo. Três teses sobre a relação trabalho e educação em tempos neoliberais. *In:* LOMBARDI, José Claudinei; SAVIANI, Dermerval; SANFELICE, José Luís (Orgs.). *Capitalismo, trabalho e educação.* 2. ed. rev. Campinas: Autores Associados, HISTEDBR, 2004.

GUARESHI, Neuza et al. Problematizando as práticas psicológicas no modo de entender a violência. *In: Violência, gênero e políticas públicas.* Porto Alegre: Edipucrs, 2004.

IANNI, Octavio. O cidadão do mundo. *In:* LOMBARDI, José Claudinei; SAVIANI, Dermerval; SANFELICE, José Luís (Orgs.). *Capitalismo, trabalho e educação.* 2. ed. rev. Campinas: Autores Associados, HISTEDBR, 2004..

INSTITUTO BRASILEIRO DE GEOGRAFIA E ESTATÍSTICA. Censo demográfico do Brasil de 1950-2000. Disponível em: <http://www.ibge.gov.br/home/estatistica/populacao/censo2000/tendencias_demograficas/comentarios.pdf>. Acesso em: 22 jul. 2014.

KUENZER, Acácia. Exclusão includente e inclusão excludente: a nova forma de dualidade estrutural enquanto objetivação das novas relações entre educação e trabalho. *In:* LOMBARDI, José Claudinei; SAVIANI, Dermerval; SANFELICE, José Luís (Orgs.). *Capitalismo, trabalho e educação.* 2. ed. rev. Campinas: Autores Associados, HISTEDBR, 2004.

MAGALHÃES, Maria Lúcia Cardoso de. A discriminação do trabalhador idoso — responsabilidade social das empresas e do Estado. *Revista do Tribunal Regional do Trabalho da 3ª Região.* Belo Horizonte. v. 48, n. 78, p. 31-43, jul./dez. 2008. Disponível em: <http://www.trt3.jus.br/escola/download/revista/rev_78/maria_lucia_cardoso_magalhaes.pdf>. Acesso em: 22 jul. 2014.

MIRANDA, Paulo Roberto. Seguridade Social aprova medidas de proteção ao trabalho do idoso. Câmara Notícias. Disponível em: <http://www2.camara.leg.br/camaranoticias/radio/materias/ULTIMAS-NOTICIAS/397909-SEGURIDADE-SOCIAL-APROVA-MEDIDAS-DE-PROTE%c3%87%c3%83O-AO-TRABALHO--DO-IDOSO-(4'08").html>. Acesso em: 2 ago. 2014.

MORAES, Alexandre de. *Direito constitucional.* 23. ed. São Paulo: Atlas, 2008.

ORGANIZAÇÃO INTERNACIONAL DO TRABALHO (OIT) — Escritório no Brasil. Disponível em: <http://www.oit.org.br/content/apresenta%C3%A7%C3%A3o>. Acesso em: 2 ago. 2014.

PONTES, Patrícia Albino Galvão. *Estatuto do idoso comentado.* Naide Maria Pinheiro (Org.). Campinas: LZN, 2006.

ROSENFIELD, Cinara Lerrer. A identidade no trabalho em call centers: a identidade provisória. *In:* ANTUNES, Ricardo; BRAGA, Ruy (Orgs.). *Infoproletários:* degradação real do trabalho virtual. São Paulo: Boitempo, 2009.

SANTOS, Ruth Brito dos. *De volta à cena:* um estudo com idosos que trabalham. Dissertação (Mestrado em Políticas Públicas e Sociedade). 148f. Fortaleza. Universidade Estadual do Ceará, 2005.

SAVIANI, Demerval. Transformações do capitalismo, do mundo do trabalho e da educação. *In:* LOMBARDI, José Claudinei; SAVIANI, Demerval; SANFELICE, José Luís (Orgs.). *Capitalismo, trabalho e educação.* 2. ed. rev. Campinas: Autores Associados, HISTEDBR, 2004 (coleção educação contemporânea).

TAVARES, André Ramos. *Curso de Direito Constitucional.* 6. ed. São Paulo: Saraiva, 2008.

TRIPPO, Karen Valadares; MEDRADO, Milena Alves. Envelhecimento populacional e mercado de trabalho para o idoso. *Revista Fisioscience,* p. 24-37, 2013. Disponível em: <http://revistas.unijorge.edu.br/fisioscience/pdf/2013_1_Artigo5.pdf>. Acesso em: 22 jul. 2014.

Capítulo 15

Adicionais de Insalubridade e de Periculosidade: uma Interpretação Normativa Alinhada à Hermenêutica Constitucional dos Direitos Fundamentais

Fábio Moreira Santos[*]

1. Introdução

O presente artigo busca analisar as fontes teóricas e normativas dos adicionais de insalubridade e de periculosidade e, a partir da tutela constitucional conferida à saúde do trabalhador, propor reflexões sobre as alternativas ao sistema da monetização dos riscos, bem como tratar das possibilidades interpretativas existentes dentro deste mesmo sistema para impulsionar a redução do número de atividades laborais nocivas à saúde.

2. A origem epistemológica dos adicionais de insalubridade e de periculosidade

Ao longo do tempo o Direito do Trabalho cuidou de regulamentar as atividades laborais desenvolvidas em ambientes insalubres ou perigosos, entendidas como aquelas nocivas à saúde, verificando-se sobre tal temática a existência de três teorias principais[1].

A primeira teoria defende a total proibição do trabalho desenvolvido em condições desfavoráveis à saúde, contudo, embora seja a medida mais adequada, tal visão humanista nem sempre é possível, pois não há como desconsiderar o fato de que algumas atividades laborais exercidas em condições insalubres ou perigosas são essenciais para toda a coletividade, como exemplo, podemos citar o trabalho em hospitais, alto forno, coleta de lixo, dentre outras.

Os entendimentos vinculados à segunda teoria são aqueles que tratam da redução da jornada de trabalho dos empregados que exercem atividades insalubres ou perigosas, acompanhada de uma constante implantação de procedimentos que viabilizem a melhoria do ambiente de trabalho até a total supressão do agente nocivo de forma a manter a integridade física do organismo humano.

A terceira teoria, adotada como padrão pelo legislador brasileiro, é a teoria da monetização dos riscos, sistema que visa à compensação financeira pelo exercício de atividades nocivas, ou seja, o trabalhador passa a receber um acréscimo em sua remuneração por exercer suas atividades laborais em ambiente insalubre ou perigoso.

Esse acréscimo em dinheiro é pago por meio do chamado adicional de remuneração previsto no art. 7º, XXIII da CF/88, entendido como uma parcela salarial paga pelo empregador ao empregado que visa, de modo precípuo, fazer com que o empregador seja desestimulado de manter condições de trabalho prejudiciais à saúde de seus empregados. Assim, o instituto em comento está dissociado tanto do viés indenizatório em razão da ofensa à saúde quanto de uma hipótese de elevação indireta do valor do salário.

A modalidade de adicional advinda dessa condição é chamada de compulsória e dotada de caráter retributivo, todavia, não se incorpora ao salário do trabalhador, uma vez que o referido somente fará jus ao adicional enquanto for mantida a condição de trabalho nociva, outrossim, trata-se de um típico salário-condição.

O Decreto-lei n. 399 de 30 de abril de 1938 foi a primeira norma a regular a monetização do risco no Brasil e legitimou o desempenho de atividades laborais em condições insalubres mediante pagamento do adicional de remuneração nos percentuais de 10% (dez por cento), 20% (vinte por cento) e 40% (quarenta por cento) calculado sobre o salário mínimo.

Já a Lei n. 2.573 de 15 de agosto de 1955 regulou o trabalho em condições perigosas com a criação do adicional de periculosidade, no importe de 30% (trinta por cento) do salário do trabalhador. Também sobre a mesma matéria, a Lei n. 3.807, de 26 de agosto de 1960, denominada como Lei Orgânica da Previdência Social, instituiu a aposentadoria especial para os empregados que trabalhassem 15 (quinze), 20 (vinte) ou 25 (vinte e cinco) anos em serviços insalubres, perigosos, ou penosos.

---

[*] Mestrando e Especialista em Direito do Trabalho na PUC/MG. Professor Universitário. Advogado. Membro da Comissão de Direito do Trabalho e Direitos Sociais da OAB/MG – Subseção Barreiro.

[1] Sobre as teorias existentes sobre o trabalho exercido em condições insalubres ou perigosas, ver DUECK, Cézar Augusto Saldivar. O julgamento do pedido de adicional de insalubridade ou periculosidade em face da revelia: racionalização da interpretação do art. 195, § 2º da CLT. *Revista LTr*, São Paulo, v. 73, n. 10, p. 1.259-1.271, out. 2009.

Uma vez analisada a origem epistemológica da teoria da monetização dos riscos e feita uma análise propedêutica dos adicionais, os próximos tópicos cuidarão de uma análise mais específica dos adicionais de insalubridade e periculosidade demonstrando a materialização da teoria em comento no Direito do Trabalho brasileiro.

3. O adicional de insalubridade

O conceito de insalubridade vem do significado léxico da palavra salubre, que é sadio, o que contribui para a saúde, saudável. Portanto, a palavra insalubre é conceituada por Aurélio Buarque de Holanda Ferreira como "não salubre; que origina doença; doentio"[2]

Aliando o conceito de trabalho com o conceito de insalubridade, Sebastião Geraldo de Oliveira define o trabalho insalubre como:

> "Aquele que afeta ou causa danos à saúde, provocando doenças, ou seja, é o trabalho não salubre, não saudável. Muitas enfermidades estão diretamente relacionadas e outras são agravadas pela profissão do trabalhador ou as condições em que o serviço é prestado, o que possibilita a constatação do nexo entre o trabalho e a doença".[3]

Nesse sentido, o trabalho insalubre pode ser definido como a execução de atividades laborativas, de natureza física ou até mesmo mental, em ambiente onde exista a possibilidade efetiva de dano à saúde do trabalhador.

Nos arts. 189[4] e 190[5], a CLT trata das atividades ou operações insalubres ou perigosas, estabelecendo 2 (dois) requisitos básicos para que possa ser reconhecido o trabalho insalubre: a exposição do empregado a agentes nocivos à saúde e o desrespeito aos limites de tolerância.

Primeiramente, quanto à competência atribuída ao Ministério do Trabalho no art. 190 da CLT acima citado, o Supremo Tribunal Federal já se pronunciou acerca da matéria, veja-se:

> Súmula n. 194 – STF – É competente o Ministro do Trabalho para a especificação das atividades insalubres.[6]

> Súmula n. 460 – STF – Para efeito do adicional de insalubridade, a perícia judicial, em reclamação trabalhista, não dispensa o enquadramento da atividade entre as insalubres, que é ato da competência do Ministro do Trabalho e Previdência Social.[7]

Em decorrência disso, os agentes nocivos à saúde estão previstos na Norma Regulamentadora n. 15, aprovada pela Portaria n. 3.214/78, na qual estão elencados os agentes físicos, os ruídos, os ruídos de impacto, o calor, as radiações ionizantes, as pressões hiperbáricas, as radiações não ionizantes, as vibrações, o frio e a umidade, prevendo ainda os agentes químicos, as substâncias químicas, poeiras minerais, agentes biológicos, microorganismos, vírus e bactérias.

A classificação dos agentes nocivos em físicos, químicos e biológicos é vergastada pela doutrina em razão de ser omissa no que tange aos agentes psicológicos como a pressão mental, o estresse contínuo, dentre outros agentes que geram a chamada "insalubridade psíquica", não contemplada no ordenamento jurídico pátrio.

Nesse sentido, acerca do conceito de saúde seguido pelo Ministério do Trabalho, Sebastião Geraldo de Oliveira observa que:

> "o Ministério do Trabalho adotou conceito ultrapassado de saúde, porquanto se limitou a regulamentar o adicional de insalubridade para os danos ao corpo físico do trabalhador, quando o conceito de saúde adotado pela OMS abrange o completo bem-estar físico, mental e social. Não alcançou, assim, a 'insalubridade psíquica', cujos efeitos não podem ser ignorados".[8]

---

(2) FERREIRA, Aurélio Buarque de Holanda. *Minidicionário da língua portuguesa*. 2. ed. Rio de Janeiro: Nova Fronteira, 1988. p. 362.

(3) OLIVEIRA, Sebastião Geraldo de. *Proteção jurídica à saúde do trabalhador*. 3. ed. São Paulo: LTr, 2001. p. 172

(4) "Art. 189 - Serão consideradas atividades ou operações insalubres aquelas que, por sua natureza, condições ou métodos de trabalho, exponham os empregados a agentes nocivos à saúde, acima dos limites de tolerância fixados em razão da natureza e da intensidade do agente e do tempo de exposição aos seus efeitos". BRASIL. Lei n. 6.514/1977, de 22 de dezembro de 1977. Altera o capítulo V do título II da Consolidação das Leis do Trabalho (CLT – DL n. 5.452, de 1943). Diário Oficial da União, Brasília, 23 dez. 1977. Disponível em: <http://www.planalto.gov.br/ccivil/Decreto-lei/Del5452.htm>. Acesso em: 23 maio 2014.

(5) "Art. 190 – O Ministério do Trabalho aprovará o quadro das atividades e operações insalubres e adotará normas sobre os critérios de caracterização da insalubridade, os limites de tolerância aos agentes agressivos, meios de proteção e o tempo máximo de exposição do empregado a esses agentes. Parágrafo único – As normas referidas neste artigo incluirão medidas de proteção do organismo do trabalhador nas operações que produzem aerodispersóides tóxicos, irritantes, alergênicos ou incômodos". BRASIL. Lei n. 6.514/1977, de 22 de dezembro de 1977. Altera o capítulo V do título II da Consolidação das Leis do Trabalho (CLT – DL n. 5.452, de 1943). Diário Oficial da União, Brasília, 23 dez. 1977. Disponível em: <http://www.planalto.gov.br/ccivil/Decreto-lei/Del5452.htm>. Acesso em: 23 maio 2014.

(6) BRASIL. Supremo Tribunal Federal. Súmula n. 194, de 13 de maio de 1963. *Diário de Justiça*, Brasília, 13 dez. 1963.

(7) BRASIL. Supremo Tribunal Federal. Súmula n. 460, de 13 maio 1963. *Diário de Justiça*, Brasília, 1º out. 1964.

(8) OLIVEIRA, Sebastião Geraldo de. *Proteção jurídica à saúde do trabalhador*. 3. ed. São Paulo: LTr, 2001. p. 174.

Eddy Bensoussan e Sérgio Albieri[9], ao analisarem a Norma Regulamentadora n. 15, também classificam as atividades insalubres em dois grupos maiores, os de avaliação qualitativa e os de avaliação quantitativa.

A avaliação qualitativa ocorre quando a caracterização da atividade ou operação insalubre depende exclusivamente da realização de inspeção técnica no local de trabalho, em virtude do Ministério do Trabalho e do Emprego — MTE não ter fixado os limites de tolerância para os agentes agressivos.

Já a avaliação quantitativa, apresenta-se quando caracterização da atividade ou operação insalubre depende da análise quantitativa da exposição do trabalhador a agentes nocivos à saúde em seu local de trabalho.

O limite de tolerância firmado pela Norma Regulamentadora n. 15[10], tópico 15.1, é o seguinte:

> Entende-se por limite de tolerância, para os fins desta Norma, a concentração ou intensidade máxima ou mínima, relacionada com a natureza e o tempo de exposição ao agente, que não causará dano à saúde do trabalhador, durante a sua vida.[11]

Portanto, a combinação entre a exposição do trabalhador a agentes nocivos à saúde e o desrespeito aos limites de tolerância estabelecidos pelo Ministério do Trabalho é o esteio necessário para a configuração do labor insalubre, cujo recebimento do respectivo adicional está disciplinado no artigo 7º, XXIII da CF/88 e no art. 192 da CLT que assim determinam:

> Art. 7º São direitos dos trabalhadores urbanos e rurais, além de outros que visem à melhoria de sua condição social: (...) XXIII – adicional de remuneração para as atividades penosas, insalubres ou perigosas, na forma da lei.[12]
>
> Art. 192 – O exercício de trabalho em condições insalubres, acima dos limites de tolerância estabelecidos pelo Ministério do Trabalho, assegura a percepção de adicional respectivamente de 40% (quarenta por cento), 20% (vinte por cento) e 10% (dez por cento) do salário mínimo da região, segundo se classifiquem nos graus máximo, médio e mínimo.[13]

Para que se configure a existência da insalubridade é indispensável a realização de perícia técnica feita por profissional devidamente qualificado para detectar qual é o agente insalubre, pois, ainda que este seja diverso daquele alegado pelo Autor na petição inicial o juiz poderá assim formar o seu convencimento sem qualquer incidência do instituto do julgamento *extra petita*[14], premissas estas consubstanciadas no art. 195 da CLT e na Súmula n. 293 do TST.

Sobre este aspecto, o entendimento jurídico comumente adotado, e que será objeto de crítica mais adiante, caminha no sentido de que os agentes insalubres não são cumuláveis, portanto, ainda que existam vários agentes, o trabalhador terá direito a receber apenas um adicional, ou seja, aquele que lhe render o maior valor monetário.

Cumpre ressaltar também que o trabalho insalubre em caráter intermitente apenas por ser assim classificado, não cessa o recebimento do adicional, entendimento este previsto na Súmula n. 47 do TST.

Noutro giro, com relação à eliminação e à neutralização da insalubridade tem-se que estas se darão tanto por meio da adoção de medidas aptas a manter o ambiente conforme os limites de tolerância estabelecidos, quanto pelo fornecimento de Equipamentos de Proteção Individual que efetivamente afastem potencial nocivo do agente ao qual o empregado esteja exposto.

Encerrando, por hora, a análise do adicional de insalubridade, cabe destacar os reflexos do pagamento de tal verba e a base de cálculo do montante devido.

O adicional em comento é uma verba salarial que compõe a remuneração mensal do trabalhador, logo, gera reflexos no FGTS, indenização de 40% sobre o FGTS nos casos de rescisão indireta ou dispensa imotivada, 13º salário, férias + 1/3 e aviso prévio indenizado, entretanto, não gera reflexos no Repouso Semanal Remunerado e feriados, conforme a Orientação Jurisprudencial n. 103 da SDI-1 do TST.

A questão da base de cálculo do adicional da insalubridade fixada no salário mínimo é uma temática que, embora expressamente tratada em lei, ainda é objeto de

---

(9) BENSOUSSAN, Eddy; ALBIERI, Sérgio. *Manual de higiene, segurança e medicina do trabalho*. São Paulo: Atheneu, 1997. p. 107-108.

(10) Norma Regulamentadora n. 15 3 Disponível em meio eletrônico no *site* do Ministério do Trabalho e Emprego: <http://www.mte.gov.br/legislacao/normas_regulamentadoras/nr_15.pdf>. Acesso em: 25 maio 2014 às 18:07.

(11) BRASIL. Portaria n. 3.214/78, de 8 de junho de 1978 – Ministério do Trabalho e Emprego. Aprova as Normas Regulamentadoras – NRs – do Capítulo V, Título II, da Consolidação das Leis do Trabalho, relativas à Segurança e Medicina do Trabalho. Diário Oficial da União, Brasília, 6 jul. 1978. Disponível em: <www.mte.gov.br/legislacao/portarias/1978/p_19780608_3214.pdf>. Acesso em: 29 maio 2011.

(12) BRASIL. Constituição da República Federativa do Brasil. Diário Oficial da União, Brasília, 05 out. 1988. Disponível em: <http://www.planalto.gov.br/ccivil_03/constituicao/constituiçao.htm>.

(13) BRASIL. Lei n. 6.514/1977, de 22 de dezembro de 1977. Altera o capítulo V do título II da Consolidação das Leis do Trabalho (CLT – DL n. 5.452, de 1943). Diário Oficial da União, Brasília, 23 dez. 1977. Disponível em: <http://www.planalto.gov.br/ccivil/Decreto-lei/Del5452.htm>. Acesso em: 23 maio 2014.

(14) O julgamento *extra petita* resta configurado no caso em que a decisão prolatada trata de matéria que não foi pedida.

questionamentos voltados à sua necessária interpretação constitucional.

O Supremo Tribunal Federal editou a Súmula Vinculante n. 4 declarando ser vedada a utilização do salário mínimo como indexador de base de cálculo de vantagem de empregado ou de servidor público, sendo proibida também a criação de novo critério proveniente de decisão judicial.

Tal entendimento adotado pelo STF foi estabelecido no julgamento do Recurso Extraordinário n. 565.714/SP onde se entendeu pela impossibilidade de utilização do salário mínimo, nem como base de cálculo, nem como indexador, antes da celebração de convenção coletiva ou edição de lei que regule o adicional de insalubridade.

Vejamos o que dispõe a Súmula Vinculante n. 4:

> STF – Súmula Vinculante n. 4 – Salvo nos casos previstos na Constituição, o salário mínimo não pode ser usado como indexador de base de cálculo de vantagem de servidor público ou de empregado, nem ser substituído por decisão judicial.[15]

Diante da decisão do STF, o TST cancelou a Súmula n. 17 e alterou a Súmula n. 228 e determinou que a base de cálculo fosse o salário-base, salvo a existência de norma mais favorável ao trabalhador, senão, vejamos a redação das duas súmulas:

> Súmula n. 17 – TST – O adicional de insalubridade devido a empregado que, por força de lei, convenção coletiva ou sentença normativa, percebe salário profissional será sobre este calculado.[16]

> Súmula n. 228 – TST – Insalubridade. Adicional. Base de cálculo. Súmula n. 17/TST. CLT, arts. 76 e 192. CF/88, art. 7º, IV. – A partir de 09/05/2008, data da publicação da Súmula Vinculante n. 4/STF, o adicional de insalubridade será calculado sobre o salário básico, salvo critério mais vantajoso fixado em instrumento coletivo.[17]

Em harmonia com tal posicionamento, nos autos da Reclamação n. 6.266-0, dirigida ao STF, o Ministro Gilmar Mendes decidiu, liminarmente, em relação à redação da Súmula n. 228 do TST, que:

> Desta forma, com base no que ficou decidido no RE n. 565.714/SP e fixado na Súmula Vinculante n. 4, este Tribunal entendeu que não é possível a substituição do salário mínimo, seja como base de cálculo, seja como indexador, antes da edição de lei ou celebração de convenção coletiva que regule o adicional de insalubridade [...].[18]

Nesta mesma linha, de modo exemplificativo, podemos citar alguns julgamentos do TRT da 3ª Região:

> ADICIONAL DE INSALUBRIDADE. BASE DE CÁLCULO. SÚMULA VINCULANTE N. 4 DO STF. INTERPRETAÇÃO. Em face da decisão proferida, em 15.7.2008, pelo Ministro Gilmar Mendes, na presidência do Supremo Tribunal Federal, deferindo pedido liminar em reclamação ajuizada pela Confederação Nacional da Indústria e determinando a suspensão da aplicação da Súmula n. 228 do TST, o entendimento que predomina nesta Turma é o de que a base de cálculo do adicional de insalubridade é o salário mínimo legal, conforme interpretação dada à Súmula Vinculante n. 4 pelo próprio STF.[19]

> ADICIONAL DE INSALUBRIDADE. BASE DE CÁLCULO. SALÁRIO MÍNIMO. Adotar o salário mínimo como base de cálculo do adicional de insalubridade é o que se impõe por questões de política justrabalhista, até que o Poder Legislativo regule validamente a matéria em âmbito nacional ou que, setorialmente, empregados e empregadores ajustem, mediante instrumento coletivo, a base de incidência constitucional para o adicional de remuneração em referência. Isso porque, em que pese a Súmula Vinculante n. 04 do Excelso Supremo Tribunal Federal tenha vedado a utilização do salário mínimo para o cálculo de vantagens, vedou também a sua substituição por decisão judicial. Ou seja, o próprio Supremo Tribunal Federal, mesmo reconhecendo a vedação inserta na Constituição da República no que diz respeito à indexação da parcela em foco à variação do salário mínimo, também deixou clara a impossibilidade de se instituir, por via jurisprudencial, outra base de cálculo.[20]

Corolário do exposto, até os dias atuais não foi publicada lei que fixe outra base de cálculo do adicional em comento, logo, o salário mínimo foi adotado como tal, ressalvada a hipótese de existência norma mais favorável constando salário profissional ou piso salarial conclusão esta que, conforme será abordado mais adiante, merece ser revista à luz das normas constitucionais.

4. O adicional de periculosidade

No que tange ao conceito de periculosidade, a CLT cuidou em apresentá-lo no art. 193, vejamos:

> Art. 193 - São consideradas atividades ou operações perigosas, na forma da regulamentação aprovada pelo Ministério do

---

(15) BRASIL. Supremo Tribunal Federal. Súmula Vinculante n. 4, de 30 de abril de 2008. *Diário de Justiça*, Brasília, 9 de maio de 2008.

(16) BRASIL. Tribunal Superior do Trabalho. Enunciado n. 17, 19 de novembro de 2003. *Diário de Justiça*, Brasília, 21 de novembro de 2003e.

(17) BRASIL. Tribunal Superior do Trabalho. Enunciado n. 228, 19 de setembro de 1985. *Diário de Justiça*, Brasília, 21 de novembro de 2003f.

(18) BRASIL. Supremo Tribunal Federal. Reclamação n. 6.266-0. Rel. Ministro Gilmar Mendes. *Diário Judicial Eletrônico*, Brasília, 5 de agosto de 2009.

(19) TRT da 3ª Região; Processo: 01557-2012-021-03-00-4 RO; Data de Publicação: 29.1.2014; Órgão Julgador: Segunda Turma; relator: Sebastiao Geraldo de Oliveira; revisor: Luiz Ronan Neves Koury; Divulgação: 28.1.2014. DEJT. Página 43.

(20) TRT da 3ª Região; Processo: 00780-2012-099-03-00-6 RO; Data de Publicação: 28.4.2014; Órgão Julgador: Sexta Turma; relatora: Convocada Rosemary de O. Pires; revisor: Rogerio Valle Ferreira; Divulgação: 25.4.2014. DEJT/TRT3/Cad. Jud., Página 202.

Trabalho, aquelas que, por sua natureza ou métodos de trabalho, impliquem o contato permanente com inflamáveis ou explosivos em condições de risco acentuado".

§ 1º O trabalho em condições de periculosidade assegura ao empregado um adicional de 30% sobre o salário sem os acréscimos resultantes de gratificações, prêmios ou participações nos locais da empresa.

§ 2º O empregado poderá optar pelo adicional de insalubridade que porventura lhe seja devido.[21]

São consideradas perigosas as atividades vinculadas à eletricidade, conforme dispõe a Lei n. 7.369/85, ainda que o empregado não trabalhe diretamente na distribuição ou geração de energia, conforme a Orientação Jurisprudencial n. 324 da Seção de Dissídios Individuais – 1 do TST.

Como exemplo disso, o eletricitário que desenvolve suas atividades laborais realizando a leitura dos medidores de energia terá direito a receber o adicional se restar configurada a condição de risco.

Não obstante a existência de outros dispositivos legais que serão oportunamente analisados, mostra-se interessante a questão da exposição dos trabalhadores à radiação ionizante, pois, em que pese já ter sido objeto de análise pelo TST, ainda é patente a divergência na doutrina que se presta a analisar tal temática.

A divergência existente mais uma vez vai de encontro à questão da competência do Ministério do Trabalho e Emprego para fixar os parâmetros da atividade perigosa, bem como a validade dos efeitos produzidos pela Portaria n. 3.214/78 do aludido Ministério.

Sérgio Pinto Martins, analisando o que dispõe a CLT e CF/88 entende que:

> A lei não prevê o pagamento de adicional de periculosidade em relação a contato com substâncias ionizantes ou radiativas. O inciso VI do art. 200 da CLT e seu parágrafo único não estabelecem o direito ao adicional de periculosidade ou a qualquer outro adicional. Logo, ele não pode ser estabelecido por portaria, que não tem natureza de lei, nem é norma emitida pelo Poder Legislativo. O pagamento do adicional de periculosidade só pode ser determinado por lei, diante do princípio da legalidade (art. 5º, II, da Constituição) e da fato que é de competência da União regular a matéria (art. 22, I, da Lei Maior) e não de norma administrativa, de portaria.[22]

Em sentido diverso, partindo das mesmas premissas, Sebastião Geraldo de Oliveira conclui:

> Essas normas regulamentadoras têm eficácia jurídica equiparada à da lei ordinária, por expressa delegação normativa do art. 200 da CLT, além de diversas delegações específicas também previstas na CLT. A lei traça núcleo do mandamento, as ideias básicas e delega competência ao Ministério do Trabalho para completar e disciplinar os preceitos normativos, o que tem sido chamado doutrinariamente de discricionariedade técnica, deslegalização, competência normativa secundária ou delegação normativa. Naturalmente, essa Portaria, mesmo inovando na ordem jurídica, não poderá afastar-se das razões objetivas da delegação recebida, nem contrariar qualquer preceito expresso ou implícito contido na lei delegante. Nota-se, portanto, uma ampliação da competência normativa da Administração Pública, delegada expressamente pelo próprio Poder Legislativo, mormente em razão do avanço da ciência e da complexidade técnica da matéria tratada.[23]

Muito embora não exista a possibilidade de desconsiderar os fundamentados argumentos apresentados por Sérgio Pinto Martins, entendemos que a lição de Sebastião Geraldo de Oliveira aplica-se melhor à espécie, pois a Portaria n. 3.214/78, do Ministério do Trabalho e Emprego, tem *status* de Lei Ordinária por delegação do próprio art. 200, *caput*, da CLT, logo, tem legitimidade para aprovar as Normas Regulamentadoras.

Faz jus ao adicional de periculosidade previsto no art. 7º, XXIII da CF/88 o empregado que desenvolve suas atividades laborais exposto aos agentes periculosos inflamáveis e explosivos conforme o já citado art.193 da CLT; a material radioativo ionizante, em consonância com o art. 200, VI da CLT e à energia elétrica nos termos da Lei n. 7.369/85 e do Decreto n. 93.412/1986.

A periculosidade é constatada obrigatoriamente pela via pericial conforme previsto no art. 195 da CLT. Estabelecendo critérios de aferição da insalubridade, a NR-16[24], assim dispõe:

> Liquido inflamável é todo aquele que possui ponto de fulgor inferior a 70°c e pressão de vapor que não exceda 2,8 Kg/cm² absoluta a 37,7°C. Explosivos são substancias capazes de

---

(21) BRASIL. Lei 6.514/1977, de 22 de dezembro de 1977. Altera o capítulo V do título II da Consolidação das Leis do Trabalho (CLT – DL n. 5.452, de 1943). Diário Oficial da União, Brasília, 23 dez. 1977. Disponível em: <http://www.planalto.gov.br/ccivil/Decreto-lei/Del5452.htm>. Acesso em: 23 maio 2014.

(22) MARTINS, Sergio Pinto. *Direito do Trabalho*. 21. ed. São Paulo: Ed. Atlas, 2005. p. 658.

(23) OLIVEIRA, Sebastião Geraldo de. *Indenizações por acidente do trabalho ou doença ocupacional*. 3. ed. São Paulo: LTr, 2007. p. 172.

(24) Norma Regulamentadora n. 16 – Disponível em meio eletrônico no *site* do Ministério do Trabalho e Emprego: <http://www.mte.gov.br/legislacao/normas_regulamentadoras/nr_16.pdf>. Acesso em: 23 maio 2014 às 18:44.

rapidamente se transformarem em gases, produzindo calor intenso e pressões elevadas.[25]

Em virtude de o contato com algum destes agentes perigosos já ser suficiente para provocar a perda da vida do empregado em uma fração de segundos, o requisito do contato permanente contido no art. 193 da CLT tem sido combatido pela jurisprudência.

Entretanto, a contrário senso, tem sido firmado o entendimento de que ainda que a exposição do trabalhador a agentes inflamáveis e/ou explosivos seja intermitente, o direito ao adicional de periculosidade permanece, sendo este indevido somente quando o contato se der de forma eventual ou por tempo extremamente reduzido, conforme se infere da Súmula n. 364 do TST.

Ademais, mostra-se pertinente lembrar que o trabalho exercido por eletricitários, ainda que de forma intermitente, garante o pagamento integral do adicional de periculosidade em virtude da Lei n. 7.369/85 não ter estabelecido qualquer critério de proporcionalidade para o seu pagamento.

Urge destacar que boa parte da doutrina e da jurisprudência vaticina que os adicionais de insalubridade e de periculosidade não se cumulam, sendo do empregado a faculdade de optar por aquele que lhe trouxer maior vantagem econômica.

Sobre os reflexos do adicional de periculosidade, este também é entendido como uma verba de natureza salarial que gera reflexos no FGTS, na indenização de 40% sobre o FGTS nos casos de dispensa imotivada e de rescisão indireta, no aviso prévio indenizado, no décimo terceiro salário, e nas férias + 1/3 constitucional. Assim como na insalubridade o adicional em comento não gera reflexo no repouso semanal remunerado, haja vista que a sua base de cálculo já remunera por si mesmo os dias de descanso.

O adicional de periculosidade incide sobre o salário--base do obreiro, exceto para os trabalhadores eletricitários, cuja base de cálculo é a soma de todas as parcelas de natureza salarial, conforme a Súmula n. 191 do TST, vejamos:

> Súmula n. 191 – TST – O adicional de periculosidade incide apenas sobre o salário básico e não sobre este acrescido de outros adicionais. Em relação aos eletricitários, o cálculo do adicional de periculosidade deverá ser efetuado sobre a totalidade das parcelas de natureza salarial.[26]

Tal entendimento encontra esteio no que art. 1º da Lei n. 7.369/85 estabelece que referido adicional deve ser calculado sobre os salários que perceberem referidos profissionais dessa categoria.

Abordada a Teoria da Monetização dos Riscos e feita uma avaliação de sua materialização nas leis do Direito do Trabalho brasileiro, passaremos ao próximo tópico para uma análise da Monetização dos Riscos e a CF/88.

5. A incompatibilidade da monetização dos riscos com a Constituição de 1988

Promulgada a Constituição Federal de 1988, a proteção jurídica à saúde e à segurança do trabalhador foi destinatária de relevante destaque no ordenamento jurídico pátrio, sobretudo por meio da consagração do valor social do trabalho e da dignidade da pessoa humana como princípios fundamentais, além da redução dos riscos inerentes ao trabalho.

Como norma basilar da aludida proteção, podemos citar aquela prevista no art. 7º, XXII da CF/88 que garante o direito à redução dos riscos advindos do desenvolvimento de atividades laborais, vejamos:

> Art.7º São direitos os trabalhadores urbanos e rurais, além de outros que visem a melhoria de sua condição social:
>
> (...)
>
> XXII – Redução dos riscos inerentes ao trabalho, por meio de normas de saúde, higiene e segurança.[27]

Nesse diapasão, Arnaldo Süssekind[28] entende que tal proteção não se limita à redução dos riscos, devendo atingir a ideia de eliminação por completo, ou seja, o bem jurídico tutelado deve ser a retirada dos agentes nocivos do ambiente de trabalho.

Tal posicionamento é válido, até mesmo por uma questão hermenêutica lógica, pois, se existe o direito à redução dos riscos, a cada nível de risco que se atingir persistirá o direito à sua redução, logo, tal direito só cessará com a completa extinção do risco.

A Convenção n. 155 da OIT, já ratificada pelo Brasil, trata da proteção à saúde do trabalhador e consagra o dever de garantia da segurança por meio de normas protetivas que gerem efeitos concretos.

A esse respeito Sidnei Machado[29] observa que tais preceitos protetivos à saúde não podem ser limitados

---

(25) BRASIL. Portaria n. 3.214/78, de 8 de junho de 1978 – Ministério do Trabalho e Emprego. Aprova as Normas Regulamentadoras – NRs – do Capítulo V, Título II, da Consolidação das Leis do Trabalho, relativas à Segurança e Medicina do Trabalho. Diário Oficial da União, Brasília, 6 jul. 1978. Disponível em: <www.mte.gov.br/legislacao/portarias/1978/p_19780608_3214.pdf>. Acesso em: 29 maio 2011.

(26) BRASIL. Tribunal Superior do Trabalho. Enunciado n. 361, de 20 de agosto de 1998. Diário de Justiça, Brasília, 21 nov. 2003h.

(27) BRASIL. Constituição da República Federativa do Brasil. Diário Oficial da União, Brasília, 5 out. 1988. Disponível em: <http://www.planalto.gov.br/ccivil_03/constituicao/constituiçao.htm>.

(28) SÜSSEKIND, Arnaldo, et al. Comentários à Constituição. v. 1. Rio de Janeiro: Freitas Bastos, 1990. p. 439.

(29) MACHADO, Sidnei. O direito à proteção ao meio ambiente de trabalho no Brasil. São Paulo: LTr, 2001. p. 86-87.

por normas infraconstitucionais em decorrência da eliminação do risco estar implicitamente contida na norma constitucional.

Porém, cumpre esclarecer que não sendo possível a eliminação dos riscos inerentes à própria atividade, a redução da incidência de agentes e condições danosas à saúde do trabalhador não poderá deixar de ser observada, uma vez que o art. 170 da Carta Magna vincula a ordem econômica à valorização do trabalho humano e à livre iniciativa.

Não obstante, com o mesmo objetivo de assegurar a todos os cidadãos uma existência digna, o art. 225 CF/88 prevê o direito ao meio ambiente ecologicamente equilibrado, o que na interpretação de José Afonso da Silva[30] abarca o meio ambiente de trabalho por se tratar de mais uma modalidade de direito fundamental.

Assim, a norma basilar da tutela jurídica à saúde e à segurança do trabalhador consagrada no art. 7º, XXII da CF/88, que trata da redução dos riscos inerentes ao trabalho por meio das normas de saúde, higiene e segurança, determina notório supedâneo constitucional no que tange à tutela da dignidade da pessoa humana por intermédio da garantia do referido direito.

As discussões doutrinárias e jurisprudenciais existentes acerca dos adicionais de insalubridade e de periculosidade, até então, vem dando destaque a questionamentos relativos à base de cálculo, incorporação ao salário e ampliação das atividades.

A interpretação do Direito do Trabalho deve trazer cada vez mais efetividade aos direito humanos e evitar que a lei se afaste de sua finalidade, sob pena de perder seu vínculo com o bem comum, observando Mauricio Godinho Delgado que "o papel decisivo dos princípios da Direito do Trabalho advém do caráter essencialmente teleológico, finalístico, desse ramo do jurídico especializado".[31]

Jorge Luiz Souto Maior expõe que, na condição de princípio fundamental do direito do trabalho, a melhoria das condições sociais e econômicas dos trabalhadores é um objetivo que jamais deve ser esquecido, e que em virtude das constantes modificações na legislação trabalhista, a sociedade passou a considerar a relação de emprego como sinônimo de segurança e *status* social, vejamos:

> É exatamente diante da busca desmensurada da exploração do capital sobre o trabalho humano que o direito do trabalho encontra, com muita razão, a lógica de sua existência e que à justiça do trabalho compete aplicar um direito do trabalho por inteiro e cada vez mais eficaz, até porque este é o caminho natural do direito o trabalho.[32]

Na hipótese de se considerar que os adicionais em comento trazem acréscimos patrimoniais importantes aos trabalhadores, bem como benefícios para a aposentadoria, ainda sim tal justificativa não subsistiria em nome do princípio da norma mais benéfica, visto ser claro o caráter essencial da saúde em relação ao dinheiro.

Por consectário, a monetização do risco revela-se como um mecanismo incompatível com a CR/1988, pois ao invés de combater as causas de agressão à segurança e à saúde, permite a convivência do trabalhador com o ambiente insalubre ou perigoso, tornando regra o pagamento dos adicionais que deveriam ser encarados como uma sanção imposta ao empregador, salvo nas aludidas atividades essenciais que, ainda sim, podem e devem ser destinatárias de medidas que mitigadoras do potencial nocivo dos agentes que nela estiverem presentes.

6. Outras interpretações sobre os adicionais de insalubridade e periculosidade no sistema da monetização dos riscos

A Monetização dos Riscos, conforme já abordado, não está alinhada aos direitos fundamentais e aos princípios constitucionais que tutelam as relações de trabalho, contudo, pode-se entender como prudente admitir a impossibilidade da proibição de todo e qualquer trabalho em condições insalubres e/ou perigosas dada a sua indispensabilidade de algumas atividades para a coletividade, muita embora tal perspectiva humanística fosse o modelo ideal.

Diante de tal cenário, cabe ao intérprete do Direito fazer uma releitura da disciplina normativa existente voltada à efetivação dos direitos fundamentais, o que passa por uma análise hermenêutica sistemática, conforme expõe Maria Cecília Máximo Teodoro e Gustavo Magalhães de Paula Gonçalves Domingues:

> Notável distorção hermenêutica ocorre na leitura isolada de preceitos legais sem sua adequada interpretação diante dos princípios e direitos fundamentais expressamente positivados na Constituição de 1988. Isso porque estes últimos são dotados de força normativa e eficácia jurídica, consoante atesta de modo expressivo a moderna doutrina da hermenêutica constitucional, cujas teses são reiteradamente esposadas pela jurisprudência.[33]

---

(30) SILVA, José Afonso da. Direito ambiental constitucional. 4. ed. 2. tir. São Paulo: Malheiros, 2003. p. 23-24.

(31) DELGADO, Mauricio Godinho. *Curso de Direito do Trabalho*. São Paulo: LTr, 2007. p. 197.

(32) SOUTO MAIOR, Jorge Luiz. *Relação de emprego e direito do trabalho*. São Paulo: LTr, 2007. p. 43.

(33) TEODORO, Maria Cecília Máximo; DOMINGUES, Gustavo Magalhães de Paula Gonçalves. *Adicionais de insalubridade e*

Partindo de tal perspectiva e em harmonia com o que já se expôs alhures, interessa-nos agora expor algumas interpretações sobre os adicionais de insalubridade e periculosidade no sistema da monetização dos riscos, todavia, alinhadas a uma perspectiva constitucional dos direitos fundamentais.

A primeira delas seria o desenvolvimento e a implementação da teoria que pretende a regulamentar o trabalho exercido em ambientes insalubres ou perigosos através da redução da jornada de trabalho dos empregados que se ativam em tais funções.

Nesse espeque, Sebastião Geraldo de Oliveira explica o sistema de redução da jornada de trabalho em atividades nocivas à saúde adotado, respectivamente, no Irã e na Hungria:

> "O Código do Trabalho do Irã, de 1990, consagra proteção mais ampla para os trabalhos penosos e insalubres: limita a jornada a 6 horas por dia ou 36 por semana, proíbe a realização de horas extras em tais trabalhos e aumenta as férias anuais para cinco semanas nessas atividades. Também o Código do Trabalho da Hungria, de 1922, limita a jornada dos trabalhos insalubres em seis horas diárias, proíbe o trabalho extra em tais atividades e prevê a concessão de férias extraordinárias para os que realizem trabalhos subterrâneos ou estejam expostos a radiações ionizantes".[34]

> "A redução da jornada é a saída ética para enfrentar a questão. Em vez de reparar com dinheiro a perda da saúde, deve-se compensar o desgaste com o maior período de descanso, transformando o adicional monetário em repouso adicional. A menor exposição diária, combinado com um período de repouso mais dilatado, permite ao organismo humano recompor-se da agressão, mantendo-se a higidez. Essa alternativa harmoniza as disposições constitucionais de valorização do trabalho, colocando o trabalhador em prioridade com relação ao interesse econômico".[35]

Tecendo comentários sobre o texto de exposição do trabalhador a agente nocivos à saúde, José Luiz Ferreira Prunes pondera que:

> a legislação entendeu em estabelecer um adicional salarial, para compensar a falta de salubridade de alguns serviços. Optou pela compensação monetária, quando deveria escolher a menor exposição do operário aos agentes nefastos. Melhor teria sido, para a saúde do trabalhador, que os horários fossem reduzidos em 10%, 20% ou 40% da jornada de trabalho.[36]

Induvidosamente, um tempo menor de exposição dos trabalhadores a condições desfavoráveis à integridade física evitará maiores prejuízos à saúde, ademais, dois outros aspectos também são importantes, uma vez que trazem outras consequências ainda mais interessantes.

No primeiro aspecto, as consequências são imediatas, pois, a redução da carga horária de trabalho fará com que a empresa continue pagando o mesmo valor[37] a um trabalhador que exercerá suas atividades em um lapso temporal menor e, sob pena de ver sua produção diminuída, teria que contratar outro empregado para laborar no período que o outro trabalhava, logo, os custos da atividade aumentariam de modo importante.

Com relação ao segundo aspecto, temos que, por corolário dos altos custos decorrentes da contratação de funcionários suficientes para a manutenção dos níveis de produção, as empresas, em tese, não terão alternativa diversa do investimento em tecnologias que garantam a manutenção de sua produtividade e que não ofereçam riscos aos trabalhadores.

A teoria da redução da jornada é tida como uma alternativa a ser internacionalmente aderida em conjunto com uma perene adequação de procedimentos que permitam a melhoria do ambiente de trabalho até a total inexistência do agente nocivo.

Mantida a opção de permanência na inadequada lógica da Monetização dos Riscos, também é possível verificar outras interpretações aptas a desestimular a manutenção do trabalho em condições nocivas à saúde, quais sejam: o aumento dos custos dos adicionais e a ampliação das hipóteses de sua incidência.

Quanto ao aumento dos custos dos adicionais, primeiro defender-se-ia que a base de cálculo dos referidos seja a remuneração do empregado, haja vista que o próprio art. 7º, inciso XXIII da CF/1988 traz a expressão "adicional

---

periculosidade: base de cálculo, cumulatividade e efeitos preventivo e pedagógico. Trabalho publicado nos ANAIS DO XX ENCONTRO NACIONAL DO CONPEDI realizado em Belo Horizonte-MG nos dias 22, 23, 24 e 25 de junho de 2011. p. 3.269-3.283. p. 3.270.

(34) OLIVEIRA, Sebastião Geraldo de. *Proteção jurídica à saúde do trabalhador*. 3. ed. São Paulo: LTr, 2001. p. 136-137.

(35) *Ibidem*, p. 140.

(36) PRUNES, José Luiz Ferreira. *Insalubridade e periculosidade no trabalho:* problemas e soluções. São Paulo: LTr, 1974. p. 19.

(37) Nesse sentido vale lembrar que o trabalhador recebendo o mesmo valor que receberia no cumprimento da jornada normal de trabalho, além dos reflexos econômicos que serão gerados para a empresa, restria observado o respeitado o Princípio da Intagibilidade Salarial. Para análise mais ampla sugere-se DELGADO, Mauricio Godinho. *Alterações contratuais trabalhistas*. São Paulo: LTr, 2000. p. 47-52.

de remuneração", restando, pois, definida pelo legislador a natureza jurídica do instituto.

Maria Cecília Máximo Teodoro e Gustavo Magalhães de Paula Gonçalves Domingues expuseram a adequação de tal interpretação à força normativa dos direitos fundamentais previstos na Constituição brasileira:

> A partir da dicção do preceito constitucional resta clarividente que as parcelas trabalhistas em estudo consistem em adicional de remuneração. A simples leitura do texto constitucional não deixa dúvidas de que as mencionadas alíquotas devem incidir sobre a totalidade das parcelas econômicas recebidas mensalmente pelo empregado, ou seja, a remuneração. Esta entendida como o pagamento realizado diretamente por parte do empregador — salário em sentido estrito —, assim como parcelas recebidas por terceiros em virtude da execução de seus serviços.[38]

Ainda sobre esta faceta onde uma interpretação adequada à moderna hermenêutica constitucional, revela-se dotada de esteio jurídico a possibilidade da cumulatividade dos Adicionais de Insalubridade e Periculosidade[39], haja vista a inexistência de vedação legal expressa, salvo a limitação imposta pela NR-15, item 15.3 do MTE, que, no nosso entender, extrapola os limites da delegação que lhe foi atribuída.

Cumulado a tal fato, na Convenção n. 155 da OIT, ratificada no Brasil com status de norma supralegal, resta definido que "deverão ser considerados os riscos para a saúde decorrentes da exposição simultânea a diversas substâncias ou agentes", comando este que não pode ser interpretado de forma dissociada do Princípio da Norma mais Benéfica.

Como consequência disso, o TRT da 4ª Região, nos autos do processo de n. 0000270-19.2012.5.04.0761 (RO)[40], reconheceu que o §2º do art. 193 da CLT, que prevê a opção entre um ou outro adicional, além de não ter sido recepcionado pela Constituição Federal de 1988, foi derrogado pela Convenção n. 155 da OIT.

No que tange à ampliação das hipóteses da incidência dos adicionais em estudo, mostra-se interessante vislumbrar também a ideia de que o rol dos agentes nocivos à saúde previstos na Norma Regulamentadora n. 15 não é taxativo, mas exemplificativo.

Tal interpretação revela-se harmônica com o Princípio da Primazia da Realidade e com o art. 9º da CLT, isso, caso a prova pericial produzida no processo judicial ateste que a substância encontrada no ambiente laboral muito embora não esteja prevista na aludida NR cause efeitos prejudiciais à saúde.

Sob a perspectiva do Direito Coletivo do Trabalho, atuação dos Sindicatos dos trabalhadores como agente redutor dos efeitos nocivos da Monetização dos Riscos também é de fundamental importância.

Na condição de representante legal dos trabalhadores de uma determinada categoria, o Sindicato não pode abster-se em pleitear a melhoria contínua das condições de trabalho, especialmente nas questões de saúde, observando Márcio Túlio Viana sobre este aspecto que:

> Sempre que a lei se revelar a negação do Direito, devemos ajustá-la, adaptá-la, reeducá-la. Abandonamos a postura de irresponsáveis por sua formação, para assumirmos a de responsáveis por sua mutação, como se fôssemos (e efetivamente somos) seus coautores, apenas que distanciados no tempo e no espaço do órgão legislativo.[41]

Reitera-se que o pagamento dos adicionais de insalubridade e de periculosidade nada mais é do que uma forma de manter e disfarçar a precarização das condições de trabalho que afetam os indivíduos que, em razão do baixo número de postos de trabalho com uma remuneração digna, acabam se submetendo a tais condições para auferir maior renda.

Isto posto, ao agir em defesa dos direitos dos trabalhadores o sindicato não pleiteia direito alheio e sim, defende seus próprios objetivos institucionais, pois a entidade é composta de indivíduos que a ela só estão vinculados em virtude da mesma compartilhar de interesses comuns àqueles indivíduos.

Portanto, uma atuação sindical mais efetiva neste campo também está apta a evitar que os trabalhadores que se submetem a condições de trabalho nocivas sejam atingidos até mesmo pelos efeitos prescricionais[42] do não pagamento dos adicionais por parte das empresas.

---

(38) TEODORO, Maria Cecília Máximo; DOMINGUES, Gustavo Magalhães de Paula Gonçalves. *Adicionais de insalubridade e periculosidade:* base de cálculo, cumulatividade e efeitos preventivo e pedagógico. Trabalho publicado nos Anais do XX ENCONTRO NACIONAL DO CONPEDI realizado em Belo Horizonte-MG nos dias 22, 23, 24 e 25 de junho de 2011. p. 3.269- 3.283

(39) Sobre a matéria sugere-se: BUCK, Regina Célia. *Cumulatividade dos adicionais de insalubridade e periculosidade.* São Paulo: LTr, 2001.

(40) Notícia veiculada pela Associação Brasileira de Advogados Trabalhista. Disponível em: <http://www.abrat.net/portal/noticias/mostraConteudo.asp?codConteudo=5518>. Acesso em: 7 jul. 2014 às 10hs:12min.

(41) VIANA, Márcio Túlio. *Direito de resistência – possibilidades de autodefesa do empregado em face do empregador.* 1. ed. São Paulo: LTr, 1996. p. 410.

(42) A prescrição no Direito do Trabalho pode ser entendida como o período de tempo que o empregado possui para requerer direitos

Tal fato decorre da notória constatação de que o número de trabalhadores que interpõe ações no Poder Judiciário durante o contrato de trabalho é ínfimo, muito em virtude do temor de perder o posto de trabalho, fato que faz com que a Justiça do Trabalho atue principalmente após o término do vínculo empregatício.

Corolário disso, a atuação sindical durante o contrato de trabalho evitaria um prejuízo ainda maior para o trabalhador, pois seria demasiadamente prejudicial ser submetido a condições de trabalho nocivas e ainda não receber o valor do adicional inadimplido pela empresa ou até mesmo pago em montante inferior ao devido em virtude da prescrição dos créditos trabalhistas[43].

Por fim, com relação ao Direito Coletivo do Trabalho, mostra-se de fundamental importância que os sindicatos atuem nas ações que versem sobre insalubridade e periculosidade, bem como em qualquer ação que trate de direitos fundamentais, sendo esta uma das alternativas apropriadas para minimizar os efeitos provocados da Monetização dos Riscos.

7. Conclusão

Por meio da análise dos elementos que constituem a Teoria da Monetização dos Riscos, dos dispositivos legais vigentes no ordenamento jurídico brasileiro e os princípios que regem o Direito do Trabalho, vislumbra-se que a referida teoria não encontra amparo constitucional, devendo esta ter sua aplicabilidade gradativamente afastada.

Entretanto, revela-se igualmente necessário um aprofundamento científico acerca das alternativas aptas a mitigar os efeitos nocivos de tal sistema em um processo de transição que levará à manutenção de tais condições nocivas apenas naquelas atividades essenciais para a coletividade ou para as quais inexistam recursos tecnológicos que viabilizem a mudança no meio ambiente laboral.

Para a tal objetivo, compreender os adicionais de insalubridade e periculosidade de acordo com uma hermenêutica constitucional que reconheça a força normativa e a eficácia dos princípios que versam sobre os direitos humanos e os direitos fundamentais é uma medida que se impõe.

---

trabalhistas na Justiça do Trabalho. A referida prescrição ocorre em 2 (dois) anos contados a partir do término do contrato de trabalho, podendo atingir as parcelas relativas aos 5 (cinco) anos anteriores, ou então, será de 05 (cinco) anos se o contrato de trabalho ainda for vigente.

(43) Para desenvolvimento de estudo mais aprofundado da prescrição trabalhista, sugere-se: ALMEIDA, Ísis de. *Manual da prescrição trabalhista*. 2. ed. São Paulo: LTr, 1994.

8. Referências bibliográficas

ALMEIDA, Ísis de. *Manual da prescrição trabalhista*. 2. ed. São Paulo: Ed. LTr, 1994.

BALERA, Wagner. *O Direito do Trabalho e a questão social*. Temas atuais de direito — Edição Comemorativa do Jubileu de Prata da Academia Paulista de Direito (Coord. Milton Paulo de Carvalho). São Paulo: LTr. 1998.

BENSOUSSAN, Eddy; ALBIERI, Sérgio. *Manual de higiene, segurança e medicina do trabalho*. São Paulo: Atheneu, 1997.

BOBBIO, Norberto. *Teoria do ordenamento jurídico*. 2. reimp. Brasília: Polis; Universidade de Brasília, 1991.

BRASIL. Lei n. 5.452/1943, de 1º de maio de 1943 — Consolidação das Leis do Trabalho. *Diário Oficial da União*, Brasília, 9 ago. 1943. Disponível em: <http://www.planalto.gov.br/ccivil/Decreto-lei/Del5452.htm>. Acesso em: 23 maio 2014.

_____. Tribunal Superior do Trabalho. Enunciado n. 293, de 14 de Abril de 1989. *Diário de Justiça*, Brasília, 21 nov. 2003a.

_____. Tribunal Superior do Trabalho. Enunciado n. 47, de 14 de junho de 1973. *Diário de Justiça*, Brasília, 21 nov. 2003b.

_____. Tribunal Superior do Trabalho. Enunciado n. 80, de 26 de setembro de 1978. *Diário de Justiça*, Brasília, 21 nov. 2003c.

_____. Tribunal Superior do Trabalho. Enunciado n. 289, de 24 de março de 1988. *Diário de Justiça*, Brasília, 21 nov. 2003d.

_____. Tribunal Superior do Trabalho — Seção de Dissídios Individuais. Orientação Jurisprudencial n. 324, 8 de dezembro de 2003. *Diário de Justiça*, Brasília, 9 dez. 2003g.

_____. Tribunal Superior do Trabalho. Enunciado n. 191, de 9 de novembro de 1983. *Diário de Justiça*, Brasília, 21 nov. 2003i.

_____. Tribunal Superior do Trabalho. Enunciado n. 310, de 5 de maio de 1993. *Diário de Justiça*, Brasília, 25 nov. 2003j.

_____. Tribunal Superior do Trabalho 3 Seção de Dissídios Individuais. Orientação Jurisprudencial n. 103, 1º de outubro de 1997. *Diário de Justiça*, Brasília, 20 abr. 2005a.

_____. Tribunal Superior do Trabalho. Enunciado n. 364, de 20 de abril de 2005. *Diário de Justiça*, Brasília, 25 abr. 2005b.

BUCK, Regina Célia. *Cumulatividade dos adicionais de insalubridade e periculosidade*. São Paulo: LTr, 2001.

CUEVA, de Mario de la. Derecho mexicano del trabajo. Ciudad de México: Porrúa, 1960. Apud NASCIMENTO, p. 25-26.

_____. *Alterações contratuais trabalhistas*. São Paulo: LTr, 2000.

DUECK, Cézar Augusto Saldivar. O julgamento do pedido de adicional de insalubridade ou periculosidade em face da revelia: racionalização da interpretação do Art. 195, § 2º da CLT. *Revista LTr*, São Paulo, v. 73, n. 10, p. 1.259-1.271, out. 2009.

FERNANDES, Bernardo Gonçalves. *Curso de direito constitucional*. Rio de Janeiro: Lumen Juris, 2010.

HESSE, Konrad. *Elementos de direito constitucional da República Federal da Alemanha*. Trad. Luís Afonso Heck. Porto Alegre: Sérgio Antônio Fabris, 1998.

MACHADO, Sidnei. *O direito à proteção ao meio ambiente de trabalho no Brasil*. São Paulo: LTr, 2001.

MARTÍNEZ, José E. Serrano; FUENTES, Marcial Siqueira de. (Atualizadores). *Legislación social básica*. 25. ed. Civitas: 2006.

MARTINS, Sergio Pinto. *Direito do Trabalho*. 10. ed. São Paulo: Atlas, 2000.

MAXIMILIANO, Carlos. *Hermenêutica e aplicação do direito*. Rio de Janeiro: Forense, 1994.

_____. *Hermenêutica e aplicação do Direito*. 9. ed. Rio de Janeiro: Forense, 1979.

NASCIMENTO, Amauri Mascaro. *Curso de Direito do Trabalho*. 14. ed. São Paulo: Saraiva, 1997.

SILVA, José Afonso da. *Curso de Direito Constitucional positivo*. 17. ed. São Paulo: Malheiros, 1999.

_____. *Direito ambiental constitucional*. 4. ed. 2. tir. São Paulo: Malheiros, 2003.

SÜSSEKIND, Arnaldo *et al*. *Comentários à Constituição*. v. 1. Rio de Janeiro: Freitas Bastos, 1990.

CAPÍTULO 16

Coisa Julgada nas Demandas Metaindividuais Trabalhistas

Cauã Baptista Pereira de Resende[*] *e Konrad Saraiva Mota*[**]

1. Introdução

O presente estudo se propõe a compreender o instituto da coisa julgada no contexto das demandas metaindividuais trabalhistas.

Trata-se de instituto intimamente ligado ao princípio da segurança jurídica, ao qual o constituinte originário atribuiu tamanha importância que o mesmo foi incluído no Título II, Capítulo I, da Constituição da República de 1988, que tratam "Dos Direitos e Garantias Fundamentais" e "Dos Direitos e Deveres Individuais e Coletivos", respectivamente.

Além da notável relevância jurídica da coisa julgada, observa-se, hodiernamente, que o instituto tem despertado diversos debates na doutrina e na jurisprudência a respeito da sua aplicabilidade em determinadas situações. Assim sendo, justifica-se, à toda evidência, o estudo intenso da coisa julgada.

Primeiramente, para realizar um estudo mais aprofundado acerca da matéria, o artigo remonta conceitos fundamentais atinentes ao instituto da coisa julgada, tais como natureza jurídica, fundamentos, limites objetivos e subjetivos, procurando em definições basilares uma melhor compreensão do tema a ser debatido.

Em seguida, adentrando em questões polêmicas concernentes ao instituto, analisou-se, inicialmente, a importância da coletivização dos conflitos trabalhista; passando pela problemática da aplicabilidade da coisa julgada no direito coletivo; até chegar ao ponto de análise da aplicabilidade do sistema *class action* (adotado no direito norte americano), em substituição à coisa julgada *secundum eventum litis* (previsto no Código de Defesa do Consumir), nas demandas metaindividuais trabalhistas.

É importante clarificar que este artigo não se restringe à análise dos fundamentos clássicos da coisa julgada e sua aplicação em situações processuais casuísticas.

A proposta deste trabalho é proceder a análise e o estudo do instituto à luz do neoconstitucionalismo, doutrina que ofereceu nos últimos anos novas ferramentas hermenêuticas para o intérprete do direito e proporcionou uma nova perspectiva não somente no campo do direito constitucional, mas também no âmbito do direito processual, por meio da moderna doutrina denominada de neoprocessualismo.

Nesse sentido, pretende-se realizar neste estudo uma releitura de determinados fundamentos tradicionais da coisa julgada, que foram concebidos numa perspectiva liberal e individualista do processo, mas que não se coadunam com a realidade — globalizada e informatizada — vivenciada nos dias atuais.

Destarte, procurou-se neste estudo trazer uma visão ampla, analisando através de modernas teorias jurídicas e doutrinas a coisa julgada, seus conceitos, suas transformações e possíveis interpretações.

O presente trabalho é dividido em mais sete capítulos, assim constituídos: "Natureza jurídica e fundamentos" e "Limites subjetivos e objetivos da coisa julgada", nos quais se procura apresentar as noções básicas no instituto para uma melhor compreensão do assunto; "Importância da coletivização dos conflitos trabalhistas", "Necessidade de superação dos conceitos tradicionais do processo civil individual" e "Espécies de direitos transindividuais", com o desenvolvimento de questões relacionadas com as demandas transindividuais trabalhistas, e por fim "Sistemática adotada pelo Código de Defesa do Consumidor para aferição da coisa julgada no processo coletivo" e "Aplicabilidade do sistema *class action* em substituição à coisa julgada *secundum eventum litis*", nos quais analisou-se o problema principal do presente artigo, qual seja, a coisa julgada no direito processual coletivo do trabalho.

2. Natureza jurídica e fundamentos

De acordo com a doutrina[1], a coisa julgada não é um efeito da sentença, mas sim uma qualidade, um atributo, inerente à própria decisão proferida pelo Poder Judiciário que tenha adquirido caráter definitivo.

(*) Mestrando em Direito do Trabalho pela Pontifícia Universidade Católica de Minas Gerais. Pós-graduado em Direito do Trabalho pela Faculdade de Direito Milton Campos (2011). Advogado.

(**) Doutorando em Direito do Trabalho (2014 - PUC Minas). Mestre em Direito Constitucional (2012 - UNIFOR). Juiz do Trabalho.

(1) ALMEIDA, Cleber Lucio de. *Direito processual do trabalho*. Belo Horizonte: Del Rey, 2009. p. 652-653.

Essa qualidade especial garante que, a partir de um determinado momento processual, a decisão judicial torna-se imune a ataques pelas partes, alterações pelo Juiz ou por qualquer outro órgão do Poder Judiciário, e até mesmo o legislador, que fica impedido de regular diferentemente a relação jurídica (art. 5º, inc. XXXVI, da Constituição da República de 1988). Ou seja, a partir do momento que a decisão judicial se reveste desta qualidade, o ordenamento jurídico assegura a imutabilidade e a indiscutibilidade da decisão judicial.

A imutabilidade consiste na proibição de se propor ação idêntica a outra anteriormente decidida por sentença revestida da autoridade da coisa julgada. Já a indiscutibilidade pressupõe que, existindo um outro processo, no qual o pedido do autor dependa do julgamento de questão prévia que tenha sido decidida por em processo anterior transitado em julgado, o magistrado do segundo processo fica obrigado a tomar como premissa de sua decisão a conclusão a que se chegou no processo anterior.

O momento processual que baliza a existência da coisa julgada ocorre quando a sentença transita em julgado, ou seja, quando a decisão não mais encontra-se suscetível de reforma ou invalidação por meio de recursos[2].

Para ser mais preciso, a sentença se reveste do atributo da imutabilidade e indiscutibilidade quando a decisão judicial é declarada não impugnável; quando, podendo ser impugnada, se esgota o prazo para sua impugnação; ou quando a parte desiste do recurso interposto. O fato é que, passada em julgado a decisão, consideram-se definitivos o seu conteúdo e os seus efeitos.

Importante esclarecer que a coisa julgada impede a impugnação da decisão judicial por meio de recurso, mas a decisão pode ser impugnada via ação autônoma, denominada ação rescisória, nas hipóteses previstas no art. 485 do CPC. Ou seja, a intangibilidade da coisa julgada não é absoluta, cedendo lugar em situações que o legislador considerou graves o suficiente para autorizar a rescisão do julgado.

A doutrina considera que as funções do instituto da coisa julgada são divididas da seguinte forma: (i) funções positivas: definir, com força de lei, a situação jurídica das partes e garantir a utilidade e eficácia da atividade jurisdicional do Estado; (ii) função negativa: vedar a repetição da ação e nova decisão sobre o mesmo litígio.

O principal fundamento para a existência do instituto da coisa julgada é a estabilidade dos direitos, que inexistiria se não houvesse um limite à possibilidade de questionamento acerca da justiça da decisão. Portanto, a imutabilidade da sentença, assegurada pelo ordenamento jurídico por meio da coisa julgada, é que garante as partes a certeza do direito e a segurança no gozo dos bens da vida.

A esse propósito, é interessante observar que a coisa julgada, muito embora satisfaça a necessidade de certeza, encontra-se em conflito com a necessidade de justiça, pois, ocasionalmente, a decisão judicial definitiva pode não ser justa. Para solucionar este conflito entre certeza e justiça, o ordenamento jurídico adotou uma sistemática que permite que a decisão judicial seja alterada, para satisfazer a necessidade de justiça, mas depois de um determinado momento, a fim de satisfazer a necessidade de certeza, encerra a possibilidade de mudança[3].

3. Limites subjetivos e objetivos da coisa julgada

Os limites subjetivos da coisa julgada se referem às pessoas que são atingidas pela autoridade da coisa julgada.

Regra geral, somente o autor, o réu, litisconsortes ativos e passivos, o oponente, o litisdenunciado, o chamado e nomeado são alcançadas pelos efeitos da coisa julgada e não podem renovar o debate sobre o que foi decidido.

E este limite se justifica inclusive constitucionalmente, já que quem não foi sujeito do contraditório e da ampla defesa, não pôde produzir provas, apresentar seus argumentos e influir na formação do convencimento do juiz, não pode ser prejudicado pela coisa julgada[4].

Por seu turno, os limites objetivos da coisa julgada dizem respeito às partes da decisão que ficam cobertas pela autoridade da coisa julgada.

O art. 469 do CPC assinala que somente a parte dispositiva ou a conclusão da decisão é que faz coisa julgada, ao excluir (i) os motivos, ainda que determinantes para determinar o alcance da parte dispositiva da sentença; (ii) a verdade dos fatos, estabelecida como fundamento da sentença; (iii) a apreciação de questão prejudicial, decidida incidentalmente no processo (salvo se a parte requerer que o juiz profira a decisão por sentença (arts. 5º, 324 e 470 do CPC).

4. Importância da coletivização dos conflitos trabalhistas

A complexidade cada vez mais intensa da civilização capitalista pós-industrial tem modificado, sobremaneira, a nossa sociedade, e as sociedades ocidentais de modo

---

(2) CINTRA, Antônio Carlos de Araújo; GRINOVER, Ada Pellegrino; DINAMARCO, Cândido Rangel. *Teoria geral do processo*. 28 ed. São Paulo: Malheiros, 2012. p. 340.

(3) ALMEIDA, Cleber Lucio de. *Direito processual do trabalho*. Belo Horizonte: Del Rey, 2009. p. 654.

(4) CINTRA, Antônio Carlos de Araújo; GRINOVER, Ada Pellegrino; DINAMARCO, Cândido Rangel. *Teoria geral do processo*. 28 ed. São Paulo: Malheiros, 2012. p. 347.

geral. A concentração dos indivíduos nos centros urbanos, o aumento populacional e a alta densidade demográfica ocasionaram problemas graves, os quais repercutiram nas esferas social, econômica e também jurídica.

De fato, conforme aponta José Roberto Freire Pimenta e Nadia Soraggi Fernandes[5], "a sociedade de hoje é uma sociedade em massa, a produção é em massa, o consumo é em massa e a conflituosidade é também em massa".

Partindo dessa premissa, é preciso que se reconheça que as formas tradicionais de solução dos conflitos de trabalho no Brasil, voltadas unicamente para a resolução de conflitos *inter partes*, não mais se coadunam com as necessidades prementes da nossa sociedade hodierna. Faz-se necessário romper com os limites tradicionais do antigo sistema individualista e reconhecer que a solução para a garantia dos direitos reside na tutela jurisdicional coletiva ou metaindividual.

A esse respeito, cumpre mencionar a conceituação formulada por José Roberto Freire Pimenta[6] a propósito da tutela jurisdicional metaindividual:

> (...) há litígios cujo objeto, por sua dimensão social, pode interessar, e efetivamente interessará, a uma pluralidade de sujeitos mas que, exatamente por isso, poderão ser submetidos à cognição judicial apenas por iniciativa de uma única pessoa, física ou jurídica, para a defesa dos direitos ou interesses daquele conjunto de sujeitos interessados na satisfação daquele mesmo direito material controvertido, sem que todos eles devam estar pessoalmente presentes no processo.

No âmbito do Direito do Trabalho a necessidade de adoção da tutela coletiva é ainda mais intensa e visível, não somente porque o crédito trabalhista é diferenciado, mas também porque sabe-se que existe em nosso país um desrespeito generalizado, repetitivo e padronizado aos direitos dos trabalhadores.

A esse respeito, vale ressaltar, ainda, que a tutela jurisdicional metaindividual é um importante instrumento de proteção do empregado que visa questionar o descumprimento de algum dever trabalhista no curso do contrato de emprego, tendo em vista a ausência de regulamentação em relação à proteção contra a dispensa arbitrária ou sem justa causa.

5. Necessidade de superação dos conceitos tradicionais do processo civil individual

Como se sabe, hodiernamente, o intérprete conta com uma doutrina conhecida como neoconstitucionalismo, que oferece uma nova perspectiva do direito constitucional.

O neoconstitucionalismo foi fundamental para a superação do positivismo jurídico e para a reformulação de diversos institutos jurídicos que dificultavam o desenvolvimento e a aplicação da justiça. Nesta doutrina a Constituição ganha destaque no ordenamento jurídico e suas disposições ganham efetividade (força normativa da Constituição), conforme ensina Daniel Sarmento[7]:

> O que hoje parece uma obviedade, era quase revolucionário numa época em que a nossa cultura jurídica hegemônica não tratava a Constituição como norma, mas como pouco mais do que um repositório de promessas grandiloquentes, cuja efetivação dependeria quase sempre da boa vontade do legislador e dos governantes de plantão. Para o constitucionalismo da efetividade, a incidência direta da Constituição sobre a realidade social, independentemente de qualquer mediação legislativa, contribuiria para tirar do papel as proclamações generosas de direitos contidas na Carta de 1988, promovendo justiça, igualdade e liberdade.

Dentro deste contexto, o neoconstitucionalismo defende, ainda, a teoria dos princípios, segundo a qual o Juiz deve estar atento à realidade e garantir a realização da justiça, com base em princípios e normas fundamentais do ordenamento. Ou seja, o neoconstitucionalismo rejeita a proposição de que o papel do Juiz resume-se ao de mero aplicador da lei.

É importante ressaltar que os fundamentos do neoconstitucionalismo também foram responsáveis por diversas mudanças no âmbito do direito processual, que ganha uma releitura por meio do neoprocessualismo. José Roberto Freire Pimenta[8] aponta de forma precisa os impactos do neoconstitucionalismo no campo processual:

> Esse novo quadro filosófico e constitucional, nas últimas décadas, vem se traduzindo no empenho dos operadores do Direito em geral (e dos magistrados, em particular) pela concretização das normas constitucionais (em especial de suas normas-princípio),

---

(5) PIMENTA, José Roberto Freire; FERNANDES, N. S. A importância da coletivização do processo trabalhista. *Revista do Tribunal Regional do Trabalho da 3ª Região*, v. 46, p. 45-60, 2007.

(6) PIMENTA, José Roberto Freire. A tutela metaindividual dos direitos trabalhistas: uma exigência constitucional. *Revista Trabalhista: Direito e Processo*, Rio de Janeiro, v. 7, n. 28, p. 35-71, out./dez. 2008.

(7) SARMENTO apud DIDIER Jr, Fredie; ZANETI JR., Hermes. *Curso de Direito Processual civil*. v. 4. Salvador: JusPodivm, 2009.

(8) PIMENTA, José Roberto Freire. A tutela metaindividual dos direitos trabalhistas: uma exigência constitucional. *Revista Trabalhista: Direito e Processo*, Rio de Janeiro, v. 7, n. 28, p. 35-71, out./dez. 2008.

através da adoção das modernas técnicas de hermenêutica constitucional, do reconhecimento de um espaço de atuação mais amplo do Poder Judiciário (que, de simples intérprete das normas positivas, passa a ser o concretizador dos princípios e das regras constitucionais e legais e do uso criativo dos novos instrumentos processuais predispostos a assegurar, a todo aquele que sofrer lesão ou ameaça de lesão a seu direito material, uma tutela jurisdicional realmente efetiva (ou seja, célere, específica e adequada).

Conforme asseveram José Roberto Freire Pimenta e Nadia Soraggi Fernandes[9], a tutela jurisdicional metaindividual ainda encontra vários obstáculos para a sua tramitação efetiva. A concretização judicial dos direitos coletivos muitas vezes é prejudicada pela dificuldade de se adaptar os institutos processuais, que foram concebidos numa perspectiva liberal e individualista do processo.

A dificuldade reside no fato de que a ação coletiva, voltada para a resolução de conflitos em massa, envolve elementos que não se encontram na ação individual ou, embora possam ser os mesmos, possuem características tão peculiares que não seguem a regra geral.

Sendo assim, os tradicionais institutos do direito processual civil como as condições da ação, elementos de identificação da ação e coisa julgada devem, necessariamente, passar por uma releitura, à luz da doutrina neoprocessualista, de modo a se adequar às peculiaridades da demanda metaindividual, conforme aponta Maronini[10]:

> Tais ações [*class actions*] foram especificamente desenvolvidas para a proteção desses direitos transindividuais, bem como os direitos individuais que podem ser lesados em massa, contando com várias características próprias, que as fazem radicalmente distintas das ações individuais (e de toda a filosofia que as inspira). É preciso, pois, para bem operar com as ações coletivas, despir-se de velhos preconceitos (ou "pré-conceitos"), evitando recorrer a raciocínios aplicáveis apenas à "tutela individual" para solucionar questões atinentes à "tutela coletiva", que não é, e não pode ser, pensada sob a perspectiva da teoria da "ação individual". Os institutos que presidem essa ação (ao menos em sua grande maioria) são incompatíveis e inaplicáveis à tutela coletiva, simplesmente porque foram concebidos para operar em outro ambiente.

Um dos exemplos mais claros dessas peculiaridades reside, especificamente, na extensão subjetiva da coisa julgada. Enquanto no processo civil tradicional a sentença "faz coisa julgada às partes entre as quais é dada, não beneficiando nem prejudicando terceiros" (BRASIL, 1973), nos termos do art. 472 do CPC; na ação coletiva a coisa julgada pode alcançar pessoas fora do processo.

Portanto, cumpre salientar que os conceitos já expostos nos itens anteriores, a respeito da noção clássica do instituto, com seus limites objetivos e subjetivos, embora sejam adequados às chamadas "demandas-átomos", não se coadunam com a sistemática da Ação Civil Pública (Lei n. 7.347/85) e do Código de Defesa do Consumidor (Lei n. 8.078/90), conforme será objeto de estudo mais detalhado a seguir.

6. Espécies de direitos transindividuais

Antes de adentrarmos no estudo do processo coletivo, faz-se necessário compreender o que seriam os ditos direitos metaindividuais, os quais se dividem em três espécies: direitos difusos, direitos coletivos e direitos individuais homogêneos.

O art. 81, parágrafo único, do CDC, traz a definição de cada uma dessas espécies:

> Art. 81. A defesa dos interesses e direitos dos consumidores e das vítimas poderá ser exercida em juízo individualmente, ou a título coletivo.
>
> Parágrafo único. A defesa coletiva será exercida quando se tratar de:
>
> I – interesses ou direitos difusos, assim entendidos, para efeitos deste código, os transindividuais, de natureza indivisível, de que sejam titulares pessoas indeterminadas e ligadas por circunstâncias de fato;
>
> II – interesses ou direitos coletivos, assim entendidos, para efeitos deste código, os transindividuais, de natureza indivisível de que seja titular grupo, categoria ou classe de pessoas ligadas entre si ou com a parte contrária por uma relação jurídica base;
>
> III – interesses ou direitos individuais homogêneos, assim entendidos os decorrentes de origem comum.

Com base em tais definições, José Roberto Freire Pimenta e Nadia Soraggi Fernandes[11], no artigo intitulado "A importância da coletivização do processo trabalhista", fazem uma comparação precisa entre as espécies de direitos metaindividuais e suas características fundamentais:

---

(9) PIMENTA, José Roberto Freire; FERNANDES, N. S. A importância da coletivização do processo trabalhista. *Revista do Tribunal Regional do Trabalho da 3ª Região*, v. 46, p. 45-60, 2007.

(10) MARINONI, Luiz Guilherme; ARENHART, Sérgio Cruz. *Curso de processo civil*. Processo de conhecimento. 6. ed. rev. atual. e ampl. São Paulo: RT, 2007. v. 2.

(11) PIMENTA, José Roberto Freire; FERNANDES, N. S. A importância da coletivização do processo trabalhista. *Revista do Tribunal Regional do Trabalho da 3ª Região*, v. 46, p. 45-60, 2007.

Direitos difusos	Direitos coletivos	Direitos individuais homogêneos
Indeterminabilidade absoluta dos sujeitos titulares. Ex.: pessoas dispersas na comunidade.	Embora indeterminados, os sujeitos são determináveis, pois abrangem grupos, categorias ou classes. Ex.: empregados de uma determinada empresa poluidora do meio ambiente do trabalho.	O titular é perfeitamente identificável. São, na verdade, direitos individuais que, por possuírem uma origem comum, podem ser pleiteados de forma coletiva. Ex.: pleito de pagamento de adicional de insalubridade por tais e tais empregados.
Objeto indivisível que não permite a fragmentação. Ex.: a pretensão que se almeja através de uma medida judicial no caso é uma obrigação de fazer ou não fazer, cumulada, conforme o caso, com uma multa e/ou uma indenização genérica.	Objeto também indivisível que não permite fragmentação. Ex.: a pretensão que se almeja através de uma medida judicial também é uma obrigação de fazer ou não fazer, podendo também vir cumulada com uma indenização de caráter genérico, no caso, reversível ao FAT (Fundo de Amparo ao Trabalhador).	Objeto divisível e cindível; o que se busca em juízo é uma indenização concreta em favor dos titulares individuais dos direitos violados.
Elo entre os sujeitos titulares que decorre de uma simples questão fática. Ex.: greve no serviço de transporte público, o único elo que une os sujeitos é o fato de que todos eles utilizam o serviço público.	Existe uma ligação entre os titulares do direito e a parte contrária por uma relação jurídica base. Ex.: trabalhadores de uma empresa, que são ligados entre si e com o empregador pelo contrato de trabalho.	Existência clara de vínculo jurídico entre os titulares e a parte contrária.

7. Sistemática adotada pelo código de defesa do consumidor para aferição da coisa julgada no processo coletivo

Como tivemos a oportunidade de salientar alhures, um dos exemplos mais claros das peculiaridades da tutela jurisdicional metaindividual reside, especificamente, na extensão subjetiva da coisa julgada, já que a sentença proferida no âmbito do processo coletivo pode vir a atingir pessoas que, aparentemente, são estranhas ao processo.

Hodiernamente, a matéria encontra-se disciplinada pelo art. 103 do CDC, que estabelece:

> Art. 103. Nas ações coletivas de que trata este código, a sentença fará coisa julgada:
>
> I – *erga omnes*, exceto se o pedido for julgado improcedente por insuficiência de provas, hipótese em que qualquer legitimado poderá intentar outra ação, com idêntico fundamento valendo-se de nova prova, na hipótese do inciso I do parágrafo único do art. 81;
>
> II – *ultra partes*, mas limitadamente ao grupo, categoria ou classe, salvo improcedência por insuficiência de provas, nos termos do inciso anterior, quando se tratar da hipótese prevista no inciso II do parágrafo único do art. 81;
>
> III – *erga omnes*, apenas no caso de procedência do pedido, para beneficiar todas as vítimas e seus sucessores, na hipótese do inciso III do parágrafo único do art. 81.
>
> § 1º Os efeitos da coisa julgada previstos nos incisos I e II não prejudicarão interesses e direitos individuais dos integrantes da coletividade, do grupo, categoria ou classe.
>
> § 2º Na hipótese prevista no inciso III, em caso de improcedência do pedido, os interessados que não tiverem intervindo no processo como litisconsortes poderão propor ação de indenização a título individual.
>
> § 3º Os efeitos da coisa julgada de que cuida o art. 16, combinado com o art. 13 da Lei n. 7.347, de 24 de julho de 1985, não prejudicarão as ações de indenização por danos pessoalmente sofridos, propostas individualmente ou na forma prevista neste código, mas, se procedente o pedido, beneficiarão as vítimas e seus sucessores, que poderão proceder à liquidação e à execução, nos termos dos arts. 96 a 99.
>
> § 4º Aplica-se o disposto no parágrafo anterior à sentença penal condenatória.

Segundo dispõe os incisos I e II do dispositivo supramencionado, a coisa julgada nas ações que envolvem a defesa de direitos difusos e coletivos, se forma *secundum eventum probationis*, isto é, a sua autoridade alcança a todos os representados de acordo com o resultado final do processo, de acordo com o acervo probatório produzido. Se a demanda coletiva foi julgada procedente, os efeitos são *erga omnes* (no caso de direitos difusos) ou *ultra partes* (na hipótese de direitos coletivos). Contudo, sendo o resultado final desfavorável à coletividade, só haverá formação da coisa julgada se houver suficiência de provas. Em qualquer caso, como dispõe o parágrafo primeiro, os representados ainda poderão, de forma individual, discutir a mesma questão em juízo.

O quadro explicativo formulado por José Roberto Freire Pimenta e Nadia Soraggi Fernandes[12] é preciso no que diz respeito à formação da coisa julgada nas ações coletivas envolvendo direitos difusos ou coletivos:

---

(12) PIMENTA, José Roberto Freire; FERNANDES, N. S. A importância da coletivização do processo trabalhista. *Revista do Tribunal Regional do Trabalho da 3ª Região*, v. 46, p. 45-60, 2007.

Natureza da decisão	Formação da coisa julgada	Consequências
Extinção do processo sem julgamento do mérito (art. 267 do CPC)	Coisa julgada formal	Possibilidade de propositura de nova demanda com o mesmo objeto e causa de pedir, inclusive pelo autor que havia proposto a ação anterior.
Procedência do pedido	Coisa julgada material	Eficácia *erga omnes/ultra partes*. Impossibilidade de propositura de nova demanda com o mesmo objeto e causa de pedir, por qualquer ente legitimado.
Improcedência do pedido por qualquer motivo que não a insuficiência de provas	Coisa julgada material	Eficácia *erga omnes/ultra partes*. Impossibilidade de propositura de nova demanda com o mesmo objeto e causa de pedir, por qualquer ente legitimado.
Improcedência do pedido por insuficiência de provas	Coisa julgada *secundum eventum probationis*	Possibilidade de propositura de nova demanda com o mesmo objeto e causa de pedir, baseada em novas provas, inclusive pelo autor que havia proposto a ação anterior.

No tocante aos direitos individuais homogêneos, observa-se que o art. 103 do CDC estabelece que a coisa julgada se forma *secundum eventum litis*, ou seja, só haverá coisa julgada material em benefício da coletividade, caso contrário, poderão ser propostas novas ações individuais, desde que o legitimado não tenha intervindo no processo.

Nesse sentido, é oportuno colacionar, novamente, a síntese formulada por José Roberto Freire Pimenta e Nadia Soraggi Fernandes[13] em relação à formação da coisa julgada nas ações coletivas envolvendo direitos individuais homogêneos:

Natureza da decisão	Formação da coisa julgada	Consequências
Extinção do processo sem julgamento do mérito (art. 267 do CPC)	Coisa julgada formal	Possibilidade de propositura de nova demanda com o mesmo objeto e causa de pedir, inclusive pelo autor que havia proposto a ação anterior.
Procedência do pedido	Coisa julgada material	Eficácia *erga omnes*. Impossibilidade de propositura de nova demanda com o mesmo objeto e causa de pedir, por qualquer ente legitimado. A execução poderá ser efetuada a título coletivo ou individual. Não será beneficiado pela coisa julgada coletiva o indivíduo que não requereu a suspensão do processo individual (art. 104 do CDC).
Improcedência do pedido por qualquer motivo, inclusive por insuficiência de provas	Coisa julgada material	Impossibilidade de propositura de nova demanda com o mesmo objeto e causa de pedir, por qualquer ente legitimado. Os interessados individuais que não tiverem intervindo no processo poderão pleitear seus direitos em ações individuais.

Da análise do art. 103 e seguintes do CDC, é de se notar que, independente dos interesses ou direitos tutelados, a ação coletiva, de acordo com a sistemática atual, tem seus efeitos mitigados, pois em muitos casos não proporciona os seus característicos ganhos de economia processual.

Isso porque, em se tratando de direitos difusos ou coletivos, em caso de improcedência do pedido com insuficiência de provas, todos ainda poderiam, individualmente ou coletivamente, rediscutir a questão. Outrossim, verifica-se que mesmo na hipótese de improcedência com suficiência de provas, os titulares dos direitos (difusos, coletivos ou individuais homogêneos) poderiam propor ações individuais, com o mesmo pedido e causa de pedir.

Assim sendo, no mais das vezes, nas hipóteses mencionadas a tutela coletiva não passaria de uma primeira chance

---

(13) PIMENTA, José Roberto Freire; FERNANDES, N. S. A importância da coletivização do processo trabalhista. *Revista do Tribunal Regional do Trabalho da 3ª Região*, v. 46, p. 45-60, 2007.

de se discutir o mesmo direito em juízo, em detrimento da utilidade e eficácia da atividade jurisdicional do Estado.

Quanto à litispendência, embora não seja objeto principal do presente estudo, cabe esclarecer que nas ações coletivas em que se discute demandas individuais homogêneos induzem litispendência para as ações individuais, pois nesse caso o que se persegue é a satisfação de um direito individual e divisível de pessoa determinada. Portanto, embora a rigor as partes não sejam as mesmas, a litispendência evita a existência de dois processos com o fim de produzir o mesmo efeito prático.

Contudo, nas ações coletivas que tratam de direitos difusos ou individuais homogêneos, a existência da demanda coletiva não induz litispendência para as ações individuais, mas a autoridade da coisa julgada não alcançará os autores das "demandas-átomos", se não for requerida a suspensão da ação individual no prazo de 30 (trinta) dias, a contar da ciência nos autos do ajuizamento da ação coletiva.

8. Aplicabilidade do sistema *class action* em substituição à coisa julgada *secundum eventum litis*

O sistema *class action* adotado pelos norte-americanos, de 1966, substitui os efeitos da coisa julgada *secundum eventum litis* pelo sistema denominado de "representatividade adequada" (*adequacy of representation*), por meio do qual o Poder Judiciário notifica todos os eventuais interessados na demanda coletiva.

Este mecanismo de notificação dos interessados é conhecido no direito norte-americano como o *fair notice*. A expressão significa notificação adequada e revela que os atos de comunicação no processo coletivo devem atingir tantos integrantes do grupo seja possível. Desse modo, tratando-se de uma ação de repercussão nacional, a notificação deverá ser mais abrangente do que outra de abrangência local.

Além de dar ciência da ação coletiva, a notificação adequada possui três finalidades principais: (i) possibilitar aos interessados a fiscalização da conduta do representante adequado; (ii) possibilitar a participação dos membros do grupo na ação coletiva, contribuindo com provas e informações de que disponham; (iii) e conferir ao membro do grupo a opção de se auto-excluir (chamado de *right to opt out*) da ação coletiva, não se sujeitando aos efeitos da coisa julgada.

Sobre o direito de se auto-excluir, vale ressaltar que é preciso que o membro manifeste expressamente o seu requerimento de exclusão do processo, tendo em vista que a sua inércia acarreta anuência tácita com os atos processuais praticados.

A significativa diferença entre o modelo norte-americano e o brasileiro reside no fato de que no primeiro há um controle judicial da representatividade adequada (por meio do qual o Juiz avalia o direito material discutido e suas dimensões para averiguar a existência da adequada representação), enquanto no segundo a legitimidade ativa para o manejo da ação metaindividual restringe-se ao mero atendimento de regra processual prevista em lei (rol de legitimados).

Ou seja, no modelo brasileiro, o legislador conferiu legitimidade àqueles que possuiriam um mínimo de condições para levar adiante a ação coletiva, contudo, no caso concreto, é possível que o ente legitimado previsto em lei não represente adequadamente a coletividade substituída. Por outro lado, no modelo norte-americano, cabe ao magistrado fazer uma análise prévia da representatividade adequada (isto é, legitimidade efetiva, e não meramente formal) desses legitimados, com o intuito de proteger e prestigiar a ação coletiva.

Através da representação adequada, incentiva-se uma conduta combativa do representante e do patrono do grupo e assegura-se que sejam transportados para o processo todos os reais interesses dos membros ausentes. Evita-se, desse modo, que um dos legitimados pelo rol da lei proponha uma ação coletiva e atue de forma temerária ou descuidada, em desarmonia com os interesses dos próprios substituídos.

Em consonância com a doutrina do neoprocessualismo, não há razão que impeça tal acompanhamento também pelo Juiz do Trabalho, visto que, a tutela jurisdicional metaindividual impõe uma nova ótica dos institutos processuais, e não poderia ser diferente com a legitimação ativa *ad causam*. Portanto, em se tratando de direitos coletivos trabalhista, de trabalhadores não presentes no processo, o juiz não só pode como deve preocupar-se com a aplicação da justiça, que se materializa por meio da representatividade adequada.

Entrementes, quando a ação coletiva é manejada por um representante adequado, e são respeitados o contraditório e a ampla defesa, em nosso sentir, a autoridade da coisa julgada deveria se estender ao plano individual, independente do resultado final do processo. Ou seja, seria possível a formação da coisa julgada *pro et contra*, impedindo a propositura de nova ação sobre as mesmas questões, pelo menos quando se verificar a suficiência de provas.

A celeridade e economia processual seriam extremamente prestigiados caso fosse adotada essa sistemática, pois impediria a ocorrência de uma enxurrada de ações individuais para dirimir questões anteriormente apreciadas na sentença coletiva. Aliás, a finalidade da tutela coletiva é justamente pôr fim a um problema coletivo, em um único processo (evitando assim decisões conflitantes), e não adiar a solução do litígio, tornando o processo coletivo apenas uma primeira etapa possível de discussão do mesmo direito em juízo.

9. Conclusão

O presente artigo teve por objetivo analisar o instituto da coisa julgada, sobretudo no que toca à aplicação prática do instituto nas demandas metaindividuais trabalhistas.

Inicialmente, foram apresentadas generalidades relativamente à sua natureza jurídica e respectivos limites, tanto objetivos como subjetivos.

Na sequência, demonstrou-se a importância da coletivização dos conflitos trabalhistas, tendo em vista: (i) que o crescimento da sociedade, a globalização e o modelo capitalista fazem surgir conflitos em massa; (ii) que a empresa é, por natureza, um ser coletivo, e seus ilícitos trabalhistas repercutem, via de regra, em todo o grupo de trabalhadores a ela vinculados; (iii) que existe em nosso país uma cultura do desrespeito aos direitos sociais trabalhistas de forma generalizada, repetitiva e padronizada; (iv) que a tutela metaindividual possui o condão de proteger o trabalhador substituído e assegura a proteção dos direitos trabalhistas na vigência do contrato de trabalho; (v) que a prestação jurisdicional metaindividual racionaliza os recursos do Poder Judiciário e evita decisões conflitantes.

Em seguida, realizou-se uma incursão na análise da coisa julgada nas ações coletivas. Referidas ações, haja vista a amplitude dos direitos tutelados, trazem consigo uma sistemática diferente em relação aos limites da coisa julgada, mormente no tocante ao seu aspecto subjetivo, alcançando um número maior de pessoas, a depender da natureza do direito metaindividual tutelado.

O modelo adotado pelo Código de Defesa do Consumidor estabelece que, em se tratando de direitos transindividuais (difusos e coletivos) a coisa julgada formada será *secudum eventus litis et probationis*, ou seja, somente não beneficiará a todos (se difusos os direitos) ou o grupo, classe ou categoria (se coletivos os direitos) se a ação for julgada improcedente por insuficiência de provas. Porém, em se tratando de direitos individuais homogêneos, a coisa julgada formada será *secudum eventus litis in utilibus*, isto é, apenas beneficiará a todos se julgada procedente.

Outro aspecto que também mereceu abordagem foi a aplicabilidade do sistema *class action* (adotado no direito norte americano), em substituição à coisa julgada *secundum eventum litis* (previsto no Código de Defesa do Consumir), nas demandas metaindividuais trabalhistas.

Ao comparar os dois sistemas, foi possível perceber que a representatividade adequada (relativo ao *class action*) configura um imperativo do princípio do acesso à ordem jurídica justa, visto que a realização do controle judicial permitirá ao juiz atestar a existência da legitimidade ativa do substituto processo (isto é, legitimidade efetiva, e não meramente formal), evitando-se, assim, eventuais prejuízos para os membros do grupo.

Verificou-se, contudo, que quando a ação coletiva é manejada por um representante adequado, e são respeitados o contraditório e a ampla defesa, a autoridade da coisa julgada deveria se estender ao plano individual, independente do resultado final do processo. Ou seja, seria possível a formação da coisa julgada *pro et contra*, impedindo a propositura de nova ação sobre as mesmas questões, pelo menos quando se verificar a suficiência de provas.

A adoção dessa sistemática proporcionaria elevados ganhos de economia processual e de celeridade, pois impediria a ocorrência de uma enxurrada de ações individuais para dirimir questões apreciadas na sentença coletiva. Ademais, nota-se que a ação coletiva trabalhista seria extremamente prestigiada, tendo em vista que o objetivo precípuo da demanda metaindividual é justamente pôr fim a um problema coletivo, em um único processo (evitando assim decisões conflitantes), e não adiar a solução do litígio, tornando o processo coletivo apenas uma primeira etapa possível de discussão do mesmo direito em juízo.

10. Referências bibliográficas

ALMEIDA, Cleber Lucio de. *Direito processual do trabalho*. Belo Horizonte: Del Rey, 2009.

ASSIS, Araken. *Manual da execução*. 11. ed. rev., ampl. e atual. com a reforma processual — 2006/2007. São Paulo: Revista dos Tribunais, 2007.

BEZERRA LEITE, Carlos Henrique. *Curso de Direito Processual do Trabalho*. 5. ed. São Paulo: LTr, 2007.

BRASIL. Câmara dos Deputados. Projeto de Lei n. 8.046 de 2010. Disponível em: <http://www.camara.gov.br/proposicoesWeb/prop_mostrarintegra;jsessionid=89F64474FAB2ACD9BC659EFD045F39F7.proposicoesWeb2?codteor=831805&filename=PL+8046/2010>. Acesso em: 23 jul. 2014.

_____. Presidência da República. Constituição da República de 1988. Diário Oficial da União, Brasília, 5 out. 1988. Disponível em: <http://www.planalto.gov.br/ccivil_03/constituicao/constituicaocompilado.htm>. Acesso em: 22 jul. 2014.

_____. Presidência da República. Lei n. 8.078 de 11 de setembro de 1990. Diário Oficial da União, Brasília, 11 set. 1990. Disponível em: <http://www.planalto.gov.br/ccivil_03/leis/L8078compilado.htm>. Acesso em: 22 jul. 2014.

_____. Presidência da República. Lei n. 5.869 de 11 de janeiro de 1973. Código de Processo Civil. Diário Oficial da União, Brasília, 17 jan. 1973. Disponível em: <http://www.planalto.gov.br/ccivil_03/leis/l5869compilada.htm>. Acesso em: 22 jul. 2014.

_____. Presidência da República. Medida Provisória n. 2.180-35 de 24 de agosto de 2001. Diário Oficial da União, Brasília, 27 ago. 2001. Disponível em: <http://www.planalto.gov.br/ccivil_03/MPV/2180-35.htm#art9>. Acesso em: 22 jul. 2014.

CARNEIRO, Nelson. *Código de processo do trabalho*. Disponível em: <http://www.verbojuridico.com/download/codigoprocessotrabalho.pdf>. Acesso em: 23 jul. 2014.

CINTRA, Antônio Carlos de Araújo; GRINOVER, Ada Pellegrino; DINAMARCO, Cândido Rangel. *Teoria geral do processo*. 28. ed. São Paulo: Malheiros, 2012.

_____; _____; _____. *Teoria do processo e teoria dos direitos*: o neoprocessualismo. Disponível em: <http://ufba.academia.edu/FredieDidier/Papers/159075/Teoria-do-Processo-e-Teoria-dos-Direitos>. Acesso em: 22 jul. 2014.

DIDIER, Fredie; OLIVEIRA, Rafael; BRAGA, Paula Sarno. *Curso de Direito Processual Civil*. Salvador: Juspodivm, 2007. v. 2.

_____; ZANETI Jr., Hermes. *Curso de Direito Processual Civil*. Salvador: Juspodivm, 2009. v. 4.

DINAMARCO, Cândido Rangel. *Capítulos de sentença*. São Paulo: Malheiros, 2002.

EÇA, Vitor Salino de Moura (Coord.). *Direito processual do trabalho globalizado*: homenagem à professora Alice Monteiro de Barros. São Paulo: LTr, 2012.

LORENTZ, Lutiana Nacur. As alterações no conceito de coisa julgada: a coisa julgada *secundum eventum litis*, *erga omnes* e *ultra partes*. In: SENA, Adriana Goulard de et al. (Orgs.). *Processo do trabalho atual*: e temas conexos. Belo Horizonte: Mandamentos, 2004.

MARINONI, Luiz Guilherme; ARENHART, Sérgio Cruz. *Curso de Processo Civil*. Processo de conhecimento. 6. ed. rev. atual. e ampl. São Paulo: RT, 2007. v. 2.

_____; _____ *Manual do processo de conhecimento*. 5. ed. rev., atual. e ampl. São Paulo: Revista dos Tribunais, 2006.

MELO, Raimundo Simão de Melo. *Ação civil pública na Justiça do Trabalho*. São Paulo: LTr, 2002.

NASCIMENTO, Amauri Mascaro. *Iniciação ao processo do trabalho*. 6 ed. São Paulo: Saraiva, 2011.

MONTENEGRO FILHO, Misael. *Curso de Direito Processual Civil*. Teoria geral do processo e processo de conhecimento. 3. ed. São Paulo: Atlas, 2006. v. 1.

PIMENTA, José Roberto Freire; FERNANDES, N. S. A importância da coletivização do processo trabalhista. *Revista do Tribunal Regional do Trabalho da 3ª Região*, v. 46, p. 45-60, 2007.

PIMENTA, José Roberto Freire. A tutela metaindividual dos direitos trabalhistas: uma exigência constitucional. *Revista Trabalhista: Direito e Processo*, Rio de Janeiro, v. 7, n. 28, p. 35-71, out./dez. 2008.

STRECK, Lenio Luiz. *O que é isto — decido conforme minha consciência?* 2. ed. rev. e ampl. Porto Alegre: Livraria do Advogado Editora, 2010.

THEODORO JÚNIOR, Humberto. *Curso de Direito Processual Civil* – teoria geral do direito processual civil e processo de conhecimento. Rio de Janeiro: Forense, 2006.

WAMBIER, Luiz Rodrigues; ALMEIDA, Flávio Renato Correia de; TALAMINI, Eduardo. *Curso avançado de processo civil*. 2. ed. São Paulo: Revista dos Tribunais, 2007. v. 2.

Projeto Gráfico e Editoração Eletrônica: Peter Fritz Strotbek
Projeto de Capa: Fabio Giglio
Impressão: Paym Gráfica e Editora

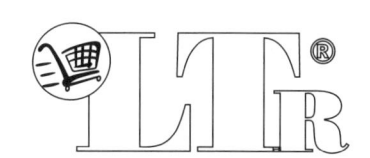

LOJA VIRTUAL
www.ltr.com.br

E-BOOKS
www.ltr.com.br